Klöster und Stifte im Erftkreis

# Klöster un

Redaktion: Helmut Weingarten
Herausgeber: Erftkreis

Rheinland-Verlag
Pulheim-Brauweiler

Beiträge zur Geschichte des Erftkreises

Erftkreis

# Stifte im Erftkreis

mit Beiträgen von:
Marlies Fey, Josef Gülpers, Fritz Hemmersbach, Hermann-Josef Hüsgen, H.-Georg Lützenkirchen, Elmar Onnau, Peter Schreiner, Karl Stommel, Helmut Weingarten, Heinz Wolter, Fritz Wündisch und Helmut Zander.

*CIP-Titelaufnahme der Deutschen Bibliothek*

*Erftkreis:*
Klöster und Stifte im Erftkreis / Hrsg.: Erftkreis.Red.: Helmut Weingarten. Mit Beitr. von: Marlies Fey ... – Pulheim-Brauweiler : Rheinland-Verl., 1988
(Beiträge zur Geschichte des Erftkreises ; 6) (Erftkreis-veröffentlichung ; Nr. 128)
ISBN 3-7927-1044-7
NE: Fey, Marlies [Mitverf.] ; HST; 1. GT; Erftkreis: Erftkreisveröffentlichung


Erftkreisveröffentlichung Nr. 128

Redaktion: Helmut Weingarten, Peter Metternich
Gestaltung: Helmut Weingarten, Alois Palmer
Satz und Druck: ICS Communikations-Service GmbH,
5060 Bergisch Gladbach

Rheinland-Verlag GmbH, Pulheim/Erftkreis
5024 Pulheim-Brauweiler

Printed in Germany
ISBN 3-7927-1044-7

Titelbild

Dorfplan von Blatzheim mit Cistercienserinnenkloster und Umgebung (Detail). Johann Otto, Köln, 1767 (Köln, Histor. Archiv).

# Vorwort

Wer heute durch Brauweiler fährt, der wird sich nicht der beeindruckenden Ausstrahlung der ehemaligen Benediktinerabtei verschließen können, die zu den architektonischen Glanzpunkten sakraler Baukunst im Rheinland zu zählen ist. Brauweiler ist sicherlich hinsichtlich seines baulichen Erhaltungszustandes in unserem Kreisgebiet eine Ausnahme. Andere Klöster haben im Laufe der Jahrhunderte an Substanz verloren, sind nur noch als Ruine erhalten oder so verändert worden, daß ihre ursprünglichen Ausmaße kaum mehr erkennbar sind. Man denke an Benden, Brühl, Burbach, Königsdorf oder Lechenich, um einige zu erwähnen.

Mit der Säkularisation erlosch nicht nur das geistliche Leben vieler dieser christlichen Gemeinschaften, sondern auch die Mauern zerbröckelten und wurden schließlich eingeebnet. Selbst in unserem Jahrhundert forderte der Braunkohleabbau in diesem Bereich Opfer.

Wer sich ein Bild von den klösterlichen Anlagen Bethlehem, Bottenbroich und Brauweiler machen möchte, kann dies nur mehr an Hand von alten Karten, Ansichten oder Fotografien nachvollziehen.

Es war daher ein Anliegen, eine historische Bestandsaufnahme der klösterlichen Einrichtungen im Gebiet unseres heutigen Erftkreises zu machen, um die Erinnerung an die Abtei Brauweiler, das Stift Kerpen und die vielen kleinen und mittleren Klöster lebendig zu erhalten. Das konnte nur in dieser zusammenfassenden Buchform und mit Hilfe eines fachkundigen Autorengremiums geschehen.

Wir sind dankbar dafür, daß sich wohl erstmalig in unserem Kreis namhafte Heimatforscher zu dieser gemeinsamen Arbeit zusammenfanden.

Nach »Kirchen, Klöster und Kapellen« legt der Erftkreis als Ergänzung und als historische Erweiterung dieses Werk der Öffentlichkeit vor.

*Klaus Lennartz MdB*
*Landrat*

*Wolfgang Bell*
*Oberkreisdirektor*

Hürth, im Oktober 1988

# Zu diesem Buch

Es hat in der Vergangenheit sicher nicht an Einzeldarstellungen über einige Klöster im Gebiet des heutigen Erftkreises gemangelt. Erinnert sei in diesem Zusammenhang an das vom Erftkreis herausgegebene, repräsentative Bildwerk »Kirchen, Klöster und Kapellen im Erftkreis«.

Warum also noch eine Veröffentlichung zu dieser Thematik? Es fehlte bislang eine umfassende Darstellung der bis zur Säkularisation bestehenden Klöster in diesem Raum. Unberücksichtigt blieben auch – von Einzelaufsätzen abgesehen – die kleineren klösterlichen Niederlassungen des 19. und 20. Jahrhunderts. Entscheidender für die Herausgabe dieses Buches aber ist die Tatsache, daß sich die Autoren intensiv und über viele Jahre hinweg mit den von ihnen behandelten Objekten beschäftigt haben und neue Forschungsergebnisse einfließen konnten.

Die Anregung zu dieser Publikation kam nach einer 1985 erschienenen Serie in einer Kölner Tageszeitung aus Kreisen der Bürger und Politiker dieses Kreises. Es gelang erstmals mehrere, nämlich zwölf, Autoren für dieses Projekt zu begeistern.

Es liegt also ein Gemeinschaftswerk vor, das in über zweijähriger Arbeit entstand. Bewußt wurde die individualistische Note jedes einzelnen Autors akzeptiert. Lediglich der vorgegebene Umfang des Buches zwang zu Beschränkungen.

Danken möchte ich den Mitautoren für die harmonische Zusammenarbeit. Dank auch den politischen Gremien des Erftkreises, besonders den Mitgliedern des Kulturausschusses, für die unterstützende Haltung, trotz angespannter Finanzlage. Wertvoll war auch die Mitwirkung der Kreisverwaltung und vieler Archive, von denen ich stellvertretend nur das Hauptstaatsarchiv Düsseldorf, das Historische Archiv der Stadt Köln, das Stadtarchiv Kerpen und viele andere kommunale und kirchliche Archive, nennen möchte.

Frechen-Königsdorf, im August 1988

*Helmut Weingarten*

# Inhalt

# Die Augustiner-Eremiten in Bedburg/Erft

## Zusammengestellt von Josef Gülpers und Helmut Weingarten

Aus verschiedenen Gründen muß zur Zeit auf eine eigene Darstellung der Autoren zur Geschichte des Bedburger Konvents verzichtet werden. Daher wird hier auf entsprechende, Bedburg betreffende, Aussagen des Ordenshistorikers Adalbero Kunzelmann zurückgegriffen. Kunzelmann veröffentlichte in den Jahren 1969–1974 (Würzburg) ein mehrbändiges Werk mit dem Titel: »Die Geschichte der deutschen Augustiner-Eremiten«.
Zum Konvent Bedburg wird hier nun eine Textansammlung aus Kunzelmanns Werk – die freundliche Genehmigung des Verfassers vorausgesetzt – unter weitgehender Vernachlässigung des Anmerkungsapparates mit Ausnahme der Anmerkungsnummern – geboten.

## Zur Gründung des Konvents schreibt Kunzelmann[1]:

»Neelsbach[2] nennt drei verschiedene Gründungsjahre, 1284, 1289 und 1298. Das Jahr 1284 habe er dem Monasticon des Crusenius[3] entnommen. (641) In einem alten Kopialbuch seines Ordens habe er gelesen, es sei 1298 mit der Zustimmung des Erzbischofs Swichbold (642) gegründet, P. Loubens, der Procurator des Konventes Bethburg habe ihm berichtet, es sei 1298 (643) entstanden. Neelsbach meint, daß 1289 und 1298 dasselbe bedeute, es sei nur eine Verwechslung der beiden letzten Ziffern. Dann führt er einen Ablaßbrief des Bischofs Konrad von Straßburg vom 28. August 1292 an und einen anderen, den mehrere Bischöfe in Rom im Jahre 1295 ausstellten, und kommt dann zu dem Schluß: Vielleicht hat Crusenius mit dem Jahr 1284 doch recht. (644)«

## Zur Klosterentwicklung[4] wird von Kunzelmann ausgeführt:

»Zu den rheinischen Klöstern aus dem 13. Jahrhundert gehört auch das in Bedburg an der Erft. (236) Es war ein kleines Kloster von Anfang an und blieb es auch weiterhin. (237) Es war nicht mit irdischen Gütern gesegnet. Papst Johannes XXIII.

Martinus eps servus servorum dei. Venerabili fratri .. Archiepo Col
obsidemur illam libentius amplectimur per quam regularia presertim ordines domus et loca ingi sanctimoni
ad id sollicitudinis studium impertiri cupimus et provisionis occurrere remedio salutari ne ordines domus e
temporis eis exquisito statu prospero continuum dante domino in eisdem spiritualibus et temporalibu
Guniperti de Nuenare Comitum tue dioc nobis nuper exhibita petitio continebat qd dilecti filii fratres
norma sepositis vetitu detestabiliter amplectentes variis excessium criminibusq; se spuraciis involuere et
habitatorum q3 et incolarum dicti Opidi apud eosdem Comites quorum progenitores ipsam domum fundarun
ut domus ipa pro suo et eius personarum statu felicia tam in capite qua in membris in spiritualibus quoq
partes sollertius impertiri etia dictorum Comitu in hac parte supplicationibus inclinati fraternitati tue d
domum personaliter accedens et deum pre oculis habens domum et eius fratres predictos auctoritate nra
ctionis officio indigere noveris iuxta regularia dicti ordinis instituta eadem auctoritate corrigas et ref
ac excessibus et prout illi exegerint iuxta canonicas sanctiones et instituta corrigendi penisq; debitis
oportuna iuris remedia compellendi ac omnia alia et singula que in premissis et circa ea quomodolibet
facultatem. Non obstantibus statutis et consuetudinibus domus et ordinis prefatorum iuramento confir
vel quibusvis aliis communiter vel divisim a sede aplica sit indultum qd aliquos preter aut contra eis conces
aut suspendi vel excommunicari seu ipi vel eorum domus interdici non possint per litteras aplicas non fa
privilegiis exemptionibus et indulgentiis generalibus vel specialibus quorumcumq; tenorum existant
quomodolibet impediri que quo ad hoc alicui volumus suffragari Presentibus post Annum a tempore q
Pontificatus
nri

fe.
xxx
A. de dammiano.
S. Garnery

*Urkunde Bedburg 1430. (HSTAD)*

et aplicam ben. Inter curas multiplices quibus occurrentium rerum negociorum que varietatibus
gruere prospiciamus in spiritualibus et temporalibus prosperitatis optate dirigantur eventu unde efficacis
uod absit providentie destituta consilio periculose deformationis attingunt opprobrium sed labentis cursu
ementum. Sane pro parte dilectorum filiorum Nobilium virorum Wilhelmi de Lymburgh et
Hedbuyt ordinis fratrum heremitarum sancti Augustini prefate dioc regularis observantie iugo ac religionie
n pauescunt uitum sectantes enormiter dissolutam unde multiplices dilectorum filiorum Opidanorum
es domus huiusmodi dietim querele protendunt et plura inibi scandala suscitantur oportunumque foret
reformationis contingeret presidium salutare. Nos igitur quorum interest super hiis nre vigilantie
s specialem in domino fiduciam obtinemus per aplica scripta committimus et mandamus ut ad eandem
n in capite quam in membris necnon spiritualibus et temporalibus huiusmodi omnia et singula que corre-
tibi officium impendendi et exercendi necnon fratres huiusmodi et illorum quemlibet pro suis criminibus
uiusmodi observantie se subiciant ac in ea ut congruerit persistant per censuram ecclesiasticam et alia
ortuna fuerint faciendi disponendi et exequendi plenam et liberam tenore presentium concedimus
l quavis alia firmitate roboratis ceterisque contrariis quibuscunque. Aut si fratribus et ordini predictis
ndulta ad visitandum vel alias admittere minime teneantur dictique fratres vel alii ad id compelli
expressam ac de verbo ad verbum de indulto huiusmodi mentionem et quibuslibet aliis etiam aplicas
bus non expressa vel totaliter non inserta tue iurisdictionis explicatio in hac parte valeat
te fuerint computandum minime valituris. Dat Rome apud Sanctosapostolos iii kl Februar 1430
Anno Tertiodecimo;

(Papst in der Zeit des Schismas) schreibt in seiner Bulle vom 2. Dezember 1410, der Prior und die Brüder des Klosters seien so sehr von der Last der Armut bedrängt worden, daß mit all den Almosen kein Mönch ernährt werden konnte. (238) So hören wir denn als erste Nachricht aus dem 14. Jahrhundert den Befehl des Papstes Benedikt XI. aus dem Jahre 1304, die veräußerten Güter des Augustinerklosters Bedburg dem Konvent wieder zu beschaffen. Wer diesen Besitz veräußerte, ist nicht gesagt. (239)«

»Die finanzielle Lage des Klosters besserte sich, als am 3. April 1388 Johann von Ryferscheit und Beidburg (aus der Stifterfamilie) das Patronat der Pfarrkirche zu Bedburg samt allen Kirchenrenten mit Zustimmung seiner Verwandten und der Kirchspielleute dem Kloster schenkte. (241)

Bald bemühten sich die Augustiner darum, daß die Pfarrkirche ihrem Kloster ganz inkorporiert werde. 1410 beauftragte Papst Johannes XXIII. den Kölner Erzbischof Friederich von Saarwerden, Erkundigungen einzuziehen über die Verhältnisse in Bedburg und dann die Inkorporation zu vollziehen. (242) Drei Jahre später billigte derselbe Papst dann ausdrücklich die Inkorporation durch eine Bulle, datiert apud s. Anthonium extra muros Florentinos VIII. Cal. Septembris, Pontificatus a. quarto (25. Aug. 1413) (243).

Am 6. Dezember 1414 ernannte dann der Offizial des Kölner Archidiakonats den Winand von Lippstadt[5] aus dem Bedburger Augustinerkloster zum Pfarrer daselbst. Den Konventualen von Bedburg ging es nun materiell wohl besser. Sie führten anscheinend ein ziemlich freies Leben. Jedenfalls wurden sie dessen um das Jahr 1430 bei Papst Martin V. angeklagt, und dieser nahm sich auch der Sache an. (245) Wiederholt hören wir noch von Bedburger Pfarrern aus dem Augustinerkloster: Am 24. November 1452 ernannte der Offizial des Kölner Archidiakons den Konventualen des Klosters in Bedburg Johann von Mecheln (den älteren) zum dortigen Pfarrer. Bis 1503 versah Theodoricus von Arsten das Amt des Pfarrers. Nach dessen Resignation benannte der Prior Wolther aus Mecheln Adolph Michwael de Castern als Nachfolger (247).«

## Zu den Stiftungen für den Konvent vermerkt Kunzelmann[6]:

»Im Gegensatz zu Aachen hören wir hier, wenigstens aus dem 15. Jahrhundert, wiederholt von Stiftungen. Am 11. November 1425 stiften Johann von Harve und seine Frau Guetgijn von Wevelkoeven zu vier Jahresmessen 9½ Morgen Artland. Am 29. August 1471 übergaben Peter von Stralen und Wever und Metze Paeffen zu Kirdorp dem Augustinerkloster Bedburg zwei Morgen Artlands für drei Messen (250).

– Johann, Sohn Johanns von Ürdingen, überreichte am 9. Oktober 1477 den Brüdern des Augustinerklosters zu Bedburg 200 oberländische Gulden; sie sollten ihn dafür ein Leben lang mit Nahrung und Kleidung versorgen und nach seinem Tod für ihn und seine Angehörigen ein Jahrgedächtnis feiern. (251)

– Schließlich stiftete Graf Gumprecht zu Neuenahr am 24. Februar 1484 für seine verstorbene Gemahlin Margarte und seine Ahnen zu einer täglich im Sommer um vier Uhr, im Winter um fünf Uhr zu haltenden Messe 20 Malter Roggen Erbrente und 50 oberländische Gulden. (252)«

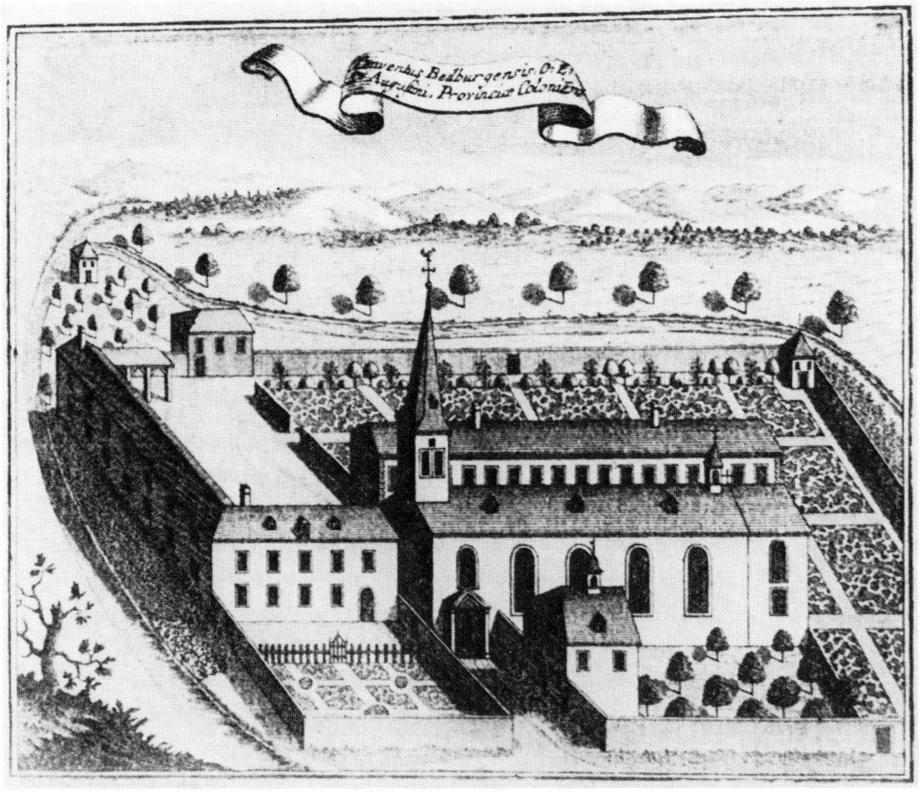


*Augustinerkloster Bedburg nach einem Stich von Steidlin (um 1740).*

Ausführungen über die Zeit der Reformation sind bei Kunzelmann nur dürftig vertreten. Wie folgt berichtet er[7]:
»Vom 16. Jahrhundert ist über das Kloster Bedburg fast nichts oder nur Negatives überliefert.«[8]
»In den Akten des Provinzialkapitels zu Mecheln im Jahre 1541 (2991) ist der Konvent Bedburg überhaupt nicht erwähnt. In einem Brief vom 24. September 1542 an den General Seripando über die Lage der Provinz schrieb der Provinzial Rüdiger Jung, die Konvente Trier, Wallerfangen, Hillesheim und Bedburg hätten seit vielen Jahren nichts für die Kollekte an den General gegeben. Die letzten drei seien vollständig zugrundegegangen, und es bestehe keine Hoffnung, sie wieder herzustellen. (2992) Auch beim Provinzialkapitel, das am 14. Mai 1552 in Aachen begann, war der Konvent Bedburg noch nicht wieder richtig am Leben.«[9]
»Mit dem 17. Jahrhundert fließen die Nachrichten über den Konvent Bedburg etwas reichlicher. Er hatte sich inzwischen wirtschaftlich und religiös erholt.«[10]
»Am 16. März 1619 bestätigte Papst Paul V. die Bruderschaft des hl. Sebastian in der Klosterkirche Bedburg und stattete sie mit reichen Ablässen aus. (2998)«[11]

Über die Aktivitäten der Augustiner – Eremiten im Schulwesen berichtet Kunzelmann:

»Im Jahre 1623 eröffneten die Augustiner in Bedburg ›eine lateinisch und teutsche Schul‹, also ein kleines Gymnasium, an dem nur ein Pater als Lehrer tätig war. Die Schule ging aber bald wieder ein, weil Graf Werner zu Salm, der Herr des Territoriums, zu dem Bedburg gehörte, die Erlaubnis zum Fortbestehen der Schule nicht geben wollte. (2999)«[12]
»Gegen Ende des Jahrhunderts wurde die Frage einer höheren Schule wieder aktuell. Diesmal ging die Anregung von Graf Fr. Wilhelm von Salm und dem Magistrat zu Bedburg aus. Der Prior Adolf von Rohe (3009) war dem Plan nicht abgeneigt und trug ihn dem Provinzial M. Johannes Schweitzer S.T.D. vor. Das Definitorium erlaubte die Gründung eines ›paedagogium literarum humaniorum‹. So schloß der Prior am 19. September 1698 einen Vertrag mit den Interessenten, dessen Original im Pfarrarchiv Bedburg noch vorhanden ist. (3010)« Die Schule sollte am 1. November 1698 mit den drei unteren Klassen (Infima, Secunda, Sytaxis) eröffnet werden. Zum Lehrer der Sytaxis wurde vom Provinzial der Subdiakon Fr. Petrus Derpet (3011) ernannt. Lehrer für die unteren Klassen wurde P. Alipius Collet. (3012) Die Zahl der Schüler war zu Beginn fünfunddreißig. Sie wuchs immer mehr und erreichte in den Jahren 1756–1759 ihren Höhepunkt mit sechsundsiebzig Schülern. Im Jahre 1701 wurden der Schule noch die Klassen Poetica und Rhetorica hinzugefügt. Bald kam auch die Vorbereitungsklasse, das Tryrocinium, hinzu. Auch ein Internat eröffnete das Kloster im Jahre 1701.«[13]

## Über das Miteinander der Mönche und die Beachtung der Ordensregeln berichtet Kunzelmann wie folgt:[14]

»Am 20. Juli 1665 visitierte der Provinzial Johannes Baptista de Pernes zusammen mit seinem Sekretär Justus Authoni den Konvent Bedburg. Ein gütiges Geschick hat uns die Dekrete dieser Visitation erhalten, (3004) in denen manche Einzelheiten von Interesse sind.
Das Dekret Nr. 1 handelt vom Chorgebet. Wir erfahren hier, daß der Konvent eine Knabenschola hatte, die beim feierlichen Chorgebet die Psalmen mitsang. Sie solle, wenn sie nicht passenderweise abgeschafft werden könne, darin gut unterrichtet werden. . . .
Dekret Nr. 2 handelt vom Silentium, Dekret Nr. 3 vom Ausgang in die Stadt in der gewohnten Weise. Dekret Nr. 4 bringt etwas Neues. Es fordert den Prior auf, gemäß den Statuten womöglich eine Krankenabteilung einzurichten. Sie soll hygienisch, gut und mit allem Geschirr und Gerät ausgerüstet sein. –
Dekret Nr. 5 wiederholt ein Dekret der Visitation des Jahres 1663 am 5. September, das den einzelnen Konventualen verbot, Getreide zu verkaufen oder wertvolle Gegenstände zu verschleudern. Dekret 6 wiederholt das Dekret 12 des letzten Provinzialkapitels über die jährliche Rechnungsablage und weist hin auf die Vorschriften des Generals Luchini, die er 1659 bei seiner Visitation über die vierteljährliche Abrechnung erließ. Dekret 7 ist ein Zitat aus der Ordensregel.«
»Am 8. Mai 1677 hielt auch P.M. Johannes Schweitzer S.T.D., der damals in den turbulenten Jahren unmittelbar vor der Teilung der Provinz Rector Provinciae war, zusammen mit P.M. Johannes Wilhelm Lutzenrode eine Visitation im Kloster Bedburg ab. (3007) Dekret 1 ist eine Wiederholung des 1. Dekretes der Visitation

vom 22. Mai 1675. Dann folgen neue Töne: Frauen sollen in das Kloster nicht eingelassen werden. Auch unnötige Unterhaltungen mit Frauen soll man vermeiden. Dekret 3 enthält eine Bestimmung, die uns als Kapitelsdekret schon einmal begegnet: Verkauf von Branntwein (vinum adustum) soll keinem Religiösen erlaubt sein. Zuwiderhandelnde sind zu bestrafen. Ebenso ist zu verfahren gegen Konventualen, die sich Wein, Bier oder Branntwein aus der Stadt besorgen. Wenn sie Meßstipendien erhalten, sind diese beim Prior oder Sakristan abzugeben. Wer nach eigener Meinung zelebrieren will, möge den Prior um Erlaubnis bitten. –«[15]
»Das Provinzialkapitel 1679, das erste der neuen kölnischen Provinz, verlegte das Noviziat nach Bedburg. Das Kapitel 1682 bestätigte diese Maßnahme. Am 30. August 1685 hielt die kölnische Provinz ihr Kapitel im Kloster Bedburg ab, ein Zeichen, daß dort ausreichende Räumlichkeiten vorhanden waren.«[16]

Kunzelmanns Liste der Prioren[17]:
»Es möge noch die Reihe der Prioren folgen, wie sie sich aus den vorhandenen Quellen (3025) ergibt:

| | |
|---|---|
| 1503 XII 18 | Woltherus von Mecheln |
| ca. 1586 | Heinrich Urbach Prior Vicarius (3026) |
| 1614 VI 20 | Martin Matthiae (3027) |
| –1624 | Johannes Villicus (584) |
| 1625(?)–1628 | Matthias (Cornelius) Fabri (3028) |
| 1631–(?) | Ignatius Dycker (3029) |
| vor 1635 | Heinrich Ercklens (3030) |
| 1637–1640 | Johannes Criterius, Prior Vicar., Definitor (3031) |
| 1640–1643 | Augustin Richardi Rüttgens (3032) |
| 1643–1646 | Anton Gelenkirchen, zugleich Prior in Frauweiler (3033) |
| 1646–1649 | Nikolaus Flamineus, zugleich Prior in Frauweiler (3034) |
| 1649–1652 | Johannes Libler (3035) |
| 1652–1655 | Johannes Isenberg (3036) |
| 1655–1658 | Augustin Wardelle (3037) |
| 1658–1661 | Libertus von Goldstein (3038) |
| 1661–1663(?) | Johannes Guilelmus von Lutzerade (3039) |
| 1663(?)–1664 | Petrus Waldt Vikar (3040) |
| 1664–1667 | Petrus Waldt Prior |
| 1667–1670 | Nikolaus Flamineus |
| 1670–1673 | Johannes Seraphinus Barnefeldt (3041) |
| 1673–1677 | Johannes Aurelius Peuls (3042) |
| 1677 V 8–1979 | Servatius Carlis Prior Vicarius (Provinzial 1718–1721) |
| 1679–1682 | Chrysotomus Bachem (3043) |
| 1682–1684(?) | Tobias Hartzem (3044) |
| 1684(?)–1685 | Johannes Blens (3045) Prior Vicarius |
| 1685–1687 | Ludwig Saurbrun (3046) |
| 1687 X–1688 | Theodor Leuning (3047) Prior Vicarius |
| 1688–1691 | Theodor Leuning Prior |
| 1691–1692 | Johannes Doom (3048) |
| 1692 X 14–1694 | Johannes Bergh (3049) Prior Vicarius |

| | |
|---|---|
| 1694–1697 | Johannes Bergh Prior |
| 1697–1703 | Adolf von Rohe (3050) |
| 1703–1706 | Johannes Schweitzer S.T.Lic. (3051) |
| 1706–1709 | Bonifatius Keyser (3052) |
| 1709–1711(?) | Johannes Fischer (3053) |
| 1711(?)–1712 | Philipp Flatten Prior Vicarius (3054) |
| 1712–1715 | Werner von Rohe (3055) |
| 1715–1716+ | Adolf von Rohe |
| 1716–1718 | Lambert von Rohe (3056) |
| 1718–1721 | Werner von Rohe |
| 1721–1724 | Johannes Schlömer (3057) |
| 1724–1727 II 2(+) | Petrus Munch (3058) |
| 1727 II–V | Heinrich Duisberg (3059) Prior Vicarius |
| 1727–1730 | Jakob Birbaum (3060) |
| 1730–1733 | Simplizian Binter (3061) |
| 1733–1736 | Reginald Kremer (3062) |
| 1736–1738(?) | Johannes Hausieren (3063) |
| 1738–1739 | Fulgentius Henseler Prior Vicarius (3064) |
| 1739–1742 | Johannes Tiquet (3065) |
| 1742–1748 | Anno Horbach (3066) |
| 1748–1751 | Bonifatius Jacobs (3067) |
| 1751–1753 | Patritius Esser (3068) |
| 1753–1754 | Carolus Neißen (3069) |
| 1754–1757 | Possidius Hammel (3070) |
| 1757–1760 | Carolus Neißen |
| 1760–1762 | Augustus Kribben (3071) |
| 1762–1764 | Honoratus Schlemmer Prior Vicarius (3072) |
| 1764–1776 | Anselm Lutterforst (3073) |
| 1783–1787 | Gerard Peiffer (3074) |
| 1791–1802(?) | Johannes Schweitzer |

## Über die Gebäude des Konvents berichtet Kunzelmann[18]:

»In den dreißiger Jahren des 18. Jahrhunderts war der Konvent Bedburg am Bauen. In den Akten des Kapitels zu Köln im April 1733 heißt es ausdrücklich: P. Reginald Cremer (3017) wurde zum Prior bestellt, ›ut aedificium perficiat‹. Die Bautätigkeit erstreckte sich über mehr als ein Jahrzehnt. Das Provinzialkapitel zu Köln im Mai 1745 bestätigte P. Anno Horbach in seinem Amt als Prior ›cum onere, ut perficiat aedificium coeptum‹.
Am 16. Dezember 1753 traf das Städtchen Bedburg ein großes Unglück: Um drei Uhr morgens brannten zweiundzwanzig Häuser ab. (3018) Das Kloster selbst scheint aber keinen Schaden gelitten zu haben. Wenigstens ist nirgends davon die

*Die alte, im Jahre 1892 abgebrochene Klosterkirche der Augustiner in Bedburg.*

Rede. Im Juli des Jahres 1766 vernichtete ein Hagelschlag die Fenster des Schlösses, des Klösters und des ganzen Städtchens Bedburg sowie alle Früchte des Feldes. (3019)«

## Das Ende des Konvents in der Sicht Kunzelmanns:

»Die kriegerischen Ereignisse gingen auch an Bedburg nicht vorüber. Im Jahre 1794 rückten die Franzosen hier ein, besetzten in den Herbstferien auch das Schulgebäude und verwüsteten es gänzlich. Aber die Petres stellten ihre Klosterräume zur Verfügung. So konnte der Unterricht weitergehen. (3021)«[19]

»Der Druck der Besatzungsmacht wurde immer stärker. Am 14. Juli 1798 schlossen die französischen Verwalter auch im Augustinerkloster Bedburg die Kornböden und sonstigen Vorratsräume, so daß die Mönche benachbarte Wohltäter in Anspruch nehmen mußten. (3022)

Im Jahre 1802 kam dann auch für das Bedburger Augustinerkloster das Ende, aber noch nicht für die Schule. Einer der letzten Professoren P. Quirinus Bausch, wurde nach Aufhebung des Klosters an der Pfarrkirche zu Bedburg angestellt. Er führte die Schule noch bis zum Jahre 1805 fort. Dann mußte er sie doch aufgeben. Sie zählte nur noch fünf Schüler (3023).«[20]

Anmerkungen:

Vorbemerkung: Die Anmerkungen unterteilen sich in der Folge von 1–20 als Hinweise der Autoren auf das Werk von Adalbero Kunzelmann.
Die darüber hinausreichende Numerierung ist Bestandteil des texteigenen Anmerkungsapparates von Kunzelmann.

1. Kunzelmann; Adalbero: Erster Teil »Das Dreizehnte Jahrhundert« Würzburg 1969 S. 193 ff
2. Neelsbach, Ordenshistoriker
3. Crusenius, Ordenshistoriker
4. Kunzelmann, Adalbero: Vierter Teil »Die Kölnische Provinz bis zum Ende des Mittelalters« Würzburg 1972 S. 60–62
5. Hier muß es wohl statt Lippstadt Lipp heißen.
6. Kunzelmann, Adalbero: Vierter Teil – s.o. – S. 63
7. Kunzelmann, Adalbero: Siebter Teil »Die Kölnische Provinz vom Beginn der Neuzeit bis zur Säkularisation« Würzburg 1976 S. 618
8. Ders. S. 618. (Hier muß die Zeit der Reformation berücksichtigt werden.)
9. Ders. S. 619
10. Ders. S. 619
11. Ders. S. 620
12. Ders. S. 620
13. Ders. S. 623
14. Ders. S. 620 f.
15. Ders. S. 622
16. Ders. S. 622
17. Ders. S. 625 ff.
18. Ders. S. 624
19. Ders. S. 624 f.
20. Ders. S. 625

## Der Bedburger Konvent in der Reformation

Bei der Behandlung dieser Thematik wird genau so verfahren wie bei der Darstellung der Geschichte des Konvents.
Hier wird ausschließlich Bezug genommen auf die Ausführungen von J. F. Gerhard Goeters: »Die Herrschaft Bedburg und ihre kirchlichen Verhältnisse zur Zeit der Reformation« S. 42–71 in: »400 Jahre Bedburger Synode«, Jülich 1971.
Die freundliche Genehmigung des Verfassers voraussetzend soll in einer Textsammlung versucht werden, seine Thesen zu den wichtigsten den Konvent Bedburg betreffenden Ereignissen zusammenzustellen.
»Bedburg und die zu ihm gehörigen Pfarreien haben einmal dem evangelischen Bekenntnis und evangelischen Gottesdienst angehört. Wenigstens für die Spätzeit der Herrschaft der Grafen von Neuenahr ist dies so allgemein mit Sicherheit zu sagen. Aber die Entwicklung bis dahin mit ihren einzelnen Schritten liegt für uns vielfach im Dunkeln.«[1]
»Die Pfarrarchive selbst geben so gut wie nichts über die Zustände in den Pfarreien in diesen Jahrzehnten her. Dies ist kein Zufall. Galt doch im später wiedererstandenen katholischen Gemeindeleben diese Zeit als eine Zeit des Glaubensabfalls.«[2]
»Wenn man die Wirkungen der Reformation am Niederrhein, das Auftreten ihrer Wortführer und die von ihnen ausgelösten Bewegungen samt den Reaktionen der kirchlichen und staatlichen Gewalten allgemein überschaut, so lassen sich mehrere Phasen unterscheiden.
In den Jahren 1521 bis 1525 haben durch Übernahme von Reichsgesetzen oder eigene Erlasse alle wichtigen Obrigkeiten am Rhein grundsätzlich Stellung gegen Luther, seine Sache und seine Anhänger bezogen, so zuerst der Erzbischof und Kurfürst Hermann v. Wied für seine Diözese und das Stift. Dann der Rat der Stadt Köln und schließlich Herzog Johann III. für die unter ihm vereinigten Herzogtümer Kleve, Jülich, Berg.«[3]
»Die erste sichere Nachricht über evangelische Regungen in Bedburg betrifft das Jahr 1529 und das dortige Augustinerkloster. Unter dem Datum des 3. Oktober 1529 erhält der dortige Ordenspriester Gottfried vom Brouch (Grevenbroich) auf sein Gesuch hin die päpstliche Erlaubnis, das Kloster zu verlassen, eine andere kirchliche Stelle zu Sakramentsbedienung, Beichtseelsorge und Predigt anzunehmen und sogar Weltgeistlichentracht zu tragen, unbeschadet späterer Rückkehr ins Kloster. Gottfried hatte sein Gesuch begründet einmal mit den sich mindernden Klostereinkünften, aus denen die Brüder kaum unterhalten werden könnten, zum andern aber mit der dort »spriessenden luthetrischen Ketzerei«, derzufolge die Brüder die schuldigen Ordenspflichten nicht mehr einhielten. Deswegen meinte Gottfried, mit gutem Gewissen wegen seines Gelübdes in diesem Kloster nicht mehr leben zu können.«[4]
»Über direkte Beziehungen zwischen dem Bedburger und dem Wittenberger Konvent wissen wir nichts. Um so enger ist das Verhältnis des nahen Kölner Konvents mit dem Ursprungsort der Reformation.«[5]
»Offenbar in diesem Zusammenhang sind im Frühjahr 1532 zwei Bedburger Brüder nach Köln übergegangen, Wilhelm Fleggen, der an der Universität eine Dozentur für Bibelauslegung übernimmt, und Wilhelm Clechem, der ein Theologiestudium an der

streng antilutherischen Kölner Fakultät beginnt. Beide dürften eine solche katholische Verstärkung für den Kölner Konvent gewesen sein, die Bedburg zu dieser Zeit noch abzugeben imstande war.«[6]
Weiter erklärt Goeters:
»Vielmehr besitzen wir vom 10. Mai 1530 eine Urkunde über die Verpachtung eines Hauses, daß das Bedburger Kloster in Dülken besitzt. Darin verpflichten sich die Pächter außer zu einer jährlichen Pachtsumme auch zur Unterbringung und Beköstigung des Terminarius, des vom und für den Bettelorden in den Pfarreien Dülken und Boisheim tätigen Almosensammlers. Das deutet auf ein noch intaktes Klosterleben zu dieser Zeit hin. Den Konvent vertreten in dieser Urkunde Gerhard Schmitz als Prior, Goddert (Gottfried) vom Brouch als Prokurator, ... und ein Bruder Johann von Odenkirchen.«[7]
»Aus anderen Quellen des Augustinerordens scheint nach freundlicher Auskunft von Herrn Pater N. Teeuwen in Sint Truiden/Belgien hervorzugehen, daß das Bedburger Kloster zwischen 1542 und 1552 von den Ordensbrüdern verlassen gewesen ist.«[8]
»Ebenfalls wieder als sicher hat zu gelten, daß mit der Durchführung des kaiserlichen Interims von 1548 in der Erzdiözese und den niederrheinischen Ländern in den Jahren 1549–1550 der katholische Gottesdienst überall wiederhergestellt und etwaige evangelisch amtierende Geistliche von ihren Stellen entfernt worden sind. Auch der Bedburger Augustinerkonvent scheint in der Folgezeit wieder erstanden zu sein.«[9]
»Aber schon in den nächsten Jahren muß ein Wandel eingetreten sein. Noch am 10. März 1558 nimmt das Kloster mit einem Ehepaar von Niederempt einen Landtausch vor. Dabei werden für den Konvent Herr Mewis (Bartholomäus) als Prior und die Brüder Wilhelm Schmitz von der Hellen und Johann Duirkouff von Kaster tätig. Am 1. April 1560 ist der letztgenannte Johann von Kaster, genannt Theurkauff, Prior des Konvents, als Graf Hermann das Kloster zu einer jährlichen Lieferung von 100 Malter Hafer aus seinen Einkünften an die gräfliche Kellerei verpflichtet. Eine solche Steuerverpflichtung gegenüber dem Unterherrn sieht bereits wie der Beginn einer Säkularisierung aus.«[10]
Um 1560 herum scheint also in Bedburg der Protestantismus zum Siege gelangt zu sein. Die späteren, immer sehr allgemein formulierten Nachrichten verbinden dies mit der Person des letzten Priors, des Johann Theurkauff von Kaster, unter dem die Konventualen ›skandalös gelebt‹, das Kloster verlassen und die Klöstergüter wie väterliches Erbgut untereinander geteilt hätten. Er selbst habe geheiratet und den katholischen Gottesdienst abgeschafft. ... Johann von Kaster habe die Gefälle und Renten der Pfarrkirche sowie den Bedburger Klosterhof für sich in Anspruch genommen. Daher hat der letztere die Bezeichnung Priorshof erhalten, ...«[11]
»Demnach ist ab 1556/60 der Augustinerkonvent durch Austritte der Auflösung entgegengegangen, die wohl 1571 abgeschlossen gewesen sein dürfte. ...
Ab 1573 hat es in Bedburg mit Sicherheit drei fest angestellte evangelische Pfarrer mit ihren Familien gegeben. ... Einer von ihnen ist der letzte Prior des Klosters gewesen. Ein anderer ist Johannes Christianus, ...«[12]
»Mit der Bedburger Synode vom 3. und 4. Juli 1571 tritt die Stadt zuerst als Stützpunkt des gesamten Protestantismus zwischen Maas und Rhein hervor. In erster Linie hängt dies mit dem Grafen Hermann als evangelischen Unterherrn und

seinen niederländischen Beziehungen zusammen, da die Niederländer für die Ausbildung der kirchlichen Gesamtorganisation die treibenden Kräfte sind.«[13]

»Die Synode (gemeint ist hier die Synode vom Juli 1573 in Birkesdorf) befindet, daß katholischem Gottesdienst durch einen solchen Verkauf (Hier: Verkauf von gottesdienstlichen Geräten an Katholiken) wissentlich kein Vorschub geleistet werden dürfe. Sonst solle der Verkaufserlös durch die Obrigkeit mit Rat des Konsistoriums zu guten, offenbar diakonischen Zwecken angewendet werden. Damit ist das Endstadium des Augustinerklosters signalisiert.«[14]

»Das Jahr 1584 ist das Jahr der Beendigung des evangelischen Gottesdienstes und der Entfernung aller evangelischen Pfarrer aus ihrem Amt sowie der Wiederaufrichtung des katholischen Gottesdienstes geworden.«[15]

Anmerkungen: Alle Textstellen sind aus dem o. a. Beitrag von J. F. Gerhard Goeters entnommen.

1. S. 49.
2. S. 49.
3. S. 52.
4. S. 53.
5. S. 53.
6. S. 55.
7. S. 55.
8. S. 55.
9. S. 57.
10. S. 58.
11. S. 59.
12. S. 59.
13. S. 60.
14. S. 61.
15. S. 69.

Fritz Wündisch

# Das Zisterzienserinnenkloster Benden in Brühl

Wer in Brühl von der Römerstraße über die Theodor-Heuss-Straße nach Brühl-Heide fährt, sieht zur linken Hand ein stattliches, von einem Turm mit Barockhaube flankiertes Bauwerk. Dieser Bau war das Äbtissinnengebäude[1] des Klosters Benden, von dessen Geschichte im folgenden berichtet wird.
Noch vor 600 Jahren war das heute dicht besiedelte Gelände, in dem dieser Bau liegt, ein weltabgelegenes, ringsum von dichten Wäldern umgebenes Wiesental, durch das von Westen her der Siegesbach rheinwärts floß, in den von Südwesten her der Elftergraben mündete. Die am Zusammenfluß dieser beiden Bäche liegenden Wiesen gehörten als »Benden« – eingezäunte Herrschaftswiesen – zu dem Hof, den die Vögte von Merreche[2] von den Kölner Erzbischöfen zu Lehn trugen. Deshalb wurde das Kloster, das hier zu Ehren der hl. Jungfrau Maria erbaut wurde, »St. Maria in den Benden« oder lateinisch »Beata Maria in Pratis (Wiesen)«[3] genannt.

2

Wann und durch wen dieses Kloster gestiftet wurde, ist urkundlich nicht beweisbar, da die überlieferten Archivalien darüber nichts aussagen. Constantin Schrils[4] erklärt dieses Überlieferungslücke:
»Im Jahr, da man schrieb 1383 den 6ten Tag April, ist das Closter Marien Benden völlig durch ein gählig Fewr / welches in der Müllen, so vor das Closters Porten gelegen, entstanden / mit allem Gebäw abgebrannt worden, also auch daß keine Zierath, Schrifften oder Bücher haben können errettet werden, wodurch dan geschehen, daß auch das Buch der Stiffter oder Fundatoren wie auch anderer Gudthäter mit verbrandt worden, und deswegen kommt, daß man heutigendag keine Nachricht oder Bericht davon geben kann«.
»Was des Closters Marienbenden Ursprung ahnlangen thuet, hab davon nichts finden können als allein dieses, daß nemlig dies Closter seye / nach aussag des Cistercienser Ordens Chronik / im Jahr 1207 aufferbawt undt gestifftet worden von einer Adeliger Matronen mit nahmen Margaretha von Hersell . . .«.
Diese Gründungssage ist glaubhaft, denn sie entspricht der um die Wende des 12. zum 13. Jahrhundert gegebenen Lage: Von altersher war es nämlich beim kölnischen

*Kloster Benden im Jahre 1730. Skizze in der Akte A.V.3 des Pfarrarchivs St. Margareta zu Brühl.*

Landadel und bei den Kölner Patriziern üblich, daß sie ihre Töchter, die nicht standesgemäß verheiratet werden konnten, in Klöstern unterbrachten und daß Witwen, die mit ihrer Familie in Unfrieden lebten, sich in Klöster zurückzogen. Als Nonnen genossen sie hohes Ansehen, und ihre Gebete brachten ihren Familien Seelenheil. Dieser Brauch, alleinstehende Frauen zu versorgen, bewährte sich besonders, als die Italien- und Kreuzzüge sowie die Kämpfe um die Nachfolge Kaiser Friedrich Barbarossas bei den Ritterfamilien einen hohen Frauenüberschuß verursachten. So ist es verständlich, daß in den Jahren zwischen 1190 und 1240 im Kölner Raum zahlreiche Frauenklöster gestiftet wurden, von denen hier nur Walberberg, Schillinigskapellen, Sion (Ophoven), Frauenthal, Bottenbroich und Burbach genannt seien.

In diesen Rahmen »paßt«, daß das Kloster Benden nach seiner Tradition im Jahre 1207 gestiftet wurde.

Ebenfalls »paßt«, daß die Stifterin eine Matrone aus der Ritterfamilie v. Hersel gewesen sein soll. Die Ahnenreihe dieser Familie läßt sich zurückführen auf einen miles (Ritter) Lambertus, der gegen Ende des 12. Jahrhundert erzbischöflicher Vogt zu Merreche war. Dessen Sohn Hermann besaß auch den Hof des Domkapitels in Hersel zu Lehn, so daß er und seine Nachkommen sich »von Hersel« nannten. Es ist durchaus glaubhaft, daß diese Hersels, im Kölner Raum reich begütert, stiftsfähig und mit Kölner Patriziern verschwägert[5], zur Erhöhung des Ansehens ihrer sozial aufsteigenden Familie das Kloster Benden gestiftet haben. Vermutlich war die als

Stifterin und erste Äbtissin genannte Margaretha die Witwe des Ritters Lambertus, und vermutlich vollzog sich die Gründung des Klosters Benden ähnlich wie 25 Jahre später die Gründung des Klosters Burbach. Unaufklärbar bleibt aber, woher die ersten Bender Nonnen kamen und wann der Konvent in den Cisterzienserorden aufgenommen wurde.

## 3

Offenbar ist das Kloster Benden schon bei seiner Gründung und bald danach mit beträchtlichem Grundbesitz ausgestattet worden. Über den Bender Hof, also die 230 Morgen, die unmittelbar vom Kloster bewirtschaftet wurden, sowie über den Hof Engdorf, den »Neuhof«, den großen Hof in Sechtem[6], die beiden Mühlen bei Merreche und die großen Waldungen sind keine Erwerbsurkunden überliefert; diese Ländereien müssen wohl zur »Erstausstattung« gehört haben. Auch hatte das Kloster so viel Geld, daß es 1236 Land bei Husen, 1287 einen Wingertshof in Walberberg und 1296 den Rodderhof[7] kaufen konnte.
Es ist gut belegt, daß im 13. Jh. viele Kölner Patriziertöchter Bender Nonnen waren. F. Lau[8] nennt: Durechin, Tochter des Hildeger Birclin; Richmudis und Elisabeth, Töchter des Henrich Rufus Cleingedanc; Cuniza und Elisabeth, Töchter des Henrich Hardevust; Richmodis und Margaretha, Töchter der 1259 geächteten Gottfried Hardevust. Dementsprechend sind in den Kölner Schreinsbüchern und anderen Urkunden viele Schenkungen von Häusern, Hausanteilen und Renten in Köln verbrieft[9]. Auch Seelmessen wurden von Kölner Patriziern in Benden gestiftet.
Dagegen ist nur spärlich belegbar, daß auch viele Bender Nonnen aus ländlichen Ritterfamilien stammten. Diese Überlieferungslücke ist wohl durch den Klosterbrand von 1383 zu erklären. Eine Urkunde blieb aber erhalten, die vielleicht für jene Zeit charakteristisch ist. Unterm 1. Februar 1291 erklärte Reymarus de Dorne; Ritter zu Schwadorf, ». . . weil ich meine geliebte Tochter Cunegundis zum Dienste Gottes im Kloster ad Pratum bestimmt habe und die Frau Äbtissin und der Konvent meine Tochter gütig und wohlwollend als Nonne und Schwester aufgenommen haben . . . so schenke ich ihnen zu meinem Seelenheil mit meiner Tochter noch drei Morgen Ackerland . . .«[10].
Als Gönner des Klosters erwiesen sich auch der Edelherr Wilhelm v. Saffenberg und Odylia, Witwe des Ritters Johannes de Hurthe. Erzbischof Siegfried v. Westerburg verzichtete auf seine lehnsherrlichen Rechte am Rodderhof mit der Auflage, daß »man zwey Malhe im Jahr ein Anniversarium für ihn undt seine Ahnverwandten halten« solle.

## 4

Wie groß der Bender Konvent im 13. Jh. gewesen ist, läßt sich aus den Archivalien nicht ermitteln. Im Jahre 1277 war er so zahlreich, daß Benden 13 Konventualinnen zur Umgründung des Kölner Klosters Mechtern (Ad Martyros Thebaicos) abgeben konnte. Wie es zur Gründung dieses »Tochterklosters« von Benden kam, wird in einer Urkunde des Erzbischofs Siegfried vom 9. April 1277 geschildert.[11]

Kurz zusammengefaßt, besagt diese Urkunde: Das seit Jahrzehnten verwahrloste Mönchskloster Mechtern, um dessen Reform sich schon die Erzbischöfe Konrad und Engelbert vergeblich bemüht hatten, war von Erzbischof Siegfried aufgehoben worden, nachdem einige Mönche Raubüberfälle und Morde begangen, das Klostervermögen verschleudert und die Klostergebäude in Brand gesteckt hatten. Daraufhin hatte der Kölner Patrizier Bruno Hardevust, Ritter und Schöffe, das Kloster auf eigene Kosten wieder aufgebaut[12], und auf seine dringende Bitte – »iuxta votum et desiderium Brunonis« – versetzte nun Erzbischof Siegfried 13 Bender Nonnen – »Cisterciensis ordinis« – nach Mechteren mit dem Recht, aus ihrer Mitte eine Äbtissin zu wählen.

Diese Urkunde ist der früheste ausdrückliche Beleg dafür, daß Benden zum Cisterzienserorden gehörte. Mittelbar geht diese Zugehörigkeit schon früher daraus hervor, daß das Kloster der geistlichen Aufsicht des Abts von Altenberg unterstand. Das ist urkundlich erstmals 1261 belegt. Erst in einer Urkunde von 1446 wird der Abt von (Alten-)Kamp als »visitator van wegen des generalen capittel uns gesat« erwähnt. 1470 und 1488 war der Abt von Heisterbach »unser visitator ind oeverste«. 1569 bis 1607 war dann wieder der Abt von Kamp und von 1615 bis zur Aufhebung des Klosters war schließlich wieder der Abt von Altenberg Visitator des Klosters Benden.

## 5

Während des Kampfs um Brühl im Jahre 1318[13] wurde das Kloster Benden zwar nicht zerstört, aber doch offenbach hart gebrandschatzt. Ungeachtet dieser Verluste retteten Äbtissin und Konvent damals sogar noch die Stadt Brühl aus einer Finanznot, wie eine Urkunde vom 3. März 1325 zeigt: Für einen ungenannten, aber wohl ziemlich hohen Preis hatte Benden – Äbtissin Hylla – Erbrenten an Ritter Cono v. Vischenich verkauft. Diese Erbrenten wurden durch die Brühler Schöffen für ewige Zeiten von aller Besteuerung befreit, weil der gesamte Kauferlös »zum Vorteil unserer Stadt, und zwar zur Ablösung der Darlehen, die wir wegen der Belagerung bei Juden aufnehmen mußten, verwendet wurde und Herr Cono die Renten ohne Steuerbefreiung nicht gekauft hätte«.

Um die Mitte des 14. Jahrhunderts regierte in Benden die Äbtissin Blithildis, eine Tochter des Kölner Patriziers Emund de Kusino. Zahlreiche Urkunden zeigen, daß sie die Wirtschaft des Klosters tatkräftig in Ordnung hielt. Offensichtlich war es von Vorteil für Benden – verglichen mit anderen Klöstern –, daß die Äbtissinnen im 13. und 14. Jahrhundert durchweg aus Familien kamen, in denen man mit Geld umzugehen wußte. Über die innere Ordnung des Klosters zu jener Zeit ist nichts bekannt. Nach dem großen Brand vom 6. April 1383 ist das Kloster anscheinend bald wieder aufgebaut worden. Schrils berichtet dazu[14]:

»Wie nun dieß Gotteshaus so elendiglich verwüst gelegen, so hat der Herr, welcher schlägt und heylt, einen ehrwürdigen Herren mit Nahmen Johan vom Hirsch / welcher ein Canonich zu St. Severin und Collnischer Official gewesen / durch seine Eingebung darzu ahngetrieben, daß er dießen Orth, welcher so grausam durch den Brandt verdorben war, thäte besuchen. So bald nun obgemelter Herr das Elend gesehen, ist er innerlig darüber bewegt worden und hat sich resolviert, die Kirch und

den Dormitör (Schlafhaus) wider auf zu bawen, welches er dan auch gethan, undt hat selbiger zu solchem Baw vier hundert Marck wie auch vielle andere Güter darzu reichlig und milthertzig ahngewendet«.
Auch Graf Wilhelm v. Katzenellenbogen, Landesherr von Keldenich und Edelbürger von Köln, hat anscheinend viel zum Wiederaufbau des Klosters gespendet. Am 21. September 1384 nahmen Äbtissin und Konvent zu den Benden ihn und seine Frau Elsa zum Dank für die erwiesenen Wohltaten in die Gemeinschaft ihrer geistlichen Güter auf.

6

Um die Wende des 14. zum 15. Jahrhundert wandelten sich allgemein die Sozialstrukturen. In Köln wurden die bis dahin alleinherrschenden Patrizier durch die Handwerker entmachtet, und auf dem Lande stieg aus der großen Masse der vermögenslosen Tagelöhner und Kleinpächter ein neuer Stand auf: die Pächter der großen Höfe der Geistlichkeit und des Adels. Diese »Halfen« oder »Halbwinner« – man nannte sie so, weil sie ursprünglich jeweils die Hälfte ihrer Ernte als Pacht abzuliefern hatten – saßen oft generationenlang auf »ihren« Höfen und kamen so meist zu Wohlstand und hohem Ansehen.
So konnten sich nunmehr auch Handwerker und Halfen leisten, ihre Töchter in Klöstern unterzubringen. Dementsprechend wandelte sich die Zusammensetzung des Bender Konvents. Die nach dem Jahre 1400 urkundlich erwähnten Bender Äbtissinnen stammten nicht mehr aus Familien des Kölner Patriziats oder des Landadels, sondern trugen bürgerliche Namen. Während aber bei den meisten anderen Frauenklöstern jener Zeit – z. B. Königsdorf, Dünnwald, St. Gertrud, Makkabäer – die Vorsteherin sich mit dem Titel »Meisterin« begnügte, führten die Bender Äbtissinnen weiterhin das Prädikat »domina«, das ursprünglich ein Adelsprädikat war. Manche fügten sogar »von Gottes Gnaden« hinzu.
Auch die innere Ordnung des Klosters änderte sich, wie eine Urkunde vom 30. April 1446[15] erkennen läßt. Während vordem alle Verträge von »Äbtissin und Convent« abgeschlossen, aber nur die Äbtissinnen mit Namen genannt wurden, werden hier erstmals auch einige Amtsträgerinnen mit Namen genannt, wohl als Zeichen ihrer Mitverantwortung für den Vertrag. Außer dem »gemeyne convente des cloisters ind gotzhuyß zo den Beenden« werden in dieser Urkunde benannt: Druda Plucks, »von Gottes Gnaden Äbtissin«. Metza Meilmanns weiland Äbtissin, Druda Meilmans Priorin, Bela van Zissen Küsterin und Catherina van Zudendorp Kellnerin. Die Priorin war damals Sprecherin des Konvents gegenüber der Äbtissin, sie führte das Konvents-Siegel. Die Küsterin war zuständig für die Instandhaltung alles dessen, was für den Gottesdienst benötigt wurde. Die Kellnerin war verantwortlich für die Wirtschaftsverwaltung und das Rechnungswesen.
In der Urkunde von 1446 wird ausdrücklich vermerkt, daß die darin verbriefte Ablösung einer Erbrente »mit consente ind stedehalten des erwerdigen in gode vaders hern Heynrichs van Nypehusen, abtz zo Kamp, unß visitatoirs ind lieven heren, van wegen des generalen capittel uns gesat ind bestedicht« erfolgt ist. Daraus kann man schließen, daß der Abt von Kamp damals als Beauftragter des Generalkapitels des Cistercienserordens das Kloster Benden reorganisiert hat, um es vor dem

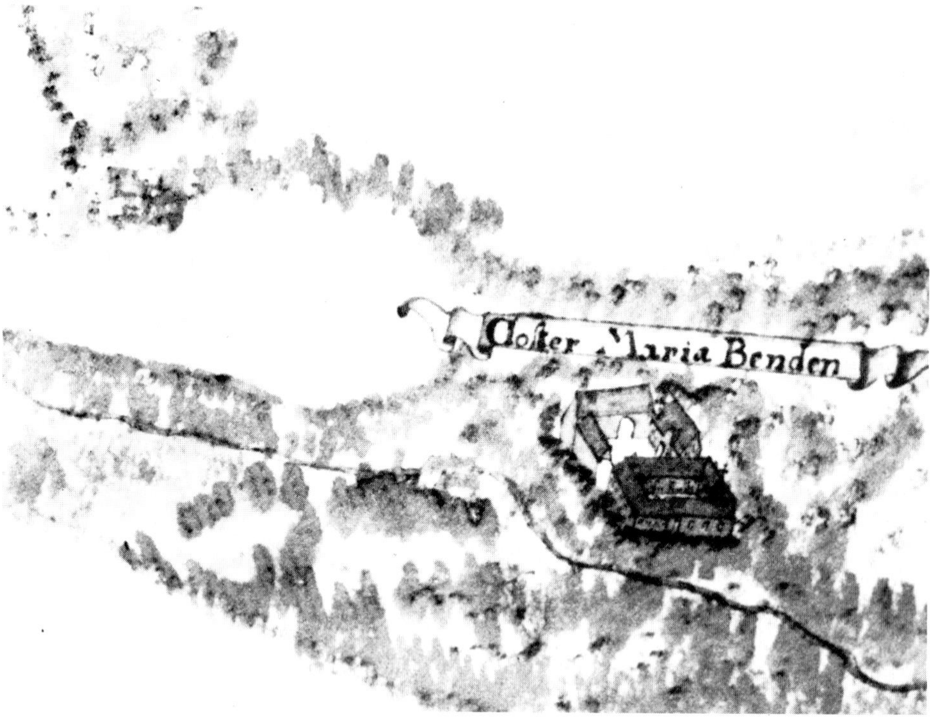


*Kloster Benden im Jahre 1771.*

Schicksal zu bewahren, das um die gleiche Zeit das Cistercienserinnenkloster Walberberg erlitt.
Die Erbrente wurde abgelöst, um damit »schwere Schulden« zurückzahlen zu können, »in die wir durch Krieg des Landesherrn geraten sind«. Damit waren wohl nicht die unmittelbaren Kriegsschäden gemeint, die das Kloster durch die Fehde des Erzbischofs Dietrich von Moers mit dem Herzog Adolf von Berg erlitten haben könnte, sondern vielmehr die hohen Steuern, die Erzbischof Dietrich zur Finanzierung seiner unaufhörlichen Kriege erhob.
Durch die Kriegslust und Verschwendungssucht Erzbischof Dietrichs gerieten seine Lande in eine schwere Wirtschaftskrise. Diese Krise überstand Benden – anders als Walberberg – anscheinend einigermaßen glimpflich. Nach den überlieferten Archivalien hat sich das Klostervermögen im 15. Jahrhundert nicht nennenswert verringert. Allerdings war die Zeit vorbei, in der dem Kloster ganze Gutshöfe geschenkt wurden. Die Mitgiften der Novizinnen bestanden durchweg nur noch aus einigen Morgen Ackerland, einigen Vierteln Wingert oder entsprechenden Erbrenten.
So wenig wir bisher über die anscheinend in den 1440er Jahren durchgeführte Reorganisation des Klosters Benden wissen, so wenig wissen wir über das Klosterleben in jener Zeit. Einen kleinen Hinweis gibt nur eine Bemerkung in der Kamper Chronik[16]: Das Cistercienserinnenkloster Sterkrade, das ebenfalls der Aufsicht des Abts von Kamp unterstand, war damals sehr verwahrlost. Eine Nonne, der das mißfiel, ließ sich nach Benden versetzen, und mit deren Hilfe konnte der Abt von

Kamp nach einigen Jahren – im Jahre 1465 – das Kloster Sterkrade erneuern. Das zeigt, daß die Klosterzucht in Benden damals als vorbildlich galt.

7

Im Jahre 1503 brannte das Kloster Benden zum zweiten Male ab. Schrils berichtet darüber:
»Im Jahr 1503, den zehnten September, welcher der Sonntag war nach Mariae Geburtstag, ist das Closter Marien Benden durch das Fewr von dem Backhaus nach gehaltener Nona völlig mit allem Gebäw, Kirch, Dormitör (Schlafhaus) und übrigem Gebäw abgebrandt worden, unter Regierung der andächtiger und würdiger Frawen Dorothea Isgens und dem wolh ehrwürdigen Beichtiger Herrn Pater Adolphus von Ratingen, Profeß zum Altenbergh. Einige von denen Geistligen seynd in andere Clöster geschickt worden, die Fraw Abtissin aber mit noch einigen wenigen, auf Gottes Barmherzigkeit vertrawent, seynd beständig bey dem verbranten Orth verblieben, haben kümmerlich gelebt und sich bemüht, einiges nothwendigste Gebäw wider auf zu richten, nach Absterben aber der Fraw Abtissin Isgens hat die wolh ehrwürdige Fraw Christina Ruttenbachs die Kirch widerumb aufgebawet und dediciren lassen wie folgt:
Anno 1525, den 7 undt 8ten Tag Maij, welcher war Dominica Jubilate, ist diese Kirch mit den Altaren, der kleiner Klocken und anderen Regulier Örteren durch den Hochwürdigen Herrn Hn. Quirin von Wylich, Cyrenenser Bischoffen undt des Ertzbischoffen zu Cöllen in Pontificalibus Vicarien, Gott dem Herren geweyhet undt consecrirt worden unter Regierung der wolh ehrwürdigen Frawen Christina Ruttenbach undt des ehrwürdigen P. Arnoldi von Solingen, Profeß zum Altenbergh, dieses Convents Beichtigeren.
Die Patronen von der Kirchen undt deroselben Altaren seyndt folgendt: Erstlig Patronen des Hohen Altars die allerheyligste undt unzertheilte Dreyfältigkeit, die allerseeligste Gottesgebährerin Maria mit dem heyl. Josepho ihrem Bräutigam, Sanct Michael mit allen heyligen Engelen und die heyligen Vätter Sanctus Benedictus undt Bernardus. Patronen von dem kleinen Altar zur lincker Seithen: Sanct Johannes der Täuffer und der heyl. Johannes Evangelista, der heyl. Jacobus maior undt Jacobus minor, Sanct Ursula mit ihrer Gesellschaft und die heyl. Christina. Patronen von dem kleinen Altar zur rechten Seithen: das heyl. Crutz Christi, der heyl. Servatius, Sanct Nicolaus Udalrichus, die heyl. Mutter Anna mit ihrem Mann, dem heyl. Joachim und Sanct Margaretha.
Patronen des Altars im Capitel: die heyl. vier Marschallen St. Antonius, Cornelius, Quirinus undt Hubertus undt die heyl. Jungfrawen Catharina und Barbara. Patronen von der großen Klocken: Die große Klock ist geweyhet undt getaufft worden in Nahmen der allerheyligsten Mutter undt Jungfrawen Mariae, dieses Closters sonderbahrer Patronin, undt die klein Klock zu Ehren der heyl. Mutter Anna, obwohl andere Nahmen auf den Klocken gegossen stehen.
Das Fest der Kirchweyhung soll alle Jahre auf den dritten Sonntag nach Ostern /: Jubilate genant :/ gehalten werden, ahn welchem Tag wie auch ahn anderen Hauptfesttagen undt der heyl. Patronen Nahmentag obgemelter hochwürdiger Bischoff allen und ieden Christgläubigen, welche nach reumüthiger Beicht in dieser

Kirchen werden funff Pater undt Ave betten, Ablaß von viertzig Tag für sich undt viertzig Tag für den Ertzbischoffen verleyhen thuet«.
Woher die für den Wiederaufbau des Klosters benötigten Geldmittel kamen, wird weder von Schrils noch in anderen Archivalien berichtet. Klostervermögen brauchte man dazu offenbar nicht zu verkaufen. In seiner Laudatio auf Christina Ruttenbach erwähnt Schrils sogar, daß sie das Klostervermögen durch Ankauf von Grundstükken und Erbrenten vermehrt und letztwillig noch 200 Goldgulden gestiftet habe, die verzinslich ausgeliehen wurden. »Darzu hat die obgenante Fraw große hinderständige Schulden von den vorigen Frawen (früheren Äbtissinnen) mittlerzeit wohlbetzalt undt hat dabey viell gebawet inwendig undt außwendig, als solches clärlig ihre nachgelassene Rechnungen von Jahr tzu Jahr außweisen«.
So war das Kloster Benden offenbar völlig wiederaufgebaut und wirtschaftlich wohlfundiert, als die Äbtissin Christina Ruttenbach im Jahre 1541 starb.

## 8

Über die innere Ordnung des Klosters Benden im letzten Drittel des 16. Jahrhunderts unterrichtet das Protokoll einer am 17. Juni 1569 durchgeführten Visitation[17]: »In diesem Jahre 69, am 17. Juni, wurde die Visitation durchgeführt in dem Kloster oder Convent der Jungfrauen oder Nonnen in Pratis Mariae, im Volksmund zo Marien Benden genannt, bei Brühl gelegen, zum Orden des hl. Bernhard gehörend, dem Herrn Abt von Kamp unterstellt. Hier wurden die Frau Äbtissin, der Beichtvater und die Conventualinnen ins Kapitelhaus zusammengerufen und nach einer Ansprache mit Verlesung des Visitationsauftrags befragt, ob sie diese Visitation gestatten wollten, unbeschadet ihrer Privilegien und der Befugnisse ihrer Oberen.
Bei eingehender Untersuchung wurden (dann) Mängel des Gottesdienstes festgestellt, nämlich daß er zu den vorgeschriebenen Stunden nur lesenderweise gehalten wird, weil der Convent zu schwach besetzt ist – ›propter raritatem personarum‹ –, nach der Ordensregel zu singen. Auch können sie, weil sie nur einen Priester – Beichtiger haben, nicht täglich eine Messe hören, und manchmal wird sie auch vom Pater abgekürzt. Bezüglich dieser und anderer Verstöße gegen die Ordensregel und die Ordnung der weltlichen Verwaltung wurde, nachdem wieder alle zusammengerufen waren, folgender Bescheid verkündet: Vor allem soll die Äbtissin dafür sorgen, daß die Horen, wenn auch nicht täglich, so doch wenigstens an Feiertagen und Sonntagen gesungen werden, und eine entsprechende Anordnung erlassen, damit nicht durch diese (gegenwärtig eingerissene) Nachlässigkeit der Gesang künftig ganz in Vergessenheit gerät. Auch soll sie (die Äbtissin), wenn die Zeitverhältnisse es irgendwie gestatten, mehr geeignete Novizinnen annehmen. Inzwischen sollen die jetzige Conventualinnen ihre gottesdienstlichen Pflichten sorgfältig erfüllen und, wie es ihr Gelübde fordert, fromm und keusch leben, damit durch ihr Beispiel fromme Leute veranlaßt werden, ihre Kinder bei ihnen Gott zu weihen.
Der Pater soll sorgfältig seines Amtes walten und sich Mühe geben, daß sie jeden Tag ihre Messe haben können und an Sonn- und Feiertagen die Messe vollständig mit Epistel, Prefatio und Oratorio gesungen wird.
Und da wir erfahren haben, daß die Frau Äbtissin allein die Schlüssel zur Klausur hat und jeden nach ihrem Belieben ein- und ausgehen lassen kann, so ordnen wir an, daß

zwei Schlüssel zur Klausur gemacht werden sollen: den zur Außentür soll der Herr Beichtiger haben und den zur Innentür die Frau Äbtissin, so daß niemand ohne Wissen und Willen des Paters hinein- oder hinausgehen kann. Wenn der Pater einmal abwesend sein muß, dann soll er seinen Schlüssel einer anderen vertrauenswürdigen Person anvertrauen. Und die Klausur selbst soll sorgfältiger überwacht werden, damit nicht Männer und Frauen ein- und ausgehen, wodurch bei Außenstehenden Verdacht und üble Nachrede entstehen können.
Wenn die Conventualinnen mit Erlaubnis ihrer Oberen Ausgang haben, so sollen sie außerhalb des Klosters schickliche Gewänder tragen, damit sie als Nonnen kenntlich sind. Ihre allzu ausgeschnittenen Kleider, ihre bis über die Hände hinausreichenden Spitzenmanschetten und ihre bis zu den Ohren reichenden Hemd- und Halskragen sollen sie ablegen und sich mit Gewändern begnügen, die ihrem Stande und ihrem Gelübde geziemend sind. Sie sollen sich auch nicht durch Arbeit persönliche Einkünfte verschaffen, vielmehr soll das, was sie (für ihre Arbeiten) als Bezahlung erhalten, dem Convent zukommen.
Auch haben wir erfahren, daß der Convent mehr als 1300 Taler Schulden hat wegen der schweren Zeit und der Kriegsläufte und daß der Convent übermäßig mit Lasten beschwert wird: für eine Schuld von 300 Talern leisten sie jährlich (eine Rente von) 12 Malter Roggen, für 250 Taler 8 Malter Roggen, für 80 Taler 3 Malter Roggen und für 70 Taler 3 Malter Roggen. Sie wünschen, dies »reverendissimo domino« (dem Kurfürst – Erzbischof Salentin v. Isenburg) vorzutragen und ihn zu fragen, wie er ihnen helfen könne, daß wenigstens die Roggenrenten auf Geldzahlungen umgestellt werden könnten. – Einstweilen sollen sie aber sparsamer – ›frugalius‹ – leben, um allmählich aus ihrer Schuldenlast herauszukommen.
Die Äbtissin soll für die einzelnen Jahre Rechnungsbücher führen und (alljährlich) an einem vorher bestimmten Tage einen Rechnungsabschluß vorlegen und ein Exemplar davon ins Klosterarchiv geben.
Schließlich ermahnten wir (die Conventualinnen), die Ordensregel einzuhalten. Eintracht, Keuschheit und Frömmigkeit zu bewahren und sich vor Übeln aller Art zu hüten. Als wir dann zu Antwort hörten, daß sie die Vorschriften befolgen und, wenn sie bisher irgendwie gefehlt hätten, sich bessern wollten, haben wir ihnen Schweigen auferlegt, ihnen Absolution erteilt und sie entlassen.
Bemerkt sei noch, daß eine Nonne namens Metzgina das Kloster verlassen hat – ›habitum reliquit‹ – und sich in Köln aufhält. Sie wollen sie aber nicht zurückholen, weil sie dem Convent unnütz sei.«
Nach diesem Visitationsbericht hat Benden – verglichen mit anderen Klöstern – die Prüfung verhältnismäßig recht gut bestanden. Erstaunlich mag allerdings für manchen Leser sein, was über die damalige Kleidung der Bender Nonnen gesagt wird. Offenbar trugen sie damals keine Ordenstracht, sondern – zumindest außerhalb des Klosters – Kleider, die alle Modetorheiten jener Zeit – tiefen Ausschnitt, hohe Spitzenkragen, lang herabhängende Spitzenmanschetten u. dgl. – aufwiesen. Erstaunlich ist auch, daß die Visitatoren diesen Verstoß gegen die Cistercienser – Ordensregel nicht sofort abstellen ließen, sondern die Nonnen nur milde ermahnten, sich künftig dezenter zu kleiden.
Aus der Tatsache, daß die Nonnen sich modisch kleideten, kann man schließen, daß sie – selbstverständlich mit Erlaubnis der Äbtissin, deren Großzügigkeit die Visitatoren aber offensichtlich mißtrauten – die Klausur öfters verließen; innerhalb der

Klausur Modenschauen zu veranstalten, wäre sinnlos gewesen. Das Befolgen der jeweiligen Mode wurde den Nonnen durch ihren »Spielpfennig« ermöglicht. Manche besserten anscheinend ihren Spielpfennig noch in der Weise auf, daß sie gegen Bezahlung Stickereien u. dgl. anfertigten. Auch das wurde von den Visitatoren nur milde getadelt.
Bemerkenswert ist die Bitte, die Visitatoren sollten beim Kurfürst – Erzbischof die Umstellung der Roggenrentenverpflichtungen des Klosters auf Geldverpflichtungen erwirken. Offenbar hatte man Natural-Erbrenten gegen Barzahlung verkauft. Das war in jener Inflationszeit ein schwerer Fehler, da das Geld bald verbraucht war, die Rentenlasten aber fortdauerten und mit dem Steigen der Kornpreise immer drückender wurden. Diesen Fehler konnte indessen selbst der Landesherr nicht rückgängig machen. Helfen konnte nur das, was die Visitatoren sagten: Lebt sparsamer als bisher, damit Ihr Eure Rentenlasten möglichst bald ablösen könnt!
Bemerkenswert ist schließlich auch der am Ende des Protokolls gleichsam beiläufig erwähnte Fall, daß eine Nonne eigenmächtig das Kloster verlassen hatte und weder die Äbtissin noch die Visitatoren daran Anstoß nahmen.

## 9

In den Jahren 1583–1589 wurde der Brühler Raum von zuchtlosen Landsknechthaufen beherrscht, den Söldnern des 1583 abgesetzten Erzbischofs Gebhard Truchseß v. Waldburg und den Söldnern, die für dessen Nachfolger Ernst v. Bayern angeworben worden waren. Man nennt jene Zeit den »Truchsessischen Krieg«, obwohl die beiderseitigen Söldner nicht so sehr Krieg führten als vielmehr auf eigene Faust das Land ausplünderten und verwüsteten. In jener Zeit erlitt das Kloster Benden so schwere Schäden, daß sein Weiterbestehen gefährdet erschien. Der Krieg begann damit, daß Herzog Friedrich v. Sachsen – ein junger Domherr, der die zur Vertreibung des abgesetzten Erzbischofs angeworbenen Söldner befehligte – am 13. Februar 1583 Stadt und Schloß Brühl im Handstreich einnahm. Bald danach begannen die truchsessischen Landsknechte von Bonn aus durch Streifzüge das Land unsicher zu machen. »In einer nacht sin sie zu Alfter komen, (haben) die leut spolieirt (ausgeplündert) . . . und haben da das beginnencloister überfallen und die jonfern beraubt, nackt und blois, (und) wer in der eil nit umbgeworfen (vergewaltigt wurde), vertriben.« Von Benden forderten sie 3000 Gulden mit der Drohung, sonst »das cloister und ire haif (Höfe) anzustechen und mit feur zu verbrennen«. Das veranlaßte die Bender Nonnen, schleunigst ihr Kloster zu verlassen. Sie gingen nicht nach Brühl, denn die dortigen Landsknechte waren nicht anders als die in Bonn: überall war Landsknechtsbrauch, den Sold, der meist nur schleppend gezahlt wurde, durch Erpressungen und Plünderungen aufzubessern. Einige Nonnen flüchteten sich mit ihrem Beichtiger nach Köln, wo sie bei dem Pfarrer von St. Jakob Unterkunft fanden, andere gingen zu ihren Eltern oder Verwandten nach Münstereifel.
Über ein Jahr mußten die Bender Nonnen im Exil leben, bis Hermann Weinsberg in seinem Tagebuch vermerken konnte: »Anno 1584 den 24. Maii sin die jonferen van Benten widder aus Coln in ir cloister zu Benten gezogen.« Nach der Rückkehr wurde offenbar eine Bestandsaufnahme des verbliebenen Vermögens gemacht. Schrils erwähnt mehrmals ein Urbar vom Jahre 1585, das er als Vorlage benutzte.

Eine solche Vermögensübersicht war nötig, denn die Brandschatzungen und die Kosten des Exils hatten dem Kloster Benden eine schwere Schuldenlast aufgebürdet. So mußte sich die Äbtissin Christina Gymnichs entschließen, zur Konsolidierung der wirtschaftlichen Lage des Klosters – erstmals seit 250 Jahren – einen Hof zu verkaufen. »Zu queitirung des schweren schuldenlasts, darin wir in disen beharligen benachbarten kriegsemporungen gerathen, und zu befreiung und aufnehmen anderer unser und unsers gotshauses gütteren« verkaufte sie am 10. November 1587 das Heimbachsgut zu Eckdorf an die Eheleute Junker Quad v. Landskron zu Rindorff und Barbara Haas. Christina Gymnichs handelte dabei nicht übereilt und eigenmächtig. Sie ließ den Kaufpreis durch »gutachten und underhandlung unserer darzu erpettener freunde« festlegen und sofort in Gold- und Silbermünzen auszahlen. Der Abt von Altenkamp »als unser verordnet oberheubt und visitator« prüfte und genehmigte den Vertrag und bekräftigte die Urkunde mit seinem Siegel. Auch wurden – als Mitverantwortliche – im Vertrag ausdrücklich erwähnt: Catharina Gibels Priorin, Catharina Tontorfs Kellnerin, Christina Gauweins, Anna Rick »schreibmeistersche«, Damiana Kolhass und Cecilia Neckels »cüstersche«. Trotzdem machte ihr Schrils später schwere Vorwürfe, indem er schrieb: ». . . Abtissin Christina Gymnich /: welche allein 2 iahr regirt und vielle erbgüter verkaufft hat, in specie die güther tzu Eckdorpf ahn Juncker Quad tzu Rheindorpf :/. . . Summa: schlechte Regierung und gar schlechter Vorstand hat Closter Benden umb seine besten gütter und in schwäre lasten gebracht!«
Wenige Wochen nach diesem Verkauf flammte der Krieg von neuem auf. Am 22./23. Dezember 1587 gelang es dem von Gebhard Truchseß angeworbenen Landsknechtführer Martin Schenk v. Nideggen, Bonn zu überrumpeln, und am 26. Dezember forderte Schenk auch Brühl – allerdings vergeblich – zur Übergabe auf. Hals über Kopf flüchteten sich nun die Bender Nonnen am 30. Dezember zum zweiten Male nach Köln.
Sie taten gut daran, wieder nicht nach Brühl zu gehen, denn Erzbischof Ernst schickte von Lüttich aus den Landsknechtsführer Stör mit wallonischen Söldnern zum Gegenstoß vor, und diese errichteten in Brühl eine Schreckensherrschaft. Am 29. Januar 1588 »ist her Stoir mit etlichem kreichsfolk zu pferde und fois wolgerust uff Broil komen, die stat und schloss ingenomen, den burgern überlestig gewest . . . Die von Broil sind spolieirt und nit besser gehalten dan die zu Lechenich« (das am 23. Januar von den Wallonen geplündert und verwüstet worden war). Am 23. März ». . . haben die Welschen aus Broil das feur in das dorf Efferen gestochen und vil schadens mit abbrenden der huser und hoiffe getain«. Die Brudermeister der St.-Sebastianus-Bruderschaft vermerkten in ihrer Rechnung für 1588: »Hie ist zu wissen, dweil die burger und umbgesessenen nachparen vom kriechsvolck des Princen van Chynon usw., so Bonn belagert, gentzlich verderbt und bynnen Bruel alles verwuest worden, derhalb ist durchauß die halbscheidt aller pechten nachgelassen.«
Welche Folgen diese Verwüstungen für das Kloster Benden hatte, zeigt eine Urkunde vom 17. Dezember 1588[18]. Laut dieser Urkunde verkauften »Christina Gimnich abdiß, Catharina Gybelß prioriß, Catharina Tontorffs kelnersche vort semptliche junfferen des gotzhauses und closters Merrienn Bendenn bey dem Bruell« »mit gueter zeitlicher vorbetrachtung und einhelligem rath, so wir in unserm versambleten capitell hirumb capitulariter wie bei uns gewonlich, vergadert (versam-

melt) zusammen gehabt und gepflogen« »zu erbauwung und reparation unser beider hoffen Neuwenhoff und Engendorff . . ., so bey diesem noch schwebenden Colnischen krieg verheert und abgebrandt« 60 Morgen Ackerland im Meschenicher Feld an Matthies van Berchem, Fleischhauer und Bürger zu Köln, und dessen Ehefrau Anna. Da der Abt von Kamp anscheinend nicht erreichbar war, wurde der Vertrag dem kölnischen Offizial (erzbischöflichen Oberrichter) vorgelegt und von diesem am 20. Dezember 1588 genehmigt. Dem widersprach aber der Abt von Kamp, »da wir als gemelten closters superior et ordinarius visitator inhalts unseres ordens statuten zu itzgemeltem verkauff unsern consensum nit adhibiert (Zustimmung nicht gegeben)«. Daraus entstand ein Prozeß, der bis zum Reichskammergericht in Speyer getrieben wurde. Da eine alsbaldige Entscheidung nicht zu erwarten war, einigten sich die Streitparteien am 19. September 1606, daß die Eheleute Berchem noch 211 Taler zuzahlen sollten, woraufhin der Abt von Kamp am 23. März 1607 den Vertrag genehmigte.
Mit dem Erlös dieses Verkaufs konnte Benden aber anscheinend nur den Engdorfer Hof wieder aufbauen. Der Neuenhof wurde 1589 an einen Johann Meinertzhagen aus Köln verkauft.

## 10

Nach der Steuer-Description von 1599 besaß das Kloster Benden drei große Höfe – den Bender Hof, den Rodderhof und den Engdorfer Hof – sowie zwei Mühlen und zwei Wingertshöfe in Walberberg und in Cardorf. Dazu kamen noch ein Hof in Erp, 300 Morgen Wald, etwa 60 Morgen verpachtetes Ackerland ohne Hofstelle und viele Erbrenten. Trotzdem war die wirtschaftliche Lage des Klosters schlecht, weil während des Truchsessischen Kriegs vieles verwüstet worden war und die Schuldner ihre Pachten und Abgaben nicht leisteten. 1592 baten Äbtissin und Konvent um Steuererlaß, da sie sonst – ausgeplündert und zahlungsunfähig – das Kloster verlassen müßten[19]. Und als der Abt von Morimond, Generalabt des Cistercienserordens, im Jahre 1602 Benden besuchte, sah er sich veranlaßt, als »visitator pauperculi monasterii« (des ärmlichen Klösterchens) von den Walberberger Jesuiten langjährige Abgabenrückstände anzufordern[20].

## 11

Über die Geschichte des Klosters im 17. Jahrhundert und dem größten Teil des 18. Jahrhundert sagen die überlieferten Archivalien nur wenig aus. Offenbar besserte sich aber seine wirtschaftliche Lage nach Überwindung der Schäden des Truchsessischen Kriegs. Auch mehrten sich die Einnahmen aus Mitgiften, Spenden und Vermächtnissen.
Um das Jahr 1675 kauften Äbtissin und Konvent in Köln ein hinter dem Mauritiuskloster gelegenes Haus mit Garten und Wingert, das sie dann für 60 Thaler jährlich vermieteten. In dem Mietvertrag[21] behielt sich das Kloster Benden die Nutzung einiger Räume vor, »dann auch im fall die junfferen wegen kriegs entweichen müßten, die küche und mehrere platz nit zu verweigern«. Zum Glück für die

Klosterjungfern brauchten sie sich aber nie in dieses Ausweichquartier zu flüchten. Im Jahre 1718, etwa gleichzeitig mit dem Neubau des Brühler Franziskanerklosters, wurde auch der Südflügel der Klostergebäude neu errichtet. Das besagt eine Inschrift: »1718 hat die wohlehrwürdige Fraw Maria Anna Wartz Abtis(sin) dem F. P. Constantin Schrils diesen Bau aufgerichtet«. Mehr wissen wir aber nicht über diesen Bau, da alle einschlägigen Akten offenbar verlorengegangen sind. Weder kennen wir die Namen des Architekten und der Bauhandwerker noch wissen wir, wie das vordem so »ärmliche Klösterchen« dieses stattliche Bauwerk finanziert hat. Am 12. Juli 1766 gestatteten Äbtissin und Konvent dem Rodderhalfen Joh. Adam Braun, auf dem Gelände des Rodderhofs eine Klüttenkaule zu erschließen[22]. Aus dieser Klüttenkaule ging später das Stammwerk der Braunkohlen- und Briketwerke Roddergrube hervor, auf dem 1877 das erste rheinische Brikett gepreßt wurde.

## 12

Mit dem Einmarsch der französischen Truppen am 6. Oktober 1794 begann für das Kloster Benden eine überaus schwere Zeit. Drei Wochen lang, bis zum 28. Oktober 1794, lagerten 10000 Sansculottes auf den Höhen von Kierberg bis Pingsdorf. Das Kloster, der Bender Hof und der Rodderhof wurden ausgeraubt, die Äcker wurden zertrampelt, große Teile der Bender Büsche in den Lagerfeuern verheizt[23]. Im Sommer 1796 konnte das Kloster die ihm auferlegten Kontributionen nur dadurch bezahlen, daß die Äbtissin Maria Genger bei ihrem Bruder ein Darlehn von 2000 Rth aufnahm[24]. 1797 erklärte die Äbtissin, daß das Kloster zahlungsunfähig sei, auch sei es von seinen Halfen, »welche diese Zeiten zu unserem Schaden nur allzusehr zu benutzen wissen, ganz verlassen«[25]. 1798 mußte das Kloster seine bisher selbstbewirtschafteten Ländereien – den Bender Hof – an Bertram Braun, den Sohn des Rodderhalfen Joh. Adam Braun, verpachten, weil es die Löhne seiner Knechte und Mägde nicht mehr zahlen konnte[26].

Am 11. Januar 1798 nahm J. Lievenbrück namens der Brühler Amtmanns J. Gansen den Personenstand des Klosters auf[27]: Genger Äbtissin, Heycamp Priorin, »dames religieuses« Ortmann, Vettweis, Zündorf, Maas, Franken, Claren, »soeurs religieuses« Mundorf, Ricks, Kroch Prior, außerdem 14 »domestiques«.

Genauere Daten zeichnete der Domänenverwalter J. B. Rosel am 21. Januar 1801 auf[28]. Danach lebten im Kloster:

Maria *Genger*, geb. Königswinter 28. Oktober 1726
Maria Katharina *Heycamp*, geb. Köln 13. April 1750
Maria Gertrud *Ortmann*, geb. Köln 13. April 1730
Maria Magdalena *Vettweis*, geb. Niederehe 26. September 1747
Anna *Zündorf*, geb. Köln 14. August 1757
Anna Gertrud *Maas*, geb. Köln 28. April 1760
Anna Cäcilia *Franken*, geb. Erkelenz 3. Januar 1768
Adelheid *Claren*, geb. Köln 16. Januar 1760
Agnes *Mundorf*, geb. Fischenich 13. Januar 1761
Clara *Ricks*, geb. Euskirchen 9. Juni 1759.

*Hauptbau des Klosters Benden im Jahre 1985.*

13

Die wirtschaftlichen Schwierigkeiten des Klosters verstärkten einen Zwist, der im Konvent schon seit längerer Zeit schwelte: Maria Genger, die der Altenberger Abt 1783 als Äbtissin eingesetzt hatte, war im Konvent anscheinend wenig beliebt. Die Abneigung gegen sie steigerte sich im Lauf der Jahre derart, daß der Konvent beschloß, sie »wegen Streitsucht und Unfähigkeit« abzusetzen[29]. Sie blieb aber Äbtissin, da der Abt von Altenberg diesen Beschluß nicht genehmigte. So schwelte der Zwist weiter. Am 18. Oktober 1801 verließen vier Nonnen – A. Zündorf, A. G. Maas, A. C. Franken und C. Ricks – gemäß dem Arrêté vom 8. Me. VI/ 24. Juni 1798 die Klostergemeinschaft und gingen heim zu ihren Familien. Nun hätte das Kloster kraft dieses Arrêtés aufgehoben werden müssen. Um das zu verhüten, widerrief Clara Ricks ihre Austrittserklärung und kehrte in das Kloster zurück[30].

Damit waren aber die Schwierigkeiten nicht behoben. Die Ausgetretenen hatten einen Anspruch auf eine Staatsrente, deren Höhe von den Einkünften des Klosters abhing. Zur Deckung dieses Anspruchs forderte die Domänendirektion einen Vorschuß von 600 frs. an. Da das Kloster sich aber für zahlungsunfähig erklärte und keine pfändbare Habe mehr besaß, wurde am 21. Mai 1802 die aufstehende Frucht des Bender Hofs zwangsversteigert[31].

Schon einige Wochen später wurden dann durch den Konsularbeschluß vom 20. Pr.X/9. Juni 1802 fast alle geistlichen Körperschaften – auch der Konvent Benden – aufgehoben. Ihre Vermögen und Schulden gingen auf die Französische Republik über.
Dementsprechend begaben sich am 18. Th.X/6. August 1802 der Notar F. W. Schmitz und der Domänenverwalter J. B. Rosel nach Benden und übernahmen das Kloster[32].
Die übernommenen Liegenschaften, kirchlichen Geräte, Schriftstücke und Schulden wurden in einem ausführlichen Übernahmeprotokoll aufgezeichnet. Es wurde unterschrieben – außer von den beiden Übernahmekommissaren – von Maria Genger, M. C. Heycamps, M. G. Ortmann und Adelheidis Claren. Agnes Mondorf und Clara Rick erklärten, nicht schreiben zu können. Alle Nonnen erklärten, zu ihren Familien heimkehren zu wollen. Über ihre späteren Schicksale ist nichts bekannt. Die Äbtissin M. Genger ist angeblich am 19. Januar 1814 im Alter von 87 Jahren in Köln verstorben. Die Priorin M. C. Heycamps soll die Aufhebung des Klosters nur kurz überlebt haben. Die Altersversorgung der Nonnen wurde durch die Aufhebung des Klosters wesentlich verbessert und sichergestellt. Während sie zuvor wegen der Zahlungsschwierigkeiten des Konvents sehr kärglich gelebt hatten, erhielt nun jede eine lebenslange Rente aus der Staatskasse, die etwa dem Gehalt eines Dorfpfarrers entsprach. Die Zahlungsanweisungen hierfür wurden den Nonnen im Frimaire XI/Dezember 1802 durch den Brühler Maire Zaaren gegen Quittung ausgehändigt[33]. Die kirchlichen Gerätschaften wurden zunächst in die Sakristei der Brühler Franziskanerkirche überführt, dann aber am 8. Ni.XII/30. Dezember 1803 für insgesamt 875 frs. öffentlich versteigert[34].
Das Kloster samt Kirche, Wirtschaftsgebäuden und rund 48 ha Land wurde am 20. März 1806 für 31 400 frs. von dem Kölner Kaufmann Everhard Henner ersteigert[35]. Henner ließ alle Gebäude mit Ausnahme des heute noch vorhandenen Äbtissinnenbaus und des Wirtschaftshofs abbrechen und baute das Ganze zu einem Landsitz für sich um. Seine Erben verkauften diesen Landsitz 1844 an den Kaufmann Friedrich Giesler d. Ä. Dessen gleichnamiger Sohn ließ 1889 den Turm mit der Barockhaube und vermutlich auch das Tor erbauen, das die Inschrift trägt: »Hic habitat felicitas, nil intret mali« (Hier wohnt Glückseligkeit, nichts Böses möge hereinkommen!)
Heute gehört »das Kloster Benden« als verpachteter Gutshof der Rhein. Braunkohlenwerke AG, Köln.

## Die Bender Äbtissinnen

(Die Jahreszahlen bezeichnen die Erst- und Letzterwähnung)

| | |
|---|---|
| Margarethe v. Hersel | 1207 |
| Elisabeth | 1236 |
| Gertrudis | 1258 |
| Elisabeth | 1262 |
| Blithildis | 1263–1295 |

| | | |
|---|---|---|
| Gertrudis | | 1321 |
| Hildegundis (Hilla) | | 1325–1329 |
| Agnes | | 1334–1344 |
| Demodis de Belle | etwa | 1345 |
| Blithildis Cuosin | | 1351–1363 |
| Agnes | | 1380 |
| Nesa v. Mirwiler | | 1416 |
| Katharina Rinelbach | etwa | 1420 |
| Mechthild Meilmann | etwa | 1430 |
| Druda Plocks | | 1432–1450 |
| Adelheid Isgens | | 1464–1493 |
| Bela Hauck | | 1496 |
| Dorothea Isgens | | 1503 |
| Dorothea van Lichtensteyne | | 1508 |
| Christina Ruttenbach | | 1524–1541 |
| Maria Fonck | | 1556–1567 |
| Christina Gymnich | | 1587–1588 |
| Katharina Gybels | | 1589–1616 |
| Anna Schildts | | 1623–1662 |
| Anna Wirtz | | 1664–1694 |
| Christina Wirtz | | 1695–1702 |
| Agnes Mundts | | 1705–1716 |
| Maria Anna Wartz | | 1717–1720 |
| Gertrud Wolff | | 1720–1746 |
| Agnes Hoerdt | | 1747–1769 |
| Maria Antonetta Herseler | | 1770–1782 |
| Maria Genger | | 1783–1802 |

## Anmerkungen:

Die ältere Literatur zur Geschichte des Klosters Benden ist aufgelistet in F. Wündisch, Brühl, Mosaiksteine zur Geschichte einer alten kurkölnischen Stadt, Brühl 1987, S. 57. Die Archivalien aus der Zeit bis zum Jahr 1593 sind zusammengestellt im Bender Urkundenbuch, Druck der Stadt Brühl 1979.

Die Abkürzungen bedeuten:

| | |
|---|---|
| BUB | = Bender Urkundenbuch |
| HAK | = Historisches Archiv der Stadt Köln |
| HStAD | = Hauptstaatsarchiv Düsseldorf |
| M + R | = Bestand Zwischen Maas und Rhein im HStAD |
| RD | = Bestand Roer – Departement im HStAD |
| StAB | = Archiv der Stadt Brühl |

1 Der Turm ist allerdings erst im Jahre 1889 erbaut worden.

2 Der uralte erzbischöfliche Fronhof Merreche (»curtis in myrica = Hof in der Heide) war die Keimzelle des heutigen Stadtteils Brühl-Kierberg.

3 Von diesen beiden Bezeichnungen gab es viele Varianten: in Prato, ad Pratum, in Pende, de Beende u. a. m. Am gebräuchlichsten wurden schließlich Marienbenden oder einfach Benden.

4 Der Altenberger Mönch Constantin Schrils war von 1699–1722 Beichtiger in Benden. Er schrieb 1705 ein Urbar (Liegenschaftsverzeichnis) mit chronikartiger Einleitung, das heute im HAK unter der Signatur »Auswärtiges Nr. 22« aufbewahrt wird.

5 Ritter Johannes de Hersele war ein Schwiegersohn des 1292 verstorbenen Kölner Patriziers Daniel Judde. Sein gleichnamiger Onkel war 1271–1296 Canonicus zu St. Cassius in Bonn.
6 Dieser Hof, zu dem 400 Morgen Land gehörten, wurde 1325 für den außerordentlich hohen Preis von 1200 Mark an den Ritter Cono Marschall v. Alfter verkauft. BUB Nr. 52.
7 Urbar S. 21: »Diesen Hoff hat das Closter ahn sich gebracht und gekaufft anno 1296 von dem Herren Vollquin Ritter.« – Dazu: F. Wündisch, Vom Rodderhof und seiner Klüttenkaule, Brühler Heimatblätter 1960, 17 und 1961, 1.
8 Mitt. a. d. Stadtarchiv Köln Bd. 24/25 und 26/27.
9 Viele Belege über Bender Besitz in Köln bringt Gerd Steinwascher in seiner Abhandlung Die Zisterzienser – Stadthöfe in Köln, Bergisch Gladbach 1981.
10 BUB Nr. 35. Diese 3 Morgen waren aber nur eine Memorien-Stiftung. Die – sicherlich wesentlich wertvollere – Mitgift der Cunegundis war wohl in einer anderen, nicht überlieferten Urkunde verbrieft.
11 BUB Nr. 21.
12 Warum Bruno Hardevust ausdrücklich um die Entsendung von Bender Nonnen bat, läßt sich aus überlieferten Archivalien nicht erklären. Vielleicht wollte er aus Mechtern ein Hardevust-Familienkloster machen und einer der Hardevust-Töchter, die damals in Benden waren, die Möglichkeit geben, Äbtissin zu werden.
13 Vgl. dazu F. Wündisch, Brühl, Kap. 6.
14 Urbar (Anm. 4) S. 3.
15 BUB Nr. 101.
16 F. Winter. Die ehemaligen Cistercienserinnenklöster im Herzogtum Cleve, Annalen Bd. 86 S. 78.
17 BUB Nr. 128.
18 BUB Nr. 135.
19 HStAD Kurköln II. 928.
20 HAK Jesuiten Akten 1633 f. 43.
21 HStAD Benden Akten 12.
22 HStAD Benden Akten 20.
23 HStAD M + R Nr. 1904 und Nr. 1183.
24 HStAD Kurköln III. 94 f. 113.
25 HStAD M + R Nr. 1626.
26 HStAD RD Nr. 792.
27 HStAD M + R Nr. 2572.
28 HStAD RD Nr. 3496.
29 HStAD RD Nr. 3444 f. 552. Schon 1788 hatte der Beichtiger P. Graaff den Abt von Altenberg gebeten, ihn aus Benden abzuberufen, da er Streit mit der Äbtissin habe (HStAD Benden Akten 1).
30 Darüber liegt umfangreicher Schriftwechsel in den Akten HStAD RD Nr. 3444 und 2826.
31 HStAD RD Nr. 3444 f. 505.
32 HStAD RD Nr. 468.
33 HStAD RD Nr. 2827. 5202.
34 HStAD RD Nr. 3444 f. 198.
35 Wann, an wen und zu welchen Preisen die einzelnen Liegenschaften des Klosters Benden veräußert worden sind, ist aufgelistet in F. Wündisch, Brühl, S. 336.

Helmut Zander

# Kloster Bethlehem[1]

## 1. Die Frühgeschichte von Bethlehem

Die Geschichte Bethlehems beginnt mit einem Verbrechen: Dem Hostienraub von Bergheimerdorf. Nur schwer sind Wahrheit und Legende in den erhaltenen Berichten zu trennen. Fest steht, daß die Quellen uns in die Zeit des Jülicher Herzogs Johann Wilhelm führen, der von 1475 bis 1511 regierte. Es ist die Zeit, in der man den Buchdruck seit zwei Generationen kennt und in der Dürer arbeitet. 1511 ist Amerika seit fast 20 Jahren entdeckt, und sechs Jahre später wird mit Luther die Reformation beginnen.

Folgen wir nun einer alten Chronik[2]: In dieser Zeit also bestehlen zwei Wiedenfelder, der Kirchenmeister und der Brudermeister, die Kirche von Bergheimersdorf. Die Beute besteht aus Altargeräten, wohl Ziborien und vielleicht einer Monstranz. Die Gegenstände aus Edelmetall werden an Deutzer Juden verkauft, die Hostie wird in den Wald geworfen. Als nun der Förster Jakob Kremer eines Tages nach Sonnenuntergang von Oberaußem nach Bergheim, seinem Wohnort, geht, sieht er ein »brennendes Licht«. Er benachrichtigt den Magistrat, worauf die Hostie in einer Prozession in die Bergheimer Pfarrkirche zurückgeholt wird. Die Diebe werden am Bedburger »Erbsenbusch« hingerichtet.

Wie sich in dieser Geschichte »Dichtung und Wahrheit« zueinander verhalten, ist kaum noch zu klären. So sind Heilig-Blut-Wallfahrten, in deren Mittelpunkt geweihte Hostien stehen, im Mittelalter keine Seltenheit, Bethlehem ist also nur ein Wallfahrtsort unter vielen. Bethlehem ist allerdings ein ausgesprochenes spätes Beispiel[3], aber diese Tatsache kann man als Beweis für und gegen die Richtigkeit des Berichtes heranziehen. Für einen wahren Kern sprechen viele nachprüfbare Fakten (wie die erhaltene Befragung von Zeugen über Jakob Kremer[4]) und nicht zuletzt das Alter der Bethlehemer Wallfahrt. Noch im 17. Jahrhundert gab es eine 1509 gegossene Glocke, die möglicherweise aus den Anfangstagen Bethlehems stammte[5]; schon im Jahr 1528 pilgerte der Bergheimer Rat an diesen Ort[6].

Für eine Datierung kurz vor 1509 sprechen auch geistesgeschichtliche Zusammenhänge, die zugleich die Entstehung Bethlehems in einen größeren Zusammenhang rücken: Die Zeit um 1500 war sehr von der Frage bewegt (wie übrigens andere Zeiten der Kirchengeschichte auch), was in der Messe während der Wandlung geschehe: So gibt es viele Bilder aus dieser Zeit, in denen sich Christus Gregor dem Großen während der Wandlung zeigt[7]; diese Geschichte wurde, wie ein Hostienwunder auch, als Bestätigung für die reale Anwesenheit Christi unter dem Zeichen des Brotes gesehen. Auch das Bethlehemer Hostienwunder ist in den Auseinandersetzungen dieser Zeit zu lesen: Als Versuch, die Anwesenheit Christi in der Eucharistie zu verdeutlichen.

Doch zurück zu Förster Kremer. Kurz nach dem Diebstahl hat er »ein Holzkreuz mit dem Bild der seligen Maria«[8] im Wald aufgestellt und ein Kapellchen errichtet. Möglicherweise erhielt der Ort nun den Namen Bethlehem, weil man dieses Wort damals mit »Hauß des Brods«, wie Alcket 1676 schreibt, übersetzte: »weil das wahre Himmelsbrod Christus in der H(eiligen) Hostia daselbst ist gefunden«[9]. Zu der Kapelle kam es aufgrund schwer faßbarer Ereignisse: Förster Kremer hat auf seinen Gängen durch den Wald anscheinend oft vor diesem Bildstock Rast gemacht. Was ihm dabei widerfahren ist, wissen wir aus einer einzigartigen Quelle: 1608 hat man nämlich diejenigen, die Jakob Kremer noch gekannt haben, zu den Vorgängen im Wald befragt. In den erhaltenen Protokollen berichtet seine Enkelin, Bertha Hansen aus Thorr:

> »Immittelst auff dem Busch ein Heiligen Stöckelgen gestanden, genannt Bethlehem. Und alß er auff ein Zeitt zu Oberaußem undt des abends anhem gen Berchem gehn wollen, hett er seiner gewonheit nach auff einem stehenden bänckelgen, so er selbst dahin gesetzt vor dem heiligen häussgen niedergekniehet und gebetten, uber dem gebett eingeschlaffen, und in dem schlaff wehre demselben Jakobes Kriemer eine stim ahnkommen also:
>
> Jacob Kriemer
> du solt des mörgens frühe auffstahn;
> mit großem fleiß nach bethlehem gahn,
> da soltu bawen ein Gottes Heuß.
> Da gahet die pilgram in und auß.
> Sie kommen klein und groß.
> Maria liest sie nit Ungetrost.
> Sie kommen lahm, sie kommen blinde
> fürwahr sie werden genannt Gottes kindt.

wie davon darnach ein Liedtlein gesungen.«[10]

Jakob Kremer leistet der Vision, dieser »stim«, Folge und baut eine Holzkapelle[11]. Außerdem errichtet er auf dem »wyngardts klyff« ein »Häuschen« mit dem Namen Jerusalem und ein anderes, Gethsemane genannt; darauf waren Darstellungen des Leidens Christi, wohl die Ölbergszene, zu sehen[12]. In diesen Jahren, spätestens um 1520 herum, setzt eine intensive Wallfahrt ein. Neben dem erwähnten Bergheimer Rat kommen Einheimische und Fremde, u. a. Kaufleute auf dem Weg zur jährlichen Frankfurter Messe[13]: Bethlehem lag an dem alten Fernhandelsweg Frankfurt–Köln–Aachen. Auf ein grünes Seidentuch, das Jakob Kremer gestiftet hatte, legten die Pilger wertvolle Geschenke ab, sogar von Goldringen ist die Rede; auf Johannes hat es wohl eine richtige Kirmes gegeben: »Undt bier und wein dabey am büsch zu feilem kauff gewesen«[14]. Die dabei zusammenkommenden Mittel, vermehrt durch eine »freywillige Steur« der Stadt Bergheim, reichen aus, die Errichtung einer Steinkapelle zu planen. Der Krieg zwischen dem Jülicher Herzog Wilhelm und dem deutschen Kaiser Karl V., die sogenannte Jülicher Fehde (1542–1543), macht den

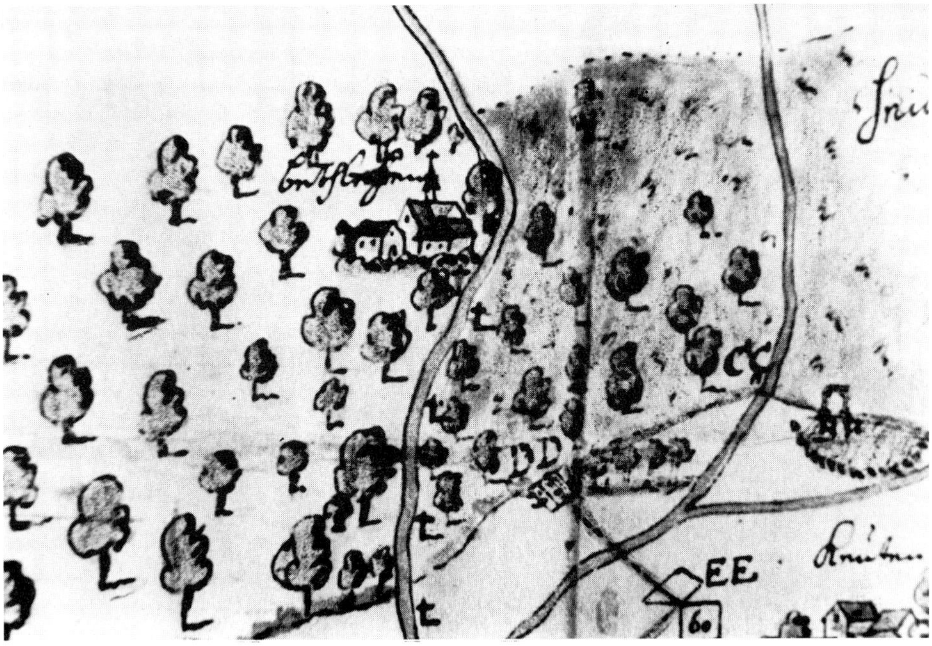

*Bethlehem auf der Karte von Johann Philipp Hakstein aus dem Jahre 1687.*

Plan jedoch zunichte: Die schon gebrannten Ziegel verrotten[15], und Förster Kremer scheint über diese Ereignisse verstorben zu sein. In den Kriegswirren, in denen Bergheim niedergebrannt wird, leiden auch die Andachtshäuschen, die er erbaut hatte: die Jerusalem- und die Gethsemane-Station wurden von den burgundischen Truppen Karls zerstört[16].

Nach dieser Schreckenszeit geht es Bethlehem offenbar schlecht. Ein Einsiedler in Mönchskleidung namens Herbert wird erwähnt, der den gespendeten Flachs selbst versponnen hat. Doch nach einiger Zeit hat er sich aus dem Staub gemacht – nicht ohne »ornamentes oder Zirath mit dem gespen«, also die Kostbarkeiten und die gesponnenen Textilien, mitgehen zu lassen[17].

Auch gegen Ende des 16. Jahrhunderts scheint sich Bethlehem in einem desolaten Zustand befunden zu haben. Für 1582 ist ein weiterer Einsiedler bezeugt, »ein armer alter clusener, so sich des Bettelstaebs ernert«, der »in einem kleinen heuslein, so dem capelgen angeclebt«, gelebt habe. Erstmals ist nun von einer Kapelle die Rede, die allerdings weder Einkünfte noch Schmuck noch eine kirchliche Versorgung hatte. Weiter heißt es: »Vorzeiten pflegen schwanger frauen ir betgang dahin zu kommen auch etwas zu offern, welches doch nun vergangen«[18]. Wahrscheinlich hat in diesen Jahren »Ihrer Furstlichen Gnaden Vogelfänger, Reincken Vogeler«, hier »Krammetsvögel« (Drosseln) gehalten[19].

Aber einige Jahre später hören wir wieder von Wallfahrten. Als 1598 unsere Gegend von einer Seuche , vielleicht der Pest, heimgesucht wird und 10 bis 20 Tote pro Tag zu beklagen sind, hält die Bergheimer Pfarrei »mit Kreuz und Fahnen« eine Prozession nach Bethlehem[20]. Eine deutliche Besserung der Lage Bethlehems zeichnet sich allerdings erst im Jahre 1608 ab. Am 7. Mai ordnet Herzog Johann Wilhelm von Jülich an, die Kapelle sei wiederherzustellen, und zwar größer und mit Ziegelsteinen. Seine Amtsleute in Bergheim werden angewiesen, Holz und Kohlen für den Ziegelbrand und Kalk für den Bau zu liefern. So entsteht nun eine Kapelle von zirka 6 m × 5,70 m[21], die einige Jahre später, 1622, möglicherweise sogar einen Altaraufsatz erhält[22]. Und die Wallfahrten gehen weiter. 1622 und 1623 pilgert sogar der Rat der Stadt Düsseldorf, der vor einer Seuche nach Bergheim ausgewichen war, nach Bethlehem[23]. Franziskaner aus Brühl betreuen schon in diesen Jahren die Bethlehemer Kapelle an Festtagen[24].

Ehe wir nun die Geschichte Bethlehems unter der ständigen Obhut der Franziskaner (seit 1637) weiterverfolgen, soll noch einer Frage nachgegangen werden: Warum ist Bethlehem zum Marien-Wallfahrtsort geworden? Diese vordergründig banale Frage ist so einfach nicht. Denn von der Geschichte des Hostienfrevels her müßte eigentlich eine Heilig-Blut-Wallfahrt entstanden sein, vergleichbar den großen Heilig-Blut-Wallfahrten des Spätmittelalters nach Walldürn oder Wilsnack. Doch dies ist nicht geschehen, die Pilger zogen zur (schmerzhaften?) Maria, aus Gründen, die heute nicht mehr ganz klar sind. Vielleicht war der Heilig-Blut-Kult dem Zeitgeist fremd geworden[25]. Vielleicht hat auch Förster Kremer durch das Anbringen des Kruzifixes sowie des Marienbildes diese Weichen gestellt. Jedenfalls traf diese Ausrichtung wohl eher die Frömmigkeit seiner Zeit, Bethlehem war nicht der einzige Ort im Erzbistum Köln, in dem es in dieser Zeit eine Christus- und Marienfrömmigkeit gab[26].

Wann das Gnadenbild, das um 1480 geschnitzt wurde und sich heute in der Bergheimer Kirche befindet, nach Bethlehem kam, ist ungewiß. Es ist nur zu vermuten, daß es bei der Ankunft der Franziskaner schon vorhanden war, sonst hätte wohl in den reichlich fließenden Quellen des 17. Jahrhunderts etwas über die Erwerbung gestanden. Auch die Tatsache, daß das Klostersiegel das Bild dieser Statue trug[27], spricht dafür, aber sicher ist es eben nicht.

Genauer sind wir über die Motive und Sorgen einzelner Bethlehem-Pilger informiert. Ein Chronist der Franziskaner, Jacobus Alcket, berichtet 1676 im barocken Deutsch seiner Zeit über die Wallfahrtsgründe zu Beginn des 17. Jahrhunderts[28]:

> 1598 pilgert man nach Bethlehem, als »zu Bergheim und im gantzen Kirchspiel die abscheuliche Pestilentz dermassen grassirt, daß täglich 12. 14. biß 18 Leichen zur Erden bestattet worden«.
>
> 1623 kommt die »Wohl=Edel=Gebohrne Johanna Elisabetha von Hönen zu Ziferich«, bei der kurz vor der Geburt ihres Kindes »zween Täg und ein Nacht mercklich (die Schmerzen) zugenommen, daß sie allerdings blau und schwartz worden, und jederman so wohl am Leben der Mutter, als auch noch nicht erscheinender Leibs=Frucht verzweiffelt hat, dadurch dan auch unterschiedliche Edle und Unedle Matronen sampt dem gantzen Haußgesind sich bemühet der Bethlägeriger Edler Frauen zu Hülff zu kommen, aber alles vergebens . . .«
>
> 1638 pilgerte »Joan Trues zum Truhoff bey Worringen« nach Bethlehem, weil er »mit Leibs Blütigkeit über Jahres frist dergestellt abscheulich zugerichtet, ob mit Außsatz von Gott geschlagen gewesen«.
>
> 1642 begab sich »Crato Bertrams, jetziger Zeit Fürstlicher Gülicher Vogt zu Bergheim« nach Bethlehem, weil er »mit drey tägigem Fieber dergestalt ergriffen worden, daß er vermeinte wegen übermäßigen Schmertzens, er wolte lieber tod

seyn, sonderlich auch, weilen verschiedene starcke Medicinen vergebens und ohn einigen Effect oder Wurckung eingenohmen«.

1643: »Vor der Erndzeit ist Statius Kemmerling von Oberausheim mit einem damahl neu regierender und todts=gefährlicher Kranckheit angegriffen worden, mit welcher er jämmerlich und erbarmlich über ein halbes Jahr zu Beth gelegen, dergestalt, daß er von derselben gantz lam, taub/und des Gesichts ein Zeit lang beraubt gewesen, daß jedermann die Rechnung kurtzer frist seines Lebens machte.«

Alle diese Pilger berichten von Heilungen. Es scheint, daß der unverstellten Drastigkeit, mit der ihre Krankheiten geschildert werden, ein ebensolches Vertrauen in die Heilungsfähigkeit Gottes entsprach.

## 2. Die Franziskaner in Bethlehem

Das Jahr 1637 bringt für Bethelehm einen einschneidenden Wandel: Die Franziskaner kommen. Sie berufen sich auf den Hl. Franz von Assisi, der sich im Jahre 1206 radikal vom Reichtum seiner Familie trennte und bspw. auf dem Marktplatz seiner Heimatstadt alle Kleider von sich warf, um ein Zeichen seiner Kritik an materiellen Zwängen zu setzen. Franz verstand dies als *seine* Form der Nachfolge Jesu, und bis heute gehen Frauen und Männer diesen Weg »evangelischen« Lebens. Wie Armut aber nun ganz genau zu verstehen sei, blieb über die Jahrhunderte strittig. So bildeten 1517 die strengeren Franziskaner einen eigenen Orden[29], und dessen Mitglieder, Franziskaner-»Rekollekten« genannt, kamen 1637 nach Bethlehem.

Nun stellt sich die Frage, warum gerade die Rekollekten den Ruf nach Bethlehem erhielten. Fast alle Chroniken der Franziskaner meinen: wegen der großen Pilgerströme. Aber dies trifft nur einen Teil des Sachverhaltes, denn die Zahl der Pilger (s. u.) wurde wohl erst mit dem Wirken der Franziskaner so groß, daß man einen ganzen Konvent zur Betreuung benötigte. Auch der Hinweis, daß sich Einwohner und Magistrat von Bergheim an die Franziskaner gewandt haben[30], dürfte nicht den ganzen Sachverhalt treffen. Erst der Blick auf die Seelsorge-Konzeption des Kölner Erzbischofs Ferdinand von Bayern erhellt den wohl entscheidenden Zusammenhang: 16 von 24 Rekollektenklöstern im Erzbistum sind in der Amtszeit dieses Bischofs entstanden (1612–1650). Er hat also diesen Orden ganz besonders gefördert, weil er hier seine Reformpläne gut aufgehoben fand: Bethlehem ist deshalb als Teil der sog. »Katholischen Reform« zu sehen, die sich sowohl der Zurückdrängung des Protestantismus als auch der Belebung der katholischen Frömmigkeit annahm[31].

Aber auch der Jülicher Herzog greift in diese Überlegungen um Klosterniederlassungen ein: In seiner Residenzstadt Düsseldorf sei, meint er mit Blick auf die Gründung Bethlehems, für ein weiteres Kloster weder Bedarf noch Platz[32]. Mit anderen Worten: Auch aus der herzoglichen Perspektive wird klar, daß neben den Pilgern in Bethlehem religionspolitische Motive eine Rolle spielen. Dabei werden die Auseinandersetzungen der verschiedenen Orden um Standorte für ihre Klöster sichtbar: Noch 1644 wird mit Hilfe des Herzogs eine Ansiedlung von Kapuzinern in Bergheim unterbunden[33].

Die Franziskaner bewohnen zunächst ein Haus in der Stadt Bergheim nahe der Georgskapelle, wie es 1637 der Herzog von Jülich und der Erzbischof von Köln

bestätigen[34]. Bedingung der Ansiedlung ist nur, daß der Klostergarten die Verteidigungsanlagen nicht stören soll. Darüber hinaus besitzen die Patres bei der Kapelle im Wald eine Unterkunft[35]. Aber der Weg von der Stadt in den Wald, gut drei Kilometer, wird sich wohl als hinderlich erwiesen haben, außerdem gibt es Schwierigkeiten, die Fundamente zu setzen[36]. So erhalten sie vom Jülicher Herzog am 17. Januar 1639 die Erlaubnis, eine Niederlassung im Wald zu gründen[37].
Die ersten Jahre und Jahrzehnte bringen Bethlehem einen rasanten Aufstieg, trotz der Konkurrenz etwa gleichzeitig entstehender Wallfahrtsorte in der Umgebung (wie Aldenhoven)[38]; dieses Wachstum kann auch der – glimpflich verlaufene – Durchzug eines französisch-weimarischen Heeres 1646, am Ende des 30jährigen Krieges, nicht aufhalten[39]. Die Chroniken und Urkunden überschlagen sich mit Nachrichten herausragender Ereignisse: Die Wege nach Bethlehem werden ausgebaut, 1655 stehen die Klostergebäude, 10 Jahre später ist auch die Kirche geweiht. Innerhalb von 20 Jahren war mitten im Wald ein großer Klosterkomplex entstanden, den die Abbildung S. 57 zeigt[40].
Es drängt sich eine weitere Frage auf: Wer hat dies alles bezahlt? Die Baurechnungen des Klosters sind zwar nicht erhalten, doch haben wir eine Reihe von Hinweisen, die man kriminalistisch zusammenfügen kann. Das Land hatte 1638 schon der Herzog von Jülich zu Verfügung gestellt. Aus dem Jahre 1645 ist ein Ablaß bekannt, der wohl Bethlehem zugute kam, und am 2. Februar 1646 erteilte Papst Innozenz X. sogar einen Ablaß speziell für Bethlehem, der für 7 Jahre gelten sollte[41]. Eine andere Quelle dürften Pachtzahlungen gewesen sein. Dabei ist anscheinend auf nicht immer ganz saubere Weise versucht worden, an Geld zu kommen: So beschließt man 1645, einen Jagdzins in Form von Weißbrot und Bier zu erheben. Doch als diese Abgabe auf Mariä Verkündigung (25. März) gezahlt werden soll, rebellieren die Betroffenen: Sie leisten bewaffneten Widerstand, so daß der Stellvertreter des Schultheißen von Nideraußen die Zahlung verweigert[42].
Weitaus wichtiger dürften jedoch die Mittel gewesen sein, die die Pilger in Bethlehem gelassen haben. Schon 1646 zählte man 2000 Kommunikanten, die Zahl der tatsächlich gekommenen Pilger dürfte höher liegen; vom Fest des Hl. Thomas (Thomas Becket, 29. Dezember) bis Neujahr seien die Beichtväter kaum vor 12 Uhr nachts aus dem Beichtstuhl gekommen[43].
Schließlich wissen wir von vielen Schenkungen des umsässigen Adels. Der Kellner (Wirtschaftsverwalter) von Lülsdorf, Johannes Bertram, stiftet 1661 1200 Reichstaler, 1662 sichert die Stifung eines Brunnens durch den Bedburger Grafen Erich Adolf von Salm-Reifferscheidt die Wasserversorgung des Klosters, der Herzog von Jülich stiftet 1663 das erste Kirchenfenster[44], die Quellen sind übervoll mit solchen Angaben.
Schon bei der Grundsteinlegung 1648 hatte sich der Adel der Umgegend in Bethlehem eingefunden: z. B. Adam von Amstel in Holtorf, Anna Margareta von Bongart, der schon genannte Graf Erich Adolf, sogar die französiche Fürstin von Chevreuse, die derzeit in Kerpen residierte, war anwesend. Gekommen waren auch die Guardiane (Vorsteher) der benachbarten Franziskanerklöster. Der Ordenprovinzial Heinrich Lozius assistierte dem Vertreter des Herzogs Wolfgang Wilhelm von Jülich bei der Grundsteinlegung. Seine Nachfolger sind jedoch persönlich nach Bethlehem gekommen, wie es wenigstens für die Jahre 1660, 1664 und 1679 bezeugt ist[45].
Will man sich nun ein Bild der untergegangenen Klosteranlage machen, so fährt man

am besten nach Wipperfürth. Das dortige Franziskanerkloster ist erhalten, und aufgrund der wohl recht einheitlichen Baupläne im Orden dürfte sie der Bethlehemer Anlage recht ähnlich sein. Auch die Franzikaner-Kirchen in der Nähe – in Brühl (St. Maria von den Engeln) und in Ahrweiler (heutige Schule der Ursulinen) geben einen wahrscheinlich vergleichbaren Eindruck wieder. Allerdings muß man sich eine reiche barocke Ausstattung, wie sie z. B. in Bad Breisig erhalten ist, dazu vorstellen. Die Kirche war laut Inschrift am Hochaltar der unbefleckten Empfängnis Mariens und den Hl. Franz, Antonius, Sebastian und Rochus geweiht. Außer dem Hochaltar ist uns der Antoniusaltar überliefert; wir müssen weiterhin mit einem Altar für das Gnadenbild rechnen und seit 1730 gab es einen neuen Altar zur schmerzhaften Muttergottes. Ein Kreuzweg führte seit vorfranziskanischer Zeit von Bergheim aus in den Wald, möglicherweise handelt sich um ein Erbe Förster Kremers, der ja schon Kreuzwegstationen in der Nähe des Bildstocks aufgestellt hatte; auch für eine solche Anlage bietet Ahrweiler heute ein eindrückliches, erhaltenes Beispiel. Später sind weitere Stationen innerhalb der Klostermauer dazugekommen. Ob diese Stationen mit den 1666 errichteten Stationen zur schmerzhaften Muttergottes identisch sind, ist nicht mehr zu klären[46].

Das nächste ereignisreiche Jahr für Bethlehem ist 1673. Der Stifter Graf Erich Adolf von Salm Reifferscheidt in Bedburg stirbt und wird vor dem Hochaltar beigesetzt[47]. In der erhaltenen, gedruckten Leichenpredigt lesen wir, der Verstorbene sei

> »Den 30. Maii Christlichem Katholischem Gebrauch gemeß mit gebuehrenden Exequiis solennibus betraurt worden/in gegenwahrt gesambter Fuerstlicher/und Hochgraefflicher Freundschaft in der Franciscaner kirch zu Bethlehem . . .«[48]

Aber es trifft Bethlehem in diesem Jahr noch härter. Am 18. November ziehen Teile eines holländischen Heeres an Bergheim vorbei, erreichen Bethlehem. Die Ordenschronik berichtet: Einige kommen zum Kloster, brechen die Türen auf. Aber dort steht der Graf von Nassau und ruft: »Pater wir wölln Ewer Saluaguardian (Beschützer) sein . . . förchtet euch nicht, nihil vobis fiet (nichts soll euch geschehen).« Die Reiter werden hinausgetrieben, ohne daß den versammelten Menschen etwas geschieht. In Nachbarorten jedoch, wie in Thorr und Heppendorf, seien die Kirchen verwaist, die Pastoren geflohen, die Gräber geplündert, die Altäre entweiht, Kelche und Ziborien gestohlen[49].

In den folgenden Jahren bis zum Ende des 18. Jahrhunderts werden die Quellen schweigsamer: Die Arbeit im Kloster scheint Routine geworden zu sein, die Gründungsarbeit ist getan. Die Dürftigkeit der Informationen könnte allerdings auch mit der Archivpolitik des Ordens zu tun haben, da die archivalische Arbeit möglicherweise in Köln zentralisiert wurde, wodurch weniger Raum für die Geschichtsschreibung der einzelnen Klöster blieb. Ob sich die aufklärerischen Versuche in dieser Zeit, Wallfahrten einzuschränken, ausgewirkt haben, ist nicht bekannt[50].

Erst für das Jahr 1720 sind uns wieder größere Baumaßnahmen überliefert. Ein neuer Klostertrakt entsteht. Für dieses Gebäude sollen die Mönche eine Reliquie, einen Zahn des Hl. Hubertus, von dem um 1712 abgebrochenen Ichendorfer Leprosenhaus für »Pest« kranke »besorgt« und in den Grundstein gelegt haben. Sie mußten ihn allerdings auf Anordnung des Kurfürsten Joseph Clemens von Bayern wieder herausgeben[51]. Die älteren Leser werden sich vielleicht noch an den »Ältbaü« errinnern, der als einziger Teil des Klosters die Aufhebung von 1802 überstand.

1751 wird eine neue Mauer gezogen. Trotzdem besetzen nochmals Truppen das Kloster: Am 2. Juli stürmen 50 Reiter Bethlehem, 9 Tage später quartieren sich weitere 500 Soladaten ein; die umherziehenden Truppen verwüsten in der Nähe des Klosters Äcker, Gärten und den Wald.

Schließlich wird 1780 der Brunnen erneuert und 1791, 11 Jahre vor dem Ende, sind nochmals größere Renovierungsmaßnahmen vorgenommen worden[52].

Wie aber hat das konkrete Leben in Bethlehem während der 150 Jahre ausgesehen, in denen die Franziskaner hier lebten? Dies ist sicherlich nicht für alle Jahre gleich zu beantworten. Schon die Zahl der Mönche bedeutet auf Unterschiede hin: Begann die Arbeit 1637 mit zwei, später mit vier Mönchen, so ist 1643 von 12 und 1664 von 16 Brüdern die Rede. Von den Guardianen wissen wir, daß sie zwei bis drei Jahre Vorsteher blieben[53].

Man kann davon ausgehen, daß die Betreuung der Pilger zu den Hauptaufgaben gehörte. Der Umfang dieser Arbeit ist kaum zu überschätzen: Werden 1645 bis zum September 1000 Besucher gezählt so kommen im Jahr 1700 alleine 20 000 Pilger, die die Kommunion empfangen[54]. Bis zum Ende des 18. Jahrhunderts schwanken die Zahlen kommunizierenden Pilger zwischen 10 000 und 40 000. Wie man sich eine eintägige Wallfahrt vorzustellen hat, berichtet Joan Peter Delhoven 1784 in seinem Tagebuch:

> »4. (Juli) Sontags. diesen Morgen umb 2 Uhr ward das erstemal, und ¼ auf 3 zusammen geläutet. Um halb 4 gieng der Hr. Pastor und Vicar an den Altar die Messe lesen. Nach gegebenem Segen um 4 Uhr ward eine zahlreiche Prozession nacher Bethlehem ausgeführt. Weil die sonst hier mit den Worringer auf Kevelaer geführte Procession jetz von geist- und weltlicher Obrigkeit verbothen ist, so ist dieses das 3te Jahr, dass wir auf Bethlehem gehen. Ohne zu rasten waren wir um 9 Uhr am Gnadenorte. zu Oberaußem ward Mittag gehalten, zu Stommel einst getrunken – und um 7 Uhr abends warn wir theils gesund und wohlbehalten alle wieder hier. Es war ein schöner Sommertag.«[55]

Zu Bethlehem selbst hat man sicher bei Gnadenbild gebetet, das wohl – wie im Barock vielfach üblich – gekrönt und mit Stoff umkleidet, vielleicht sogar als Schutzmantelmadonna geschmückt war; auch der liegende Christus trug wahrscheinlich eine Krone. Es gab Gelegenheit zur Beichte, wovon wohl reger Gebrauch gemacht wurde. Ein wichtiger Bereich der Pilgerbetreuung war die Predigt, für die immer wenigstens ein Pater verantwortlich bestellt war. Von der alten Kapelle vor 1660 wissen wir, daß die Kanzel so eingerichtet war, daß man bei Überfüllung der Kapelle auch durch ein Fenster nach draußen predigen konnte. Immer wieder finden sich in der Provinzialchronik auch Berichte über Heilungen. Derartige Ereignisse können in ihrer Anziehungskraft nicht hoch genug eingeschätzt werden[56].

Schließlich: Wallfahrten waren in dieser Zeit die Reisen der einfachen Leute, eine der wenigen Möglichkeiten, etwas in der Welt herumzukommen. Wallfahrten waren auch Vergnügungsreisen, waren auch Heiratsmarkt; daß dabei Erotik eine Rolle spielte, war realistischen Zeitgenossen immer klar. So dichtete der Vorsteher des Aldenhovener Kapuzinerklosters 1754:

> »Will man tadlen die Wallfahrten,
> Das Gefahr zur Sünd dabey,
> Weil Geschlecht von beyden arten,
> kan verüben allerley?«[57].

*Pilgerbild von 1767, auf Brokat aufgezogen. Maria ist gekrönt und als »consolatix afflictorum« (Trösterin der Bedrängten) dargestellt. Unter der Pieta hängen Devotionalien (Hände, Herzen, Beine) als Andenken für erbetene Hilfe. In den Ecken Ansichten von Bergheim (links) und Schlenderhahn.*

Die Zahl der organisierten Wallfahrten schwankt im 18. Jahrhundert zwischen 40 und 100, im Durchschnitt dürften etwa 50 Wallfahrten pro Jahr gekommen sein[58]. Bethlehem war, wie spätestens hier klar wird, ein Wallfahrtsort mit beträchtlicher regionaler Bedeutung. Die Pilger kamen aus der näheren und weiteren Umgebung; bekannt sind uns u. a. die Fahrten aus Mülheim, Pulheim und Rheindorf[59]. Die Prozession von Wiesdorf (bei Leverkusen) geht seit 1666 in ununterbrochener Folge (bis heute) aufgrund eines Pestgelübdes zum Gnadenbild. Auch von franziskanischen Nachbarklöstern sind Wallfahrten bekannt, so 1718 vom Kloster Zons[60]. Aus Köln zogen vom Olivenkoster aus, dem wichtigsten Kloster der Franziskaner in ihrer Provinz, seit dem 16. Jahrhundert Wallfahrer nach Bethlehem[61]. Aus Köln kamen auch die Mitglieder der Eigelsteiner »Bauernbank« (d. h. der innerhalb der Stadt ansässigen »Kappesboore«), die möglicherweise schon vor 1611 nach Bethlehem wallfahrteten und wahrscheinlich bis 1878, also über die Aufhebung des Klosters hinaus, zum Gnadenbild zogen[62]. Neben diesen organisierten Wallfahrtszügen, für die es wohl vereinzelt, wie bei der Bauernbank, sanfte Zunftzwänge gab, mitzumarschieren[63], kamen Einzelpilger aus der gesamten Umgebung[64].
Eine nicht zu unterschätzende Tätigkeit der Franziskaner bestand in der Stabilisierung der katholischen Frömmigkeit. Dazu zählten nicht nur die Katechesen, die besonders für das 17. Jahrhundert genannt werden, sondern auch die Bemühungen um die Konversion von Nichtkatholiken. Nur in Einzelfällen erfahren wir darüber genaueres: So hören wir z. B. 1661 von dem Übertritt eines Kalvinisten, 1775 wird ein Lutheraner, der aus Sachsen stammte, katholisch, und 1717 ein Jude aus Niederaußem getauft[65]. In diesen Zuammenhang gehört auch, daß manche Patres in Bethlehem das Recht besaßen, verbotene, »häretische« Bücher, d. h. vor allem Bücher anderer Konfessionen, zu lesen. Und der Verfasser des ersten Buches über Bethlehem, Jakob Alcket, ist Verfasser und Übersetzer katholischer Streitschriften, so des »Catholischen Mundstopfers« oder des »Reformierten Daumendrähers«[66].
Ein weiterer Tätigkeitsbereich lag in der Aushilfe in Nachbarpfarreien, wenn es notwendig war. So erhält der Pater Marianus Hauff 1698 die Pfarre Oberaußem bis zur Einsetzung eines neuen Pfarrers übertragen, ein anderer erhält 1765 die vakante Pfarre Bergheimerdorf[67], andere Patres haben sonntags (aushilfsweise?) die Messe in Nachbarorten gelesen[68]. Allerdings waren vielfach die Seelsorgerechte zwischen Welt- und Ordensgeistlichen umstritten, da die Weltpriester einen Eingriff in ihren Tätigkeitsbereich fürchteten. Einen solchen Konflikt muß es beispielsweise Anfang des 18. Jahrhunderts gegeben haben, als Bethlehemer Patres die (Georgs?) Kapelle in Bergheim betreuten, ihnen dies aber vom Dekan verboten wurde, nachdem der Bergheimer Pfarrer Einspruch erhoben hatte[69].
Ein fest an Bethlehem gebundener Seelsorgebereich waren die Laiengemeinschaften, von denen sich allerdings nur schwer ein zusammenhängendes Bild machen läßt. 1643 schon wurde die »Erzbruderschaft« vom Gürtel des Hl. Franz gegründet, zu der bei großen Festen immer wieder viele Menschen beitraten. Sechs Jahre später kam die Bruderschaft zur Unbefleckten Empfängnis Mariens dazu. Diese beiden Vereinigungen haben wohl bis zum Ende des Klosters bestanden. Nur einmal, 1722, hören wir von der »Erzbruderschaft St. Rochus« und nur selten von Tertiaren, den Angehörigen des »Dritten Ordens« vom Hl. Franz, in dem Laien Mitglieder waren[70]. Auch bei vielen »kleineren« Tätigkeiten haben die Patres mitgewirkt: Vom

Glockenweihen bis zur Austreibung von dem, was die Zeit für Dämonen und Hexen hielt, von Hochzeiten bis zu Begräbnissen standen sie zur Verfügung[71].
Schließlich: Unsere Franziskaner haben als echt rheinische Mönche wohl während der 150 Jahre ihrer Anwesenheit Bier gebraut: Davon wissen wir, weil es 1734 in der 1653 gegründeten Klosterbrauerei gebrannt hat[72].

## 3. Die Aufhebung Bethlehems

1789 begann die Französische Revolution, die in ihrem Versuch, aufklärerische Ziele durchzusetzen, auch zu antiklerikalen Maßnahmen führte. Dabei wurden viele Orden aufgehoben, nicht zuletzt, weil man beispielsweise beschauliche Orden für schlicht unnütz hielt. Als französische Truppen 1794 das Rheinland besetzten, bedeutete dies das Ende für die franziskanischen Klöster.
Vor der Auflösung des Bethlehemer Konvents wird das Kloster jedoch 1798 noch »revolutionärer« Schauplatz: Ein »Freiheitsbaum« wird errichtet. Er war Sinnbild für die Zustimmung zu den Ideen der Französischen Revolution, die gerade im Rheinland vielfach aufgegriffen wurden. Zugleich hegte man die Hoffnung, eine eigene rheinische Republik gründen zu können. Diese Feier ist und in einem Zeitungsbericht, wohl ein wenig geschönt, überliefert:

> »Da der (konstitutionelle) Zirkel nicht zu Bergheim, sondern in dem nahe dabei gelegenen Franziskanerkloster (Bethlehem) errichtet wurde, so begann der Zug in folgender Ordnung: Erstens eine Anzahl Knaben, an deren Spitze zwei die Fahnen für den Freiheitsbaum trugen; nach diesen eine gleiche Anzahl junger Mädchen, an deren Spitze vier einen großen von Lorbern und Epheublättern geflochtetenen Kranz anfaßten. Hier folgte eine vollständige türkische Musik . . . Nach dieser kam der Wagen mit dem heiligen Symbole der Freiheit, zu dessen Seiten einige ehrwürdige Greise saßen. Auf beiden Seiten gingen junge Patrioten, welche zwei Fahnen trugen, wovon eine mit der Inschrift »Die Nährväter des Staates«, und die andere »Alle Menschen sind frei und gleich geboren«, verziert waren . . . Als solchergestalt der Zug Bergheim, Zieverich, Kenten passiert und sich Bethlehem näherte, wurde der Baum unter dem Geläute aller Glocken des Klosters und der benachbarten Dörfer empfangen und unter dem allgemeinen Ruf einiger tausend Zuschauer »Es lebe die Republik« mit den Fahnen verziert auf den Klosterhof gepflanzt.« Bürger, die zum Teil aus Köln waren, hielten Reden, »um die noch allenthalben auf dem Lande herrschenden Vorurteile jeder Art zu verscheuchen und wahre Begriffe von Volksglückseligkeit allgemein zu machen. Zum Schluß wurde unter dem Accompagnement der Musik das Lied »Auf jubelt, ihr Brüder, Vernunft hat gesiegt« gesungen und unter dem nochmaligen Rufe »Es lebe die Republik« die Sitzung beschlossen. Ein großes Brudermahl nebst einem Nachtsball vereinigte nachher die Seelen noch mehr, und in diesen seligkeitsvollen Empfindungen tanzten alle Anwesende dem kommenden Morgen entgegen[73].«

Es ist kaum anzunehmen, daß die Bethlehemer Mönche von diesem Aufmarsch begeistert waren. Wußte man doch von den kirchenkritischen Meinungen bei den Republikanern und auch aus dem »Verscheuchen von Vorurteilen« konnte man unfreundliche Töne heraushören. So dürften auch die Bedburger Augustiner, die in dem Bericht zwar nicht erwähnt werden, aber gleich »prozessionsweise« teilnahmen, kaum freiwillig mitmarschiert sein[74].

Das Ende des Klosters kommt acht Jahre später. Am 2. Juli 1802, auf Mariä Heimsuchung, wird die letzte Messe gefeiert und das Kloster aufgehoben. Die Umstände der Umwälzungen sind nur schwer zu rekonstruieren. Für die Mönche bedeutet die Schließung wohl großenteils einen Sturz in die Unsicherheit, da es für sie keine sozialen Sicherungen gab. Vom letzten Guardian (Vorsteher), Pater Gedeon, wissen wir, daß er in Paffendorf Pfarrer wurde, allerdings wieder unter seinem alten Namen Johann Baptist Elsen[75]. Ein weiterer Bethlehemer Mönch scheint gleichfalls in Paffendorf untergekommen zu sein[76], zweie kommen in den Pfarrdienst nach Oberaußem und einer nach Büsdorf[77]. Von anderen ist nur bekannt, daß sie in der Nähe, in Thorr und Quadrath, gewohnt haben[78]. Einige sind in diesen Orten gestorben, andere (in ihre alte Heimat?) weggezogen. Dies läßt den Schluß zu, daß viele Mönche nach der Aufhebung weiter versucht haben, Seelsorgepflichten wahrzunehmen und nicht in alle Winde zerstoben sind.

Genauer sind wir über den Verbleib mancher Gegenstände aus dem Besitz des Klosters unterrichtet. Bergheimerdorf erhält auf Anordnung des Aachener Bischofs Bertholet das Gnadenbild und nicht Oberaußem, wie es dessen Pfarrer Jakob Maintz gefordert hatte[79]. Die übrigen Statuen werden auf die umliegenden Kirchen verteilt: der Hl. Antonius nach Paffendorf, St. Rochus nach Glessen, zwei weitere Franziskanerheilige kommen nach Oberaußem. Ein Weihwasserbecken erhält die Georgskapelle in Bergheim, die Orgel wird nach Niederaußem und Oberaußem aufgeteilt (heute nicht mehr nachweisbar), ein Kelch und Meßgewänder bleiben in Paffendorf[80]. Die Glocke von 1509, wohl neben der Marienstatue der letzte Gegenstand aus vorfranziskanischer Zeit, kommt nach Bergheimerdorf, wo sie Pfarrer Steven umgießen ließ[81].

Mit der Pieta gehen auch einige Traditionen auf Bergheim über: Viele Wallfahrten kommen weiterhin zu dieser Statue, Meßstiftungen wurden hier fortgeführt, und eine »Bruderschaft von der unbefleckten Empfängnis« wird neu gegründet[82]. 1873 schließlich erhält die Pieta, die erst auf dem Hochaltar, dann auf dem nördlichen Seitenaltar gestanden hatte, eine eigene Kapelle in der Pfarrkirche[83].

Aber zurück zum Kloster Bethlehem. Zwischen 1802 und 1806 stehen die Gebäude möglicherweise leer; dies würde jedenfalls gut zu dem Unfug passen, der sich in diesen Jahren dort abspielt. Eine »Teufelsbannerei« wird veranstaltet, aber hören wir dazu den Bedburger Arzt Dr. Schaffrath[84]:

> Die »Teufelsbannerei« »wurde mit Helfershelfern (möglicherweise Johann Esser aus Niederaußem[85] von einem Landkrämer aus Köln, mit Namen Engelsberg, wenn ich recht behalten habe, geleitet. Viele, die den süßen Gedanken hegten, reich werden zu wollen, wurden oft stundenweise von den Agenten gelockt, an einem gewissen Tage mit ordentlicher Börse im Versammlungs-Lokale zu erscheinen . . . Nachdem die Versammelten im Gebete saßen, hörte man fürchterliches Brüllen; hinter einer Gardine befand sich der Teufel, in eine Kuhhaut gehüllt. Er zeigte seinen Kopf mit den darauf stehenden Hörnern, und ein Mitwisser sprengte dann mit Weihwasser gegen ihn. Darauf wurde Jedem verkündigt, wie er noch nicht rein genug sei, und daß darüber der Teufel noch immer in Wut gerate. Anberaumung neuer Versammlungstermine, Aufbringung neuer Gelder für gute Werke . . . So ging es fort, bis die französische Polizei die Rädelsführer endlich

auffischte und in Gewahrsam brachte. Sie hatten eine bedeutende Summe erschwindelt.«

Im Jahr 1806 werden nun Kloster und Kirche auf Abbruch verkauft und niedergelegt, nur der sog. »neue Bau« aus dem Jahr 1720, der Brunnen und die Umfassungsmauer bleiben stehen[86]. Die preußische Regierung, seit dem Abzug der Franzosen Herrin im Rheinland, will 1828 in dem Gelände eine Baumschule anlegen[87], doch veräußert sie das, was noch steht, an einen Herrn Kamp zu Königskamp, der das Anwesen 1835 an den Freiherrn von Bongart auf Schloß Paffendorf verkauft[88]. Bis 1835 dient das Gebäude noch als Bauernhof, danach werden die Parzellen einzeln verpachtet[89].

## 4. Die Elisabethinnen in Bethlehem[90]

1899 beginnt das letzte Kapitel des Klosters. Die »Genossenschaft der Barmherzigen Schwestern von der hl. Elisabeth zu Essen« kauft die Reste des Klosters. Sie war eine 1843 gegründete Schwesterngemeinschaft, die sich in der Zeit rasanter Industrialisierung um soziale Probleme, besonders die Krankenversorgung und die Kindererziehung, kümmerte. Sie wollen in Bethlehem eigentlich ein Heim für erholungsbedürftige Schwestern einrichten, doch sieht der Kölner Erzbischof in der Genehmigungsurkunde schon eine »bürgerliche Haushaltsschule« vor[91]. Nachdem auch der preußische Staat in Gestalt des »Ministers der geistlichen Unterrichts- und Medicinal-Angelegenheiten« zugestimmt hat, kann das Bethlehemer Anwesen für 56 000 Reichsmark vom Baron Pius von Bongart aus Paffendorf gekauft werden. 10 Tage vor Weihnachten, im Jahr 1899, ziehen die ersten Schwestern ein. Ein Teil der bestehenden Gebäude wird abgerissen, andere entstehen neu, wie zum Beispiel im Jahr 1900 die Ökonomie für, wie es heißt, 4 Kühe, 1 Pferd und 8 Schwestern. So können zu Ostern 1900 die ersten 12 »Zöglinge« ins Haushaltspensionat einziehen. Der Erste Weltkrieg verschont Bethlehem weitgehend. Die Gebäude werden zwar als Offiziererholungsheim eingerichtet, jedoch nie benutzt. Nur die Pensionärinnen, die noch 1918 »mit Schachteln und Körben, alles nur notdürftig verschnürt, unter Thränen und Leiden ... in größter Eile zum Bahnhof Fortuna« rannten und abreisten, kehrten erst im Laufe der Zeit zurück.

In den Jahren nach dem Ersten Weltkrieg sind auch einige Frauen aus der Umgebung in Bethlehem eingetreten: So Margarete Bex aus Oberaußem, die im Orden zu »Schwester Erika« wurde. Sie verbrachte streng abgeschirmt die ersten Monate bis zu ihrem Postulat hinter den Mauern Bethlehems: Besuch von Eltern und Familie war noch verboten, heimlich stattgefunden hat er trotzdem[92].

Werfen wir auch bei den Elisabethinnen einen Blick auf ihre Tätigkeit. Seit 1904, nachdem Erzbischof Fischer in Bethlehem einen Erholungsaufenthalt verbracht hatte, ist die 1900 erbaute[93] Herz-Jesu-Kapelle des Klosters zugleich Kirche für das »Fabrikdorf«, also für Fortuna. Dies bleibt so bis 1923, als die neue Kirche von Fortuna eingeweiht wird. In den zwanziger Jahren (das Kloster zählt nun 15 Schwestern) ist Bethlehem auch ein Erholungsheim für Damen[94], für gut betuchte übrigens, wie die Älteren berichten. Seit 1921 führte eine Schwester den Kindergarten in Fortuna, eine andere war seit diesem Jahr vom Kraftwerk zur ambulanten Krankenpflege angestellt. Zu Weihnachten 1923 wird für »Weihnachtsfreuden«

bedürftiger Familien gesammelt: 29 Familien erhalten etwas und 60 Kinder bekommen eine warme Mahlzeit für den Spendenbetrag von 320 Billionen Reichsmark – wir befinden uns in der Zeit der großen Inflation. Seit 1927 schließlich betreuen die Schwestern auch in Oberaußem einen Kindergarten.

Ein anderer Arbeitsschwerpunkt sind Exerzitien, die seit 1917 im Kloster stattfinden. Seit 1925 dient nun Bethlehem ganz diesem Zweck. Eine Zeitung berichtet:

> »Man sieht jetzt Männer, Jünglinge, Frauen und Mädchen, die den Weg zum Kloster einschlagen ... Am letzten Sonntagmorgen waren es Mitglieder des mittelrheinischen Gauverbandes der katholischen kaufmännischen Vereine, die das freundliche Kloster verließen, neugestärkt an Leib und Seele ...«

Für die Zeit des Nationalsozialismus ist die Quellenlage, wie so oft, dürftig. Eine interessante Entwicklung ist jedoch feststellbar: Die Zahl der Teilnehmer von Exerzitien steigt zu Beginn der dreißiger Jahre und hält sich auch nach der Machtergreifung der Nationalsozilisten 1933 bis zum Kriegsbeginn 1939. Erst mit dem Zweiten Weltkrieg hören die Exerzitien auf.

| Jahr | Kurse | Teilnehmer |
|---|---|---|
| 1930 | 56 | 1648 |
| 1932 | 54 | 1727 |
| 1933 | 63 | 1712 |
| 1934 | 61 | 1915 |
| ... | ... | ... |
| 1938 | 63 | 2115 |
| 1939 | 34 | 913 |

Über die Auseinandersetzungen mit den Nationalsozialisten schweigen sich die Quellen aus. Erst über die Kriegsjahre gibt es wieder einige Informationen. Im ersten Kriegsjahr wohnen Niederaußemer im Kloster, aus welchen Gründen, wissen wir nicht. Kurze Zeit später wird Bethlehem von der Wehrmacht in Beschlag genommen, 1942 zieht die »Flak« ein. »Alle diese hausten hier in furchtbarer Weise ...« Im umliegenden Wald sind Munitionsdepots eingerichtet, Flak-Kanonen zum Schutz des Kraftwerks befinden sich in unmittelbarer Nähe[95].

Das Kriegsende nimmt Bethlehem nochmals hart mit; folgen wir dem Bericht der Lehrerin Frau Klostermann[96]:

> Am Sonntag, den 25. Februar, rückt die Front näher. Mit Eintritt der Dunkelheit verlassen die ersten Fahrzeuge der Flak das Kloster. Die Helferinnen, auch aus den umliegenden Dörfern, müssen mit. Die Gauleitung der NSDAP, die das Rektorat des Klosters belegt hat, verschwindet montags. An diesem Tag kommen auch die ersten Kampftruppen ins Kloster, alte Männer, die den Weg nach Bergheim halten sollen. Des Donnerstags kommen die Amerikaner von Bergheim nach Bethlehem. Als sie von den deutschen Soldaten beschossen werden, belegen sie die Gegend mit Artilleriefeuer, das auch Bethlehem schwere Schäden zufügt. Am Freitag, den 2. März, nehmen die Amerikaner Bethlehem ein und bringen einen Teil der Bevölkerung von Fortuna ins Kloster. »Man sah viele ängstliche Gesichter, aber auch schon solche, die mit fremden Soldaten liebäugeln wollten.« Aber dann werden alle, die sich in Bethlehem befinden, in die Kirche von Fortuna verbracht, und erst nach 10 Tagen kann man zurück und mit den Aufräumungsarbeiten beginnen: Beisetzung der notdürftig verscharrten Toten, Wiederherrichten des Klosters ...

*Ansicht der Anlage des Franziskanerklosters aus dem Jahre 1767. Typisch für die Franziskaner ist der turmlose Kirchenbau. Die Umfassungsmauer mit dem großen Tor hat bis 1966 gestanden.*

*Chor der um 1900 im Stil der Neugotik erbauten »Herz-Jesu-Kapelle« für das Kloster der Elisabethinnen.*

In den fünfziger Jahren ist Bethlehem wieder mit rund 20 Schwestern besetzt. Sie betreiben erneut eine Haushaltsschule, den Exerzitienbetrieb, pflegen alte Leute und führen die Kindergärten in Oberaußem (den auch der Verfasser noch besucht hat) und Fortuna[97]. Prozessionen finden von den umliegenden Orten nun auch wieder nach Bethlehem statt, zur Lourdesgrotte, die sich in der Klostermauer am Waldrand in Richtung Oberaußem befand.

Das Jahr 1966 bringt das zweite und endgültige Ende des Ordenslebens in Bethlehem. Im Zuge des Rückganges der Schwesternzahl im Orden wird das Kloster aufgegeben, am 17. April die letzte Messe gefeiert. Das Kloster wird an Rheinbraun verkauft, die es umgehend abreißen läßt. Die Hast, mit der sich die Dinge in den letzten Wochen vor der Schließung vollziehen, spiegeln sich im kleinen nochmals am letzten Tag des Klosters; in der Chronik der Schwestern heißt es:

> »Um 6.30 standen schon einige Wagen aus der Umgebung vor der Tür, um noch einige Sachen abzuholen . . . Von der Rheinbraun kam gegen 11 Uhr Herr Dr. Höfer, er bedankte sich sehr für den reibungslosen Verlauf der Verhandlungen zwischen Schwestern und Rheinbraun und wünschte Gottes Segen . . . In der Mittagsstunde sprachen wir zum letzten Mal von Bethlehem aus mit unserer lieben ehrwürdigen Mutter . . . (Sie) bat, man möge noch einmal etwas Weihwasser sprengen. Wir taten das auch, und zwar an der Stelle, an der einst vor 400 Jahren die heilige Hostie gelegen haben soll. Nach diesem allerletzten Telephongespräch wurde dann auch das Telephon entfernt. Die Kreiswerke trennten Strom und Wasser ab und um 13.15 Uhr erschien schon ein Bautrupp der Abbaufirma Steeg, die sich sofort an ihre Arbeit machten[98].«

Als am kommenden Morgen Rektor Bondü und Lehrer Theißen aus Oberaußem auf die Bethlehemer Anhöhe kommen, um noch einige Kleinigkeiten zu retten, wie den Schlußstein der Franziskaner im Torbogen, ist Bethlehem schon dem Erdboden gleich gemacht. Die Sicherung von Arbeitsplätzen und der Energieversorgung für vier Jahre hatten ihren Tribut gefordert.

## Archivalien

| | |
|---|---|
| | Düsseldorf, Universitätsbibliothek: |
| Ann. | a) Annales Provinciae Coloniensis Ordinis Fratrum Minorum Regularis Observantiae (Binterim, Ms. folio 2 b, Bände I–VII) (zitiert: »Ann.« mit Band- und Seitenangabe) |
| | b) Annales conventus Coloniensis Sancti Francisci recollectorum ad olivas (Bint. 15, Ms. fol. 1, III) |
| | c) Annales ingressus et progressus fratrum sancti francisci de observantia . . . ad olivas (Bint. Ms. fol. 1, I) |
| BM-PfA | Bergheim, Pfarrarchiv: |
| | – Nr. 63: Anmerkungen Füssenichs zur Klostergeschichte Unkelbachs (s. u.), beigeheftet ist die Chronik der Elisabethinnen |
| D-HStA | Düsseldorf, Hauptstaatsarchiv |
| | – Jülich-Berg II, Nr. 277 |

DN-StA — Düren, Stadtarchiv:
- Urkunden
- Bestand Franziskanerakten A 25 (aus dem ehemaligen Klosterarchiv Bethlehem?)

Köln — Historisches Archiv der Stadt Köln:
- Annales Ministrorum Provincialium Ordinis Fratrum Minorum (Geistliche Abteilung Nr. 199)

Klostermann, M.: Ereignisse in Bethlehem nach dem 25. Februar 1945, maschinenschriftlich, 14 Seiten.

## Gedruckte Quellen und Literatur


ALCKET, Jacobus: Bethlehemer Stern; Köln 1747 (Erstdruck 1676)

AMBERG, Gottfried: Zur Wallfahrt der Kölner Bauernbank Eigelstein nach Bethlehem bei Bergheim und Wallfahrt der Pfarre St. Kunibert in Köln nach Kalk 1737; in: Jahrbuch des Kölnischen Geschichtsvereins, 47/1976, S. 178–189

BERS, Günter: »Das Miraculöß Mariä Bildlein zu Aldenhoven«. Geschichte einer rheinischen Wallfahrt 1655–1985; Köln 1986

CLEMEN, Paul: Die Kunstdenkmäler der Rheinprovinz, Bd. IV, 3: Die Kunstdenkmäler des Kreises Bergheim, Düsseldorf 1899

(DELHOVEN) Die Rheinische Dorfchronik des Joan Peter Delhoven aus Dormagen (1783–1823), Hgg. Hermann Cardauns und Reiner Müller, Dormagen 1966

DETHIER, Johann Peter: Beiträge zur vaterländischen Geschichte des Landkreises Bergheim, Köln 1833

DOMSTA, Hans J.: Inventar des Archivs der Kölnischen Provinz der Franziskaner im Stadtarchiv Düren; in: Dürener Geschichtsblätter, 69/1980, S. 115–157 (=Teil II); 70/1981, S. 49–100 (=Teil III); 75/1986, S. 37–46 (=Teil IV)

DÜRBAUM, Josef: Heimatkunde von Oberaußem; Oberaußem 1912

FABRICIUS, Wilhelm: Erläuterungen zum geschichtlichen Atlas der Rheinprovinz; Bd. 5,1, Bonn 1909.

FÜSSENICH, Carl: Zur Geschichte der Eremiten in der Erzdiözese Köln; in: Annalen des historischen Vereins für den Niederrhein, 74/1902, S. 139–152

Die GENOSSENSCHAFT DER BARMHERZIGEN SCHWESTERN von der Hl. Elisabeth zu Essen; Hg. Schwestern der Gemeinschaft, Siegburg 1957

GRÖBBELS, A.: Bethlehemitischer Stern; Bergheim 1866 (erweiterte Ausgabe des Buches von J. Alcket)

HANDBUCH DER ERZDIÖZESE KÖLN, 22/1920; 23/1933; 24/1954

HEGEL, Eduard: Das Erzbistum Köln zwischen Barock und Aufklärung. Vom Pfälzischen Krieg bis zum Ende der Französischen Zeit; Köln 1979

HEIMBUCHER, Max: Die Orden und Kongregationen der katholischen Kirche, Band I, Paderborn, 3. Aufl. 1933

HEUSER, Johannes: »Heilig-Blut«. In Kult und Brauchtum des deutschen Kulturraumes; Dissertation Bonn 1948

JACOBS, Arsenius: Die Rheinischen Kapuziner 1611–1725; Münster 1933

JANSEN, Franz: Verzeichnis von Klöstern des Franziskanerordens in der Rheinprovinz; in: Franziskanische Studien, 13/1926, S. 5–32

JÖCHER, Christian Gottlieb: Allgemeines Gelehrten-Lexicon, Ergänzungsband I, Leipzig 1784

JÜLICH-BERGISCHE KIRCHENPOLITIK am Ausgange des Mittelalters und in der Reformationszeit; Hg. Otto R. Redlich, Bonn 1911

KISKY, Hans: Rheinische Kunststätten: Bergheim; Neuß 1956

KÖLLEN, Hubert: Bearbeitung der »Geschichte des Klosters Bethlehem ...«; in: 175 Jahre Gnadenbild in St. Remigius, Bergheim, Hg. ders., o. O., o. J. (Bergheim 1978)

MÜLLER (ohne Vorname): Das Kloster Frauweiler bei Bedburg; in: Annalen des historischen Vereins für den Niederrhein, 30/1876, S. 61–82

MÜLLER, Ägidius: Das heilige Deutschland. Geschichte und Beschreibung sämmtlicher (!) im deutschen Reiche bestehender Wallfahrtsorte; Band I, Köln 1887
NOLL, F. W.: Heimatkunde des Kreises Bergheim; Bergheim 1912
OHM, Anneliese / VERBEEK, Albert: Die Kunstdenkmäler des Rheinlandes, Kreis Bergheim; Band I, Düsseldorf 1970
QUELLEN ZUR GESCHICHTE DES RHEINLANDES im Zeitalter der Französischen Revolution 1780–1801; Hg. Joseph Hansen, Band IV, Bonn 1938
ROTH, H. Hermann: Die Klöster der Franziskaner-Rekollekten in der alten Erzdiözese Köln (Teil I); in: Annalen des historischen Vereins für den Niederrhein, 94/1913, S. 68–134
TORSY, Jakob: Der Regularklerus in den Kölner Bistumsprotokollen; 2 Bände, Siegburg 1985
ders.: Die Weihehandlungen der Kölner Weihbischöfe 1661–1840, nach den weihbischöflichen Protokollen; Düsseldorf 1969
UNKELBACH, CARL: Geschichte des Klosters Bethlehem; Bergheim 1885 (unter Benutzung der Arbeiten von J. Alcket und A. Gröbbels)
WALLFAHRT AM NIEDERRHEIN; Hg. Irene Markowitz, Düsseldorf 1982
WESTFEHLING, Uwe: Die Messe Gregors des Großen. Vision – Kunst – Realität; Köln 1982
WREDE, Adam Joseph: Die Kölner Bauernbänke; Dissertation Tübingen 1905
175 JAHRE GNADENBILD in St. Remigius, Bergheim; Hg. Hubert Köllen, o. O., o. J. (Bergheim 1978)

## Anmerkungen

1 Dieser Aufsatz ist Pfarrer Hubert *Köllen* gewidmet, der sich mit großem Engagement um die Spuren Bethlehems gekümmert hat sowie meiner Tante, Schwester Erika, geborene Margarete *Bex*, die noch in Bethlehem den Elisabethinnen beigetreten ist.

2 In der Darstellung folge ich dem Bericht in der Frauweiler Chronik (*Müller*, S. 71–73), die allerdings erst im 18. Jahrhundert kompiliert wurde. Er ist knapp und ohne Ausschmückungen, wie sie bei *Alcket* 1676 auftauchen. Beispielsweise werden aus der einen Hostie bei *Alcket* viele, Förster Kremer geht ein zweites Mal in den Wald, um sich zu versichern. Andererseits arbeitet *Alcket* den Bericht der Bergheimer Bürgermeister *Wolters* ein, der sich ehemals im Bethlehemer Archiv befunden haben muß (*Alcket*, S. 9f.). Im 19. Jahrhundert wird die Legende weiter ausgestaltet: so geht Förster *Kremer* dreimal zur Hostie in den Wald zurück (Ägidius *Müller*, S. 41f.). – Zeugenbefragungen (vom Anfang?) des 17. Jahrhunderts zum Hostiendiebstahl und zur Person Förster *Kremers*, die im Kloster Bethlehem wohl verwahrt wurden und sich heute im Stadtarchiv Düren (DN-StA, A. 25, Nr. 1) befinden, wurden von mir nur selten herangezogen: In Einzelheiten widersprechen sich die Aussagen, die zu erinnernden Einzelheiten lagen schließlich 70 bis 100 Jahre zurück.

3 *Heuser*, S. 83 und S. 179, zur zeitlichen Einordnung ebd. S. 22 und S. 60.

4 DN-StA, A 25, Nr. 1.

5 *Alcket*, S. 16.

6 *Wallfahrt am Niederrhein*, S. 84.

7 *Westfehling*, S. 22–25.

8 Die Frauweiler Chronik (*Müller* S. 72) spricht vom »crucem ligneam cum icone B. Mariae«.

9 *Alcket*, S. 10, vgl. auch *Köllen*, S. 13.

10 DN-StA, A 25, Nr. 1, S. 1.

11 *Alcket*, S. 10.

12 *Alcket*, S. 12f. und DN-StA, A 25, Nr. 1, S. 3; ob diese »Weingarten-Klippe« etwas mit Weinbau zu tun hatte oder ob sich der Name auf die Ölbergszene bezog, ist unklar.

13 *Alcket*, S. 12.

14 DN-StA, A 25, Nr. 1, S. 4.

15 Frauweiler Chronik (*Müller* S. 72); DN-StA, A 25, Nr. 1, S. 3 und 4.

16 *Alcket*, S. 12f.

17 DN-StA, A 25, Nr. 1, S. 2 und 5. Die Behauptung *Füssenichs* (S. 142), Kloster Bethlehem sei aus einer Einsiedelei entstanden, ist so nicht zu halten.

18 in: Jülich-Bergische Kirchenpolitik, S. 26.

19 DN-StA, A 25, Nr. 1, S. 3f.

20 *Alcket*, S. 18.
21 *Alcket*, S. 13f., gibt herzogliche Schreiben vom 7. Mai aus Hambach und vom 26. September aus Düsseldorf an. Die Amtleute waren: Herman Bertrand als Kellner und Johann von Inden als Wehrmeister. Die Maße der Kirche werden mit 20 × 19 Fuß angegeben.
22 *Ohm/Verbeek*, S. 65.
23 *Alcket*, S. 19.
24 *Unkelbach*, S. 12.
25 Die Wallfahrt nach Walldürn datiert aus dem Jahr 1330, diejenige nach Wilsnack von 1387. Nach 1400 entstanden fast keine Heilig-Blut-Wallfahrten mehr, vgl. *Heuser*, S. 60.
26 *Hegel*, S. 352, verweist noch auf den Kreuzberg bei Bonn, den Kalvarienberg bei Ahrweiler und die Schornkapelle bei Schuld an der Ahr.
27 *Unkelbach*, S. 12.
28 Die Beispiele bei *Alcket*, S. 18; 21; 26; 24 und 27f.
29 *Heimbucher*, S. 713.
30 Laut einer nicht mehr erreichbaren Quelle bei *Unkelbach*, S. 13.
31 *Hegel*, S. 210; *Roth*, S. 72.
32 D-HStA, Jülich-Berg II, Nr. 277, Bl. 41 (alte Zählung: Bl. 56).
33 In den Annalen (Köln), I, 149, steht explizit »patres conventuales« (also Kapuziner). Das Original aus der Düsseldorfer Kanzlei vom 19. 2. 1644 befindet sich in Düren (DN-StA, A 25, Nr. 7). In einer Kopie dieses Textes (DN-StA, A 25, Nr. 8), die möglicherweise den Kölner Eintragungen zugrunde liegt, ist von zweiter Hand »patres conventuales« deutlich sichtbar im Text nachgetragen.
Es kann somit keine Rede von einem immer friedlichen Nebeneinander der beiden Franziskanerzweige die Rede sein, wie manchmal behauptet (z. B. *Jacobs*, S. 18 u. S. 25). Berichte über Ordensrivalitäten mit den Kapuzinern finden sich in den Provinzialannalen häufiger, z. B. für 1641 in Bonn (Ann. fol. 2a, S. 408) oder 1660 für Miltenberg (Ann. II, 163a); vgl. auch *Roth*, S. 73f.
34 Die Urkunde des Jülicher Herzogs datiert vom 22. April (*Domsta* [1986], Urkunde 257, hier auch die Niederlassungsbedingungen), diejenige des Bischofs vom 14. Mai (*Domsta* [1980], Urkunde 179). Die bei Ägidius *Müller*, S. 72 und bei *Jansen*, S. 9 angegebene Jahreszahl 1635 ist nicht belegbar.
35 DN-StA, A 25, Nr. 4, S. 1.
36 DN-StA, A 25, Nr. 3. Als Grund ist die nahe vorbeifließende Erft anzunehmen.
37 DN-StA, A 25, Nr. 4, S. 4. Dies war außergewöhnlich für die traditionell in der Stadt angesiedelten Franziskaner; es gibt allerdings vergleichbare Fälle, z. B. Ahrweiler.
38 Vgl. *Bers*, S. 24f. Strukturelle (religionswissenschaftlich auch sonst bekannte) Parallelen gibt es mit der Entstehungsgeschichte von Aldenhoven: Fund im Wald, von einfachen Leuten, Leuchten des Gegenstandes.
39 DN-StA, A 25, Nr. 9 (1646).
40 Die genauen Daten: Wegbaumaßnahmen 1644 (DN-StA, A 25, Nr. 4, S. 5) und 1647 (DN-StA, A 25, Nr. 9, 1647). Grundsteinlegung des Klosters 8. März 1648 (DN-StA, A 25, Nr. 4, S. 6f.), Fertigstellung 1655 (*Alcket*, S. 16). Nach *Fabricius*, S. 23, sollen die Franziskaner 1650 umgezogen sein. Baubeginn der Kirche 1660 (*Unkelbach*, S. 15), nach *Alcket*, S. 16, im Jahr 1661. Fertigstellung 1662 (*Alcket*, S. 16) oder 1663 (*Unkelbach*, S. 15); Konsekration 1665 (*Unkelbach*, S. 15).
41 Bauland: DN-StA, A 25, Nr. 4, S. 4; Ablaß: DN-StA, A 25, Nr. 9 (1646 und 1647).
42 DN-StA, A 25, Nr. 9 (1645).
43 DN-StA, A 25, Nr. 9 (1646).
44 Bertram: *Domsta* (1980), Urkunden 215 und 216; Graf Erich Adolf: *Unkelbach*, S. 16; Ann. II, 306; Herzog von Jülich: *Unkelbach* S. 16.
45 DN-StA, A 25, Nr. 4, S. 7; Liste der Adeligen ebd., S. 8; zu den herzoglichen Besuchen Ann. II, 183 und 331; Ann. III, 403.
46 Hochaltarinschrift: DN-StA, A 25, Nr. 4, S. 7; andere Altäre und Kreuzweg: *Unkelbach*, S. 16. Stationen: *Unkelbach*, S. 16 und *Clemen*, S. 42. Muttergottesstationen: Ann. II, 500.
47 Ann., III, 166. Die Vermutung von Noll, S. 185, der Graf sei wegen der Kriegswirren dort beigesetzt worden, ist wohl falsch, da die Beisetzung am 30. Mai erfolgte, die Truppen jedoch erst ab 18. November durchzogen. – Vor dem Altar war schon mindestens ein weiterer Stifter, Theodor von der Lippe in Asperschlag, beigesetzt worden (BM-PfA, Nr. 63: *Füssenich: Anmerkungen zu Unkelbach*, S. 15).
48 Ann. III, 166 (Beilage).

49 Ann. III, 167.
50 Vgl. *Bers*, S. 24.
51 *Dürbaum*, S. 35 f. Diese Geschichte ist schlecht belegt; die von *Dürbaum* angegebene Fundstelle bei »Meering, Geschichte der Burgen, Heft III« (wohl Franz *Mering*), war in diesem Buch nicht auffindbar.
52 Nicht abgebrochene Reste: An Erft und Gillbach, 11/1957, S. 43; Mauer: Ann. VI, 380; Klosterbesetzung: Ann. VI, 518; zu 1780 und 1791: *Clemen*, S. 42. Möglicherweise ist in diesem Zusammenhang auch 1793 eine neue Glocke geweiht worden, vgl. *Torsy*, Weihehandlungen, S. 126.
53 Für die Anfangszeit: *Unkelbach*, S. 13; 1643: *Köllen*, S. 17; 1664: Ann. II, 331. Liste der Guardiane: Annalen, Köln, S. 427.
54 DN-StA, A 25, Nr. 9 (1645); für 1770: Ann. IV, 59.
55 *Delhoven*, S. 22.
56 Zur Bekleidung: vgl. die Pilgerbilder in: *175 Jahre Gnadenbild*, SS. 36, 37, 40, 43; Zur Beichte: Die Provinzialannalen sprechen mit einer selbstverständlichen Regelmäßigkeit von der Beichtpraxis. Die Bethlehemer Patres haben wohl auch bei Nonnen die Beichte gehört (vgl. *Torsy*, Regularklerus, H-669 (1675) und H-1271 (1740). Um welche Nonnen es sich handelte, war nicht festzustellen; Kanzel: *Unkelbach*, S. 14; Heilungen: Sie sind bis ans Ende des 18. Jahrhunderts überliefert, vgl. Ann. VI, 123 (1738) und Ann. VII, 243 (1769).
57 Zit. nach *Bers*, S. 24.
58 1734 kamen bspw. 46 Fahrten (Ann. VI, 40), 1748 hingegen 95 (Ann. VI, 311).
59 *Gröbbels*, S. 16.
60 *Wallfahrt am Niederrhein*, S. 84; zu Zons: Ann. V, 193.
61 Z. B. 1653 (Annales ingressus, S. 464) und 1747 zweimal (Annales conventus, S. 516 und 517).
62 *Amberg*, S. 179 und S. 188; seit 1879 zogen sie nach Kevelaer (*Amberg*, S. 188). Weiterhin sind Wallfahrten bekannt: Von St. Aposteln für 1905 (*Wrede*, S. 71), aus Gustorf seit dem 17. Jh. (*175 Jahre Gnadenbild*, S. 47), aus Hitdorf bei Leverkusen seit dem 16. Jh. (ebd., S. 49), aus Neukirchen seit 1677 (ebd., S. 60).
63 *Wrede*, S. 71.
64 Vgl. *Alcket*, S. 21–26.
65 Katechesen: vgl. Ann. II, 183; Die drei Daten für Konversionen in: Ann. II, 225; Ann. VII, 335 und Ann. V, 180. Eine weitere Judentaufe wird 1775 berichtet (Ann. VI, 464).
66 *Jöcher*, Spalte 516.
67 Oberaußem: *Torsy*, Regulaklerus, H-1651; Bergheimerdorf: ebd., H-2902; weitere Beispiele bei *Unkelbach*, S. 22.
68 *Delhoven*, S. 49.
69 *Füssenich*, Anmerkungen zu *Unkelbach*, BM-PfA, Nr. 63, S. 22; Als Bittsteller bei den Franziskanern erwähnt *Füssenich* den »Rektor« Wilhelm Heinrich Roemer.
70 Franziskus-Bruderschaft: DN-StA, A 25, Nr. 9 (1646 und 1647); 1647 sollen beispielsweise 200 Personen den Gürtel genommen haben; Marienbruderschaft: auf Mariä Verkündigung gegründet nach DN-StA, A 25, Nr. 12, verso. Letzte Erwähnung der Bruderschaften 1781 (Ann. VII, 407); Rochusbruderschaft: Ann. V, 304; Tertiaren: zuerst 1664 (Ann. II, 331), zuletzt 1742 (Ann. VI, 180).
71 Glockenweihen: *Torsy*, Weihehandlungen, SS. 126, 191, 425, 499. Sie konnten entsprechend einer päpstlichen Breve aus dem Jahr 1657 auch von Klostervorstehern vorgenommen werden (*Torsy*, Regularklerus, Bd. I, S. 24); Austreibungen vgl. Ann. V, 339 (1725) und Ann. VII, 59 (1761). Kasualien werden in den Annalen vielfach genannt.
72 DN-StA, A 25, Nr. 11 und Ann. VI, 40.
73 *Hansen*, S. 122. Zu weniger euphorischen Bewertungen vgl. die folgende Anmerkung.
74 Notizen *Füssenichs* (BM-PfA, Nr. 63, S. 25), die dies berichten, bestätigen andere Teile der Zeitungsmeldung. Zugleich berichtet er von dem Zwang, daß die »Notabeln« mitziehen »mußten«.
75 *Unkelbach*, S. 33 f.
76 *Torsy*, Regularklerus, H-1149.
77 ebd., H-2124, H-3533, H-4812.
78 ebd., H-2347, H-4339.
79 *Gröbbels*, S. 19. Die Urkunde Bertholets u. a. bei *Unkelbach*, S. 32 f. abgedruckt. Abgelichtet in: *175 Jahre Gnadenbild*, S. 24 f.
80 Zum Verbleib: *Unkelbach*, S. 31 f.; *Ohm/Verbeek*, S. 65 und *Dürbaum*, S. 43.

81 *Füssenich,* Anmerkungen zu *Unkelbach,* S. 35; BM-PfA, Nr. 63.
82 *Unkelbach,* S. 37.
83 ebd., S. 35.
84 in: Intelligenzblatt für den Kreis Bergheim vom 6. 10. 1860, hier nach: BM-PfA, Nr. 63, S. 25. Schaffrath teilt mit, diese Geschichte sei auch auf einem Einblattdruck erschienen.
85 *Dürbaum,* S. 35, berichtet unter Berufung auf die Oberaußemer Pfarrchronik eine leicht abweichende Version. Initiator soll dieser Johann Esser gewesen sein. Der mitarbeitende Kölner habe bei dieser Szenerie aus einem »Christophel-Buch« vorgelesen.
86 *Clemen,* S. 42.
87 *Füssenich,* Anmerkung zu *Unkelbach,* S. 31; BM-PfA, Nr. 63.
88 *Unkelbach,* S. 31.
89 *Füssenich,* Anmerkung zu *Unkelbach,* S. 31; BM-PfA, Nr. 63.
90 Alle Angaben bis 1944 stammen, wenn nicht anders belegt, aus der Photokopie der jahrweise geführten Chronik der Elisabethinnen, Pfarrarchiv Bergheim, Nr. 63, S. 26–65.
91 Möglicherweise hat der Bischof darauf gedrungen, auch eine karitative Aufgabe wahrzunehmen, dies wäre nicht ungewöhnlich gewesen.
92 Mündliche Mitteilung.
93 Handbuch der Erzdiözese Köln, 23/1933, S. 112.
94 Vgl. *Handbuch der Erzdiözese Köln,* 22/1920, S. 187. Im Handbuch des Jahres 1933, S. 112, wird von einem Altenheim gesprochen.
95 Mündliche Mitteilungen.
96 M. *Klostermann:* Ereignisse in Bethlehem nach dem 25. Februar 1945; maschinenschriftlich. Der Text wurde vielfach wörtlich übernommen.
97 *Handbuch der Erzdiözese Köln,* 24/1954, S. 133 und: Die *Genossenschaft der Barmherzigen Schwestern,* S. 276.
98 Chronik der Elisabethinnen, Pfarrarchiv Bergheim, Nr. 63, S. 65.

Für weitere Hinweise, Unterlagen, Bilder usw. über Bethlehem, gerade über die neuere Geschichte, wäre der Verfasser (HZ, Clarenweg 2, 5010 Oberaußem) dankbar; vielleicht läßt sich einmal eine größere Geschichte Bethlehems schreiben.

Hans Elmar Onnau

# Das Cistercienserinnenkloster Blatzheim

## Geschichtlicher Überblick

Bis nach der Französischen Revolution bestand in Blatzheim, dem ehemaligen kurkölnischen Pfarr- und Gerichtsort im Amt Lechenich und Dekanat Bergheim, das freiadlige Cistercienserinnenkloster *Aula Sancti Petri*, auch *Aula Sanctae Maria* genannt, das an der Ostseite des Neffelbachs auf der Höhe am Südrand des heutigen Wohngebiets lag.
Es fehlt an authentischen Nachrichten, wann das Kloster bei Blatzheim gestiftet worden ist. Nach der Gründungslegende, die der Blatzheimer Klosterprior Friedrich Uffling um 1750 aufzeichnete, hat das Auffinden eines durch Wunderwirkungen ausgezeichneten Standbildes der hl. Jungfrau Maria auf dem Berg bei Blatzheim ( in hoc colliculo repertam fuisse exiguam statuam B. M. Virginis prodigiis claram asservatam) dem Kölner Erzbischof und späteren Landesherrn Veranlassung gegeben, den Grund und Boden bei Blatzheim zur Verehrung und Anrufung der unbefleckten Jungfrau Maria bereitzustellen. Der Erzbischof – Hermann III. von Hochstaden – hat im Jahre 1093 zwei fromme und angesehene Damen mit Namen Gevelsberg berufen, in Blatzheim ein Haus mit Kapelle zu beziehen, zu dem ein mit Äckern, benachbartem Wald und Zubehör ausgestatteter Hof, der nach den beiden Nonnen den Namen Gevelsberg annahm, geschenkt wurde.[1]
Nach dieser klösterlichen Überlieferung stammt der Blatzheimer Gründungskonvent aus dem Cistercienserinnenkloster Gevelsberg im kölnischen Westfalen. Das Kloster Gevelsberg, 1235 zuerst genannt, ist aber erst in den Jahren 1230–35, und zwar zur Sühne der Ermordung des Kölner Erzbischofs Engelbert I. von Berg († 1225) gestiftet worden. Zweifellos erscheint die Gründungsgeschichte des Klosters Blatzheim im wesentlichen zuverlässig, doch ist das frühe Entstehungsjahr von 1093 ein ungeschichtliches Element. In Wirklichkeit wird das Frauenkloster *Aula Sanctae Maria* bei Blatzheim in den Jahren 1246/47 durch den Kölner Erzbischof Konrad von Hochstaden, der auch eine gewisse Hinneigung zum Cistercienserorden hatte, gestiftet worden sein.
Die klösterliche Überlieferung, daß der Blatzheimer Gründungskonvent aus dem Cistercienserinnenkloster Gevelsberg stammte, wird auch dadurch gestützt, daß in der zweiten Hälfte des 13. Jahrhunderts enge Kontakte zwischen den Klöstern

Blatzheim und Gevelsberg bestanden. Eine Urkunde vom 13. November 1258 besagt, daß die Äbtissin und der Konvent in Gevelsberg und die Äbtissin und der Konvent in Blatzheim mit Zustimmung des Erzbischofs Konrad von Hochstaden und des Abtes von Heisterbach, dem Kloster Blatzheim unterstellt war, ein Haus in Köln an das Domkapitel verkaufen.[2] Auffallend ist auch, daß beide Äbtissinnen bei der Beurkundung ein formgleiches Siegel führten. Die Kölner Schreinsbücher vermelden, daß im Jahre 1247 Haus und Hof »Ad Gallum« in Köln bei St. Paul von einem gewissen Leo dem Kloster Gevelsberg geschenkt wird, das den Besitz sofort an Th. Schreier verkauft, der ihn 1253 dem Kloster Blatzheim überträgt.[3] Im Jahre 1269 hat Kloster Blatzheim den Besitz an Everhard de Cigno in Köln verkauft.[3] Im gleichen Jahr war die Nonne Guda, die frühere Ehefrau des ersten Kölner Dombaumeisters Gerhard († 1269/71), Äbtissin von Blatzheim und ihrer beider Tochter Elisabeth war Nonne im Kloster Gevelsberg.[4]

Das Frauenkloster Blatzheim war anfangs ein Cistercienserinnenkloster ohne Anschluß an den Orden. Es war dem Erzbischof von Köln unterstellt. Die Nonnen trugen den Cistercienserhabit, hielten die Konstitutionen von Citeaux und strebten danach, die Inkorporation in den Cistercienserorden zu erlangen. Dieses Ziel wurde über die römische Kurie, sicherlich auf Bitten des Kölner Erzbischofs, erreicht, als Papst Innocenz IV. auf der Flucht von Lyon aus am 3. Mai 1247 das Generalkapitel der Cistercienser in Citeaux anwies, das Frauenkloster *Aula Sancti Petri* in der Diözese Köln in den Orden aufzunehmen und den Abt von Heisterbach mit der Inkorporation und den nötigen Anordnungen zu betrauen.[5] Die Äbte von Camp und Altenberg wurden daraufhin vom Generalkapitel mit einer Visitation des Klosters Blatzheim beauftragt, um die Voraussetzungen zur Inkorporation des Klosters an Ort und Stelle zu untersuchen.[6] Mit dem Anschluß an den Cistercienserorden wurde Kloster Blatzheim dem Abt von Heisterbach als Visitator unterstellt, der damit auch den Beichtvater der Nonnen aus seinem Kloster zu stellen hatte. Die Jurisdiktion über das Kloster Blatzheim übte der Kölner Erzbischof aus, der die Klausur und die Vermögensverwaltung zu überwachen und den ordentlichen Beichtvater zu stellen hatte, wenn der Abt von Heisterbach versagte.[7]

Das Cistercienserinnenkloster Blatzheim wurde anfangs von einer Priorin geleitet, die 1247 bei der Inkorporation des Klosters in den Orden genannt wird.[8] Als Priorin von Gevelsberg wird sie nach Ordenssitte mit dem Gründungskonvent in Blatzheim eingezogen und mit der Inkorporation in den Orden Äbtissin geworden sein. Wenige Jahre darauf, 1258, stand Kloster Blatzheim unter der Leitung einer Äbtissin, die ein Siegel mit der Umschrift »S(igillum) ABBATISSE DE AV(LA SANCTI P)ETRI« führte[9] und wahrscheinlich mit der Blatzheimer Gründungspriorin identisch ist. Anscheinend besaß Kloster Blatzheim in seiner Frühzeit eine große Anziehungskraft, insbesondere nach der Affiliation mit dem Orden, wozu nicht zuletzt die soziale Stellung der Äbtissin Guda (1269) als gewesener Ehefrau des Kölner Meisters Gerhard beigetragen haben wird, die um 1260 mit ihrer Familie den geistlichen Stand gewählt hat. In kurzer Zeit wurde Blatzheim eines der großen und bekannten der dreizehn Cistercienserinnenklöster, die mit Bottenbroich, Walberberg, Burbach oder Benden, um nur einige zu nennen, in der weiteren Umgebung Kölns bestanden. Zur Schutzherrin des Klosters hatten die Blatzheimer Nonnen die Gottesmutter gewählt, die auch die Patronin des Ordens war. In seiner Frühzeit scheint Kloster Blatzheim auch mit den Reliquien der Jungfrauen der hl. Ursula ausgestattet worden zu sein, zumal sich die Cistercienser in dieser Zeit der besonderen Verehrung der heiligen Jungfrauen anschlossen, die auf Bitten des Kölner Erzbischofs 1255 vom Generalkapitel angeordnet wurde. Die glühende Marienverehrung, wie sie sich auch in der Gründungslegende niederschlägt, haben die Blatzheimer Klosterfrauen sicherlich von ihrer Weisungsabtei Heisterbach übernommen, wo damals noch der Geist des hl. Abtes Bernhard kräftig fortlebte. Es ist daher naheliegend, daß in dem Marienkloster Blatzheim auch der der zweiten Hälfte des 13. Jahrhunderts zuzuweisende berühmte Blatzheimer Bernhard-Codex mit einer Sammlung von Predigten des eigentlichen Ordensstifters, St. Bernhard von Clairvaux, entstanden ist, den die Blatzheimer Cisterciensérinnen im Jahre 1683 dem Heisterbacher Abt offenbar zum Geschenk gemacht haben.[10]

Wie die meisten Frauenklöster des Ordens war auch Kloster Blatzheim in den ersten Jahrhunderten seines Bestehens dem Adel vorbehalten. Bis gegen die Mitte des 14. Jahrhunderts war der Cistercienserinnenkonvent fast ausschließlich von den großen Kölner Kaufmanns- und Patrizierfamilien besetzt, wie den Overstolz oder den von der Salzgasse, die teils enge Beziehungen zum Cistercienserorden hatten. Aus einem der aristokratischen Geschlechter Kölns wird auch die Äbtissin Guda von Blatzheim, also die frühere Ehefrau des Kölner Dombaumeisters Gerhard, stammen. Mit der zweiten Hälfte des 14. Jahrhunderts strömten Cistercienserinnen aus dem niederen Adel des kölnischen und jülichen Territoriums in das Kloster ein und beherrschten für die nächsten drei Jahrhunderte den Klosterkonvent. Die nachweisbar früheste Blatzheimer Klosterfrau aus dem Landadel war um 1330 Odilia von Kerpen (Eifel), die aus dem südlichsten Teil des Erzbistums Köln kam und eine Schwester des Kölner Domherrn Walram von Kerpen war.[11] Das Kloster wurde jetzt mehr und mehr zu einem Versorgungsinstitut für den einheimischen Adel, in das man sich einkaufen konnte. Dadurch schwand zusehends der Ordensgeist, da die Jungfrauen jetzt weniger aus geistlicher Berufung als aus Versorgungsgründen nach dem Wunsch ihrer Familien in das Kloster eintraten. Im 17./18. Jahrhundert rekrutierte sich der Konvent, um lebensfähig zu bleiben, hauptsächlich aus Angehörigen der bürgerlichen Oberschicht mehrerer Städte, so aus Aachen, Eupen, Köln, Essen, Düren und Lechenich. Doch sind auch Nonnen aus anderen Gegenden des Niederrheins und aus Niederländisch-Limburg bezeugt, von denen vier zur Äbtissinnenwürde gelangten. Insgesamt sind 27 Äbtissinnen von Blatzheim überliefert, davon die seit dem 17. Jahrhundert auch mit ihrem Amtsjahren. Bis in das letzte Drittel des 17. Jahrhunderts, bis zur Äbtissin Katharina von Berchem (1664–1679), scheinen alle Äbtissinnen adelig gewesen zu sein. Die Stärke des Blatzheimer Nonnenkonvents hat im Laufe der Jahrhunderte stark geschwankt. Den meisten Zulauf dürfte das Kloster in seiner Frühzeit gehabt haben. In der Reformationszeit befanden sich im Kloster Blatzheim bei einer Visitation im Jahre 1574, die der Generalabt von Citeaux vornahm, außer der Äbtissin 14 Profeßnonnen, eine Novizin und acht Laienschwestern.[12] Damit war das Kloster für diese Zeit gut besetzt und durchaus tragbar, zumal im 16. Jahrhundert der Protestantismus in zahlreiche Adelshäuser eingedrungen war und sicherlich auch in Blatzheim einen Rückgang des klösterlichen Nachwuchses bewirkt hat. In den folgenden Jahrhunderten ist der Konvent weiter zurückgegangen, so daß um die Mitte des 18. Jahrhunderts, im Jahre 1745, der Klosterkonvent nur noch aus der Äbtissin und sechs Konventualinnen bestand,[13] wobei die Laienschwestern und Novizinnen nicht mitgezählt sind. Bei der Aufhebung des Klosters in der französischen Zeit waren außer der Äbtissin neun Nonnen vorhanden.[14]

Aus dem Nekrologium des Klosters erfahren wir auch von den Klosterämtern. Außer der Äbtissin gab es die Priorin – die früheste ist 1269 mit Alveradis bezeugt –,[15] die Unterpriorin, die Kellermeisterin, die Novizenmeisterin, die Schriftenmeisterin, die Sakristanin und die Kantorin. Die Kellermeisterin oder Ökonomin vertrat auch die Rechte und wirtschaftlichen Belange des Klosters nach außen hin und hatte ein wichtiges Amt inne. Die Novizenmeisterin und die Schriftenmeisterin waren für die geistige Ausbildung der Klosterjungfrauen zuständig.

Für die geistlichen Funktionen hatte Kloster Blatzheim einen Cisterciensermönch aus Heisterbach, der oft als Prior und Beichtvater auch der Äbtissin zur Seite stand. Insgesamt werden seit 1569 siebzehn Beichtväter von Blatzheim überliefert, davon sechzehn mit Namen und dreizehn mit Jahreszahlen. Der letzte Beichtiger zu Blatzheim war der Prior Leopold Bohnen, der 1802 als Exprior von Blatzheim genannt ist.[16]

Über die innere Situation des Frauenklosters Blatzheim haben wir einige Nachrichten. Die erste nachweisbare Visitation des Klosters wurde im Jahre 1247 bei seiner Inkorporation in den Cistercienserorden abgehalten. Die Äbte von Camp und Altenberg wurden damit vom Generalkapitel beauftragt: »Inspectio abbatiae monialium quae vocatur Aula Sancti Petri pro qua incorporanda Ordini scribit dominus Papa Capitula generali committitur abbatibus Campensi et Bergensi abbatibus ut ad locum . . . et quid inde . . .[17]« Von der Mitte des 13. Jahrhunderts bis gegen die Mitte des 15. Säkulums dürfte die Blütezeit des Klosters gelegen haben. Im 15. Jahrhundert scheint die Ordenszucht wie in den meisten Klöstern auch in Blatzheim gesunken zu sein. Das Generalkapitel in Citeaux, das sich nach dem Konzil von Konstanz (1414/18) stärker den innerklösterlichen Reformversuchen zuwandte, ordnete im Jahre 1486 eine Reform der Frauenklöster Blatzheim und Bürvenich bei Zülpich an. Da der Heisterbacher Abt als pater immediatus zur Duchführung der Reform wegen »besonderer Wegeschwierigkeiten und zeitbedingter Gefahren«, also infolge der Kölner Stiftsfehde, nicht im Stande war, unterstellte das Generalkapitel 1486 das Kloster Blatzheim der Abtei Val-Dieu in der Diözese Lüttich und beauftragte den Abt dieses Klosters mit der Reform des Klosters Blatzheim.[18] Ob der Abt von Val-Dieu die Klosterreform in Blatzheim durchgeführt hat, steht nicht fest. Es ist unwahrscheinlich, da die Rheinischen Fehden den ganzen Westen erschütterten. Kurze Zeit darauf wird Blatzheim wieder an Heisterbach gekommen sein. Jedenfalls stand das Kloster 1541 wieder unter der Oboedienz des Abtes von Heisterbach.[19]

In der zweiten Hälfte des 16. Jahrhunderts wurde eine schlimme Desorganisation in dem Frauenkloster Blatzheim bekannt, als der kölnische Erzbischof Salentin von Isenburg das rheinische Erzstift visitierte. Nach dem Kommissionsbericht der am 30. Juni 1569 in Blatzheim vorgenommenen Klostervisitation war die monastische Disziplin völlig in Verfall, das religiöse Leben lag darnieder und der Gehorsam war gänzlich fremd. Die Schuld daran trug die viel zu alte Äbtissin, die keinen Gehorsam und Respekt genoß (Abbatissa senio confecta nonnihil delirat, quare eidem non adeo obeditur, nec eam reverentur) und ein junger Pater, der Beichtvater der Nonnen, der leichtsinnig und ein Säufer (compotator) war und sich mehr für die jüngeren Nonnen als für die älteren interessierte und dadurch die Zwietracht im Konvent stiftete. Auch der Cellerar des Klosters, ein Heisterbacher Konversmönch, in dessen Händen die Wirtschaftsverwaltung des Klosters lag, schien sein Amt nicht zu Treu und Nutzen des Konvents zu führen. Als Ausweg schlugen die Visitatoren vor, sämtliche Rechte auf die Priorin zu übertragen und bis zur Entsendung eines neuen Beichtvaters durch den Abt von Heisterbach dem Pfarrer von Blatzheim mehr Rechte am Kloster einzuräumen, der bis dahin als confessarius extraordinarius nur am Vigiltage des Festes Mariä Verkündigung (2. Februar) fungierte.

Große Sorgfalt legten die Visitatoren auch auf die Archivpflege, die von größter Wichtigkeit für die Erhaltung des gemeinsamen Besitzes war. Es sollten künftig drei Archivschlüssel vorhanden sein: für die Äbtissin, die Priorin und die Kellnerin. Nur bei gleichzeitiger Benutzung aller drei Schlüssel sollte das Archiv zu öffnen sein.[20]

In den darauf folgenden Jahren scheint durch eine neue Vorsteherin, vielleicht eine neue Äbtissin des Klosters und die Entsendung eines neuen Beichtvaters aus Heisterbach die innere und äußere Ordnung im Kloster Blatzheim wiederhergestellt worden zu sein. Denn der Generalabt von Citeaux, Nikolaus I. Boucherat (1571 bis 1584), der in den Jahren 1573 und 1574 die deutschen Ordensklöster, die meisten davon im Rheinland und in Flandern visitierte, fand das Kloster in guter Ordnung. In seinem Bericht darüber vom 8. August 1574 heißt es: »Monasterium de Aula St. Petri in Blatzhem, in Juliacensi ducatu, Coloniensis diec., ubi 14 moniales abbatissa comprehensa, unam noviziam et 8 conversac reperi 10., august. Et hoc monasterium est bene reformatum«.[21]

In der Reformationsbewegung werden die Blatzheimer Nonnen selber von den religiösen Wirren verschont geblieben sein, wie sich nach den Visitationsberichten von 1569 und 1574 schließen läßt. Doch scheint es anschließend im Kölnischen Krieg (1583–1588), wie auch Zehenpfennig in seiner Dekanatsgeschichte annimmt,[22] zur Entweihung des Marienheiligtums in der Klosterkirche von Blatzheim gekommen zu sein, zumal der Pfarrer von Blatzheim, Heribert Kuil (1574–1583), mit seinem Erzbischof und dem Kurfürsten von Köln, Gebhard Truchseß von Waldburg (1577–1583), zum Protestantismus übergetreten und Hauptmann im Truchsessischen Heer geworden ist.[23] Die Klosterchronik berichtet nämlich, wenn sie auch keine Zeit angeben kann, daß der wundertätigen Marienstatue in der Klosterkirche von einem Frevler (a scelerato) die Nase abgeschlagen worden ist.[24] Bekanntlich gehörten die Bilderstürmereien zu den täglichen Geschäften des Truchseß und seiner Kriegsleute. Aber nicht lange nach der Übeltat, so hält die Chronistik das Ereignis »an dem jungfräulichen und heiligen Ort« fest, hat ein »vom Aussehen her fremder und besinnlicher Mann« die Klosterkirche betreten und einem der Anwesenden, nur wenig sagend, die verstümmelte Marienstatue hingereicht, um sie wiederherzustellen und der Madonna ihre Zierde zurückzugeben. Dann sei der Mann vor aller Augen verschwunden.[24]

Zu Beginn der Reformation regierte im Kloster Blatzheim die Äbtissin Gertrudis Ebdinckhoff, etwa von 1510 bis ca. 1520. Im Nekrologium des Klosters wird sie als die erste Äbtissin in der Reformation genannt, die »zehn jahr wohl regiert« hat.[25] Dann stand das Kloster für dreiunddreißig Jahre, und zwar von ca. 1520 bis 1553, unter der Leitung der Äbtissin Alveradis von Hompesch[26] aus dem Haus Bollheim bei Zülpich, wo zeitweise der Protestantismus eingedrungen war. Unter welcher Äbtissin das Kloster während des Kölnischen Krieges stand, ist unbekannt.

Fast vier Jahrzehnte nach den Kriegswirren des Kölner Krieges hören wir von einer

Weihe des Hochaltars und eines Seitenaltars der Blatzheimer Klosterkirche. Es scheint sich dabei um eine Neuweihe der alten Altäre zu handeln, die sicherlich nach einer tiefgreifenden Restaurierung neu geweiht wurden. Am 25. August 1625 weihte der Abt von Heisterbach, Johannes Buschmann (1597–1628), den Hochaltar der Klosterkirche zu Ehren der Hl. Dreifaltigkeit, der in den Himmel aufgenommenen Jungfrau Maria und der hl. Maria Magdalena. Dabei verschloß der Abt die Reliquien der Märtyrer der thebaischen Legion und von den Gefährtinnen der hl. Ursula in den Altar und verkündete einen 40tägigen Ablaß, mit dem die Besucher der Klosterkirche am Jahrestag der Altarkonsekration belohnt werden sollten. Anschließend weihte der Abt einen Nebenaltar in der Kirche zu Ehren der Muttergottes, der auch Annaaltar genannt wurde.[27]
In den letzten Jahren des Dreißigjährigen Krieges, als 1642 die Hessen in Blatzheim und Bergerhausen eindrangen, dürfte auch das Kloster *Aula Sancti Petri* sehr gelitten haben. Zwar ist darüber nichts überliefert. Doch das Visitationsprotokoll der Pfarrei Blatzheim um 1645 berichtet, daß die Hessen in der Pfarrkirche die Beichtstühle verbrannt und den Kreuzaltar beschädigt haben.[28]
Nach dem Dreißigjährigen Krieg sahen die Blatzheimer Äbtissinnen eine wichtige Aufgabe in der Erbauung eines neuen Klosters, da Kirche und Konventsgebäude alt und baufällig geworden waren. Aber auch die Ökonomie des Klosters und die Klosterhöfe Giffelsberg und Seelrath sowie die Klostermühle bedurften einer baulichen Erneuerung. Dazu war man zum Teil auf Stiftungen und Ansammeln von Almosen angewiesen. Der kurkölnische Amtmann von Lechenich, Degenhard Adolf von Metternich († 1668) und seine Gemahlin Philippina Agnes von Reuschenberg stifteten Bauholz für den Klosterneubau.[29] Weiteres Bauholz zum Klosterbau stifteten nach 1674 Philipp Heinrich Frhr. von Vercken, Herr von Hemmersbach, und seine Gattin Etta Sibylla von Westerholt.[30] Die Blatzheimer Äbtissin Katharina von Berchem († 1679) gab für den Klosterneubau die stattliche Summe von 130 Reichsmark,[31] während der Kölner Domkanoniker N. Dahmen dafür 12 Taler stiftete.[32]
Mit der Äbtissin Walrama Cäcilia Fabritius bekam Kloster Blatzheim 1679 eine sehr fähige Äbtissin, die in den Jahren 1680 bis 1716 den Neubau der Klosterkirche und der Konventsgebäude in Ziegelstein durchführte. Ihre Nachfolgerin, die Äbtissin Maria Elisabeth Neuling, die 1729 gewählt wurde, nahm den Neubau der Ökonomiegebäude des Klosters vor, dazu den Neubau des Klosterhofes Giffelsberg. Der 1745 gewählten Äbtissin Christina Margareta Görtz gelang es, den beiden Konventsgebäuden 1749 noch einen dritten Trakt hinzuzufügen, womit das Barockkloster vollendet war. Zu einem Neubau des Klosterhofes Seelrath und einem tiefgreifenden Umbau der Klostermühle kam es unter der Äbtissin Maria Christina Mazza, die der Abtei von 1766 bis 1791 ruhmreich vorstand und auch durch ihre Vorfahren mit Blatzheim verbunden war. Sie hat auch die beiden Hagelkreuze bei den Höffen Giffelsberg und Seelrath aufstellen lassen, die noch heute ihren Namen tragen.
Noch im 18. Jahrhundert gehörte Kloster Blatzheim zu den bekannten Frauencisterzen im rheinischen Erzstift. Der Ordenshistoriker Augustin Sartorius, Angehöriger des westböhmischen Klosters Ossegg, nannte es 1708 in seiner bekannten »Cistercienser Ordens-Historie«: »Blaetzheimb, ein Jungfrauenkloster über der Erft, unter der Paternität des Abtes von Heisterbach.«[33] Peter Zehenpfennig bezeichnete die Cisterze 1751 in seiner Bergheimer Dekanatsgeschichte als »berühmtes und in der

Umgebung von weitem schon sichtbares Kloster der weltbekannten, jetzt adligen Jungfrauen des bedeutenden Ordens der Cistercienser«.[34]
Die zweite Blütezeit des Blatzheimer Frauenklosters, die mit dem letzten Drittel des 17. Jahrhunderts eingesetzt hatte, und zwar zu einer Zeit, als manche Frauenklöster bereits untergegangen waren, war nicht von langer Dauer. Mit der Französischen Revolution war das Ende der stolzen Cistercienserinnenabtei gekommen. Vor dem Einmarsch der Franzosen in Blatzheim am 3. Oktober 1794 flohen die Nonnen auf das rechte Rheinufer. Die französischen Truppen plünderten und verwüsteten das Kloster, wobei auch fast das ganze Archiv verlorengegangen ist.[35] Nach einem französischen Aufruf kehrten die Nonnen kurz darauf nach Blatzheim zurück, um nicht ihres Besitzes verlustig zu gehen. Noch acht Jahre bewohnten die Nonnen unter der Franzosenherrschaft das Kloster, ohne Nachwuchs aufnehmen zu können. Am 10. März 1800 starb die Äbtissin Maria Elisabeth Rotarius und wurde im Chor der Klosterkirche begraben.[36] Am 7. April 1800 wählte der Konvent die letzte Äbtissin von Blatzheim, Maria Christina Cremerius,[37] die aus Aldenhoven bei Jülich stammte. Mit dem Säkularisierungsgesetz der Französischen Republik vom 9. Juni (20. Prairial an X) 1802 wurde das Cistercienserinnenkloster in Blatzheim aufgehoben. Die im Kloster wohnenden Nonnen, die Äbtissin Cremerius und neun weitere Klosterfrauen, wurden säkularisiert und mit Renten abgefunden.[38] Das Kloster mit seinem ganzen Besitz ging als Nationaleigentum an den französischen Fiskus über und wurde im Zuge der Vermögenssäkularisation 1803/10 in Aachen versteigert.

## Zur Wirtschaftsgeschichte

Der Hauptgrundbesitz des Cistercienserinnenklosters Blatzheim lag in der unmittelbaren Nachbarschaft des Klosters, sämtlich im Kirchspiel Blatzheim. Es waren der Klosterhof, der innerhalb der Klostermauern lag, der Hof Giffelsberg, der Hof Seelrath und die Klostermühle unterhalb des Klosters am Neffelbach. Der Giffelsberger Hof, der südöstlich von Blatzheim am alten Lechenicher Weg liegt, gehörte zum erzbischöflichen Fundationsgut des Klosters. Der Seelrather Hof, der heute teils wüst ist, lag zwischen Blatzheim und Golzheim im Jülicher Gebiet, aber mit dem größten Teil seines Ackerlandes im Kurkölnischen. Dazu besaß das Kloster den südlich von Blatzheim gelegenen ehemaligen Kloster- oder Bergbusch, der ebenfalls zum Stiftungsgut des Klosters gehörte. Eine Anzahl kleinerer Grundpächte besaß das Kloster in Blatzheim, Bergerhausen, Niederbolheim, Kerpen, Manheim, Buir, Golzheim, Gymnich, Dirmerzheim und Herrig.[39] Im ungeteilten »Manheimer und Blatzheimer Erbbusch« besaß das Kloster 27 Gewälde, davon 36 in dem einen und 18 in dem anderen Jahr.
In der Domstadt hatten die Klöster Gevelsberg und Blatzheim in ihrer Frühzeit gemeinsam ein Haus, das in der Nähe des Domes lag und 1258 an das Kölner Domkapitel für 12 Mark verkauft wurde.[40] Von 1253 bis 1269 besaß Kloster Blatzheim in Köln Haus und Hof »Ad Gallum«, einen Besitz, der im Pfarrbezirk St. Paul, dort in der Marzellenstraße an der Einmündung der Trankgasse lag.[41] In der Folgezeit hatte das Kloster anscheinend in Köln keine Niederlassung mehr.
Während der am Kloster gelegene Hof, also die Klosterökonomie, anscheinend bis Ende des 16. oder Anfang des 17. Jahrhunderts durch einen Heisterbacher Konver-

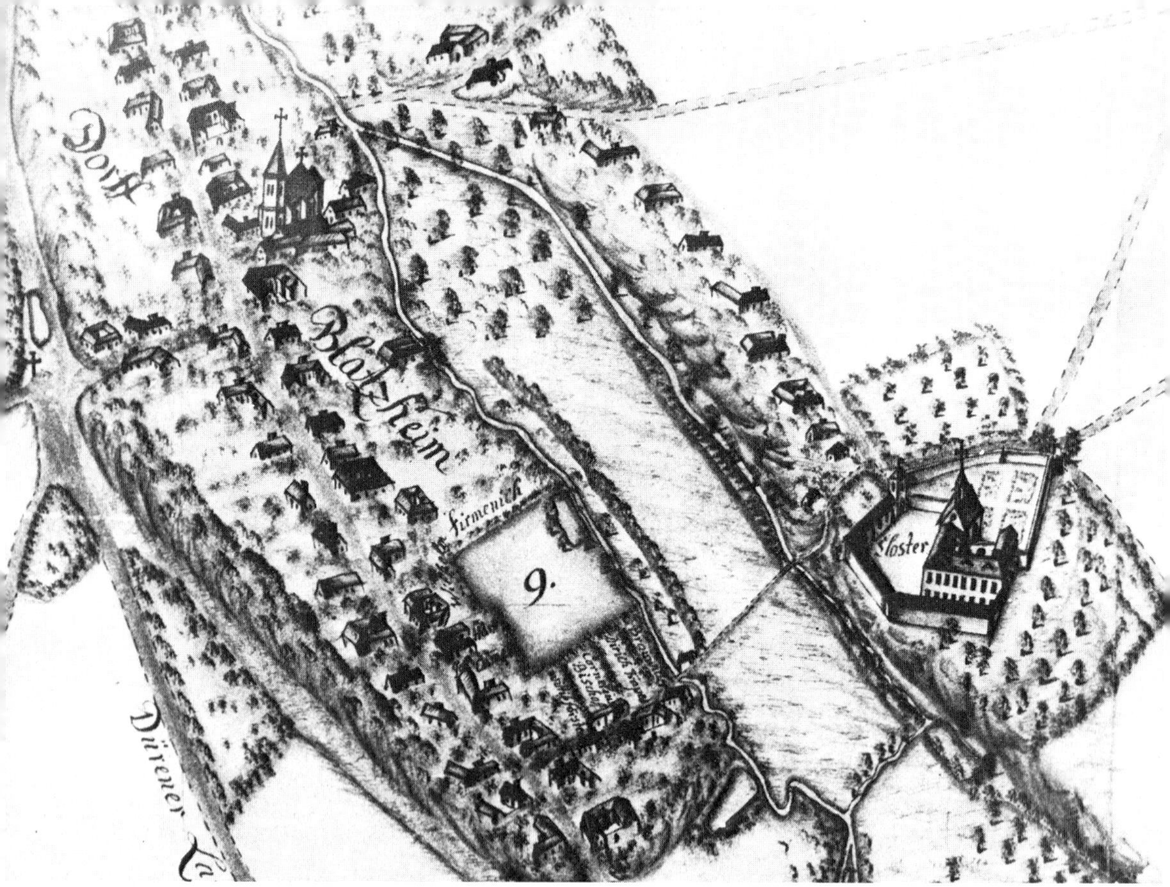


*Dorfplan von Blatzheim mit Cistercienserinnenkloster um Umgebung (Detail). Johann Otto, Köln, 1767.*

sen vom Kloster Blatzheim eigenbewirtschaftet wurde, waren die Höfe Giffelsberg und Seelrath wohl immer zum Teilbau an Halfen, vermutlich gegen die Hälfte des Ertrages, ausgegeben. Ein 1569 im Kloster Blatzheim genannter Cellerar, ein Heisterbacher Konversmönch, scheint die Klosterökonomie bewirtschaftet zu haben. Spätestens mit dem 17. Jahrhundert wird auch die Klosterökonomie an einen Halfen ausgegeben worden sein. Die im Jahre 1676 genannte Magdalena Zilckens, »villica in Blatzheim in monasterio monialium«, wird damals die Halbwinnerin der Klosterökonomie gewesen sein. 1696 wird Nikolaus Watloe, »villicus apud praenobiles Virgines in Blatzheim«, als Halfe auf dem Klosterhof gesessen haben. In der zweiten Hälfte des 18. Jahrhunderts war Johannes Hamecher, »villicus in monasterio«, Halbwinner der Klosterökonomie; die Halbwinnerin Margarete Ohrem wurde 1777 die Ehefrau des Theodor Onnau. Ein im Jahre 1458 im Blatzheimer Census genannter Wilhelm van Gevelsberch,[42] wird der Halfe des Klosterhofes Giffelsberg gewesen sein. Für 1685 ist Engen Lichtschlegerß von Giffelsberg belegt,[43] die offenbar damals die Halbwinnerin des Hofes war. In den Jahren von 1740 bis 1793 saß Gerhard Watloe, der seit ca. 1770 die Blatzheimer Küstertochter Mechthilde Schein zur Frau hatte, auf dem Klosterhof Giffelsberg. Der Klosterhof Seelrath wird zuerst im Jahre 1500 erwähnt, ein nicht namentlich genannter Halfe, »unss Halff zo Siilroth«, ist 1541 belegt.[44] Ab 1673 saßen Johann Bergerhausen und Ursula Geisen als Halbwinner auf dem Seelrather Hof;[45] Ursula Geisen wird 1680 als »villiva in Blatzheim nobilium Monialium« genannt. Blatzheimer Klostermüller, die vermutlich Pächter waren, werden im 17. und 18. Jahrhundert mehrmals genannt. Von 1730 an war der aus Merten bei Bonn stammende Bauer Peter Commer (1693–1775) Klostermüller zu Blatzheim, anschließend saß dessen Sohn Peter Commer bis 1797 auf der Mühle.

Über die Höhe der Erträge und die Besteuerung der Klosterhöfe und der Klostermühle erfahren wir in der kurkölnischen Landesdeskription von 1599. Danach hatte der am Kloster gelegene Hof 180 Morgen Artland und 1,4 Morgen Benden und lieferte einen Jahresertrag von sechs Malter Weizen, 24 Malter Roggen, 10 Malter Gerste, 10 Malter Speltzen und 20 Malter Hafer; er war besteuert mit 16 Florin 23 Albus. Der Giffelsberger Hof, zu dem 150 Morgen Ackerland gehörten, die in der Deskription nicht eigens ausgewiesen sind, brachte an Einkünften auf zwei Malter Weizen, 16 Malter Roggen und sechs Malter Speltzen. Dazu brachten noch 69 Morgen Ackerland an Einkünften 32 Malter Roggen und zwei Malter Gerste ein, die mit 10 Florin 11 Albus 7 Heller besteuert waren. Der Hof Seelrath, der größte der drei Klosterhöfe, lieferte 50 Malter Roggen und 50 Malter Hafer an Jahreseinkunft; seine Besteuerung betrug 23 Florin 3 Albus. Die Klostermühle brachte jährlich 12 Malter Roggen an Einkünften und war mit 22 Albus 2 Heller besteuert.[46]

Ein Verzeichnis vom 5. Mai 1760 für die Festsetzung von kirchlichen Abgaben zählt die Einkünfte des Klosters aus dem letztvergangenen Jahr auf, die trotz der damaligen schlechten Zeit höher sind als die nach der Landesbeschreibung von 1599: »Bald weilen bekannter maßen jüngst abgewesenem jahr dahier in der hiesiger Gegend die feld-früchten durch die mäuße verdorben, als seynd von denen zum hiesigen closter gehörig ackeren einkommen an korn 80 malder, an weitzen 18 malder, an gerst 40 malder, an haaber 200 malder, an erbsen 6 malder.

Der ohnweit hiesigem closter gelegener so genanter Giffels-berger, auch zugleich ein churfürstlicher dienst-hoff, hatt dies jahr nach abzug deren zu behuf deren frantzösischen trouppen gelieferter fourage und geleisteter diensten und in ansehung des erlittenen mauß-biß beschehenen nachlaß mehr nicht rendiret als an korn 12 malder, an haaber 4 malder.

Von denen zum closter gehörigen grundt-pfächten seynd wegen vorgewesenen mauß-biß mehr nicht eingangen als an korn 8 malder, an haaber 12 faß, an weitzen 3 faß, an wein 10 ohmen.

Die wenige übrige jedoch bekannter maßen durch mauß-biß beschädigte und wegen frantzösischer lieferungen sowohl als geleisterten diensten beschwehrten, im jülisch- und spanischen gelegenen wenige ländereyen werden daselbst und gehörigen orths in anschlag gebracht. Closter-mühl 40 rhtlr.

Gleichwie nun aus vorigen zu ersehen und ohnschwehr zu ermeßen, daß hiesiges ohnedem kundiger dingen mit geringen einkömbsten versehenes closter dies jahr kaum genugsame lebens mittelen gehabt, und zwaren also und dergestalten, daß es sich genötiget findet, leyder in schulden zu stecken, als thuet das closter Blatzheim in behertzigung vorangeführten wahrhafftesten umbständen höhere obrigkeit demüthigst anheimstellen, ob und wie weit ein solches bey jetzigen betrübten zeiten des zehendtes halber in anschlag gebracht werden können oder mögen.«

Das Schriftstück ist unterzeichnet von der Äbtissin Christina Margareta Görtz und dem Klosterprior Franziskus Gloß[47].

Aus dem Klosterhof Seelrath, der im jülichen Territorium lag, stand dem Herzog von Jülich und Berg außer dem jährlichen Steuerzins noch ein Privileg zu, das zur Verpflichtung der klösterlichen Pflege der Hunde des Landesherrn gehörte. Wenn jährlich in der Fastenzeit die herzoglichen Hunde von Wissersheim über das Kloster Blatzheim (langst unss cloister) zum Zehnthof in Heppendorf zogen, hatte das Kloster dem Hauptmann (capitayn) der Hunde einen Goldgulden und jedem der Jäger eine Flasche Wein und einen Kuchen zu neun oder zehn Albus zu geben. Hinsichtlich dieser Verpflichtung schrieb 1541 die Blatzheimer Äbtissin Alveradis von Hompesch aufgrund eines vorherigen herzoglichen Schreibens an ihren nicht näher bekannten Neffen, der wahrscheinlich im Dienst des Herzogs von Jülich stand: »Unser gnädiger Herr und seine Räte mögen die Armut unseres Closters bedenken, denn wir besitzen nicht mehr Höfe als den zu Seelrath und noch einen kleinen Hof (hoefgen) im Amt Lechenich, und der erwähnte Hof zu Seelrath zahlt unserem gnädigen Herrn jährlich einen Zins von 9 Sommer Weizen[48].«

## Stiftungen und Schenkungen

Durch die Mitgift der Nonnen, wichtige Einkünfte aus Memorienstiftungen, Schenkungen und Legaten, die von den Klosterfrauen, ihren nächsten Verwandten und den Wohltätern des Klosters stammten, haben die Blatzheimer Klosterfrauen ihr Stiftungsgut beträchtlich vermehrt. Marsilius von der Salzgasse in Köln, Bruder der 1269 und 1275 genannten Blatzheimer Nonne Christina von der Salzgasse, schenkte dem Kloster Blatzheim fünf Mark[49]. – Am 31. März 1293 schenkte Margareta, Witwe des Ritters Tilmann von Jülich, der Abtei Gnadenthal einen Hof zu Broich (Bruecke) an der Rur mit einer Hufe und vier Morgen unter der Bedingung, daß die Abtei den sechs Klöstern Burtscheid, Frauenthal, Blatzheim, Hoven, Seyen und Bürvenich je zwei Malter Roggenrente zahle, die jedoch mit 20 Gulden ablösbar sein sollten[50]. – Der Ritter Werner von Bergerhausen, der 1291–1301 kurkölnischer Amtmann von Lechenich war, schenkte dem Kloster Blatzheim drei Mark[51]. – Die Blatzheimer Äbtissin Bela Overstolz, die dem 13./14. Jahrhundert angehört, stiftete in der Klosterkirche ein Anniversar zu 300 Mark[52]. – Im Jahre 1302 verfügten drei Kinder des Kölner Meisters Gerhard, nämlich der Mönch Peter in St. Pantaleon in Köln, der Magister Wilhelm, Kanonikus bei St. Gereon in Köln, und die Gevelsberger Nonne Elisabeth, daß jährlich an Wilhelms Sterbetag die Abtei St. Gereon und das Kloster St. Pantaleon der Kölner Domkirche, der Abtei Siegburg und dem Frauenkloster Blatzheim je sechs Solidi zum Gedächtnis für ihre Eltern und die schenkenden Geschwister zahlen sollten, die mit sechs Mark brabantischen Denaren ablösbar sein sollten[53]. – Mettel von Bergerhausen, Gattin des Wilhelm von Bergerhausen, der vor 1360 vom Kölner Domkeppler einen Hof zu Dorsfeld im Kirchspiel Blatzheim zu Lehen trug und den Mechthilde zu Wittum besaß, schenkte dem Kloster Blatzheim zwei Morgen Land[54]. – Ein Ritter Gumpricht, vielleicht der Kölner Edelvogt Gumprecht von Alpen (vor 1370–1373/4), schenkte dem Kloster jährlich 3 Sumber (?)[55]. – Der Rittmeister Johann Molgin von Nuwenkirchen, dessen Vorfahren aus Blatzheim stammten und der 1384 mit seiner Frau Katharina seinen Hof zu Bauweiler bei Golzheim an die Kölner Antoniter verkaufte, schenkte dem Kloster Blatzheim jährlich einen Malter Roggen[56]. – Wohl Ritter Arnold van

Goydeltssen, gen. vamme Rode, der 1394 mit seiner Gattin Nesa »wanhaftig zu Unna im Blaitzheymer kirspel« erscheint, schenkte dem Kloster zwei Morgen Land[57]. – Eine Juliana, die vermutlich zur Familie von dem Bongart zu Bergerhausen (14. Jahrhundert?) gehörte, schenkte dem Kloster zwei Morgen Land[58]. – 1439 erhielt Kloster Blatzheim eine Roggenrente von 12 Malter aus dem Hause Hahn in der Herrschaft Kerpen[59]. – Heinrich von Steprath und seine Gattin Margarete gaben dem Kloster jährlich einen Malter Weizen aus ihrem Hof zu Manheim[60]. – Michael von Bergerhausen stiftete dem Kloster jährlich einen Malter Roggen[61]. – Die Blatzheimer Äbtissin Alveradis von Hompesch (ca. 1520–1553), ihre Schwester und ihr Schwager schenkten dem Kloster drei fette Schweine, eine Kuh, neun Seiten Speck, 35 Malter Roggen und 39 Malter Hafer[62]. – Der Blatzheimer Schultheiß Wilhelm Grand, der am 28. August 1598 genannt wird, stiftete mit seiner Gattin Katharina Schrantz im Kloster fünf Anniversarien nach Heilige Dreikönige zu 300 Talern[63]. – Die Blatzheimer Schultheißin Katharina Finger († 1656) stiftete im Kloster ein Anniversar zu 50 Talern[64]. – Der Junker Konrad von Breitmaar, ein Bruder der Blatzheimer Äbtissin Johanna von Breitmaar (1629–1664), stiftete in der Klosterkirche drei Anniversarien zu 700 Talern[65]. – Der Pastor von Nörvenich und Dechant des Dekanates Bergheim, Konrad Flocken († 1694), stiftete ein Anniversar zu 50 Talern[66]. – Der Vizekommandant von Jülich, Karl Josef von Berg († 1766), stiftete ein Anniversar zu 100 Mark[67], der Vizesatrap von Lechenich, Johann Jakob Schmitz († 1775), zwei Anniversarien zu 200 Talern[68], die Witwe des Kerpener Amtmannes Maximilian Franc de Tiege, die 1789 in Frechen starb, zwei Anniversarien zu 200 Talern[69] und die Blatzheimer Äbtissin Maria Christina Mazza (1760–1791) vier Anniversarien mit einer nicht näher fixierten Summe[70]. – Johann Salentin Mazza († 1708), kaiserlicher Notar, kurkölnischer Gerichtsschöffe in Blatzheim und Rentmeister des Schlosses Bergerhausen, stiftete dem Kloster sieben Taler[71]. – Martin von Bergerhausen († 1720), Kanonikus zu Neuß, stiftete dem Kloster 10 Mark[72]. – Die Blatzheimer Profeßnonne Maria Elisabeth von Bock († 1706), Tochter des Wilhelm von Bock zu Pattern, schenkte dem Kloster ihren Spielpfennig von 300 Talern für ein Anniversarium[73].

## Sphragistik und Heraldik

Das älteste Siegel einer Äbtissin von Blatzheim stammt aus dem Jahre 1258. Siegelumschrift: S(igillum) ABBATISSE DE AV(LA SANCTI P)ETRI[74].
Es scheint das erste Äbtissinnensiegel von Blatzheim zu sein. Es ist anzunehmen, daß alle Äbtissinnen von Blatzheim ein eigenes Siegel geführt haben. Ein zweites Äbtissinnensiegel ist aus dem 18. Jahrhundert von der Äbtissin Maria Christiana Mazza (1766–1791) erhalten, allerdings fragmentarisch[75]. Es zeigt den Zusammenhang mit den Mazza von Tirol. Drei Klostersiegel (Konventssiegel) sind nachweisbar, und zwar aus dem 18. Jahrhundert[76]. Das älteste stammt aus dem Jahre 1745. Die Konventssiegel zeigen, wie vom Generalkapitel 1335 für den Orden beschlossen, das Bild Mariens als der Patronin der Cistercienser mit Zepter und Krone (links) und St. Bernhard, den eigentlichen Ordensgründer, mit Abteistab und in Kukulle. Legende: IN AVLA SANCTI PETRI IN BLATZHEIM. Ein eigenes Wappen der Abtei ist nicht bekannt; doch kennzeichnete sie ihre Flurgrenzsteine mit einem Äbtissinnenstab zwischen den Buchstaben C(onventus) B(latzheimensis)[77].

## Baugeschichte

Über den ursprünglichen Klosterbau der Blatzheimer Cistercienserinnen des 13. Jahrhunderts ist wenig bekannt. Das spätmittelalterliche Kloster scheint aus der Abteikirche und zwei eingeschossigen Klostergebäuden bestanden zu haben. Das läßt sich daraus schließen, daß im 13./14. Jahrhundert das Dormitorium offenbar als ein einzelnes Gebäude erwähnt wird, das mit Leien (Schiefer) gedeckt werden sollte[78], so daß für die übrigen Räume des Klosters ein weiteres Gebäude bestanden haben müßte. In der zweiten Hälfte des 16. Jahrhunderts wird das Dormitorium als Einzelgebäude nochmals genannt, als es aus dem Schlafhaus der Nonnen und einem Gastzimmer (cubiculo hospitum) bestand[79]. Von dem mittelalterlichen Kloster sind bezeugt die Kirche, der Kreuzgang, das Refektorium, das Dormitorium, die Klausur, das Archiv, ein Brauhaus und ein Singhaus. Mit großer Wahrscheinlichkeit war das mittelalterliche Kloster eine typische Winkelanlage, die aus der Kirche, einem sich daran schließenden Nordbau und einem vorgebauten Westbau bestanden hat. Im Jahre 1428 scheint die Klosterkirche ein neues Chor erhalten zu haben, wozu 100 Rheinische Gulden gestiftet wurden[80]. In der Barockzeit wurden Kloster und Klosterkirche neu erbaut, was hauptsächlich durch Alter und Baufälligkeit notwendig geworden war (ecclesia et domicilio vetustate collapsis), wie die Klosterchronik berichtet[81]. Dabei wurde der Neubau der Abtei im wesentlichen wohl auf den Fundamenten des mittelalterlichen Klosters erbaut. Die Äbtissin Walrama Cäcilia Fabritius ließ 1680 die neue Abteikirche erbauen, 1693 den Nordflügel des Klosters (alteram septentrionem versus) und 1716 den Westflügel des Klosters (alteram occidentum versus) in »festem und ausgezeichnetem Mauerwerk«. Der Südflügel des Klosters (monasterio alam 3tiam meridiem versus), der keinen Vorgänger hatte, wurde 1749 von der Äbtissin Christina Margarete Görtz hinzugefügt[82], womit der großartige dreiflügelige Abteibau vollendet war. Die Ökonomie des Klosters, die innerhalb der Klostermauer lag, wurde zwischen 1729 und 1745 neu erbaut[83].

## Kunstschätze

Von den Kunstschätzen des Klosters, vornehmlich der Klosterkirche, sind bekannt: Die wundertätige Marienstatue im Chor der Klosterkirche, die zuletzt 1789 genannt wird[84]. – Der Hochaltar der Kirche mit den Reliquien der Martyrer der thebäischen Legion und der Jungfrauen der hl. Ursula[85]. – Der Nebenaltar der Muttergottes, der auch Anna-Altar genannt wurde[85]. – Der Josefsaltar, den die Blatzheimer Klosterfrau Neuling († 1757) gestiftet hat[86]. – Die Äbtissin Christina Margarete Görtz, die von 1745 bis 1766 regierte, soll drei neue Altäre aufgestellt haben[87]. Ob dabei ältere Altäre abgebrochen wurden? – Das Tabernakel des Hochaltars, das die Äbtissin Anna Margarete Juliane von Randerath († 1734) des Cistercienserinnenklosters Eppinghoven gestiftet hat, die dem Kloster auch ein Bild mit dem hl. Abt Bernhard schenkte[88]. – Ein Altarstein (Mensa), den der Pastor von Pingsheim, Georgius Prüm († 1656) gestifet hat[89]. – Der berühmte Blatzheimer Bernhard-Codex mit einer Sammlung von Predigten des eigentlichen Ordensstifters, der anscheinend im dritten Viertel des 13. Jahrhunderts im Kloster Blatzheim entstanden ist und 1683 offenbar dem Abt von Heisterbach bei einer Visitation von den Nonnen geschenkt worden ist. Auf Blatt 226r der Handschrift steht der Eintrag: Hunc librum Sermonem ex Blatzheim ad Heisterbacensem Bibliothecam transtulit Rms. Dns. Godefridus Broichausen Abbas Heisterbacensis dum visitaret dictum monasterium anno 1683. Die illuminierte Handschrift wird heute in der Universitätsbibliothek Düsseldorf aufbewahrt[90]. Eine zweite Ausfertigung der Handschrift aus der Zeit um 1300 befindet sich im Historischen Archiv der Stadt Köln[91]. – Ein hl. Gefäß, »Heilige silbern Büdgen gemacht 7 Loth«, eine Vase und Paramente, das Godart von dem Bongart zu Bergerhausen († 1473) und dessen zweite Gemahlin Kunigunde von Bourscheid gestiftet haben[92]. – Weitere hl. Paramente stammten von Ritter Wilhelm von Bergerhausen († 1334)[93], der Blatzheimer Priorin Cäcilia von Forst († 1583)[94] und von der Blatzheimer Laienschwester Gertrud Väß von Waldorf († 1668)[95]. – Zwei silberne Gefäße (Pullen) und zwei Messingleuchter, die vor 1600 die Blatzheimer Nonne Gertrud von Schlickum gestiftet hat[96]. – Ein Messingkreuz von der Blatzheimer Professe Maria Juliana von Keverberg gen. Meven († 1692)[97]. – Zwei Silberleuchter von Adam Wilhelm von Dunkel zu Lüxheim und Maubach († 1722)[98]. – Ein Kelch und hl. Paramente, gestiftet von Kunigunde von dem Bongart, Klosterfrau in Schweinheim (1505/19), und ihrer Schwester Margarete, Frau zu Breidenbent[99], die Töchter des Johann von dem Bongart zu Bergerhausen († 1520) waren. – Ein Bildchen an der Madonnenstatue und zwei Ampullen stammten von der Amtmännin de Tiege († 1789), wohl der gewesenen Ehefrau des Kerpener Amtmanns Maximilian Franc de Tiege († 1788)[100]. – Neue Kirchenglocken erhielt das Kloster offenbar um 1650, für die Stiftungen der Kerpener Stiftsvikar Wilhelm Gymnich († 1661), der Burgherr von Bergerhausen, Ferdinand Frhr. von dem Bongart († 1663), und der Pastor von Lechenich, Johann Pingen (1651 ff.), machten[101]. – Offensichtlich waren Kirche und Kloster auch mit kunstgeschichtlich interessanten Buntfenstern ausgestattet. Ein Chorfenster hatte der Heisterbacher Mönch Alberius Meinertzhagen († 1688) gestiftet, der Beichtiger im Cistercienserinnenkloster Schweinheim war[102]. – Weitere Kirchenfenster stammten von Diedrich von Landsberg, 1604–1628 Komtur der Deutschordenskommende Jungenbiesen in Köln[103], und von Johann Reiner Mathias Frhr. Waldbott von Bassenheim und seiner Gemahlin Margarete von Bock aus dem Jahre 1687[104]. – Für den Kreuzgang waren Fenster gestiftet von Edmund von Palant, 1543 Kanonikus in Aachen[105], und von dem Kerpener Stiftskanoniker Wilhelm von Bondtwolf († 1613)[106], Sohn des Christoph von Bondtwolf zu Manheim. – Bernhard Krummel zu Bergerhausen († 1603), der seit 1584 auf der Krummelsburg in Bergerhausen saß, hatte kurz vor seinem Tode ein Fenster für die Stube (Refektorium?) gestiftet[107], der Blatzheimer Beichtvater Antonius Biltstein ein Fenster im Singhaus[108]. – Ein weiteres Fenster stammte von dem Bottenbroicher Prior Servatius Dietz († 1720)[109]. – Ein 1708 vom Kommandanten der Burg Kerpen, Freiherrn von Geldern, dem Kloster gestiftetes Fenster trug die Aufschrift: FRANTZ JOSEPH VON GELDERN / IHRO CHURFÜRSTLICH DURCHLAUCHT ZU PFALTZ HOFFCAVALIR / HAUPTMANN ÜBER EIN COMPAGNI ZU FUSS UND COMMANDANT DER VESTUNG KERPEN / D D ANNO 1708. – Ein Triumphbalken mit der Inschrift + GRATIA DIGNA REDEMPTOR QVI CRVCIS IN LIGNA CRIMINA NOSTRA LVIS + ANNO 1651 stammte vermutlich aus dem Kloster Blatzheim. Er befand sich an einem Stallgebäude des Pfarrhauses und ist heute in der Pfarrkirche von Blatzheim in eine Kreuzigungsgruppe eingearbeitet.

&7 6 6
MARIA·CHRIST·
·INA·MAZZA
ABBATISSA·

## Die Abtei der Barockzeit

Die Gestaltung des im 17./18. Jahrhundert neu erbauten Klosters Blatzheim zeigt die große Blatzheimer Gesamtansicht aus dem Jahre 1767, die der kurkölnische Landmesser Josef Otto im Auftrage der Kölner Johanniter St. Johann und Cordula gefertigt hat[110]. Die Karte zeigt die Abtei am Südrand von Blatzheim mit der Abteikirche, den Konventsgebäuden und der Ökonomie, die von der Klostermauer umgeben sind. Danach lag die Abteikirche in Ost-West-Richtung und bestand aus einem einschiffigen Langhaus mit Satteldach und Dachreiter, wodurch sie von außen als Cistercienserkirche erkennbar war. Der Dachreiter, der die Glocken aufnahm, hatte an vier Seiten Schallöffnungen und trug eine geschieferte Helmpyramide, über der sich ein hohes Kreuz erhob. Der Westgiebel der Kirche zeigt oben ein Fenster. An den Langseiten der Kirche waren Spitzbogenfenster, vermutlich drei an jeder Seite, wie bei der Kirche der Cistercienserinnen in Gevelsberg. Das Chor scheint im Osten gelegen zu haben, so daß es auf der Ansicht nicht erkennbar ist. Es findet aber Erwähnung 1751 in der Dekanatsgeschichte von Zehenpfennig. An der Westgiebel der Kirche schloß sich unmittelbar der Nordflügel der Abtei an, dem gegenüber der Südflügel der Abtei lag. Beide Gebäudetrakte waren durch einen längeren Westflügel miteinander verbunden. Alle drei Trakte bestanden aus zwei einfachen hohen Geschossen und schlossen in hohen Satteldächern, die wahrscheinlich in Schiefer gedeckt waren. An der Außenseite des Mitteltraktes zeigt die Abbildung in beiden Geschossen eine Reihe von je acht rechteckigen Fenstern, die in gleicher Achse angebracht waren. Auf dem Dach des Westflügels befanden sich drei spitzbogige Dachgauben. Kirche und Klostergebäude waren in Backstein erbaut, die außen schlicht verputzt und weiß getüncht waren.

In der Mitte des Klosters lag der Kreuzganghof, der von der Kirche und den Konventsgebäuden auf drei Seiten umschlossen war. Gegen Osten trennte ihn eine Mauer mit einer kleinen Pforte vom Klostergarten.

Die Ökonomiegebäude des Klosters, die ebenfalls in Ziegel erbaut waren, lagen auf der Nord- und Westseite des Klosters und waren innen an die Klostermauer angelehnt. An der Ostseite war das Kloster zum Klostergarten hin durch eine Mauer abgeschlossen. In der Nordostecke der Klostermauer lag der große Torbau des Klosters, ein aus zwei Geschossen bestehendes hohes Gebäude mit einem Pyramidendach und Wetterfahne. Im Untergeschoß ist auf der historischen Karte die Tordurchfahrt mit Rundbogen zu erkennen. An das Torgebäude schlossen sich gegen Westen die Wirtschaftsgebäude an, die aus drei eingeschossigen, länglichen Bauten mit überbauten Kornspeichern bestanden. Die Satteldächer waren mit roten Ziegeln gedeckt. Das erste Gebäude neben dem Torbau bestand, wie eine französische Akte von 1803 festhält,[111] aus vier Stallungen, die vermutlich die Pferde- und Kuhställe waren. Das mittlere Gebäude enthielt drei Scheunen, eine Unterkunft für

*Flurkreuz des Cistercienserinnenklosters Blatzheim am Hof Giffelsberg bei Blatzheim. Errichtet 1766 von der Äbtissin Maria Christina Mazza.*

das Gesinde, vier Schweineställe, einen Hühnerstall und drei Schuppen. In dem dritten Gebäude befanden sich eine Remise, neun Stallungen und drei Schuppen.
Im Osten des Klosterbezirks, aber innerhalb der Klostermauer, lag der große und teils künstlerisch gestaltete Klostergarten.
Insgesamt hatte die Klosteranlage vier Tore, von denen auf der Ansicht von 1767 nur das große Haupttor und ein kleineres Tor in der Südostecke der Klostermauer zu sehen sind. Außer der Hauptpforte des Klosters im Norden gab es das Feldtor, das Hundetor und das Garten- oder Wiesentor. Das Hundetor erhielt seinen Namen nach dem auf dem Kloster lastenden Hundelager, das 1541 Erwähnung fand. Das Hundetor wird noch erwähnt in der Blatzheimer Steuermutterrolle von 1808, wo in Artikel 138 eine Parzelle »an der Hundtpforte neben Christoffel Vaßen, Vorhaupt Michael Bergerhausen« bezeichnet ist. Ein weiteres Flurstück in Artikel 225 heißt »vor der Hundtspfort neben der Gewande, Vorhaupt der Buschweg«.[112]
Nördlich vor der Klostermauer zeigt die historische Ansicht einen kleinen rechteckigen Bezirk, der von einer Hecke umgeben ist. Im Zuge der Bebauung stieß man hier vor ungefähr zwei Jahrzehnten auf eine Reihe von Skelettgräbern, die vom Verfasser beobachtet wurden. Es scheint sich daher hier um den Klosterfriedhof zu handeln, wo mit Ausnahme der Äbtissinen die Klosterfrauen und die Beichtväter begraben wurden.
Nordöstlich und südlich vor der Umfassungsmauer des Klosters waren zwei große Obstbaumgärten des Klosters angelegt, die von Hecken umgeben waren.
Nach der französischen Verkaufsakte des Klosters von 1803 bestand der Nordflügel der Abtei im Untergeschoß aus zwei Audienzzimmern, der Küche und dem Refektorium, der Westtrakt im Untergeschoß aus zwei Salons, der Südflügel im unteren Geschoß aus einem kleinen Appartement – vielleicht die Äbtissinnenwohnung –, einem Salon, einem Waschhaus, einem Brauhaus und einem Backhaus. Darunter befanden sich in dem Südtrakt zwei Keller. In den Obergeschossen der drei Flügelbauten befanden sich insgesamt 36 Zimmer, welche die Kammern der Klosterfrauen anstelle des Dormitoriums des des mittelalterlichen Klosterbaues waren.[113]

## Die Äbtissinnen

N. N. (priorissa et conventus monasterii de Avla Sancti Petri) 1247 Mai 3[114], war wahrscheinlich anschließend Äbtissin
N. N. Siegel. Legende: S(igillum) ABBATISSE DE AV(LA SANCTI P)ETRI. 1258 Nov. 13[115]
Guda 1269, † 1269/73 Dez. 13, war früher Ehefrau des ersten Kölner Dombaumeisters Gerhard[116]
Goeda o. J.[116a] (identisch mit Guda 1269?)
Richza 1273[117]
Jutta 1293[118]
Jutta Overstolts 1385[119]
Bela Overstolts 1411 Juni 13[120]
Nesa von Gysendorp 1412 Juni 23[121]
Agneta/Nesa o. J.[122] (identisch mit Nesa von Gysendorp 1412?
Maria Kauweiler 1479 Okt. 23[123]
Cunigunde von Bungart[124] ca. 1485(?), wohl Tochter von Godart von dem Bongart zu Berherhausen und Kunigunde von Bourscheid
Margareta von Merle/Melre o. J., † Aug. 10[125] (15 Jahrhundert?)
Gertrudis (von) Ebdinghof ca. 1510 bis ca. 1520[126]

Alveradis von Hompesch ca. 1520 bis 1553 (regierte 33 Jahre), † 1553 Aug.[127]

N. N. (abbatissa senio confecta nonnihil delirat) 1569[128]

Margarete von Meven o. J. (vor 1629)[129]

Katharina (von) Hocking o. J. (vor 1629)[130], Geschlecht im 16. Jahrhundert in Buir und Blatzheim ansässig

Maria Margarete (von) Hundt † 1629 Mai 28[131], stammte wohl aus der Familie Hundt von dem Busch in Bergerhausen

Johanna von Breitmaar 1629–1664, † März 12[132], Tochter von Heinrich von Breitmaar und Iburg Scheidt gen. Weschpfennig[133]

Katharina von Berchem 1664–1679, † Juni 15, 78 Jahre alt[134]

Walrama Cäcilia Fabritius 1679–1729, * Heerlen (Niederl.) 1647 Aug. 23, Tochter von Gerhard Fabritius und Anna von Berchem,[135] Profeß 1669 Jan. 24, Äbtissin 1679 Juli 1, † 1729 Febr. 21[136]

Maria Elisabeth Neuling 1729–1745, * Düren ca. 1698, Tochter des Bürgermeisters Johann Neuling und der Anna Maria Abels, Profeß 1714, Äbtissin 1729 Febr. 8, † 1745 Nov. 25, 47 Jahre alt[137]

Christina Margarete Görtz 1745 bis 1766, stammte aus Hülchrath[138] (wohl Tochter von Hermann und Margarete Görtz), Profeß 1715, Äbtissin 1745 Dez. 13,[139] zuvor Kellnerin,[140] † 1766 Nov. 28, 75 Jahre alt[141]

Maria Christina Mazza 1766–1791, * Morken 1715 Dez. 4 (Taufe), Tochter von Karl Ferdinand Mazza und Isabella Regina von Rottkirchen,[142] Profeß 1739, Äbtissin 1766 Dez. 9, † 1791 Nov. 14.[143] Der Vater K. F. Maza aus Bergerhausen bei Blatzheim 1701 in Köln immatrikuliert.[144] Der Großvater Johann Salentin Mazza (Matzar) aus Münster immatrikuliert Köln 1659,[145] später kais. Notar, kurköln. Gerichtsschöffe in Blatzheim und Rentmeister des Schlosses Bergerhausen.

Maria Elisabath Rotarius 1791–1800, * Eupen 1730 Aug. 3 (Taufe), Tochter von Peter Johann Rotarius und Anna Katharina Therese Thimus,[146] Profeß 1751, Äbtissin 1791 Dez. 19, † 1800 März 10,[147] begraben im Chor der Klosterkirche[148]

Maria Christina Theresia Cremerius 1800–1802, * Aldenhoven 1734 März 28 (Taufe), Tochter von Wilhelm und Mechthilde Cremerius,[149] Profeß 1756, Äbtissin 1800 April 7, † 1810 Febr. 21,[150] 1802 säkularisiert

## Anmerkungen

1 Hist. Archiv des Erzbistums Köln, Petrus Zehenpfennig, Annales decanatus seu christianitatis Bergheinsis, Hs. 1751, Abschr. W. *Corsten* (zit.: Zehenpfennig, Annales), 177 f.

2 Westf. Urkundenbuch, VII (Münster, 1908), nr. 993.

3 *Keussen*, Hermann, Topographie der Stadt Köln im Mittelalter, II (Bonn, 1910), nr. 12.

4 Hans Planitz, u. Theo Buyken, Die Kölner Schreinsbücher des 13. und 14. Jahrhunderts (Weimar, 1937), nr. 1024b; Jürgen Hans *Rieckenberg*, Der erste Kölner Dombaumeister Gerhard, in: Archiv f. Kulturgeschichte, XLIV (1962), 341 f.

5 *Schmitz*, Ferdinand, Urkundenbuch der Abtei Heisterbach (Bonn, 1908), nr. 100.

6 *Canivez*, Joseph-Maria, Statuta Capitulorum Generalium Ordinis ab anno 1116 ad annum 1786 (8 vols., Louvain, 1933–41), vol. II, nr. 41.

7 Vgl. dazu Joh. Bapt. *Sägmüller*, Lehrbuch des katholischen Kirchenrechts (3. Aufl. Freiburg, 1914), II, 420.

8 Siehe Anm. 5.
9 Siehe Anm. 2.
10 Univ.–Bibl. Düsseldorf, Hs. B 31; eine Kopie der Handschrift aus der Zeit um 1300 im Historischen Archiv der Stadt Köln, Hs. W 255. Siehe dazu Bernd *Päffgen* in: Hans Elmar *Onnau*, B. *Päffgen*, Gert *Ressel*, Die Zisterzienser in Bottenbroich und Blatzheim (Kerpen, 1981), 73 ff.
11 Univ.- u. Stadtbibl. Köln, Slg. Ernst von *Oidtman*, Mappe 210 (Kerpen/Eifel).
12 *Postina*, Alois, Beiträge zur Geschichte der Cistercienser-Klöster des 16. Jahrhunderts in Deutschland: Cistercienser-Chronik, XIII (1901), 263.
13 Nordrhein-Westfälisches Hauptstaatsarchiv Düsseldorf (NW-WStAD), Dülken, nr. 6.
14 *Kliesing*, Georg, Die Säkularisation in den kurkölnischen Ämtern Bonn, Brühl, Hardt, Lechenich und Zülpich in der französischen Fremdherrschaft (Diss. Bonn, 1932), 99 f.
15 Siehe Anm. 4.
16 *Pohl*, Josef, Die Schiksale der letzten Mönche von Heisterbach: Annalen d. Hist. Ver. f. d. Niederrh., LXXIII (1902), 94.
17 Canivez, Statuta, II, nr. 41.
18 *Canivez*, Statuta, V, nr. 23.
19 NW-HStAD, Jülich-Berg II, nr. 429.
20 *Franzen*, August, Die Visitationsprotokolle der ersten nachtridentinischen Visitation im Erzstift Köln unter Salentin von Isenburg im Jahre 1569 (Münster, 1960), 240 f.
21 Siehe Anm. 12.
22 Zehenpfennig, Annales, 178.
23 *Onnau*, Hans Elmar, Die Pfarrgeistlichen von Blatzheim: Kerpener Heimatbll., XI (1973), 167.
24 Zehenpfennig, Annales, 178.
25 *Onnau*, Hans Elmar, Nekrologium des Cisterzienserinnenklosters Blatzheim: Annalen d. Hist. Ver. f. d. Niederrh., CLXXV (1973) (zit.: Nekrologium), nr. 117.
26 Nekrologium, nr. 95.
27 Nekrologium, S. 147.
28 Hist. Archiv des Erzbistums Köln, Dec. Bergh. 3 Blatzheim nr. 2.
29 Nekrologium, nr. 47.
30 Nekrologium, nr. 225.
31 Nekrologium, nr. 83.
32 Nekrologium, nr. 116.
33 *Sartorius*, Augustin, Verteutschtes Cistercium Bis-Tertium oder Cistercienser Ordens-Historie (Prag, 1708), 642.
34 Zehenpfennig, Annales, 178.
35 *Dethier*, Johann Peter, Beiträge zur vaterländischen Geschichte des Landkreises Bergheim (Rep. Kerpen, 1980 [1]1833), 72.
36 Kath. Pfarrarchiv Blatzheim, Aufzeichnungen eines Zeitgenossen über das Kloster.
37 Nekrologium, nr. 32.
38 Siehe Anm. 14.
39 NW-Hst, Blatzheim (Kloster), nrr. 1–2.
40 Siehe Anm. 2.
41 Siehe Anm. 3.
42 *Mosler*, Hans, Urkundenbuch der Abtei Altenberg, II (Düsseldorf, 1955), 174.
43 Personenstandsarchiv Brühl, Taufbuch Manheim, 1685 Aug. 29.
44 Siehe Anm. 19.
45 *Rey*, J. G. Hubert, Geschichte des Namens und der Familie Rey (Aachen, 1934) II, 38.
46 *Binterim*, A. J. u. J. H. *Mooren*, Die Erzdiözese Köln bis zur französischen Staatsumwälzung, neubearb. von A. *Mooren* (Düsseldorf, 1893), II, 93.
47 *Corsten*, Wilhelm, Die Einkünfte des Cisterzienserinnenklosters Blatzheim: Erftland, 4 (1927), 64 ff.
48 Siehe Anm. 19.
49 Nekrologium, nr. 97.
50 *Beers*, *Günter*, Eine Jülicher Urkunde von 1293: Beiträge zur Jülicher Geschichte, nr. 39 (Nov. 1972), 2 ff.
51 Nekrologium, nr. 87.
52 Nekrologium, nr. 156.

53 *Merlo,* J. Jakob, Die Dombaumeister von Köln: Jahrbücher des Vereins von Althertumsfreunden im Rheinlande, Heft 73 (1882), 125 ff.
54 Nekrologium, nr. 94.
55 Nekrologium, nr. 152.
56 Nekrologium, nr. 105.
57 Nekrologium, nr. 107.
58 Nekrologium, nr. 148.
59 *Oediger,* Friedrich Wilhelm, Stifts- und Klosterarchive (Siegburg, 1964), 50.
60 Nekrologium, nr. 98.
61 Nekrologium, nr. 73.
62 Nekrologium, nr. 130.
63 Nekrologium, nr. 45.
64 Nekrologium, nr. 129.
65 Nekrologium, nr. 122.
66 Nekrologium, nr. 109.
67 Nekrologium, nr. 197.
68 Nekrologium, nr. 245.
69 Nekrologium, nr. 185.
70 Nekrologium, nr. 254.
71 Nekrologium, nr. 258.
72 Nekrologium, nr. 255.
73 Nekrologium, nr. 244.
74 Siehe Anm. 2.
75 Hist. Archiv der Stadt Köln (HAStK), Johanniter (St. Johann und Cordula), Akte 30, Bl. 41[v].
76 NW-HStAD, Dülken, nr. 6; Kath. Pfarrarchiv Blatzheim, 2 Urkunden.
77 Flurgrenzstein im Besitz von Hans Elmar *Onnau,* Kerpen-Blatzheim (demnächst Bonner Landesmuseum), 17.–18. Jahrhundert. Ehemaliger Standort: Klostermühle.
78 Nekrologium, nr. 156
79 *Franzen,* Visitationsprotokolle, 141.
80 *Trille,* Armin, Übersicht über den Inhalt der kleineren Archive der Rheinprovinz, II (Bonn, 1899), 103.
81 Zehenpfennig, Annales, 179.
82 Siehe Anm. 81.
83 Nekrologium, nr. 260.
84 Zehenpfennig, Annales, 178; Nekrologium, nr. 185.
85 Nekrologium, S. 147.
86 Nekrologium, nr. 268.
87 Nekrologium, nr. 262.
88 Nekrologium, nr. 49.
89 Nekrologium, nr. 70.
90 Siehe Anm. 10.
91 Siehe Anm. 10.
92 Nekrologium, nr. 84.
93 Nekrologium, nr. 155.
94 Nekrologium, nr. 74.
95 Nekrologium, nr. 69.
96 Nekrologium, nr. 51.
97 Nekrologium, nr. 125.
98 Nekrologium, nr. 210.
99 Nekrologium, nr. 63.
100 Nekrologium, nr. 185.
101 Nekrologium, nrr. 56; 64; 121.
102 Nekrologium, nr. 137.
103 Nekrologium, nr. 78.
104 Nekrologium, nr. 199.
105 Nekrologium, nr. 272.

106 Nekrologium, nr. 120.
107 Nekrologium, nr. 89.
108 Nekrologium, nr. 62.
109 Nekrologium, nr. 222.
110 HAStK, Aus Düsseldorf, Karte 2/3. Ein Ausschnitt der Karte bei Hermann *Hinz*, Kreis Bergheim (Düsseldorf, 1969), Taf. 79 (Archäologische Funde und Denkmäler des Rheinlandes,2).
111 NW-HStAD, Roerdept. Domänendirektion A IV, nr. 4 f.
112 Stadtarchiv Kerpen, Amtsbuch I.
113 Siehe Anm. 111.
114 Siehe Anm. 5.
115 Siehe Anm. 2.
116 Siehe Anm. 4.
116a Nekrologium, nr. 112.
117 *Planitz*, Kölner Schreinsbücher, nr. 903b.
118 *Planitz*, Kölner Schreinsbücher, nr. 1473a.
119 Nekrologium, nr. 80.
120 HAStK, Schreinsbuch 320, fol. 45$^{v}$; Nekrologium, nr. 156.
121 HAStK, Deutschorden, St. Katharina, Urk. 548.
122 Nekrologium, nr. 128.
123 HAStK, Antoniter, Urk. 1479 Okt. 23.
124 Nekrologium, nr. 136.
125 Nekrologium, nr. 233.
126 Nekrologium, nr. 117; S. 149 mit falscher Amtszeit.
127 Nekrologium, nr. 95.
128 *Franzen*, Visitationsprotokolle, 239.
129 Nekrologium, nr. 99.
130 Nekrologium, nr. 124.
131 *Zehenpfennig*, Annales, 147.
132 Nekrologium, nr. 68.
133 *Andermahr*, Heinz, Das Geschlecht von Breitmaar: Kerpener Heimatbll., 24. (1986), 11 ff.
134 Nekrologium, nrr. 2; 83.
135 Reichsarchiv Maastricht, Taufbuch Heerlen 1647 Aug. 23.
136 Nekrologium, nrr. 1; 171.
137 Nekrologium, nrr. 20; 260; 237.
138 *Zehenpfennig*, Annales, 179.
139 Nekrologium, nr. 22.
140 Siehe Anm. 13.
141 Nekrologium, nr. 262.
142 Personenstandsarchiv Brühl, Taufbuch Morken 1715 Dez. 4.
143 Nekrologium, nrr. 27; 254.
144 Die Matrikel der Universität Köln, V, ed. Ulrike *Nyassi* u. Mechthild *Wilkes* (Düsseldorf, 1981), 780, 188.
145 Die Matrikel der Universität Köln, IV (1981), 756, 897.
146 Reichsarchiv Lüttich, Taufbuch Eupen 1730 Aug. 3.
147 Nekrologium, nrr. 31; 189.
148 Siehe Anm. 36.
149 Personenstandsarchiv Brühl, Taufbuch Aldenhoven 1734 März 28.
150 Nekrologium, nr. 184.

Hans Elmar Onnau

# Kloster Bottenbroich

## 1. Die Cistercienserinnenabtei

### Geschichtlicher Überblick

In das erste Drittel des 13. Jahrhunderts, die Epoche, in der die meisten Cistercienserinnenklöster entstanden, fällt auch die Gründung des Cistercienserinnenklosters Bottenbroich. Das Kloster ist 1223 zum ersten Mal in einer Kölner Schreinsurkunde belegt, als die Bottenbroicher Nonnen, abbatissa et conventus in bottenbrugh, vor dem Schrein von Airsbach einen Erbverzicht leisteten[1]. Als Klostergründer bezeichnen das Bottenbroicher Nekrologium und eine Urkunde des Kölners Erzbischofs Konrad von Hochstaden vom Jahre 1253 den Propst Gottfried von Münstereifel[2], der auch Kanonikus am Domstift in Köln und Offizial des Kölner Erzbischofs war. Am 8. Juli 1222 wurde er von dem Propst Sibodo des Aachener Adalbertstiftes dem Dompropst Konrad, dem späteren Kölner Erzbischof, für die erledigte Pfarrei Lendersdorf bei Düren präsentiert. Um diese Zeit muß Gottfried auch das Cistercienserinnenkloster Bottenbroich gestiftet haben. Unter dem dritten Abt von Hamborn, Gottfried, kaufte Propst Gottfried von Münstereifel von den adligen Prämonstratenserinnen in Füssenich bei Zülpich die Kirche und den Hof zu Bottenbroich in der Herrschaft Hemmersbach, womit er das Bottenbroicher Kloster gründete. Im Jahre 1231 bestätigte der Abt Hermann von Hamborn als Visitator des Klosters Füssenich mit Zustimmung des Priors und der Meisterin Adelheidis von Füssenich die zu Zeiten seines Vorgängers Gottfried geschehene Überlassung des Hofes zu Bottenbroich an den Münstereifeler Stiftspropst Gottfried, den er gegen eine Rente von 12 Malter Weizen und 35 Mark erworben habe[3]. Der Erzbischof Heinrich I. von Köln genehmigte im selben Jahr (1231) den Tausch und Kauf des Hofes[4]. Am 2. Dezember 1234 übertrug Propst Gottfried von Münstereifel den Bottenbroicher Cistercienserinnen den Hof zu Bottenbroich mit allem Zubehör an Ackerland, Wald und Weihern nebst dem Patronat über die dortige Kirche, den großen und kleinen Zehnten sowie seinen Hof zu Heppendorf (Eppendorf) mit 80 Morgen Ackerland und 6½ Hofstätten und einen Hof zu Erp (Erleppe) mit 170 Morgen Art- und Waldland und drei Hofstätten, die er sämtlich gekauft hatte[5]. Den Bottenbroicher Hof mit der Kirche muß der Propst den Cistercienserinnen allerdings schon bei der

Gründung des Klosters zugewiesen haben, so daß der Bottenbroicher Besitz bei der Güterschenkung 1234 offenbar wiederholt worden ist. Einen weiteren Hof schenkte der Klostergründer den Bottenbroicher Nonnen 1241 in Widdersdorf bei Brauweiler, den er von Reimar, Sohn des Ritters Waltman de Dorne, gekauft hatte. Auch dabei bestätigte Propst Gottfried nochmals die ganze Güterschenkung. Im März 1253 bestätigte Erzbischof Konrad von Hochstaden die Schenkung mit Zustimmung des Domkapitels und der Pröpste von St. Aposteln und St. Gereon in Köln und St. Patroclus in Soest[6].

Wahrscheinlich um 1231/34 ist das Cistercienserinnenkloster unter die unmittelbare Jurisdiktion des Abtes von Citeaux gestellt worden[7], während der Kölner Erzbischof die Visitation ausübte. Da Bottenbroich damals wahrscheinlich eine dotierte Priesterstelle hatte und später Pfarre war, welche die Äbtissin besetzte, wird der Bottenbroicher Priester auch die geistlichen Funktionen des Klosters ausgeübt haben.

Unter ihren ersten Äbtissinnen scheint Kloster Bottenbroich einen raschen religiösen und wirtschaftlichen Aufschwung genommen zu haben. Die Cistercienserinnen hatten das Kloster zu Ehren der Gottesmutter geweiht, die auch die Patronin des Ordens war. Sie feierten ihr Patrozinium am Fest Maria Himmelfahrt. Entgegen den Männerklöstern des Ordens, die alle der Jungfrau Maria geweiht waren, waren die meisten Frauencisterzen nicht der Gottesmutter geweiht, da sie meist bei schon bestehenden Kirchen mit anderen Patrozinien angesiedelt wurden, nahmen aber oft das Marienpatrozinium an zweiter Stelle hinzu. In einer Urkunde vom Jahre 1248 ist das Cistercienserinnenkloster Bottenbroich ausdrücklich als St. Maria in Bottenbroich bezeichnet[8] und von 1260 (?) gibt es ein Bottenbroicher Konventssiegel mit der Umschrift »Monasterii Sancte Marie«[9]. Damit gehörte Bottenbroich zu den Marienklöstern des Ordens, so wie die Frauenklöster Blatzheim, Bürvenich, Frauenkorn bei Schleiden oder Gnadenthal bei Neuß[10].

Die Bottenbroicher Nonnen entstammten dem niederen Adel und der bürgerlichen Oberschicht. Im 13. Jahrhundert scheint der Konvent sich mit einem starken Anteil von Kölner Bürgertöchtern rekrutiert zu haben, wie Hausverkäufe, Erbverzichte und Anniversare von Bottenbroicher Klosterfrauen andeuten[11]. Aus dem Kölner Geschlecht von der Schuren ist eine Bottenbroicher Nonne belegt. Zudem nennt der Nekrolog des Klosters die Bottenbroicher Äbtissin Margarete de Colonia[12], verzeichnet mehrere Wohltäter des Klosters aus Köln, und 1336 belegt eine Quelle die aus Köln stammende Bottenbroicher Nonne Sophia[13]. Die adligen Nonnen kamen vorwiegend aus dem Landadel und der Ministerialität des kölnischen und jülichen Territoriums, offenbar auch aus der Herrschaft Kerpen. Dabei finden sich auch Klosterfrauen aus entfernt liegenden Orten, so aus Geilenkirchen, Goch am Niederrhein, Mülheim an der Ruhr oder Andernach. Elf Äbtissinnen von Bottenbroich sind bis zur Auflösung der Abtei 1448 bezeugt, die fast alle nur mit ihren Vornamen erscheinen und sich nicht in zeitlicher Reihenfolge aufstellen lassen. Auch einige Klosterämter lassen sich im Nekrolog fassen. Danach gab es außer der Äbtissin die Priorin, die Subpriorin, die Sakristanin, die Kantrix und die Kustrix. Über die Konventsstärke liegen nirgends Angaben vor. Der Herausgeber der Statuten des Generalkapitels in Citeaux, Joseph-Maria Canivez[14], berichtet, daß Kloster Bottenbroich von Anfang an schwach ausgestattet gewesen sei und wegen dauernder Armut niemals eine größere Besetzung gehabt habe. Das dürfte sich auf die Spätzeit des

Klosters beziehen, als der Konvent langsam zugrunde ging. Der Nekrolog Bottenbroichs verzeichnet für die gut zweihundert Jahre des Bestehens der Abtei ca. 90 Klosterfrauen, dazu kommen noch vereinzelte Nonnen aus anderen Quellen. Bis Ende des 14. Jahrhunderts dürfte der Konvent durchweg mit etwa 15 bis 20 Nonnen, einschließlich der Äbtissinnen, besetzt gewesen sein. Auch die wirtschaftliche Grundlage des Klosters müßte für einen Konvent in dieser Stärke gut ausgereicht haben. Mit dem Beginn des 15. Jahrhunderts ist der Konvent durch inneren und äußeren Verfall des Klosters rapid zurückgegangen, so daß das Kloster bei seiner Auflösung 1448 nur noch zwei Nonnen beherbergte[15].

Von den Anfängen der Frauenabtei bis gegen Ende des 14. Jahrhunderts, also fast hundertsiebzig Jahre lang, scheint Bottenbroich ein gut geführtes Kloster gewesen zu sein. In dieser Zeit werden in Bottenbroich gute religiöse, disziplinäre und ökonomische Verhältnisse geherrscht haben. Die Statuten des Generalkapitels in Citeaux berichten, daß die Nonnen im Jahre 1294 in Unzufriedenheit mit ihrer Äbtissin diese gewaltsam aus dem Kloster vertrieben haben[16]. Wahrscheinlich hatten die Klosterfrauen auch die Versorgung des Leprosenhauses übernommen, das auf dem Kreuzberg zwischen Bottenbroich und Grefrath lag. Das Kloster Bottenbroich war mit den Klöstern Walberberg, Burbach, Benden und Blatzheim, um nur einige zu nennen, eine der dreizehn Cistercienserinnenkonvente, die es in der weiteren Umgebung von Köln gab[17].

Mit Beginn des 15. Jahrhunderts geriet Bottenbroich, wie zahlreiche Klöster im 14. und 15. Jahrhundert, in erhebliche wirtschaftliche und religiöse Schwierigkeiten, die nicht mehr überwunden wurden, so daß das Kloster schließlich zugrundeging. Nach der Klosterchronik ist das Kloster wegen Nachlässigkeit in der Wirtschaftsorganisation rasch zurückgegangen (ad extrema redactum), so daß es vor der Mitte des 15. Jahrhunderts unter größter Armut litt und stark verschuldet war[18]. Die Camper Chronik berichtet darüber: »Fuit namque monasterium prefatum depauperatum et quodammodo desolatum in edificiis preter ecclesiam«[19]. Über den Verfall des monastischen Lebens, insbesondere der Ordenszucht und der Klosterdisziplin, fährt die Chronik fort: »adhuc residebant ibidem quedam inordinate et infames moniales«[20]. Die Chronik der Benediktinerabtei Brauweiler nennt die Nonnen »malae moniales«[21]. In dieser Situation hatte Bottenbroich auch keinen Nachwuchs mehr. Über Visitationen und Disziplinärverhältnisse des Nonnenklosters in dieser Zeit wird berichtet[22]. Zuletzt hausten in dem völlig heruntergekommenen Kloster im Jahre 1448 nur noch zwei Nonnen, nämlich Bela von Andernach und Meyna von Hemmersbach (Hemersberg), von denen offensichtlich keine Äbtissin war. Der Grundherr von Hemmersbach, Johann Scheiffart von Merode († 1450), in dessen Gebiet das Kloster Bottenbroich lag, dazu der Adel der Umgebung, der zu den Gönnern des Klosters gehörte, drängten beim Generalkapitel des Ordens auf die Entfernung der beiden Klosterfrauen und baten um eine Neubesetzung des Klosters durch Cisterziensermönche aus Camp. So übergab das Generalkapitel in Citeaux 1448 das Kloster Bottenbroich der Abtei Camp als Priorat und beauftragte den Camper Abt, es mit Mönchen aus seinem Konvent zu besetzen. Am 13. August 1448 übertrugen die beiden letzten Bottenbroicher Cisterzienserinnen »im Hinblick auf den eingetretenen sittlichen und ökonomischen Verfall ihrer Kongregation« dem Abt Heinrich von Camp das Kloster Bottenbroich mit allen Einkünften, Ländereien, Kleinodien, Registern, Privilegienbüchern und sonstigen Urkunden gegen eine

*Vesperbild aus der Bottenbroicher Klosterkirche, um 1420/30. Grefrath, katholische Pfarrkirche.*

Leibrente. Bela von Andernach erhielt als Leibrente zwölf und Meyna von Hemmersbach acht Malter Roggen jährlich[23]. Die Übertragung erfolgte in Neuß im Hause der Schwester des Hemmersbacher Grundherrn, Margarete von Merode, Frau von Houffalize, in Gegenwart von Johann Scheiffart und seiner Gemahlin Katharina von Wechenhausen.

## Wirtschaftliche Verhältnisse

Das Stiftungsgut der Frauenabtei Bottenbroich, der Haupthof in Bottenbroich mit der Kirche, der große und der kleine Zehnte, der Hof in Heppendorf mit 80 Morgen Ackerland und 6 ½ Hofstätten, der Hof in Erp mit 170 Morgen Art- und Waldland und drei Hofstätten sowie der Hof in Widdersdorf, bildeten die wirtschaftliche Grundlage des Konvents. Dazu kam die Dos der Klosterfrauen, die sie beim Eintritt in das Kloster mitbrachten. Weiterhin konnte das Kloster durch Schenkungen, Ankäufe, Erbschaften und Memorienstiftungen seinen Besitz vermehren. Am 12. November 1243 schenkte die Äbtissin Berta des Stiftes Essen das zu ihrer Grundherrschaft Türnich gehörende Gut Venne – heutiger Flurname »Am Venn« – der Äbtissin Oda von Bottenbroich[24]. Im Juni 1248 kaufte das Kloster von Ritter Werner von Soest (Susato) Einkünfte von 30 Malter Roggen für 41 Mark, die sein Lehen von 90 Morgen Ackerland und 13½ Morgen Wald und einer Hofstätte bei Merreche (Merrecke) bei Brühl einbrachten, das er vom Erzbischof hatte[24a]. Der Erzbischof Konrad von Hochstaden genehmigte noch im gleichen Monat den Verkauf der Rente an das Kloster und übertrug mit Zustimmung des Domkapitels das Dominium dieses Lehens zu seinem Seelenheil auf das Kloster[25].
Im März 1253 bekundete der Erzbischof, daß Propst Gottfried von Münstereifel, der Stifter Bottenbroichs, dem Kloster einen Hof zu Widdersdorf (Weidendorf) bei Brauweiler geschenkt habe, auch seine frühere Dotationen mit den Gütern Erp, Bottenbroich und Heppendorf erneuert habe[26]. – Vom Stift St. Martin in Kerpen hatten die Nonnen eine Mühle in Mödrath in Pacht zu einem Erbzins von sechs Solidi und einem Malter Weizen. Wegen der Instandhaltung der Stiftsmühle schloß der Propst von Kerpen mit dem Konvent von Bottenbroich im Juni 1260 einen Vergleich[27]. – 1262 kaufte das Kloster Bottenbroich von dem Ritter Everhard von Belle und seiner Gemahlin Hildegardis 30 Morgen Ackerland mit einer Hofstätte, gelegen bei deren Hof zu Lörsfeld (Lodersvelt) in der Herrschaft Kerpen, wogegen das Kloster den Verkäufern eine Hofstätte zu Kerpen zu lebenslänglicher Nutzung überließ[28]. Die Urkunde ist besiegelt von dem Erzbischof, dem Kerpener Stiftskapitel, Everhard von Belle und dem Burgherrn von Kerpen, Ritter Joann de Kerpene, dessen Siegel noch erhalten ist. Später erhob der Ritter Reiner von Bell, eine Verwandter des Everhard von Belle, Ansprüche auf den Hof gegenüber dem Kloster, gab sie aber am 12. März 1272 auf[29]. Am 28. August 1263 bekundete der Ritter Wilhelm von Hunenberg, daß der Hof zu Niederembt (in Embro inferiori), den er mit allem Zubehör ans Kloster Bottenbroich verkauft habe, vom Gerichtszwang und der Bede frei sei[30]. Es handelt sich hier um den späteren Ubbershof zu Niederembt mit 150 Morgen Ackerland. Im Jahre 1302 erließ Theoderich Luf von Kleve für den Hof einen Freibrief. – Außerdem besaß das Kloster einen Hof zu Mülheim an der Ruhr, der wahrscheinlich aus der Erbschaft der Bottenbroicher

Klosterfrau Aleydis de Mulenheym stammte. – 1319 erhielt Bottenbroich einen Weinberg bei Sechtem zur Ausgleichung einer Schuld von 27 Mark, die die Kölner Bürgerin Druda de Flore bei den Nonnen hatte. – Auch in Köln hatten die Bottenbroicher Nonnen Haus- und Zinsbesitzungen, die hauptsächlich wohl aus Erbschaften der Klosterfrauen stammten. 1272 verkaufte das Kloster einen Hausteil in Köln im Schreinsbezirk St. Alban[31] und 1273 verpachtete es ein Haus in Köln in der Schildergasse[32]. – In den Jahren 1223 und 1268 leistete das Kloster zwei Erbverzichte zu Köln in den Schreinsbezirken Airsbach und St. Brigidia, wobei das Kloster nach einer einmaligen Geldzahlung auf Immobilien verzichtete, mit denen zwei aus Köln stammende Nonnen ausgestattet waren[33]. 1285 besaß das Kloster in Köln am Heumarkt eine Gaddeme, eine Verkaufsbude, die es wohl zum Handel eigennutzte[34]. – Im Jahre 1325 erhielt Bottenbroich eine Erbschaft in Köln im Schreinsbezirk St. Peter[35]. – Am bedeutendsten scheint ein Haus der Bottenbroicher Nonnen zu Köln in der Nähe des Altermarktes, in der Buttergasse in St. Brigidia, gewesen zu sein, das wohl das Absteigequartier der Nonnen war. Dieses Haus hat Bottenbroich im Jahre 1421 an die Abtei Altenberg verkauft[36]. Ferner besaßen die Bottenbroicher Nonnen Kölner Immobilienbesitz, der aus Geldzinsen bestand, so 1248 ein Anniversarium auf der Ehrenstraße im Bezirk St. Christoph[37] und 1350 ein Jahrgedächtnis aus einem nicht näher zu bestimmenden Kölner Besitz[38]. – In der Nähe des Klosters besaßen die Bottenbroicher Nonnen die Hemmersbacher Fischteiche zu Mödrath. Am 3. Februar 1316 bestätigten die Brüder Johann und Werner von Merode, Herren von Hemmersbach, dem Kloster den Besitz der Fischteiche zu Mödrath, an denen sie keinerlei Rechte haben, doch habe ihnen das Kloster aus Gnade eine Nutzung der Teiche zugestanden[39]. – Am 16. Februar 1319 übertrugen die Brüder Priester Gerhard und Heinrich, opidani in Brule, zur Abgeltung einer Restschuld für drei unmündige Stiefgeschwister auf die Bottenbroicher Nonnen Greta und Rigmodis einen Morgen Wingert in Sechtem, der nach dem Tod beider Nonnen dem Kloster Bottenbroich zufallen sollte[40]. – Nicht näher bezeichnete Einkünfte hatte Bottenbroich in Brühl. Am 28. Oktober 1324 erklärten Brühler Schöffen die Rente des Klosters Bottenbroich für schatzfrei. Bei Heimfall der Güter müsse aber davon Schatz gezahlt werden[41]. – Getreiderenten des Klosters: Der Kerpener Burgherr Joannes de Kerpene († vor 1275) und seine Gemahlin Beatrix von Gymnich schenkten dem Kloster Bottenbroich jährlich 30 Malter Roggen (XXX maldros siliginis)[42]. – Am 28. Oktober 1336 kaufte die Bottenbroicher Konventualin Sophie von Köln von Gottfried gen. Lignatus in Grefrath (zo Greveryde) und seiner Gattin Hadewig eine Rente von jährlich zwei Malter Roggen aus ihren Besitzungen zu Grefrath, die dem Konvent erblich zukommen sollte[43]. Die Urkunde ist besiegelt von Scheiffart von Merode, Herrn zu Hemmersbach, als Vogt des Hofes Götzenkirchen. – 1448 hatte Kloster Bottenbroich Ingelden in Brühl aus dem Burbacher Hof, dem Vorster Hof, von Wilhelm van Geildorp, von Mauritius Müller zu Huert, von Johann van Yngendorp im Bödinger Hof zu Brühl und von Johannes cementarius gen. Belie Jan[44]. – Kleinere Grundpächte besaß das Kloster in Bottenbroich, Grefrath, Habbelrath, Sindorf, Boisdorf, Mödrath, Kerpen und Danweiler.

## Siegel

Vom Cisterzienserinnennkloster Bottenbroich sind drei verschiedene Siegel bekannt. Aus dem 13. Jahrhundert liegen zwei Siegel der Äbtissin und des Konvents vor. Damals brauchten die Cisterzienser noch kein eigenes Korporationssiegel zu führen. Das eine Siegel, wahrscheinlich von 1260, stellt eine auf einer hochlehnigen Bank sitzende Äbtissin dar, dazu die Legende: · S(igillum) MONASTERII · S(ancte) · MARIE. Das andere Siegel aus dem Jahre 1260 zeigt eine stehende Äbtissin mit Abteistab in der Rechten und Buch in der Linken. Die Umschrift: + S(igillum) ABBAT(isse) E CONV(?) . . . Ein eigenes Äbtissinnensiegel ist von der Äbtissin Agnes von 1421 erhalten, das die Äbtissin mit Krummstab und Buch vor einem mit Röschen besäten Hintergrund zeigt, zu ihren Füßen ein Wappenschild mit einköpfigem Adler. Es trägt die Inschrift: ANGENES · ABBATISSA : IN BOTTENBROICH[45].

## Äbtissinnen

N. N. (abbatissa et conventus de bottenbrugh) 1223[46]
Oda 1243 November 2[47]
N. N. (abbatissa) 1294 vom Konvent vertrieben[48]
Margareta de Colonia[49]
Eva[50]
Elizabeth, Tochter von Aleydis de Emme[51]
Elizabeth[52]
Hildegundis[53]
Petrissa[54]
Bela[55]
Sophia[56]
Bela de Karpena[57]
Angenes 1421 August 26[58]

## Konventualinnen[59]

Bela de Berchem. – Anna de Hemmersberg. – Goyzta de Troystorp. – Margareta von der Kulen. – Kunegunde de Erpe. – Sophia de Geylenkirchen. – Paza de Gurzenich. – Aleydis de Mulenheym. – Lysa de Slender. – Aleyd de Slender. – Hadewich de Geld. – Gertrudis de Foro. – Yda de Auro. – Mechthildis de Ouhusen. – Gertrudis de Cerne. – Aleidis de Moilenheim. – Oda, priorissa. – Pironecta. – Rika, subpriorissa. – Berta. – Greta. – Aleydis. – Christina. – Guthgin. – Elizabeth. – Cecilia. – Agnes. – Cunegundis. – Ysalda. – Hadewigis. – Druda. – Aleydis, priorissa. – Guda. – Swenhild. – Petrissa. – Drusiana. – Greta 1319[60]. – Rigmodis 1319[60]. – Sophia de Colonia[61]. – Katharina monialis, filia domini Scheffardi (Scheiffart) militis, † an einem 10. August zwischen 1426 und 1448[62]. – Bela de Andernach 1448[63]. – Meyna de Hemersberg 1448[63].

## 2. Das Cistercienserpriorat Bottenbroich

### Geschichtlicher Überblick

Mit der Auflösung der Frauenabtei wurde Bottenbroich 1448 vom Generalkapitel in Citeaux in ein Cistercienserpriorat unter Camp umgewandelt. Das war hauptsächlich über Bitten Johann Scheiffarts von Merode, Herrn von Hemmersbach († 1450) und seiner Gemahlin Katharina von Welchenhausen, in deren Grundherrschaft das Kloster lag, geschehen. Am 1. Oktober 1448 bezog unter dem Camper Abt Henricus von Niephausen der Camper Subprior Hermann von Kempen mit Arnold Brempt, dem Infirmator von Camp, das Kloster Bottenbroich[64]. Dann folgten weitere Mönche aus Camp. Damit war das dreizehnte Tochterkloster von Camp gegründet. Der Abt der Primärabtei Morimond in Burgund inkorporierte am 20. Juni 1449 das Priorat Bottenbroich der Abtei Camp und ernannte den Camper Abt, Heinrich III. (1438–1452), dessen Verdienste er rühmte, zum Kommissar und Visitator der Cisterzienserklöster der Diözese Lüttich und der Umgebung[65]. Anfangs hatten die Mönche in Bottenbroich große Versorgungsschwierigkeiten als Folge der Mißwirtschaft der früheren Klosterfrauen, so daß der Camper Abt, unterstützt von den Grundherren von Hemmersbach, den neuen Konvent unterhalten mußte, bis die Klostergebäude wiederhergestellt und die zerrüttete wirtschaftliche Verwaltung wieder aufgebaut waren[66]. Unter dem Abbatiat des Camper Abtes Henricus IV. von Rey (1452–1483) wurde eine neue Klosterkirche in Bottenbroich erbaut – vermutlich durch eigene Baumeister von Camp. 1484 wurde die Kirche konsekriert[67]. 1480 ließ sich Bottenbroich die Inkorporation einer Kapelle von dem kurkölnischen Offizial in Köln beurkunden, wobei es sich wohl um die Siechenhauskapelle zwischen Bottenbroich und Grefrath handelt.

Das neue Mönchskloster Bottenbroich stand in der Gunst der Grundherren von Hemmersbach, der Scheiffarts von Merode, die es auch zu ihrer Grablege erwählten. Heinrich Scheiffart von Merode († 1480), der mit Margarete von Wittem vermählt war, stiftete 1479 das Chor der neuen Klosterkirche, ließ zwei neue Altäre aufstellen, erbaute ein Dormitorium für die Mönche, schenkte ein Ziborium und gab dem Konvent die Mühle in Mödrath (molendinum muytroyd) zurück, die dem Kloster durch die Sorglosigkeit der Nonnen entfremdet worden war[68]. Heinrich Scheiffart wurde von den Mönchen mit Recht der zweite Klostergründer genannt. Als er die Herrschaft Hemmersbach dem Herzog von Jülich und Berg zu einem erblichen Lehen auftrug, nahm der Herzog am 27. November 1479 das Hemmersbacher Hauskloster unter seinen Schutz[69]. Heinrichs Bruder Werner Scheiffart von Merode († 1506/09), Herr von Hemmersbach und Clermont, vermachte dem Kloster vermutlich 1506 den halben Hof »Zum Röttgen« bei Horrem[70], sein Neffe Johann Scheiffart von Merode († 1530), Herr von Hemmersbach und Limbrecht, schenkte 1510 den Mönchen die andere Hälfte des Röttgenhofes[71]. Ein Sohn Werner Scheiffarts, Johann Scheiffart von Merode († 1534/37), Herr von Hemmersbach und Clermont, stiftete 1533 mit seiner zweiten Gemahlin Irmgard von Wisch († 1583) das Hauptfenster im Chor der Klosterkirche, welches das Jüngste Gericht und die Donatoren mit Allianzwappen und Inschrift zeigt[72].

Im letzten Viertel des 15. Jahrhunderts stand Kloster Bottenbroich in hoher Blüte.

In dieser Phase gründete das fast dreißigjährige Priorat unter seinem wohl bedeutendsten Prior Johannes von Goch († 1485), nach seinem Geburtsort genannt, das Tochterkloster Marienwald auf dem Kermeter bei Heimbach, das heute das einzige Trappistenkloster in Deutschland ist. Am 4. April 1486 zogen aus Bottenbroich nach Ordenssitte der Oberer Johannes Noy aus Goch mit 12 Mönchen, darunter fünf Priestermönchen und sieben Konversen, in Mariawald ein[73]. Johannes Noy wurde zum Prior ernannt und bemühte sich eifrig um den Aufbau des jungen Klosters. Am 14. September 1487 inkorporierte der Abt Arnold von Altenberg als Ordenskommissar das Kloster Mariawald in den Cistercenserorden[74], und am 10. Oktober 1489 bestätigte Herzog Wilhelm IV. von Jülich und Berg als Landesherr das Kloster[75]. Mit Bleibulle vom 23. Januar 1497 stellte Papst Alexander VI. das junge Kloster unter seinen Schutz und Schirm[76]. Der Kölner Erzbischof Hermann IV. bestätigte als zuständiger Diözesanbischof am 21. Oktober des selben Jahres die Gründung des Klosters Mariawald und setzte die Höchstzahl seiner Mönche auf 18 fest[77].

Die Klosterkirche von Bottenbroich war, wie häufig bei den Cisterciensern, zugleich Pfarrkirche. Dem Kloster stand das Patronatsrecht der Kirche zu, so daß der Prior von Bottenbroich einen der Mönche aus seinem Konvent auf die Pfarre präsentierte. Papst Leo X. inkorporierte am 7. August 1517 dem Kloster auch die Pfarre Kierdorf bei Lechenich während einer Vakanz[78]. Als Filialkirche von Kierdorf gehörte damit auch Balkhausen zu Bottenbroich. Auf diese Weise kam Bottenbroich auch in den Fruchtgenuß der Pfarrpfründe von Kierdorf. Der Bottenbroicher Nekrolog verzeichnet mehrere Pfarrmönche zu Bottenbroich, Kierdorf und Balkhausen. Unterm 8. August 1567 verzeichnet es den Tod des Fraters Johannes Cosseler aus Bottenbroich, der Pfarrer in Kierdorf war und in der dortigen Kirche begraben wurde[79]. Im Jahre 1661 wurde der Bottenbroicher Cisterciensermönch Philipp zum Pütz auf die Pfarre von Götzenkirchen vereidigt, nachdem er vom Prior von Bottenbroich die Erlaubnis erhalten hatte, die Pfarrstelle in Götzenkirchen zu verwalten und aus dem Kloster auszuscheiden[80]. Auch die Pfarre Oberbachem wurde zeitweise von einem Bottenbroicher Cistercienser versorgt, so 1631 von dem Mönch Arnold Fabritius, über den das Visitationsprotokoll des Dechanten Leonard Crays Klage führt[81].

Vor der Mitte des 18. Jahrhunderts setzte in Bottenbroich die Verehrung Mariens als Wallfahrtsort ein. In der Kirche hüteten die Mönche als kostbaren Schatz ein Vesperbild aus der ersten Hälfte des 15. Jahrhunderts. Ursprünglich soll es sich in einer kleinen Kapelle auf dem Kreuzberg zwischen Bottenbroich und Grefrath, die wahrscheinlich die Siechenhauskapelle war, befunden haben, dann von den Mönchen in das Kloster geholt worden sein. Der Geschichtsschreiber des Dekanates Bergheim, Peter Zehenpfennig, berichtet 1751, daß die Gnadenmutter in Bottenbroich seit 1740, und zwar aus Anlaß einer Viehseuche verehrt wird[82]. Eine vom Kölner Generalvikar Perter Gerwin v. Francken-Siersdorf berufene Kommission, der außer Zehenpfennig, der Pfarrer von Sindorf und Erzbischöflicher Kommissar der Eremiten war, zwei weitere Nachbarpfarrer angehörten, untersuchte am 30. August 1751 die angeblich bei dem Gnadenbild geschehenen Wunder. Aufgrund des darüber angefertigten Protokolls stellte ein Dekret des Generalvikars fest, die Wunder seien den Synodaldoktoren nicht genügend, das Bild dürfe daher nicht als »wundertätig« (prodigiosus) bezeichnet werden.[81a]

Nachdem das Cistercienserkloster Bottenbroich unter bedeutenden Prioren rund hundert Jahre in hoher Blüte gestanden hat, setzte mit dem letzten Viertel des 16. Jahrhunderts ein fortschreitender wirtschaftlicher und religiöser Niedergang ein. Schon der Generalabt von Citeaux, Nikolaus I. Boucherat, der 1573/74 die deutschen Ordensklöster visitierte, die meisten davon im Rheinland und in Flandern, stellte 1574 bei der Visitation des Klosters Bottenbroich fest, daß das Kloster nicht gut reformiert sei. Er fand dort 14 Mönche, einen Novizen und einen Laienbruder vor[83]. Im Kölner Krieg, der sich 1583 zwischen dem neugewählten Kölner Erzbischof Ernst von Bayern und dem zum Protestantismus übergegangenen Erzbischof Gebhard Truchseß entfesselte, wurde das Kloster Bottenbroich schwer heimgesucht. Die Mönche flohen und hielten sich wahrscheinlich für einige Zeit in Köln auf, wo das Kloster das »Haus zur großen Burg« besaß. Indessen wurde Kloster Bottenbroich von den truchsessichen Truppen geplündert und furchtbar verwüstet (bellorum rabies, Mars et Bellona supervenientes), wie die Klosterchronik berichtet[84]. Anschließend gelang es dem tüchtigen Prior Wilhelm Paggius, der dem Kolster von 1561 bis 1598 vorstand, trotz der gewaltigen Kriegsschäden dem Kloster Schulden zu tilgen und noch Büsche, Wiesen und andere Einkünfte hinzuzuerwerben. Auf dem Provinzialkapitel 1593 in Köln wurde er vom Generalabt Edmond de la Croix in Citeaux zum Prokurator-Syndikus der niederrheinischen Ordensprovinz ernannt[85]. Aber sein Nachfolger, Dionysius Scherpensel, ein gelehrter Mönch, war der schwierigen wirtschaftlichen Situation nicht gewachsen und resignierte 1602[86]. Die Klosterwirtschaft sank weiter und keiner der Mönche war mehr bereit, die Leitung des Klosters zu übernehmen. Mit der Resignation des Priors Bartholomäus Junckers 1606[87] mußten die beiden folgenden Prioren aus den Abteien Camp und Altenberg genommen werden. Der Dreißigjährige Krieg (1618–1648), der seit 1642 auch das Gebiet an der Erft stärker in Mitleidenschaft zog, brachte für das Kloster weitere schwere Belastungen. Der Camper Abt Gottfried Draeck hatte am 14. Dezember 1606 den Camper Subprior Bernhard Zevenaer zum Administrator von Bottenbroich eingesetzt, der 1614 zum Prior des Klosters ernannt wurde. Er versuchte, die Klostergebäude instandzusetzen und die wirtschaftliche Lage wieder ins Lot zu bringen, er hat auch die Klosterbibliothek um Kirchenväter und Geschichtswerke vermehrt, aber er resignierte 1627, floh später vor den hessisch-weimarischen Truppen und starb 1642 im Exil in Köln[88]. Auch sein Nachfolger, der bisherige Altenberger Subprior Peter Cortenbach, der das Kloster bis 1643 leitete, bemühte sich mit großen Anstrengungen um die Hebung des Klosters. Der Primärabt von Moamond verlieh ihm für seine Verdienste des Ehrensrecht des Pallium für Bottenbroich, das auch seinen Nachfolgern zustehen sollte[89]. Im Jahre 1665 zog der Camper Mönch Lambert ten Broich aus Horst, der bis dahin im Kloster Saarn gewesen war, als Subprior und Pfarrer in Bottenbroich ein, um eine Reform des Klosters durchzuführen[90]. Denn unter der schweren wirtschaftlichen Krise hatte auch die Klosterdisziplin stark gelitten. Aber das Kloster blieb am Rande des Ruins. Alle Versuche, den in der Reformationszeit begonnenen Rückgang des Klosters aufzuhalten, blieben ergebnislos. Der Konvent sank tiefer in Schulden, war schließlich unfähig Nachwuchs aufzunehmen, und die Klostergebäude mit Ausnahme der Kirche gerieten weiter in Verfall. Im letzten Viertel des 18. Jahrhunderts, unter dem letzten Prior Matthias Warboling, der unzulänglich war und den der Camper Abt seiner Funktion entheben mußte, zählte das Bottenbroicher Kloster nur noch acht Mönche und einen Laienbruder. In dieser Situation sah der Orden keine Möglichkeit mehr das Kloster zu erhalten. Man betrieb die Inkorporation Bottenbroichs in die Abtei Marienstatt im Westerwald. Bottenbroich wurde in eine Propstei umgewandelt. Der Camper Abt, Dionysius Genger, gab seine Paternitätsrechte an Bottenbroich auf, und am 5. September 1776 gab der Bottenbroicher Konvent seine freie Zustimmung zur Inkorporation in die Abtei Marienstatt. Der Ordensgeneral Franziscus in Citeaux, der letzte dortige Abt, bestätigte am 2. Oktober 1776 die Einverleibung des Priorats Bottenbroich mit allen seinen Rechten und Besitzungen in die Abtei[91]. Am 19. Mai 1777 zog der erste Propst, Ambrosius Hovius, in Bottenbroich ein. Einige Mönche wurden nach Marienstatt und in das von Bottenbroich gegründete Kloster Mariawald versetzt. Hinfort existierte die Propstei Bottenbroich nur noch fünfundzwanzig Jahre. Mit Dekret Napoleons vom 9. Juni (20. Prairial an X) 1802 wurde die Propstei aufgehoben, ging mit ihrem Besitz als Nationaleigentum in die Hände des französichen Fiskus über und wurde öffentlich versteigert. Die Klosterkirche wurde Bottenbroich als Pfarrkirche überwiesen.

## Zur Wirtschaftsgeschichte

An Güterbesitzungen hatte das Priorat Bottenbroich aus der Ausstattung der ehemaligen Frauenabtei hauptsächlich den Haupthof in Bottenbroich, das Gut in Erp und den Hof in Niederembt. Diese Besitzungen machten den Grundbestand des Klosterbesitzes aus. Darüber hinaus haben die Bottenbroicher Mönche das Klostergut bis zum Ende des 16. Jahrhunderts um eine Reihe Schenkungen und Erwerbungen vermehrt. Heinrich Scheiffart von Merode, Herr von Hemmersbach († 1480), der ja ein großer Gönner des Klosters war, übereignete dem Kloster Bottenbroich die Schenkung einiger Frucht-, Geflügel- und Geldrenten, die später wieder zurückgenommen wurde[92]. Er gab den Mönchen auch die Mühle in Mödrath zurück, die dem Kloster durch die Sorglosigkeit der Nonnen entfremdet worden war[93]. Auf Bitten Heinrich Scheiffarts hin befreite der Herzog von Jülich und Berg 1479 den Bottenbroicher Klosterhof zu Niederembt von allen Diensten, die dem Herzog zustanden[94]. – Johann Scheiffart von Merode gen. von Kühlseggen und seine Frau Katharina Stael von Holstein schenkten am 7. April 1499 dem Kloster sieben Morgen Wiesen in Horrem und Sindorf, auf die später Johanns Erbe Walraf Brent von Kühlseggen Ansprüche erhob, die Schenkung aber 1511 doch anerkannte[95]. – Werner Scheiffart von Merode, Herr von Hemmersbach und Clermont, stiftete dem Kloster Bottenbroich wahrscheinlich im Jahre 1506 den halben Hof »Zum Röttgen«. der im Kirchspiel Hemmersbach zwischen »Harom ind Kleynhabbelraet hynder dem Schyvelbusch« gelegen war, für seine und seiner Frau Maria von Alpen Erbmemorie[96]. Am 3. Dezember 1511 bestätigten ihr Sohn Johann Scheiffart, Herr von Hemmersbach, und seine Frau Anna von Vlodrop die Schenkung[97]. – Johann Scheiffart von Merode, Herr von Hemmersbach und Limbrecht, übertrug am 23. August 1510 dem Kloster Bottenbroich die andere Hälfte des Röttgenhofes und sein Recht auf Schatz und Hafer von den Klostergütern für eine Erbmemorie[98], doch mußten die Mönche ihm als Gegenleistung »vur eyn fruntschaff« zunächst 100 Gulden und, als er die Besiegelung der Schenkungsurkunde bis zum Januar 1513 hinauszögerte, noch 23 oberländische Gulden und auf sein Verlangen einen konsekrierten Tragaltar schenken[99]. Kurz darauf stimmte auch seine Frau Maria von Putte

der Schenkung zu[100]. Nach und nach verzichteten auch die Pächter des Röttgenhofes zugunsten des Klosters auf ihre Rechte[101]. – Am 20. Januar 1480 kaufte Kloster Bottenbroich vor Scheiffart von Merode, Herrn von Hemmersbach, als Lehnsherrn und dessen Lehnsmannen von Johann und Lentzis von Wyenhorst, Vater und Sohn, ihre im Gericht und »dynckmail« Bottenbroich in der Herrschaft Hemmersbach gelegenen Güter. Scheiffart verzichtete zugunsten des Klosters auf »mannschaff und leenschaff der gude«[102]. – Am 4. Februar 1521 erwarb das Kloster von den Eheleuten Nelis Yvens und Gertgen neben Familienangehörigen anderthalb Morgen Land im Kirchspiel Hemmersbach für 12 Gulden[103]. – Unterm 20. Januar 1532 vermachten Hilge Leppers von Aecker und der Sohn Derich dem Kloster ca. ein Morgen 25 Ruten Land im Düvendael an der Mirgelskule in Horrem für sieben Gulden[104]. – Am 24. August 1557 kaufte Kloster Bottenbroich von den Eheleuten Schultheiß Haen und Anna zwei Morgen Ackerland am Schievelbusch in Horrem[105]. – Die Eheleute Nyß van den Keyort und Hilde übertrugen am 23. Juni 1510 dem Kloster zu ihrer, den Eltern und Geschwistern Memoria eine Erbrente von ein Malter Roggen aus dem Meyers Gut[106]. – Im Jahre 1547 verschrieben die Eheleute Gerlich Claissen und Callin zu Grefrath dem Kloster eine Leibrente von zwei Currentgulden aus dreieinhalb Morgen Ackerland zu Grefrath[107].

Außerdem besaßen die Bottenbroicher Mönche ein Stadthaus in Köln. Im Jahre 1513 erwarb Bottenbroich gegen eine Erbrente ein Stadthaus (dat huss . . . myt allen synen tzobehoer) in der Domstadt im Schreinsbezirk Niederich »upten Katzenbuch« von dem Osnabrücker Pleban Johann von Kobbenraide[108]. Das Haus, das im Cistercienserbezirk lag, war seit langer Zeit (ante plures annos) mit sieben Mark zugunsten der Abtei Camp belastet, was offensichtlich auf einer Vererbpachtung des Besitzes durch Camp beruhte. Im März 1514 ließ sich Bottenbroich durch das Mutterkloster Camp eine neue Verpachtungsurkunde ausstellen, wobei der Erbzins zugunsten Camps bestehen blieb[109]. Sieben Jahrzehnte später verlegte Bottenbroich sein Stadthaus. Im Jahre 1583 verkaufte das Kloster es mit Zustimmung des Camper Abtes[110] und erwarb ein Stadthaus in der Altstadtpfarre St. Kolumba, wo auch die Höfe seines Landesherrn, des Herzogs von Jülich, lagen. Im Jahre 1589 ist das neue Stadthaus bezeugt als dem Prior von Bottenbroich gehörig, »das Haus zur großen Burgh«, in dem »deßen verwarer Andreiß vonn Laur« wohnte[111]. Dieser Besitz, der im 13. Jahrhundert aus drei Wohnungen bestand und im 14. Jahrhundert einer Mühle Platz bot[112], war sicherlich nicht unbedeutend, wie auch sein Name besagt. Das Haus wurde in der Häuserliste auf 2200 Mark geschätzt und zählte somit zu den mittleren bis größeren Besitzungen, den Kurien, auf der Breitestraße. Da das Haus einen »verwarer« hatte, läßt sich schließen, daß die Mönche es in Eigennutzung hatten, es also die Absteige Bottenbroichs war, die vielleicht auch eine Handelsfunktion des Klosters hatte.

Wenige Jahre vor der Auflösung des Bottenbroicher Konvents, 1772, begannen die Bottenbroicher Mönche mit dem Abbau von Braunkohle oder Torf auf dem Gelände des Röttgenhofes bei Horrem. Es war damals für die Mönche noch eine wenig

*Buntglasfenster aus der Bottenbroicher Klosterkirche mit Johann Scheiffart von Merode (Detail), 1533 gestiftet von Scheiffart von Merode und dessen Gemahlin Irmgard von Wisch. Grefrath, katholische Pfarrkirche.*

lohnende Arbeit. 1790 wurde die Röttgengrube bis zur französichen Okkupation ein Gesellschaftsunternehmen, das von der Propstei Bottenbroich, dem Freiherrn von Trips und der Kirche zu Hemmersbach ausgebeutet wurde[113].

## Das Hofesgericht zu Bottenbroich

Der Haupthof des Klosters, der Bottenbroicher Hof, war seit alter Zeit mit einem eigenen Gericht ausgestattet. Über dieses Hofesgericht berichten drei Weistümer des 15. und 16. Jahrhunderts sowie eine Urkunde von 1480.
Am 1. Juli 1468 fanden die Geschworenen des Hofes zu Bottenbroich bei einem Weitgang (vaidtgedinge) auf Befehl des Junkers von Hemmersbach und auf Wunsch des Priors und des Konvents von Bottenbroich folgendes Weistum: Das Kloster ist von seinem Hof und seinen Gütern zu Bottenbroich niemandem Kurmede schuldig, wie es früher die Nonnen waren, doch muß der Konvent dem Junker von Hemmersbach neun Geschworene setzen und halten. Zins und Pacht von ihren Gütern zu Bottenbroich sind die Mönche auch nur dem Junker schuldig[114]. – Am 11. Mai 1501 gaben die fünf Geschworenen »ecclesie et conventus ordinis sancti Bernardi in Bottenbroich et iudicii temporalis inibi« wieder ein Weistum: »Dat eyn abdyss« von Bottenbroich »sich sevent myt eyrren junffrauwen hefft ind plach zo Bottenbroich dat gerijcht zo bezytzen«, und nach der Umwandlung in das Mönchskloster, »so hefft eyn prior van Bottenbroich ouch sich sevent myt seynen moenichen« das Gericht besessen. Sie wiesen Prior und Konvent »vur recht erff grunt heren ind dye heren van Hemmersbach vur erffgewalt heren«[115]. – Am 12. Oktober 1521 gaben die Geschworenen des Gerichts Bottenbroich auf Verlangen des Priors ihm dieses Weistum: Die Junker von Palant, Herren von Frechen, haben von ihren Gütern zu Oeverhuesen, genannt Bachemerguede, die »gericht der vadien tzo Bottenbroich« gehören, dem Küster zu Bottenbroich jährlich zu geben drei Sümmer Roggen sowie von zwei Hofstätten je ein Brot, außerdem dem Pastor von Bottenbroich von beiden Hofstätten je ein gutes Zehnthuhn[116]. – Am 20. Januar 1480 verkauften Johann und Lentzis von Weyenhorst ihre im Gericht und »dynckmail« Bottenbroich gelegenen Güter an das Kloster Bottenbroich[117].

## Zur Bau- und Kunstgeschichte

Über den spätmittelalterlichen Abteibau der Cistercienserinnen in Bottenbroich ist nichts bekannt. Das Kloster ist wahrscheinlich im frühen 13. Jahrhundert an die zuerst 1157 erwähnte Kirche zu Bottenbroich gebaut worden. Drei Jahrzehnte nach dem Einzug der Camper Mönche in Bottenbroich, ungefähr in den Jahren 1479/84 wurde eine neue Klosterkirche nach der Ordensbauweise der Cistercienser gebaut. Vielleicht ist sie durch eigene Baumeister aus Camp errichtet worden. Im Jahre 1479 stiftete der Grundherr von Hemmersbach, Heinrich Scheiffart von Merode, der dem neuen Kloster reiche Gunst bewies, das Chor und zwei Altäre der Kirche[118]. Im Jahre 1484 wurde die Kirche konsekriert[119], sie muß also damals fast fertiggestellt gewesen sein. Die Kirche war eine dreischiffige Basilika mit langgestrecktem Chor und trug auf einem gemeinsamen Schieferdach einen Dachreiter. Das war im übrigen der einzige Schmuck, der den Cisterciensermönchen vom Generalkapitel gestattet war. So war der Dachreiter das äußere Erkennungszeichen für Cisterzienserkirchen. Für das Chor der Kirche stifteten 1533 der Herr von Hemmersbach, Johann Scheiffart von Merode, und seine zweite Gemahlin Irmgard von Wisch ein großes Buntglasfenster. Es war das Hauptfenster des Chors, welches das Jüngste Gericht darstellt und die beiden Donatoren mit ihrem Allianzwappen zeigt. Inschrift: Joha · Sche · (iffart) · va · merode · here · zo · Hemmersb(ach) · v(nd) · sindorf · vn(d) · Irmgart · toc(h)te · zo · wiss · sy · huysfraw · Darüber die Jahreszahl 1533. Das Glasgemälde ist heute an der katholischen Pfarrkirche in Grefrath[120]. Ein anderes Chorfenster hat vor 1510 Wilhelm Scheiffart zu Hemmersbach gestiftet. In der ersten Hälfte des 16. Jahrhunderts erhielt das Chor auch seine reiche Ausmalung mit zwölf Gemälden eines Passionszyklus, die man im 18. Jahrhundert übertünscht hat. Sechs dieser Wandgemälde wurden 1949 vor dem Abbruch der alten Klosterkirche konserviert, abgelöst und auf Tafeln übertragen, von den fünf sich jetzt in der Pfarrkirche von Grefrath befinden[121]. In der ersten Hälfte des 17. Jahrhunderts ließ der Prior Peter Cortenbach (1627–1643) einen neuen Hochaltar in der Kirche aufstellen. Beim Einsturz des Chores 1829 wurde er schwer beschädigt und entfernt. Im Jahre 1760 müssen die Glocken der Klosterkirche von neuem gegossen worden sein. Denn am 8. Juli desselben Jahres erhielt der Prior Andreas Wasserschafft vom Kölner Weihbischof die Vollmacht zur Benediktion von drei Glocken für seine eigene Kirche[122]. Dazu erhielt unterm 3. Dezember 1770 der Prior Matthias Warboling die Genehmigung, eine kürzlich gegossene Glocke für die Klosterkirche zu benedizieren[122], und am 12. Dezember 1780 erhielt der Rektor – Guardian in Lechenich die Vollmacht, eine neugegossene Glocke für Bottenbroich zu weihen[122]. Das bedeutendste Stück der Kirchenausrüstung war das Bottenbroicher Vesperbild in Stein aus der Zeit um 1420/30, das auf dem nördlichen Seitenaltar in der Klosterkirche stand und im 18. Jahrhundert die Bedeutung Bottenbroichs als Wallfahrtsort ausmachte[123]. Ursprünglich gehörte die Pieta wohl zur Bottenbroicher Frauenabtei, ebenso das Alabasterrelief mit der Anbetung der heiligen Drei Könige, das aus einer englischen Werkstatt um 1360 stammt. Beide Kunstwerke befinden sich heute in der Kirche von Grefrath.

Über die Baugestalt und -geschichte der Klostergebäude ist kaum etwas bekannt. Die Kirche war durch den Kreuzgang, der sich südlich an ihrer Längsseite anschloß, mit dem Kloster verbunden. Das Kloster schloß sich also nach Süden hin an die Klosterkirche an. Der Klosterbereich scheint ursprünglich nach cisterciensicher Art von einer Klausurmauer umschlossen gewesen zu sein. Heinrich Scheiffart von Merode, der um 1479 den Chor der Kirche stiftete, errichtete auch ein neues Dormitorium für die Mönche[124]. Der Prior Peter Cortenbach ließ zwischen 1627 und 1643 einen prachtvollen Neubau des Priorshauses errichten[125]. Unter dem Prior Johannes Bartholomäus Jungbluth muß 1724 ein Umbau des Priorats vorgenommen worden sein, wie eine Inschrift belegte. Der Prior Wilhelm Draetz erneuerte 1667 das Hauptportal des Klosters, das im Westen zwischen Klosterkirche und Priorshaus lag. Nach der Auflösung des Konvents sind 1783 das Refektorium, das Dormitorium und der Kreuzgang abgebrochen worden, während der Priorsbau restauriert wurde und als Unterkunft für die wenigen in Bottenbroich verbliebenen Mönche diente. Nach der Säkularisation fand er als Pfarrhaus Verwendung.

*Ehemaliges Cistercienserkloster Bottenbroich, Priorat.*

Außer der einstigen Klosterkirche, der 1868 ein Westturm vorgesetzt wurde, waren 1949, als Bottenbroich dem Braunkohlenabbau weichen mußte, noch der alte Priorsbau und das Klosterportal erhalten. Über der Tür des Priorshauses war die Inschrift: ANNO 1724. Darüber hing ein Wappenstein, der unter einem Prälatenhut einen Wappenschild mit einem Pelikan und drei Jungen zeigte. Darunter die Aufschrift: FRATER JOANNES JUNGBLUT PROTONOTARIUS / APOSTOLICUS HUIUS DOMUS PRIOR / aDIVVante Deo CVncta CoLLapsa / resarCire aC IbstaVare / CoeIt. Das Chronogramm ergibt wiederum die Jahreszahl 1724. Der beschädigte Wappenstein ist heute an der Kirche in Grefrath eingemauert[126]. An dem rundbogigen Klosterportal, dessen Pfosten reich verziert waren, befand sich als Schlußstein eine Satyrmaske und die Inschrift F(rater) W(ilhelmus) D(raetz) P(rior) B(ottenbroichium) 1667.

## Adelsgräber in der Klosterkirche

Innerhalb des Klosters, vor allem in der Kirche, wurden im 15. und 16. Jahrhundert die Grundherren von Hemmersbach, die das Kloster zu ihrer Begräbnisstätte erwählt hatten, beigesetzt. Dazu ließen sich vereinzelte Adlige aus der Umgebung, die zu den Wohltätern des Klosters gehörten, in dem Kloster bestatten. Aber auch die Prioren wurden im Kloster begraben, so wie früher offenbar auch die Äbtissinnen[127].

1. Katharina von Welchenhausen, Gemahlin des Johann Scheiffart von Merode, Herrn von Hemmersbach, starb 18. Dezember nach 1469 und wurde im Kloster begraben[128]. Johann Scheiffart starb am 30. April 1450; seine Memoria ist zum 30. April im Nekrolog des Klosters eingetragen[129]. Höchstwahrscheinlich ist auch er im Kloster Bottenbroich beigesetzt.
2. Im Jahre 1474 starb Gertrud Quadt, Gattin des Degenhard Haes zu Türnich und Tochter des Ritters Johann Quadt von Buschfeld und Gertrud von Knipradt; sie wurde im Chor beigesetzt[130].
3. Im Jahre 1480 starb Johann von Halle und wurde am Eingang des Dormitoriums beerdigt[131].
4. Am 4. März 1480 starb Heinrich Scheiffart von Merode, Herr von Hemmersbach, der zweite Stifter des Klosters, und wurde in der Kirche vor dem Chor begraben[132].
5. Im Jahre 1480 starb Agatha, Tochter Heinrichs von Vorst zu Frechen, die dem Kloster 100 Gulden vermachte, und wurde neben dem Chor beigesetzt[133].
6. Am 1. April 1509 starb Hermann Scheiffart von Merode, Herr von Clermont (strenuus domicellus Hermannus Sceffart dominus in Clermont), und wurde vor dem Hochaltar (summum altarem nostrum prope patruum suum) begraben[134]. Mit dem »patruus« wird zweifellos der oben genannte Heinrich Scheiffart von Merode gemeint sein, der 1480 gestorben ist.
7. Im Jahre 1509 starb Wilhelm von Hochsteden, Herr von Frechen, der nebst seiner Gemahlin Wilhelma von Horrem gen. Schram ein großer Wohltäter des Klosters war. Beide wurden im Chor begraben[135].
8. Wilhelm Scheiffart von Merode, Herr von Hemmersbach und Limbricht, der ein großer Wohltäter des Klosters war, starb am 28. Juli 1510 und wurde im Chor neben seinem Bruder Heinrich († 1480) und seiner Mutter Katharina von Welchenhausen († nach 1469), begraben[136].
9. Im Jahre 1533 starb der Ritter Wilhelm Scheiffart von Merode, Herr von Hemmersbach, gen. Nörvenich, und wurde vor dem Hochaltar beigesetzt. Dessen Sohn Reiner, der als Kind starb, wurde vor der Stufe zum Presbyterium, dem Chor, begraben[137].

Bei der Restaurierung der Kirche im letzten Jahrhundert sind die alten Grabplatten aus der Kirche entfernt worden. Nur eine Grabplatte (219 × 111 cm) fand man noch im Fußboden des Chores. Sie gilt dem zwanzigsten Prior von Bottenbroich, Johannes Bartholomäus Jungblut, der neun Jahre dem Kloster vorstand und am 13. Januar 1732 gestorben ist. Der Grabstein mit dem geistlichen Wappen (Prälatenhut und Pelikan) ist heute im Atrium der Kirche von Grefrath aufgestellt. Die Inschrift ist völlig abgetreten, wurde aber um 1912 von dem Cistercienserhistoriker Gilbert Wellstein noch gelesen: ANNO 1732 DIE 13 MENSIS JANUI PLACIDE / IN DOMINO OBDORMIVIT PLURIMUM / REVERENDUS AC AMPLISSIMUS / DOMINUS DNUS JOES BARTHOLOMAEUS / JUNGBLUT PROTONOTARIUS / APOSTOLICUS DOMUS HUIUS B. M. / VIRGINIS PRIOR

VIGESIMUS ET DIGNISSIMUS / QUI ANNIS NOVEM SUI REGIMINIS / LAUDABILITER PRAE ET PROFUIT / CUIUS DIE RES (?) ANIMA REQUIESCAT IN PACE / POSUIT SENIOR ET CONVENTUS[138].

## Siegel

Ein Konventssiegel des Priorats Bottenbroich, das aus dem 16. Jahrhundert stammt, zeigt, wie ausschließlich bei allen Cistercienserklöstern, die sitzende Maria, gekrönt und einen Zweig in der Rechten haltend, mit dem stehenden Jesuskind. Die Umschrift: + S(igillum) · CONVENTVS · DE · BVTTENBRVCH · ORDINI(s) · CISTE(rciensis)[139]. Das Petschaft des Siegels (Bronze, 3,8 cm Dm) in der Kölner Sammlung Lückger läßt sich heute nicht mehr nachweisen.

## Prioren von Bottenbroich

Hermann von Kempen 1448–1473
Peter (von) Warmond 1473–1474
Arnold Kattwig 1474–1478, wegen and. Bestimmungen abberufen
Johannes (von) Goch 1478–1485
Konrad (von) Goch 1486–1507
Wilhlm (von) Goch 1507–1542, † 67 Jahre alt
Laurent Bahlen 1542–1560, wegen Geistesschwäche abges.
Gerhard (von) Niederembt 1560–1561
Wilhelm Paggius 1561–1598, resigniert Aug. 26, † Sept. 15
Dionysius Scherpensel 1598–1602, resigniert, † 1632, 79 Jahre alt
Bartholomäus Junckers 1602–1606, resigniert, † 1622, als Beichtvater im Kloster Bürvenich
Bernard Zevenaar 1606–1627, bis 1616 Administrator, resigniert, † 1642 Mai 22 im Exil in Köln, 80 Jahre alt
Peter Cortenbach 1627–1643, zuvor Subprior in Altenberg
Ludwig Axer 1643–1651, zuvor Subprior und Novizenmeister, verfaßte 1644 die Chronik des Klosters, † 1651 Juni 28
Wilhelm Draetz 1651–1669
Bernardus N. N. Vichorius (Victoris) 1670
Melchior Edmund Dünwald 1688
Servatius Dietz (Titz) 1690(?)
Jakob Keymer 1720
Johannes Bartholomäus Jungblut 1723–1732
Theodor Rive 1732
Lambertus Jungbluth
Alberius Pier
Andreas Wasserschafft 1760 Juli, + 1761
Matthias Warboling 1760 Dez., 1776, wegen Unzulänglichkeit vom Camper Abt abgesetzt

# Anmerkungen

1 Historisches Archiv der Stadt Köln (HAStK), Schreinsbuch 290, fol. 16 v.
2 Nordrhein-Westfälisches Hauptstaatsarchiv Düsseldorf (NW-HStAD), Bottenbroich, Memorienbuch und Nekrolog (zit. Nekrolog), 13; *Theodor Josef Lacomblet,* Urkundenbuch für die Geschichte des Niederrheins (Repr. Aalen, 1960), Bd. II, nr. 399.
3 NW-HStAD, Bottenbroich, Urk. 1.
4 NW-HStAD, Bottenbroich, Urk. 2.
5 NW-HStAD, Bottenbroich, Urk. 3.
6 *Lcomlet,* Urkundenbuch (wie Anm. 2).
7 Vgl. *Canivez, Joseph-Maria,* Bottenbroich: Dictionnaire d'Histoire et de Géographie Ecclesiastique, IX (1937), Sp. 1423.
8 NW-HStAD, Kopiar Bottenbroich, nr.9.
9 *Ewald, Wilhelm,* Rheinische Siegel (Repr., Köln u. Bonn, 1976), BD. IV, Taf. 108, 12.
10 Bei *Dorothea Winand-Custodis* u. *Ernst Coester,* »Frauenabteien in Mitteleuropa«, ist Bottenbroich nicht als Marienkloster ausgewiesen (Die Cistercienser, hg. von *Ambrosius Schneider* u. a. (2. Aufl., Köln, 1977), 647.
11 HAStK, Schreinsbuch 76, fol. 5 b; Schreinsb. 179, fol. 12 b; NW-HStAD, Bottenbroich, Urk. 13; ebda., Urk. 14.
12 NW-HStAD, Nekrolog, 15.
13 NW-HStAD, Kopiar Bottenbroich, nr. 24.
14 *Canivez,* Bottenbroich (wie Anm. 7).
15 NW-HStAD, Bottenbroich, Urk. 15.
16 *Canivez, Joseph-Maria,* Statuta Capitulorum Generalium Ordinis Cisterciensis ab anno 1116 ad annum 1786, III (Louvain, 1935), 272.
17 Hierzu gehörten ferner die Klöster Schweinheim, Herrchen, Graurheindorf, Bürvenich, Hoven, Zissendorf, Frauenthal, Königshoven.
18 *Axer, Ludwig,* Descriptio brevis monasterii B. M. V. in Bottenbroich, 1644, ed. *L. Grubenbecher:* Annalen d. Hist. Ver. f. d. Niederrh., XXVI/VII (1874), 380.
19 Chronicon monasterii Campensis ordinis Cisterciensis, ed. *Hermann Keussen:* Annalen d. Hist. Ver. f. d. Niederrh., XX (1869), 321.
20 Chronicon monasterii Campensis (wie Anm. 19).
21 *Eckertz, Gottfried,* Chronicon Brunwylrense: Annalen d. Hist. Ver. f. d. Niederrh., XVIII (1867), 145.
22 NW-HStAD, Kurkölnisches geheimes geistliches Archiv, nr. 598/409 (zit. nach *Matthias Dicks,* Die Abtei Camp am Niederrhein (Kempen, 1930), 362.
23 NW-HStAD, Bottenbroich, Urk. 15.
24 NW-HStAD, Bottenbroich, Rep. u. Hs. 1, fol. 47$^{r}$.
24a NW-HStAD, Bottenbroich, Urk. 5; *Richard Knipping,* Die Regesten der Erzbischöfe von Köln im Mittelalter, III (Bonn, 1909), nr. 1401.
25 *Wündisch, Fritz,* Brühler Urkundenbuch, nr. 28 (Masch.-Schr. in Stadtbibliothek Brühl); *Knipping,* Regesten der Erzbischöfe (wie Anm. 24 a), III, nr. 1401.
26 *Lacomblet,* Urkundenbuch (wie Anm. 2).
27 NW-HStAD, Bottenbroich, Rep. u. Hs. 1, fol. 24$^{r}$.
28 NW-HStAD, Bottenbroich, Urk. 6.
29 NW-HStAD, Bottenbroich, Urk. 7.
30 NW-HStAD, Kopiar Bottenbroich, nr. 11.
31 HAStK, Schreinsbuch 76, fol. 5$^{b}$.
32 HAStK, Schreinsbuch 179, fol. 12$^{b}$.
33 HAStK, Schreinsbuch 290, fol. 16$^{b}$; Schreinsbuch 76, fol 5$^{a}$ u. 5$^{b}$.
34 Vgl. *Gerd Steinwascher,* Die Zisterzienserstadthöfe in Köln (Bergisch Gladbach, 1981), 86 m. weit. Lit.
35 NW-HStAD, Bottenbroich, Urk. 13.
36 *Mosler, Hans,* Urkundenbuch der Abtei Altenberg, II (Düsseldorf, 1955), nr. 73.

37 *Planitz, Hans,* u. *Theo Buyken,* Die Kölner Schreinsbücher des 13. und 14. Jahrhunderts (Weimar, 1937), nr. 438.
38 NW-HStAD, Bottenbroich, Urk. 14.
39 NW-HStAD, Bottenbroich, Urk. 10; Regest bei *E. Richardson* (Ernst v. Mirbach-Harff), Geschichte der Familie Merode, II (1881), nr. 30.
40 *Wündisch, Fritz,* Brühler Regesten, I (2. Aufl., Brühl, 1986), nr. 128.
41 *Wündisch,* Brühler Regesten, I, nr. 153.
42 NW-HStAD, Bottenbroich, Memorienbuch u. Nekrolog, 2.
43 NW-HStAD, Kopiar Bottenbroich, nr. 24.
44 *Wündisch,* Brühler Regesten, I, nr. 482.
45 *Ewald,* Rheinische Siegel (wie Anm. 9), Bd. IV, Taf. 28,3, 108,12, 108,18, 109,17. Dazu die Textbände Rheinische Siegel, Bd. IV,1 (Repr. Köln u. Bonn, 1972), S. 82; Bd. IV,2 (Repr. 1975), SS. 139, 140, 144.
46 HAStK, Schreinsbuch 290, fol. 16^v^.
47 NW-HStAD, Bottenbroich, Rep. u. Hs. 1, fol. 47^r^.
48 *Canivez,* Statuta Capitulorum (wie Anm. 16).
49 NW-HStAD, Bottenbroich, Memorienbuch u. Nekrolog, 15.
50 Ebd., 28.
51 Ebd., 30.
52 Ebd., 33.
53 Ebd., 50.
54 Ebd., 52.
55 Ebd., 61.
56 Ebd., 61.
57 Ebd., 62.
58 *Ewald,* Rheinische Siegel (wie Anm. 9), Bd. IV, Taf. 109, 17.
59 Von den Bottenbroicher Konventualinnen sind unter anderem folgende belegt. Namen ohne Quellenangabe sind dem Bottenbroicher Nekrolog entnommen.
60 *Wündisch,* Brühler Regesten (wie Anm. 40); Bottenbroich, Memorienbuch u. Nekrolog.
61 NW-HStAD, Kopiar Bottenbroich, nr. 24.
62 *Domsta, Hans J.,* Geschichte der Fürsten von Merode im Mittelalter, I (Düren, 1974), 232.
63 NW-HStAD, Bottenbroich, Urk. 15.
64 Chronicon monastrii Campensis (wie Anm. 19), 321.; NW-HStAD, Bottenbroich, Akten 35 u. 181 (zit. nach *Dicks,* Abtei Camp (wie Anm. 22) S. 362 f., Anm. 7[1]).
65 Urkunde bei *Dieks,* Abtei Camp (wie Anm. 22), 363.
66 Chronicon monsterii Campensis (wie Anm. 19), 312 f.
67 NW-HStAD, Bottenbroich, Memorienbuch u. Nekrolog, 55.
68 Ebd.
69 NW-HStAD, Bottenbroich, Rep. u. Hs. 1, fol. 15^v^; *Georg v. Below,* Urkunden und Akten zur Geschichte der Steuern in Jülich und Berg: Zeitschr. d. Bergischen Geschichtsvereins, XXIV (1893), 24.
70 NW-HStAD, Bottenbroich, Memorienbuch u. Nekrolog, 38.
71 NW-HStAD, Bottenbroich, Urk. 31.
72 Näheres siehe unter: Bau- und Kunstgeschichte.
73 Deutsche Staatsbibliothek Berlin, Necrologium Mariawald 1 u. 2: 4. April.
74 *Axer,* Descriptio (wie Anm. 18), 385.
75 Archiv Mariawald, Urk. 1489 Okt. 10
76 Archiv Mariawald, Urk. 1497 Jan. 23.
77 Archiv Mariawald, Urk. 1497 Okt. 21
78 Es handelt sich um die Altpfarre Kierdorf bei Lechenich, deren Kirche schon im Liber Valoris (um 1308) genannt ist, nicht Kirdorf bei Bedburg, wie *H. P. Roschinski* bei der Beschreibung des Bottenbroicher Nekrologiums fälschlich angibt (Die Zisterzienser: Ordensleben zwischen Ideal und Wirklichkeit; eine Ausstellung des Landschaftsverbandes Rheinland, Rheinisches Museumsamt, Brauweiler [Köln, 1980], 598.)
79 NW-HStAD, Memorienbuch u. Nekrolog, 42.
80 Historisches Archiv des Erzbistums Köln, Decanalia Bergheim 13, Götzenkirchen, 1.

81 *Rosellen, R. W.*, Geschichte der Pfarreien des Dekanates Brühl (Köln, 1887), 46.
81a *Corsten, Wilhelm,* Peter Zehenpfennig und seine Annalen der Christianität Bergheim: Festschrift für Wilhelm Neuß (Köln, 1947), 234.
82 Historisches Archiv des Erzbistums Köln, *Peter Zehenpfennig,* Annales decanatus seu christianitatis Bergheimensis. Hs. 1751; Schreibmaschinen-Abschrift von *Wilhelm Corsten,* 145. Original im letzten Krieg verlorengegangen.
83 *Canivez,* Bottenbroich (wie Anm. 7).
84 *Axer,* Descriptio (wie Anm. 18), 389.
85 NW-HStAD, Bottenbroich, Memorienbuch u. Nekrolog, 51; *Axer,* Descriptio (wie Anm. 18), 389.
86 *Axer,* Descritptio (wie Anm. 18), 391; Nekrolog, 22.
87 Über ihn *Axer,* Descriptio (wie Anm. 18), 391; Nekrolog, 21.
88 *Axer,* Descritptio (wie Anm. 18), 391; Nekrolog, 21.
89 *Axer,* Descritptio (wie Anm. 18), 391.
90 *Dicks,* Abtei Camp (wie Anm. 22), 585.
91 Vgl. *Gilbert Wellstein,* Die Aufhebung des Klosters Bottenbroich und seine Inkorporation in die Abtei Marienstatt: Cistercienser-Chronik, XXIV (1912), 97ff., 135ff., 167ff. (m. Archivalien); ders., Bottenbroich: Lexikon für Theologie und Kirche (2. Aufl., Freiburg, 1931), II, Sp. 493f.
92 Nekrolog, 39.
93 Nekrolog, 2.
94 NW-HStAD, Bottenbroich, Urk. 17; Regest bei Below, Urkunden und Akten (wie Anm. 69), 24.
95 NW-HStAD, Bottenbroich, Urkk. 23. u. 33; Nekrolog, 62.
96 Nekrolog, 38.
97 NW-HStAD, Bottenbroich, Urk. 32; Nekrolog 7.
98 NW-HStAD, Bottenbroich, Urk. 31.
99 NW-HStAD, Bottenbroich, Rep. u. Hs. 1, fol. 30$^{v}$.
100 NW-HStAD, Bottenbroich, Urk. 34.
101 NW-HStAD, Bottenbroich, Rep. u. Hs. 1 u. 2, passim; Nekrolog, 7.
102 NW-HStAD, Bottenbroich, Urk. 18.
103 *Drewes, Gisbert,* Quellen zur Geschichte von Stadt und Amt Bergheim aus dem Staatsarchiv Düsseldorf (Bedburg, 1960), nr. 376.
104 Ebd. nr. 377.
105 Ebd. nr. 379.
106 Ebd. nr. 373.
107 Ebd. nr. 378.
108 HAStK, Schreinsurk. Niederich, 1/150; vgl. auch NW-HStAD, Bottenbroich, Rep. u. Hs. 2, fol. 89a–90a.
109 NW-HStAD, Kamp, Urk. 932; vgl. *Dicks,* Abtei Camp (wie Anm. 22), nr. 429.
110 HAStK, Schreinsurk. Niederich, 3/298.
111 HAStK, Verf. u. Verw. Häuserliste 13, 37b; vgl. auch F. Greving, Wohnungs- und Besitzverhältnisse der einzelnen Bevölkerungsklasse im Kölner Kirchspiel St. Kolumba vom 13. bis 16. Jahrhundert: Annalen d. Hist. Ver. f. d. Niederrh., LXXVIII (1904), 32.
112 *Keusssen, Hermann,* Topographie der Stadt Köln im Mittelalter, I (Bonn, 1910), 286b 8.
113 Die Grube Röttgen betreffende Akten bis zur französichen Zeit, einschließlich der Schenkungsurkunde des Röttgenhofes von 1510, die Privatbesitz von *H. E. Onnau* sind, wurden an *Eberhard Quadflieg* in Aachen ausgeliehen und sind zur Zeit verschollen.
114 NW-HStAD, Bottenbroich, Rep. u. Hs. 1, fol. 15$^{r}$.
115 Ebd., fol. 28$^{v}$.
116 NW-HStAD, Bottenbroich, Urk. 39.
117 NW-HStAD, Bottenbroich, Urk. 18.
118 Nekrolog, 2.
119 Nekrolog, 55.
120 Zu dem Glasgemälde siehe *Heinrich Oidtmann,* Glasgemälde in der Zisterzienserkirche Bottenbroich: Die Christliche Kunst, XX (1923), 8ff.; ders., Die Rheinischen Glasmalereien vom 12. bis zum 16. Jahrhundert, II (Düsseldorf, 1929), 424ff. u. Abb. 605ff. (vgl. dazu auch *Hans J. Domsta,* Geschichte der Fürsten von Merode im Mittelalter, I (Düren, 1974), S. 187, Anm. 10; zuletzt *Bernd Päffgen,* u. *Gert Ressel,* Die Zisterzienser in Bottenbroich und Blatzheim, in *H. E. Onnau, B.*

*Päffgen, G. Ressel,* Die Zisterzienser in Bottenbroich und Blatzheim (Kerpen, 1981), 57 ff. m. Abb. (Ressel).

121 Zu den Wandmalereien siehe *Amely Brinkmann,* Die Wandmalereien in Bottenbroich, in: Rheinische Kirchen im Wiederaufbau, hg. von *Wilhelm Neuß* (Mönchengladbach, 1951), 111 ff.; zuletzt Päffgen u. Ressel, Zisterzienser (wie Anm. 120), 52 ff. m. Abb.

122 *Torsy, Jakob,* Die Weihehandlungen der Kölner Weihbischöfe (1661–1840) (Düsseldorf, 1969), 145.

123 Über das Vesperbild siehe *Wolfgang Krönig,* Rheinische Vesperbilder (Mönchengladbach, 1967), 12, 80; *Heinrich Appel,* in: Jahrbuch der rheinischen Denkmalpflege, XXIII (1960), 266; zum Alabaster vgl. besonders *Päffgen u. Ressel,* Zisterzienser (wie Anm. 120), 45 ff. (Päffgen) m. weit. Lit.

124 Nekrolog, 2.

125 *Axer,* Descriptio (wie Anm. 18), 391.

126 Über den Wappenstein vgl. zuletzt *Päffgen u. Ressel,* Zisterzienser (wie Anm. 120), 68 f. m. Abb. (Päffgen).

127 Die Initialen bei *Paul Clemen,* Die Kunstdenkmäler des Kreises Bergheim (Düsseldorf, 1899), 50, nicht aufgelöst.

128 Nekrolog, 39.

129 Nekrolog, 16.

130 *Axer,* Descriptio (wie Anm. 18), 391.

131 Ebd.

132 Ebd.; Nekrolog, 2, 39.

133 *Axer,* Descriptio (wie Anm. 18), 391.

134 Nekrolog, 9.

135 Ebd., 38; *Axer,* Descriptio (wie Anm. 18), 391.

136 Nekrolog, 39; *Axer,* Descriptio (wie Anm. 18), 392.

137 Nekrolog, 44; *Axer,* Descriptio (wie Anm. 18), 392.

138 *Wellstein,* Aufhebung des Klosters Bottenbroich (wie Anm. 91), 175.

139 *Ewald,* Rheinische Siegel (wie Anm. 9), Taf. 28,3.

Peter Schreiner

# Die ehemalige Benediktinerabtei St. Nikolaus in Brauweiler

## Einleitung

Wer sich heute dem weit über seinen alten Ortskern hinausgewachsenen Ort Brauweiler nähert, erkennt bereits von weitem das hochaufragende Westwerk der ehemaligen Benediktiner-Abteikirche St. Nikolaus. Am Rande einer eiszeitlichen Rheinterrasse gelegen, prägen Kirche und Abteigebäude nicht nur das heutige Siedlungsbild Brauweilers, sondern sie sind auch das weithin sichtbare Wahrzeichen dieses Gebietes. Die Kirche zählt zu den großen romanischen Kirchenbauten im Rheinland. Unter den Denkmälern der Stadt Pulheim ist die Abtei Brauweiler das mit Abstand bedeutendste.

Hervorgegangen aus einer Gründung der lothringischen Pfalzgrafenfamilie im 11. Jahrhundert, bildete die Benediktinerabtei Brauweiler rund 780 Jahre lang einen geistigen und kulturell-religiösen Mittelpunkt im Kölner Umland. Nach einer wechselvollen Geschichte wurde die Abtei durch Säkularisation im Jahre 1802 aufgehoben. Während die Abteikirche im Jahre 1806 der zwei Jahre zuvor gegründeten Pfarre in Brauweiler übergeben wurde und damit ihre Funktion als Gotteshaus beibehalten konnte, war es das Schicksal der Abteigebäude, zweckentfremdet verschiedenen Bestimmungen dienen zu müssen: Departements-Bettleranstalt (durch Dekret Napoleons von 1809), preußische Provinzial-Korrektionsanstalt (ab 1815), SA- und Gestapogefängnis (in einem Teil der Gebäude ab 1933), Displaced-Persons-Lager (ab 1945), Rheinisches Landeskrankenhaus (ab 1969). Im Sommer 1978 wurde das Landeskrankenhaus geschlossen. Der Komplex wird seither von der Kulturabteilung des Landschaftsverbandes Rheinland verwaltet. Sie ist bemüht, der altehrwürdigen Stätte den Charakter eines Kulturzentrums zu geben, in dem das Rheinische Amt für Denkmalpflege mit seinen Restaurierungswerkstätten, das Rheinische Museumsamt mit einer Museumsschule, die Archivberatungsstelle Rheinland, der Rheinland-Verlag und die Rheinische Betriebsgesellschaft eine neue Unterkunft finden.

Die Voraussetzung für diese neue Nutzung schufen die 1978/79 eingeleiteten Restaurierungs- und Instandsetzungsarbeiten. Unter Berücksichtigung von besonderen bautechnischen und denkmalpflegerischen Aspekten dienten sie zugleich auch der Sicherung der alten Bausubstanz des bedeutenden Denkmals sowie seiner Zuführung zu einer neuen Nutzung.

## Die Klostergründung durch den lothringischen Pfalzgrafen

Im letzten Viertel des 10. Jahrhunderts befand sich das Gebiet um den heutigen Ort Brauweiler im Besitz des lothringischen Pfalzgrafen Hermann I., der dieses Amt zwischen 985 und 989 erhalten hatte. Er soll, so erzählt der gegen Ende des 11. Jahrhunderts von den Brauweiler Mönchen verfaßte Bericht über die Klostergründung und die Taten der Stifterfamilie, an der Stelle, wo sich die Abtei befindet, eine zerstörte hölzerne Kapelle durch einen Steinbau ersetzt haben. Diese Kapelle sei dem hl. Medardus geweiht gewesen. Erzbischof Warin von Köln (976–985) habe die Kapelle anschließend geweiht. Neben der Medarduskapelle, die dem Bericht der Mönche zufolge als grundherrliche Eigenkirche auf einem entlegenen Hofbesitz des westfränkischen Klosters Soissons erscheint, ließ Pfalzgraf Hermann auch ein zerstörtes Hofgut wieder aufbauen. Dieses wurde in der Folge vermutlich nicht nur Mittelpunkt eines gutsherrschaftlichen Wirtschaftsbetriebes, eines prediums, sondern auch Verwaltungsstelle aller auf den Pfalzgrafen in diesem Gebiet übergangenen königlichen Gerechtsame. Die Bedeutung des Platzes hat Ezzo, der Sohn und Nachfolger Hermanns, durch die Gründung des Familienklosters ausdrücklich herausgestellt.

Die Familie des lothringischen Pfalzgrafen, in dessen Herrschaftsbereich die Kaiserpfalz zu Aachen lag, besaß eine bedeutende Machtstellung im Reich, die in der Kumulation von Grafenrechten in der Hand einer Familie beruhte. Infolge der Zuweisung wesentlicher Aufsichtsrechte durch den König über Reichsgüter wie Wälder, Gewässer und Straßen sowie über Regalien vergrößerte sich die Macht der Pfalzgrafen. Es ist daher gewiß kein Zufall, daß die Burgen und befestigten Sitze der lothringischen Pfalzgrafen, die Tomburg, die Siegburg und das Hofgut Brauweiler, an wichtigen Verbindungsstraßen in der Nähe ausgedehnter Waldgebiete lagen. Durch die mittlerweile aufgekommene Erblichkeit des Pfalzgrafenamtes ging im Laufe des 10. Jahrhunderts Reichsgut, das die Pfalzgrafen zu verwalten hatten, in deren Allodialbesitz über. Als Pfalzgraf Hermann das zerstörte Brauweiler Hofgut wieder aufbauen ließ, waltete er bereits über ehemaliges Reichsgut wie über Eigenbesitz, und sein Sohn und Nachfolger Ezzo stattete die von ihm gegründete Abtei Brauweiler mit solchen Gütern aus, die zu ehemaligem Reichsgut gehört hatten. Infolge Erblichkeit blieb das Amt des lothringischen Pfalzgrafen vom Ende des 10. Jahrhunderts bis zum Ende des 11. Jahrhunderts in den Händen der Familie Hermanns. Auch nahmen unter den deutschen Pfalzgrafen die lothringischen Amtsinhaber eine Sonderstellung ein. Obwohl mit der Herausbildung der territorialen Pfalzgrafschaft seit der Entstehung des ostfränkischen Reiches der Zusammenhang zum königlichen Hof sich allgemein lockerte, blieben die Beziehungen der lothringischen Pfalzgrafen zu Aachen, dem damaligen Mittelpunkt für königliche und herzogliche Hoftage, erhalten. So soll Ezzo, noch bevor er das Pfalzgrafenamt innehatte, nach dem Tod Kaiser Ottos II. der Kaiserin Theophanu, die seit 984 die Regentschaft für ihren minderjährigen Sohn führte, in der Aachener Pfalz mit Rat und Tat beigestanden haben. Er soll neben dem König sogar der zweite Mann im Königreich gewesen sein, wie die Brauweiler Quellen hervorheben.

Eine kaum zu überbietende Rangerhöhung der Familie der lothringischen Pfalzgrafen bewirkte die Vermählung Ezzos mit Mathilde, einer Tochter Kaiser Ottos II. und der Kaiserin Theophanu. Die Hochzeit fand im Jahre 991 oder kurz vorher auf dem Brauweiler Hofgut des Pfalzgrafen statt, das Ezzo anschließend seiner jungen Frau als Morgengabe übertrug. Die vorhin genannte Stellung Ezzos am Hof zu Aachen mag ein Grund dafür gewesen sein, daß die Kaiserin Theophanu dieser für ihre Tochter nicht ganz standesgemäßen Verbindung ihre ausdrückliche Zustimmung gab. Bei den Zeitgenossen stieß die Vermählung jedenfalls auf heftige Kritik, wie Thietmar von Merseburg vermerkte, und er fügte hinzu, daß Mathilde von ihrem königlichen Bruder mit reicher Mitgift ausgestattet worden sei, damit sie nicht infolge ihrer Heirat unter Stand das Ansehen der allerhöchsten Eltern einbüße. Durch diese Mitgift, die aus großen Gütern in Mitteldeutschland, zu denen Coburg, Salz und weitere Güter im Orlagau gehörten, bestand, vergrößerte sich Ezzos Machtbereich wesentlich.

Der Ehe Ezzos mit Mathilde entstammten 10 Kinder: drei Söhne und sieben Töchter. Die Söhne bekleideten hohe Ämter. Ludolf wurde Heerführer und Bannerträger des Kölner Erzbischofs, Otto wurde Nachfolger seines Vaters und später Herzog von Schwaben, und Hermann erhielt das Amt des Erzbischofs von Köln und Kanzlers für Italien. Von den sieben Töchtern standen sechs bedeutenden Stiften und Klöstern vor, die als Zentren hoher abendländischer Kultur galten. Die einzige Tochter, die heiratete, war Richeza. Sie wurde Königin von Polen und war eine bedeutende Gönnerin der Abtei Brauweiler.

Die Familie des lothringischen Pfalzgrafen hatte einen unübertreffbaren Höhepunkt ihrer Macht und ihres Ansehens erreicht. Zur vollen Ausstattung eines fürstlichen Hauses zur damaligen Zeit fehlte jedoch noch eine geistliche Stiftung, die einen lebendigen Zusammenhang vermitteln sollte zwischen der Kirche und den Gliedern des Geschlechtes.

Noch vor 1024 wallfahrteten Ezzo und Mathilde nach Rom zu Papst Benedikt VIII., wo sie die Zustimmung für ihre Klostergründung und Reliquien für die Altäre erhielten. Eine längere Erörterung der Frage nach dem Standort der Stiftung wurde schließlich zugunsten Brauweilers entschieden. Eine Vision der Pfalzgräfin Mathilde, die diese hatte, als sie im Schatten des Maulbeerbaumes auf dem Brauweiler Hofgut ruhte, soll die Entscheidung gegeben haben. Tatsächlich dürfte jedoch die Zentralstellung des Ortes innerhalb des hier konzentriert liegenden pfalzgräflichen Allodialgutes und die strategisch günstige Lage westlich von Köln an zwei bedeutenden Fernstraßen, der Köln-Aachener-Straße und einer von Köln nach Roermond ins Maasgebiet verlaufenden Straße, den Ausschlag gegeben haben.

Durch Vermittlung des Kölner Erzbischofs Pilgrim gelang es Ezzo, den bedeutenden Reformabt Poppo von Stablo-Malmedy für die Klostergründung zu gewinnen. Die Beteiligung dieses Abtes, der ein Vertreter der auf lothringische und gesamtdeutsche Verhältnisse umgeprägten, von Cluny in Burgund ausgegangenen Klosterreform war, läßt den Schluß zu, daß Ezzo seine Klostergründung zu einem Mittelpunkt für Bildung in Niederlothringen machen wollte.

Am 14. April 1024 kamen sieben von Poppo gesandte Mönche. Woher sie kamen, wird nicht berichtet. Mit dem Bau des Klosters wurde auf dem höchsten Punkt des eiszeitlichen Terrassenlobens nördlich des tiefergelegenen pfalzgräflichen Hofgutes begonnen. Anfang November 1025 starb die Pfalzgräfin Mathilde. Ihr Leichnam wurde, da die Kirche noch nicht fertiggestellt war, in der Mitte des Kreuzganghofes unter einem Zelt beigesetzt. Im fünften Jahr der Gründung, am 8. November 1028, weihte der Kölner Erzbischof Pilgrim Kirche und Kloster zu Ehren der Heiligen

Nikolaus und Medardus. Während das Medarduspatrozinium von der Medarduskapelle des pfalzgräflichen Hofgutes übernommen wurde, trat mit dem hl. Nikolaus der Familienheilige der Ottonen hinzu. Bei der Wahl des Nikolauspatroziniums soll Mathilde die entscheidende Rolle gespielt haben. Im Jahre 1030 berief Abt Poppo den aus der Abtei St. Maximin in Tier stammenden Mönch Ello zum ersten Abt von Brauweiler (1030–1053, † 1054). Damit war der Gründungsvorgang abgeschlossen. Die Zahl der Mönche betrug zu diesem Zeitpunkt 16.

Zur wirtschaftlichen Sicherung seiner Stiftung hatte Pfalzgraf Ezzo das Kloster mit Gütern ausgestattet. Es handelte sich um verhältnismäßig entfernt gelegenen Besitz am Niederrhein, im Maasgebiet, am Mittelrhein und an der Mosel, dessen Weggabe keine Gefährdung der Machtposition des pfalzgräflichen Hauses im Bereich Köln, in der unmittelbaren Nachbarschaft der Erzbischöfe, bedeutete. Das große Gut Brauweiler mit seinen umfangreichen Ländereien in den umliegenden Orten blieb jedenfalls zunächst im Besitz der pfalzgräflichen Familie. Seine Übertragung erfolgte erst zwischen 1047 und 1051, als das Aussterben der Nachkommen Ezzos im Mannesstamme sich abzeichnete und keine Hoffnung mehr auf einen Erben aus der Familie bestand. Bis zu diesem Zeitpunkt lag die Vogtei in den Händen der pfalzgräflichen Familie. Ezzo übergab sie noch zu Lebzeiten seinem Sohn Ludolf, der sie an seinen Sohn Kuno weiterverlieh. Im Jahre 1051 übertrugen die noch lebenden Nachkommen des Pfalzgrafen die Vogtei der Kölner Kirche, an deren Spitze zu diesem Zeitpunkt noch Erzbischof Hermann, ein Sohn Ezzos, stand. Seine Nachfolger haben die Vogtei als Lehen an Ministeriale vergeben.

Am 21. Mai 1034 starb Pfalzgraf Ezzo im Alter von fast 80 Jahren in Saalfeld. Sein Leichnam wurde nach Brauweiler überführt und an der Seite seiner zehn Jahre zuvor verstorbenen Gattin Mathilde im Kreuzganghof beigesetzt.

## Königin Richeza von Polen – Gönnerin der Abtei

Eine für das Schicksal der Abtei während des ersten Jahrhunderts nach der Gründung bedeutende Rolle sollte bald nach dem Tod der Stifter deren Tochter Richeza zukommen.

Gemäß einer im Jahre 1000 zwischen Kaiser Otto III. und dem polnischen Herzog Boleslaus II. am Grab des hl. Adalbert in Gnesen getroffenen Vereinbarung war Richeza im Jahre 1013 mit Mieszko II., dem Sohn des Boleslaus, vermählt worden. Diese Ehe, »ein Akt mittelalterlicher europäischer Entspannungspolitik zwischen West und Ost«, wodurch sich die Piastenfamilie mit dem aussterbenden Geschlecht der Ottonen verband, verlieh dem polnischen Herrscher Anrecht auf den höchsten Rang, die Königswürde. Diese nahm Mieszko im Jahre 1026 an, und Richeza wurde Königin von Polen. Infolge innenpolitischer Wirren mußte sie zwei Jahre nach dem Tod Mieszkos Polen im Jahre 1036 verlassen. Ihr Sohn Kasimir kehrte wenige Jahre später nach Polen zurück und erneuerte die Herrschaft der Piasten. Richeza blieb im deutschen Reich, wo sie auf ihren Familiengütern lebte. Kaiser Konrad II. ließ ihre Würde unangetastet und gestattete ihr weiterhin, den Titel einer »Königin von Polen« zu führen.

Richezas Hauptsorge galt ganz offensichtlich dem Familienkloster Brauweiler. Besonders deutlich wurde dies, als ihr Bruder, Herzog Otto von Schwaben, unerwartet am 7. September 1047 starb und von seinem Schwager, Bischof Brun von Toul, dem späteren Papst Leo IX., feierlich in Brauweiler beigesetzt wurde. Tief erschüttert über den Verlust des geliebten Bruders nahm Richeza aus den Händen Bruns von Toul den Schleier, legte ihre Prunkgewänder und allen Schmuck auf den Altar des hl. Nikolaus und gelobte den Bau einer neuen und prächtigen Klosterkirche als Grabkirche für ihre Familie und für sich. Bereits ein Jahr später wurde mit dem Neubau begonnen, und am 21. Dezember 1051 weihte Bischof Robert von Münster im Auftrag des verhinderten Erzbischofs Hermann II. und Bruders der Richeza die Krypta. Am 30. Oktober 1061 vollzog Erzbischof Anno II. von Köln die Schlußweihe der Oberkirche unter Mitwirkung des Bischofs Egilbert von Minden.

Die von Richeza gestiftete zweite Kirche war eine Basilika, deren Seitenschiffe schmäler waren als die der bestehenden Kirche und daher nicht mit dem Querschiff fluchteten. Während das Mittelschiff wohl eine flache Holzdecke besaß, waren die Seitenschiffe gewölbt. Vorbild der Anlage war die Kölner Kirche St. Maria im Kapitol, die etwa zur gleichen Zeit auf Veranlassung der Äbtissin Ida, einer Schwester der Richeza, vollständig neu erbaut wurde. Jedoch besaß der Brauweiler Kirchbau geringere Abmessungen als sein Kölner Vorbild. Auch ließ man in Brauweiler die Querhauskonchen fort.

Richeza hat sich nicht nur durch ihre großzügige Kirchenstiftung als Gönnerin des pfalzgräflichen Familienklosters Brauweiler erwiesen. Vielmehr hat sie mit Beginn der 50er Jahre des 11. Jahrhunderts dem Kloster umfangreiche Schenkungen – fast immer unter dem Vorbehalt des lebenslangen Nießbrauchrechts – aus ihrem Besitz vermacht. Im Jahre 1051 hat sie zusammen mit ihren noch lebenden Geschwistern, dem Kölner Erzbischof Hermann und Theophnau, der Äbtissin des Klosters in Essen, den Besitz und die Rechte ihrer Familienstiftung neu geregelt und das Kloster dem Schutz der Kölner Kirche unterstellt. Im Jahre 1052 hat Papst Leo IX. diesen Rechtsakt durch eine eigene Urkunde bestätigt. Am 7. Jahrestag des Begräbnisses ihres Bruders Otto in Brauweiler vermachte Richeza dem Kloster umfangreiche Besitzungen mit allem Zubehör in verschiedenen Orten in der Voreifel sowie in der moselnahen Eifel. In der gleichen Urkunde bestimmte sie ihre zukünftige Grabstätte an der Seite ihrer Mutter in der Familienstiftung Brauweiler. Ihre wohl umfangreichste Schenkung machte sie im März 1056. In Anwesenheit Kaiser Heinrichs III. und des damals soeben neu eingeführten Kölner Erzbischofs Anno II. verfügte Richeza, daß die Brauweiler Mönche ihr großes „predium" (Gut) Klotten an der Mosel mit Besitz in zahlreichen Orten erhalten sollten. Auch hierbei behielt die Königin sich den lebenslangen Nießbrauch vor.

Am 21. März 1063 ist Richeza auf ihrem Gut Saalfeld in Thüringen gestorben. Erzbischof Anno II. von Köln ließ ihren Leichnam entgegen dem Willen der verstorbenen Königin in der von ihm in Köln gestifteten Kirche St. Maria ad Gradus bestatten. Zugleich entzog Anno dem Kloster Brauweiler das umfangreiche Moselgut Klotten und übergab es seiner Kölner Stiftung.

## Der Streit um das Moselgut Klotten

Mit dieser Entscheidung Annos war der Anlaß gegeben für einen fast 30jährigen Rechtsstreit zwischen den Brauweiler Mönchen und dem Kölner Erzbischof Anno II. sowie seinen Nachfolgern. Annos Vorgehen gegen die Familienstiftung des lothringischen Pfalzgrafen muß im Zusammenhang mit seiner Politik gesehen werden, die auf Ausbau und Absicherung der Machtposition seines Erzbistums in Köln zielte. Hierzu war die Ausschaltung des einzigen Machtkonkurrenten in der Kölner Nachbarschaft, der Pfalzgrafschaft, unerläßlich. Einer der Wege, dieses Ziel zu erreichen, war, daß Anno sich des umfangreichen Besitzes der Pfalzgrafenfamilie bemächtigte; denn durch den Verlust der Allodialgüter des Pfalzgrafen am Niederrhein mußte folgerichtig auch dessen Macht im diesem Raum zerbrechen. Das Aussterben des pfalzgräflichen Geschlechts und die Erbteilung der Allodialgüter unter die Nachkommen Ezzos erleichterten dem Erzbischof das Vorhaben.
Als Richeza im Jahre 1056 dem von ihr begünstigten pfalzgräflichen Kloster Brauweiler ihr großes Moselgut Klotten vermachte, ließ Anno sich die mitteldeutschen Güter Saalfeld und Coburg von der Königin durch Prekarienvertrag übertragen. Einige Zeit später, im Jahre 1060, ist Anno zur Durchsetzung seiner Machtpolitik mit militärischen Mitteln gegen den amtierenden lothringischen Pfalzgrafen Heinrich, einen Vetter der Königin Richeza, vorgegangen mit dem Ergebnis, daß der unterlegene Pfalzgraf als Machtkonkurrent vom Niederrhein verschwand.
Nach der politischen Ausschaltung des Pfalzgrafen bestand jedoch weiterhin vor den Toren Kölns die Benediktinerabtei Brauweiler. Sie stellte als pfalzgräfliches Hauskloster ein stolzes Symbol der einstigen Größe des bedeutenden Machtkonkurrenten Annos dar. Immer noch war hier ein bedeutender Teil ehemaligen pfalzgräflichen Besitzes konzentriert, zu dem auch das von Richeza dem Kloster übertragene umfangreiche Moselgut Klotten gehörte. Es ist also begreiflich, wenn Anno diesem Kloster keinerlei Sympathien entgegenbrachte. Sowohl die Verweigerung der Beisetzung Richezas in dem für sie vorgesehenen Grab in der Krypta der Brauweiler Klosterkirche als auch die Wegnahme Klottens können nur mit Annos ausgeprägtem Machtbewußtsein erklärt werden. Er wollte nach der politischen Ausschaltung des Pfalzgrafen und dem Tod der Familienmitglieder (es lebte damals wohl nur noch die Ezzonentochter Heylwig, Äbtissin in Neuss) das Selbstbewußtsein und die Machtkonzentration des Geschlechts auch sinnfällig von den äußeren Symbolen her zerstören. Hierzu gehörte dann vor allem die Hintenansetzung Brauweilers hinter seiner eigenen Stiftung St. Maria ad Gradus in Köln.
Anno hat im Juli 1075 kurz vor seinem Tod die Motive seines Handelns in einer Urkunde für seine Stiftung St. Maria ad Gradus zu rechtfertigen versucht: Er habe mit Richeza und dem Brauweiler Abt eine »Sondervereinbarung« getroffen, daß Klotten an das Kloster falle, in dem Richeza beigesetzt werde. Außerdem habe bereits sein Vorgänger Erzbischof Hermann II., Richezas Bruder, dieses Stift zu bauen geplant und ihm diese Güter zugedacht. Die Existenz einer solchen »Sondervereinbarung« muß mit Recht heute bezweifelt werden; denn hätte sie in irgendeiner Form existiert, Anno hätte sich ihrer gewiß sofort nach Richezas Tod bedient, um allen Ansprüchen der Brauweiler Mönchen entgegenzutreten.
Den Brauweiler Mönchen erschien Annos Handlungsweise als ein unbegreiflicher Akt gegen göttliches und menschliches Recht. Bald nach Ausbruch des Streites

zwischen der Abtei Brauweiler und Anno stand im September 1065 eine personelle Veränderung an der Spitze des Brauweiler Konvents an. Anno bestimmte den Abt Tegeno (1053–1065), der sich offensichtlich Annos Wünschen gegenüber willfährig gezeigt hatte, indem er als Ersatz für die Wegnahme Klottens der Zahlung eines geringen Verzichtsgeldes zugestimmt hatte, zum neuen Abt des Konvents von Malmedy. Auch hier war eine heftige Auseinandersetzung zwischen dem Kölner Erzbischof und den Mönchen entbrannt, und Anno benötigte hier jetzt jemanden, der bereit war, sich für seinen Anspruch einzusetzen. Tegenos Nachfolger wurde Wofhelm (1065–1091), den Anno zunächst als Abt von Siegburg vorgesehen hatte. Er wurde zum heftigen Verfechter der Rechtsposition Brauweilers. Zwischen 1065 und 1075 wandten sich Abt und Konvent unter dem Namen ihres Kirchenpatrons, des hl. Nikolaus, in einem Brief an Anno, worin die Wegnahme Klottens beklagt wurde. Der Erzbischof verwies in der bereits erwähnten Urkunde auf die angebliche Sondervereinbarung. Er starb, ohne Klotten zurückgegeben zu haben. Zwischen 1075 und 1078 gingen Abt Wolfhelm und der Konvent König Heinrich IV. und schließlich Papst Gregor VII. um Hilfe an. Beide forderten daraufhin den Kölner Erzbischof Hildolf auf, Klotten dem Kloster zurückzugeben. Nur widerwillig versprach er, dieser Aufforderung zu entsprechen. Er starb jedoch noch bevor er seinen Entschluß realisieren konnte. Die Entscheidung zu Gunsten Brauweilers kam erst 13 Jahre später zustande. Im März 1090 wurde der Streit durch den Kölner Erzbischof Hermann III. endgültig geschlichtet. Das Kloster erhielt das Moselgut zurück, mußte jedoch dem Kölner Stift als Entschädigung kleinere Besitzungen an Rhein und Mosel überlassen. Die Abtei Brauweiler hat Klotten bis zur Säkularisation im Jahre 1802 behalten. Der Ort war zentraler Verwaltungssitz der zahlreichen Moselbesitzungen des Klosters.

## Zeiten großer Neubauten: 11. bis 13. Jahrhundert

Die großzügige Stiftung der Königin Richeza vom Jahre 1047 hatte es ermöglicht, daß die erste Kirche bereits rund 20 Jahre nach ihrer Vollendung abgebrochen und durch einen größeren Bau ersetzt werden konnte. Zum Zeitpunkt ihrer Weihe im Jahre 1061 war diese zweite Klosterkirche vermutlich noch nicht ganz fertiggestellt gewesen. Ihre Vollendung übernahm bis zum Jahre 1085 Abt Wolfhelm. Er ließ sie mit bunten Bildwerken schmücken, zu denen wohl ein Teil der heute noch erhaltenen romanischen Muldennischenreliefs der Tierkreiszeichen und Apostel gehören. Sie saßen vermutlich an der Außenwand des damaligen Westturms. Wohl aus Gründen der Tradition sind sie später an der Außenwand des nach 1135 erbauten gegenwärtigen Westturmwerks angebracht worden. Abt Wolfhelm ließ auch die Klostergebäude und den vierflügeligen Kreuzgang neu erbauen. Zu den Bauten dieses zweiten Klosters gehörten auch ein Krankenhaus sowie ein Armenhaus., Letzteres stattete Wolfhelm mit Einkünften aus. Wolfhelms Nachfolger, die Äbte Herwig (1091–1092), Adelbert (1092–1095) und Wezelo (1095–1110), fügten weitere Einkünfte aus verschiedenen Gütern hinzu, die in einer für die Wirtschaftsgeschichte der Abtei interessanten Urkunde, dem Rentenverzeichnis des Armenhauses von 1099, aufgeführt sind.
Da die Anwesenheit von Laien in dem sehr beschränkten Langhaus der Klosterkir-

*Siegel der Abtei Brauweiler mit dem Brustbild des hl. Nikolaus, Mitte 13. Jh.*

che störte, ließ Wolfhelm an der Nordseite der Kirche ein Gotteshaus für die Laien errichten. Diese dem hl. Laurentius geweihte Kirche wurde 1085 konsekriert. Sie unterstand als Filialkirche der für Brauweiler zuständigen Pfarrkirche im Sinthern. Um die Laurentiuskapelle herum lag der Friedhof für die Laien. 1810 wurde die Kapelle abgebrochen. Fundamentreste der Ostapsis kamen im Mai 1986 beim Ausheben eines Kabelschachtes ans Tageslicht. Zwei weitere Maßmahmen Wolfhelms bezeugen ebenfalls, daß er um die seelsorgliche Betreuung der Landbevölkerung bemüht war. In der Sintherner Kirche ließ er zwei Altäre mit Reliquien ausstatten und weihen. Auf sein Geheiß wurde in Mesenich an der Mosel eine Kapelle errichtet und 1088 dem hl. Nikolaus geweiht. Vermutlich wurde bereits unter Wolfhelm die Siegburger Reform in Brauweiler eingeführt. Er ist der einzige der 51 Brauweiler Äbte, dem eine Vita gewidmet wurde. Auftraggeber waren die Äbte Eberhard I. von Brauweiler (1110–1126) und Hermann von St. Pantaleon zu Köln. Als Autor wird ein Mönch namens Conrad aus Brauweiler, der ein enger Vertrauter Wolfhelms war, genannt. Wolfhelm wurde nach seinem Tod als Seliger verehrt. Heute noch wird sein Haupt als Reliquie in der ehemaligen Abteikirche aufbewahrt.

Von den auf Wolfhelm folgenden fünf Äbten ist keine Bautätigkeit überliefert. Erst unter dem neunten Abt Aemilius von Brabant (1135–1148, † 1149) begann ein stückweiser Neubau von Kirche und Kloster, der mit dem Todesjahr des dreizehnten Abtes Godesmann (1196–1225) im Jahre 1225 zum Erliegen kam. Die Gründe für den dritten Neubau sind nicht überliefert. Ob das in den Klosterannalen verzeichnete Erdbeben vom 3. Januar 1117 größere Schäden verursachte, die schließlich einen Neubau notwendig werden ließen, ist nicht bekannt. Da Baunachrichten fehlen, bleiben nur die spärlich überlieferten Daten der Altarweihen zur Rekonstruktion der Bautätigkeit.

In einem ersten Bauabschnitt wurden, unabhängig von der noch stehenden zweiten, von Richeza gestifteten Kirche, in relativ kurzer Zeit der fünfgeschossige, quadratische Westturm und die um ein Geschoß höheren schlanken Seitentürme, vermutlich auf einer älteren Grundlage, erbaut. Abt Aemilius ließ in dem Kapellenraum im zweiten Geschoß des Hauptturmes einen Altar zu Ehren des hl. Erzengels Michael weihen. Die Turmanlage war ursprünglich mit pyramidenförmigen Bleidächern abgedeckt. Erst 1629 wurde der spitze Turmhelm aufgesetzt. In einem zweiten Bauabschnitt wurde zunächst bis zum Jahre 1141 das südliche Seitenschiff und kurze Zeit später das nördliche Seitenschiff soweit fertig, daß in beiden Seitenschiffen Altäre geweiht werden konnten. Anschließend hat man das Mittelschiff hochgezogen. Mittelschiff und Seitenschiff waren von Anfang an gewölbt, wobei man nach dem »gebundenen System« baute (ein großes quadratisches Mittelschiffjoch wird auf beiden Seiten von jeweils zwei kleineren Seitenschiffjochen, deren Flächen zusammen derjenigen des Mittelschiffjoches entsprechen, gestützt), ohne jedoch die dabei vorgesehenen Proportionen einhalten zu können. Überhaupt führte das stückweise Bauen zur Amtszeit des Abtes Aemilius, das zwischenzeitliche Planänderungen unter verschiedenen Baumeistern erkennen läßt, zu auffälligen Planfehlern. Sie zeigt der Grundriß der bestehenden Kirche deutlich. So weicht der Westbau um 1,5° südlich von der Achse der Vierung und des Ostbaus ab, und die Mittelschiffarkaden laufen nach Westen schräg auseinander.

Die Bautätigkeit unter Aemilius war nicht nur auf die Kirche begrenzt. Vielmehr wurden auch die Klostergebäude mit dem Kreuzgang neu errichtet. Im Zuge dieser Arbeiten entstanden der Kapitelsaal und die Benediktuskapelle im Ostflügel des Kreuzganges. Bis zum Tod des Aemilius im Jahre 1149 war der Kapitalsaal mit seiner monumentalen Gewölbemalerei, die Szenen aus dem Alten und Neuen Testament darstellt und den Sieg des Glaubens preist, vollendet. Geschaffen wurde der einzigartige Gemäldezyklus von der Werkstatt des »weichen, fließenden Stils«, deren Tätigkeit im Rheinland in dichter Datenabfolge zwischen 1149 und 1156 geographisch konzentriert auf den Kölner Raum nachweisbar ist. Im November 1149 wurde Aemilius unter dem Fußboden des Kapitelsaales beigesetzt. Während seiner Amtszeit besuchte im Januar 1147 der hl. Bernard von Clairvaux während seiner Kreuzzugspredigt im Rheinland auch Brauweiler. Von Köln kommend, machte er im Kloster Station, feierte hier die hl. Messe und soll dem Bericht der Mönche zufolge zwei Krankenheilungen vorgenommen haben. Als Erinnerung an den Besuch des Heiligen wird heute noch eine Glockenkasel aus dem 12. Jahrhundert aufbewahrt, die Bernard damals getragen haben soll. Ein Jahr nach dem Ereignis ist Abt Aemelus durch Papst Eugen III. suspendiert worden. Er war unentschuldigt dem Konzil von Reims 1148 ferngeblieben. Nähere Gründe für die Absetzung des Abtes sind nicht überliefert worden.

Nach dem Tod des Aemilius wurden die Bauarbeiten an den Klostergebäuden unter seinen Nachfolgern Geldolf (1148–1177) und Theoderich (1177–1187) fortgesetzt. Geldolf vollendete die neben dem Kapitelsaal liegende Benediktuskapelle, die am 22. Juli 1174 von dem Kölner Erzbischof Philipp von Heinsberg geweiht wurde. In der Benediktuskapelle ist er drei Jahre später begraben worden. Abt Theoderich wurde neben seinem Vorgänger bestattet. Danach ruhten die Bauarbeiten zunächst einige Jahre.

Nach 1190 – vermutlich aber erst nach 1196, dem Amtsantritt des Abtes Godesmann – begann man mit dem Neubau von Querschiff und Chor der Kirche. Gründe für die Baumaßnahmen sind nicht überliefert. Vermutlich befand sich der Ostbau, der noch von der von Richeza gestifteten Kirche stammte, in einem schlechten Zustand; denn bereits um 1174 waren Sicherungsarbeiten notwendig geworden. Darüber hinaus verzeichnen die Klosterannalen zum 1. August 1179 ein schweres Erdbeben. Dem Baubeginn vorausgegangen war eine Geldsammlung in der Erzdi-

özese, die der Kölner Erzbischof Philipp von Heinsberg dem Abt Bertram (1187–1196) gestattet hatte. Gebaut wurde – anders als bei den Bauten aus der Mitte des 12. Jahrhunderts – offenbar nach einem einheitlichen Plan. Wesentliches Vorbild war der Ostbau der Kölner Kirche Groß St. Martin. Der neue Chor besaß im Gegensatz zu seinem Vorgängerbau keinen Chorumgang mehr. Dieser klingt jedoch in der Achskapelle, die in Erinnerung an den Besuch des hl. Bernhard von Clairvaux Bernhardskapelle genannt wurde, noch an. Als Voraussetzung für den Neubau des Ostteils der Oberkirche mußte zunächst die Krypta umgebaut werden. Im April 1200 war der Umbau beendet, und drei Altäre wurden durch den Kölner Erzbischof Adolf I. in der neuen Krypta geweiht. An der Nordseite der Kirche entstand die Sakrista minor. Sie ist 1669 beim Neubau der jetzigen Sakristei bis auf die Fundamente abgebrochen worden. In der Folge entstanden die Querschiffe, die Vierung sowie die Nebenchöre. Das Untergeschoß der Chorapsis war wohl soeben begonnen, als die Bauarbeiten zum Erliegen kamen. Die Ursache lag in kriegerischen Auseinandersetzungen, als im Zusammenhang mit dem staufisch-welfischen Thronstreit im Herbst 1205 die Kölner Bürger in Erwartung der Belagerung durch König Philipp das Vorgelände der Stadt nach der Taktik der „verbrannten Erde“ verwüsteten, wobei auch das Kloster Schäden erlitt. Nach 1205 wurde bis 1215 in einem letzten Bauabschnitt der Ostbau in seinem Innern vollendet. Damals wurde zusammen mit der romanischen Hochaltarmensa ein neues Doppelhochgrab für die Stifter gearbeitet und im Chorquadrat aufgestellt. Es wurde 1667 bei der Barockisierung der Chorapsis in den Südnebenchor versetzt und später in die Südwand eingemauert. Das Äußere der Kirche konnte nur zu einem notdürftigen Abschluß gebracht werden. Der südliche Chorflankenturm war bis zur Zwerggalerie gelangt, der nördliche war niedriger und der Vierungsturm noch nicht begonnen. Mit Notdächern abgedeckt und mit einem hölzernen Dachreiter versehen, blieb der Bau bis ins 19. Jahrhundert liegen. Erst zwischen 1866 und 1876 hat der Kölner Baumeister Wiethase im Zusammenhang mit einer Gesamtrestaurierung die beiden Chorflankentürme und den Vierungsturm hochgeführt.
Um 1220 bis 1225 wurden in der Kirche Reparatur- und Erneuerungsarbeiten durchgeführt. Die Seitenschiffe erhielten in zwei Bauabschnitten neue Gewölbe, und im Mittelschiff hat man die Lichtgadenfenster verbreitert. Das Maßwerk in den Fenstern wurde erst 1514 eingesetzt. Im gleichen Jahr erhielt das Mittelschiff der Kirche seine gotische Neueinwölbung.
Während der folgenden Jahrhunderte ist an den Klostergebäuden immer wieder gebaut und verändert worden. Hier sind die Ergebnisse der Bauuntersuchung abzuwarten, die während der umfangreichen Restaurierungsmaßnahmen zwischen 1978 und 1988/89 möglich wurden und hoffentlich weitgehende Klarheit über die mittelalterliche und frühneuzeitliche Baugeschichte der Klostergebäude geben werden. Die letzte große Umgestaltung fand zwischen 1780 und 1785 unter dem 51. Abt Anselmus Aldenhoven statt. Damals entstand der gegenwärtige Gebäudekomplex mit dem repräsentativen zweigeschossigen Prälaturgebäude.

## Die Abtei zwischen Verfall und Reform – Krisen des 13. bis 15. Jahrhunderts

Die außerordentlich intensive Bautätigkeit während des 12. Jahrhunderts scheint trotz der damit verbundenen Kosten die finanziellen Möglichkeiten des Klosters nicht überstiegen zu haben. Klagen über wirtschaftliche Schwierigkeiten fehlen bis zum Ende des 12. Jahrhunderts. Dagegen ist der Verlauf der Geschichte vom 13. bis 15. Jahrhundert geprägt von Krisen, die in erster Linie als Folgen eines schlechten Managements anzusehen sind. Aber auch andere Gründe lassen sich anführen; denn fast alle niederrheinischen Benediktinerklöster waren von den gleichen Problemen erfaßt worden. Ganz allgemein vollzog sich gegen Ende des 13. und vor allem während des 14. Jahrhunderts in den Benediktinerklöstern eine Abwendung von den strengen Ordensregeln des hl. Benedikt. Die Mönche entstammten adligen Familien, die in den Klöstern in zunehmenden Maße Versorgungsinstitutionen sahen, in denen man den einen oder anderen, der für das Leben in der Welt – aus welchen Gründen auch immer – nicht geeignet war, unterbringen konnte. So näherte sich das Leben in den Benediktinerklöstern – was auch in Brauweiler während des 14. und 15. Jahrhunderts deutlich wurde – in zunehmenden Maße stiftischen Formen. Die Mönche hatten ein eigenes Vermögen, wie Pferd und Diener, erhielten monatliche Präbendengelder ausgezahlt, wie die Klosterrechnungen belegen, und waren zum Teil in weltliche Geschäfte außerhalb der Klostermauern verwickelt. Engagierte Christen traten daher anderen Orden, wie den Zisterziensern oder den Bettelorden (Franziskaner, Dominikaner), bei. Was für die Benediktiner blieb, war zu einem erheblichen Teil eine negative Auslese.

Möglicherweise war die Lage in Brauweiler bereits um 1190 angespannt, da Abt Bertram zur Vergrößerung von Kirche und Kloster eine Kollekte innerhalb der Diözese Köln durchführen ließ. Direkte Anzeichen einer beginnenden Wirtschaftskrise sind nach 1205 im Zusammenhang mit den kriegerischen Auseinandersetzungen infolge der staufisch-welfischen Thronstreitigkeiten erkennbar: Die Baumaßnahmen an der Kirche kamen zum Erliegen, noch bevor das Werk vollendet werden konnte.

Zur Linderung der akuten Notlage wurden zunächst die Kirchen in Sinthern und Widdersdorf mit allen ihren Einkünften inkorporiert. Im Jahre 1225 ließ Abt Godesmann durch den Kardinallegaten Konrad von Porto die Höchstzahl der Mönche auf 40 festsetzen. Unter Abt Herman I. (1232–1240) setzten dann die ersten Verkäufe von Grundbesitz ein. Begonnen wurde mit der Veräußerung eines Anwesens in Köln durch den Abt an die Abtei Kamp. Da der Abt den Konvent nicht um Erlaubnis gefragt hatte, kam es zu internen Auseinandersetzungen, in deren Folge im Jahre 1255 unter Abt Emecho I. von Klotten (1240– 1263) eine Vermögenstrennung zwischen Abt und Konvent vollzogen wurde. Dennoch ging der Verkauf von Höfen und Ländereien – zunächst vorwiegend aus niederrheinischem Fernbesitz – weiter, wobei man sich zumeist das Rückkaufrecht vorbehielt. Da die Schulden jedoch weiterhin stiegen, wurden 1271 eine Schuldenzusammenstellung und ein Maßnahmenkatalog zu ihrer Tilgung angefertigt. Man legte fest, daß Verkäufe von Grund und Boden nicht mehr stattfinden sollten und Schulden grundsätzlich aus den laufenden Einkünften, also im wesentlichen aus den Erlösen

an Getreide, Wein und Wolle abbezahlt werden sollten, was jedoch nicht gelang. Erst der Verkauf von zwei Höfen um 1290, die zur Erstausstattung gehört hatten, konnten die Lage für einige Zeit konsolidieren.
Das Kloster trat wirtschaftlich erheblich geschwächt – mindestens 4 große Höfe und zahlreicher kleinerer Besitze waren verkauft worden – in das 14. Jahrhundert ein, eine Epoche, die in der modernen wirtschaftgeschichtlichen Forschung als eine ausgesprochene Krisenzeit gilt. Zwischen 1309 und 1311 zwang eine Hungersnot den Abt Ludolf von Holte (1298–1313), 14 Mönche zu anderen Klöstern zu entsenden. Nach dem Tod dieses Abtes kam es im Jahre 1313 zu einer doppelten Abtswahl. Der Konvent war in zwei Lager gespalten und wählte zwei Anwärter für das Amt des Abtes. Menfred von Bettingen, der die Stimmen einer Minderheit erhielt, fand gegenüber dem Kandidaten der Mehrheit, Arnold Scholle, die Anerkennung des Kölner Erzbischofs Heinrich von Virneburg und wurde zum neuen Abt geweiht (1313–1321). Daraufhin strengte der unterlegene Arnold Scholle einen Prozeß bei der päpstlichen Kurie in Avignon an, der eine hohe Summe Geld kostete und die Klosterfinanzen ruinierte. Zusätzlich terrorisierten Arnold Scholles adlige Verwandte und Parteigänger das Kloster. Sie raubten Einkünfte an Getreide und Wein sowie Pferde und anderes Vieh und behinderten die Bauern bei der Feldbestellung. Als 1321 Abt Menfred resignierte und es zu einer neuen Abtswahl kam, unterlag Arnold Scholle erneut, diesmal gegen Friedrich von Senheim (1321–1359), obwohl er in Avignon ein obsiegendes Urteil erlangt hatte. Um die erneut ausbrechenden Streitigkeiten beizulegen, zahlte das Kloster eine Summe Geld an die Angehörigen Scholles. Er selbst hat im Alter von annähernd 80 Jahren für fast zwei Jahre zwischen 1359 und 1360/61 nach dem Tod seines ehemaligen Kontrahenten Friedrich von Senheim die Abtwürde erhalten. Durch die jahrelangen Auseinandersetzungen in der Folge der doppelten Abtswahl von 1313 hatte das Kloster unter einer unerträglichen Schuldenlast zu leiden. 1331/32 mußten fast 42 % der Einkünfte für Schuldzinsen und Rückzahlungen aufgewendet werden. 1329 war die Zahl der Mönche erneut gesenkt worden: 20 Konventsmitglieder wurden in andere Klöster entsandt. Die Zahl der Konventualen schwankte während der darauffolgenden Jahre zwischen 23 und 30. Dennoch gelang es dem Abt Friedrich von Senheim in diesen kritischen Jahren durch den Verkauf von Getreide und anderen Naturalien, einen erheblichen Teil der Schulden zu tilgen und einen Hof in Sinthern, der in der Not veräußert worden war, zurückzukaufen. Auch konnten kleinere Ländereien zurükkerworben werden. Unterstützt wurden Abt und Prior bei ihrer Wirtschaftsführung durch einen Kreis von consiliarii, d. h. Beratern. Sie bildeten eine Art „Zwangsaufsichtsrat“. Es handelte sich hierbei vermutlich um Hauptgläubiger des Klosters, die ein verständliches Interesse daran hatten, daß die Abtei nicht völlig wirtschaftlich zugrunde ging.
Eine erneute Verschlechterung der wirtschaftlichen Lage brachte 1349 die Pest. Sie führte durch das Massensterben der bäuerlichen Bevölkerung zu einem Rückgang der Getreideproduktion in den Jahren 1350 und 1351 auf etwa zwei Drittel der Menge eines Normaljahres. Es folgte anschließend die Stagnation der Getreidepreise bei sonst steigenden Kosten. Gleichzeitig kam es zu heftigen Auseinandersetzungen zwischen dem Kloster und seinen Vögten. Ihr Amt, das zum Schutz des Klosters sowie seiner Besitzungen und Privilegien eingerichtet worden war, ist, wie bereits eingangs dargelegt, im Jahre 1051 von den letzten noch lebenden Nachkommen der

Stifter den Kölner Erzbischöfen übertragen worden. Diese vergaben es als Lehen an Ministeriale, Mitglieder des landsässigen niederen Adels. Zu ersten Meinungsverschiedenheiten mit den Vögten war es kurz nach der Mitte des 13. Jahrhunderts gekommen. Die Gründe sind nicht bekannt. Damals haben die Mönche versucht, mit Hilfe von Urkundenfälschung sich das ihnen zustehende Recht zu verschaffen, wobei sie berechtigte Forderungen und Ansprüche nie überschritten haben. Die nach dem Auftreten der Pest erneut ausbrechenden Auseinandersetzungen mit den Vögten waren begründet in den überhöhten Forderungen dieser Amtsinhaber gegenüber dem Kloster. Als Abt und Konvent die ungerechtfertigten Zahlungen verweigerten, haben die Vögte durch Überfälle und Raubzüge gegen den Klosterbesitz ihren Forderungen Nachdruck verliehen. Bei einer dieser Unternehmungen wurde fast das gesamte Vieh von den Freimersdorfer Höfen sowie dem Königsdorfer Fronhof der Abtei gestohlen. Mehrfach wurden hörige Bauern des Klosters entführt und erst gegen Zahlung von Lösegeldern wieder freigegeben. Es wundert daher nicht, daß die Quellen diese Vögte als „räuberische Wölfe“ bezeichnen. Abt und Konvent sahen schließlich keinen anderen Ausweg, als die Vogtei ihren Bedrängern Karsilius von Palant und Philipp von Kendenich für eine unglaublich hohe Summe abzukaufen. Da es unmöglich war, den geforderten Betrag bar zu zahlen, summierten sich die für den Rest zu entrichtenden Zinsen in 70 Jahren zu einem Betrag, der höher war als die Schuldsumme selbst. Die Mönche haben nach dem Rückkauf der Vogtei keinen ständigen Vogt mehr bestellt, sondern das Amt immer nur für die Dauer von zwei Jahren vergeben. Von da an hat es keine Probleme mehr mit den Vögten gegeben.

Sowohl die Reduzierung der Klosterinsassen als auch eine sparsamere und vorausschauendere Wirtschaftsführung besserten die wirtschaftliche Situation des Klosters bis in die erste Hälfte des 15. Jahrhunderts. Dann aber geriet man ab 1445 in erneute Schwierigkeiten infolge langwieriger und ausgesprochen kostspieliger Streitigkeiten mit dem Trierer Erzbischof wegen der Gerichtsbarkeit in Klotten. Häufige Auseinandersetzungen mit dem benachbarten Adel verschlimmerten die Lage Brauweilers zusätzlich.

Seit dem Beginn des 15. Jahrhunderts hatten sich an verschiedenen Stellen Reformbestrebungen innerhalb des Benediktinerordens bemerkbar gemacht. Mit dem gleichen Thema befaßte sich auch das seit 1431 in Basel tagende Konzil. Der Brauweiler Abt Arnold III. Quad (1428–1457), der an diesem Konzil teilgenommen hatte, hat die dort gefaßten Beschlüsse in seinem Kloster nicht verwirklicht. Statt dessen scheint es, als habe er das Kloster in ein Stift umwandeln wollen. Erst sein Nachfolger Eberhard II. von Galen (1457–1467, † 1469) hat den Weg für eine Reform freigegeben. 1467 unterrichtete er den Kölner Erzbischof Ruprecht von der Pfalz über die Zustände im Kloster. Nach einer Visitation wies dieser den Abt an, zurückzutreten. Am 21. Juli 1467 trafen sieben vom Erzbischof entsandte Benediktinermönche aus dem Kölner Kloster Groß St. Martin ein. Sie gehörten der sog. Bursfelder Kongregation an, einer vom Bürgertum getragenen Reformbewegung; denn allgemein erwies sich der Adel als unfähig, in den von ihm behaupteten Klöstern, zu denen auch Brauweiler zählte, Reformen durchzuführen.

Die Lage der neuen Mönche unter ihrem Propst Adam von Hertzenradt war anfangs schwierig. Sie mußten sich in einer ihnen feindlich gesinnten Umwelt durchsetzen. Die bisherigen adligen Klosterinsassen waren von ihnen entlassen worden. Diese erhielten zwar Pensionen, mit denen sie aber offensichtlich nicht zufrieden waren; denn noch 16 Jahre später verhandelte man deswegen mit ihnen. Es gab Überfälle auf Klosterbesitzungen seitens entlassener adliger Mönche sowie ihrer Parteigänger und Familienangehörigen. Zusätzlich gab es Anfeindungen aus der Kölner Bürgerschaft, die um ihre Darlehen an die entlassenen Klosterinsassen fürchtete. Besonders erschwerend war es, daß die neuen Mönche die Schulden ihrer Vorgänger übernehmen und abtragen mußten. So erzwang die schlechte Situation in Brauweiler ein noch härteres Dasein, als die Regel vorschrieb. Es wunderte daher nicht, daß einer der neuen Mönche – bezeichnenderweise ein Adliger – die schwierigen Lebensbedingungen nicht ertragen konnte und in das Kölner Kloster zurückkehrte. Nach dem Tod des zurückgetretenen Abtes Eberhard II. von Galen im Jahre 1469 wurde Propst Adam von Hertzenradt einstimmig zum neuen Abt von Brauweiler gewählt (gest. 1483).

Eine Wende brachte eine Mißernte zu Anfang der 90er Jahre des 15. Jahrhunderts, die es dem damaligen Abt Adam II. von Münchrath (1483–1496, † 1502) ermöglichte, die beträchtlichen Getreidevorräte zu einem sehr hohen Preis zu verkaufen. Trotz mancher Rückschläge machte die wirtschaftliche Gesundung Fortschritte. Ein gleichzeitig einsetzender geistig-religiöser Aufschwung unter Abt Johann I. von Wied (1498–1515) ermöglichte es dem Kloster bereits im Jahre 1506 auf Geheiß des Kölner Erzbischofs Hermann IV. sechs Mönche zur Reform des Klosters Grafschaft zu entsenden.

In den nun folgenden drei Jahrhunderten bis zur Auflösung der Abtei hat sich das Wort des Abtes Hermann III. Lair (1532–1567) bewährt: »Wenn wir unsere geistlichen Verpflichtungen erfüllen, wird es an den finanziellen Mitteln nicht fehlen.«

## Kaiser besuchen die Abtei – Die Wappenverleihung

In welchem Maße das Ansehen und die Bedeutung der Abtei bereits wenige Jahrzehnte nach der Bursfelder Reform wieder gestiegen war, belegen auch die Besuche von Kaisern des Heiligen Römischen Reiches Deutscher Nation unter den Äbten Johann I. von Wied (1498–1515) und Johann II. von Lünen (1515–1532).

Am 25. Mai 1505, einem Sonntag, kam Kaiser Maximilian I. nach Brauweiler. Er war auf dem Weg von Köln nach Kaster und kehrte, von einem heftigen Unwetter überrascht, in der Abtei ein. Gegen Abend betrat der die Kirche und betete vor dem Hauptaltar. Danach wurde er von den älteren Patres zum Grab der Stifter geführt. Dort kritisierte er den schlechten Zustand des Grabmals und tadelte die Mönche wegen der Vernachlässigung ihrer Klosterstifter. Vor dem Hauptaltar zeigte man dem Kaiser die dort aufbewahrten Reliquien. Unter diesen befand sich auch das Stück eines Nagels vom Kreuz Christi. Es soll der Überlieferung nach ein Teil des Nagels sein, der in die Hl. Lanze, eines der Reichskleinodien des alten Deutschen Reiches, eingelassen ist. Kaiser Maximilian bestätigte diese Tradition den Mönchen mit den Worten: »Dieses Partikel scheint gänzlich von dem Teil der Lanze des Herren abgeschnitten zu sein, der in Nürnberg mit großer Ehrfurcht verehrt wird; denn hier wird nur soviel aufbewahrt, wie dort zu fehlen scheint und an dessen Stelle Silber beigefügt ist.« Nach dem Besuch der Kirche begab sich der Kaiser ins

Kaminzimmer zum Essen. In einem anschließenden Gespräch beklagten sich die Offizialen (Amtsinhaber) des Klosters und die älteren Patres über die Schäden, die von durchziehenden kaiserlichen Truppen angerichtet würden. Der Kaiser versprach Abhilfe und die Ausstellung eines Privilegs. Noch am gleichen Abend begab er sich mit seinem Gefolge und von zwei Brauweiler Mönchen begleitet nach Kaster, wo er die Nacht über blieb. Am anderen Morgen ließ er eine Urkunde ausstellen, in der alle kaiserlichen Truppen, die künftig das Gebiet betreten, aufgefordert wurden, es sofort wieder zu verlassen.

Ende Oktober 1520 besuchte Maximilians Enkel und Nachfolger, Karl V., die Abtei. Er kam von Aachen, wo er am 23. Oktober gekrönt worden war, und wollte nach Köln, wo ihm im Gürzenich gehuldigt werden sollte. Unterwegs übernachtete er in Brauweiler. 27 Jahre später, am 23. November 1547, hat er in einem Privileg der Abtei das Recht verliehen, ein Wappen zu führen. Die in Augsburg ausgestellte Urkunde führt als Begründung für diese Auszeichnung an, daß die Stifterin des Klosters, Mathilde, aus kaiserlichem Hause stammte. Wegen dieser uralten Beziehung zu den römisch-deutschen Kaisern zeigt das Wappen, das in einer Miniatur auf der Urkunde abgebildet ist, den Reichsadler, lediglich um einen Kopf gemindert und anstatt auf goldenem Feld auf dem weniger vornehmen silbernen Feld. Mit der Verleihung dieses Wappens kennzeichnete Kaiser Karl V. das Kloster als kaiserliche Abtei und erkannte es als Reichsabtei an. Jedoch blieb es bloß bei diesem Ehrenrecht. Staatsrechtliche Auswirkungen hatte die Wappenverleihung nicht. Brauweiler wurde nicht reichsunmittelbar, sondern unterstand auch weiterhin dem Kölner Landesherrn. Außer der Wappenverleihung wurden der Abtei erneut alle Rechte und Freiheiten bestätigt, und sie selbst und ihr Besitz wurden von ihren Gegnern, wie selbstbewußten Landadligen oder mächtigen Territorialherren, und gegen immer wieder durchziehende Truppen in Schutz genommen. Die Wappenverleihung, die zur Zeit des Abtes Hermann III. Lair erfolgte, hatte ganz offenbar politische Hintergründe. Die Abtei erlebte unter der Leitung dieses Abtes einen ersten Höhepunkt seit der Einführung der Bursfelder Reform. Unter seiner äußerst klugen Wirtschaftsführung war es endlich möglich, alle seit Jahren notwendigen Reparaturen an den Klostergebäuden endlich durchzuführen und sogar ein neues Dormitorium (gemeinsamer Schlafsaal der Mönche) sowie eine neue Bibliothek im Obergeschoß des Ostflügels des Kreuzganges zu erbauen. Auch ließ Abt Hermann die Kirche neu ausmalen. Unter seiner Leitung stieg die Zahl der Konventualen auf 28 Mitglieder wieder an, eine bemerkenswerte Entwicklung zu einer Zeit, in der fast alle Klosterkonvente schrumpften. Abt Hermann III. Lair bewies im Gegensatz zu seinem Landesherrn, dem Kölner Erzbischof Hermann von Wied, keine Neigung, zum Luthertum überzutreten. 1547 wurde Erzbischof Hermann von Wied wegen seiner religiösen Haltung zum Rücktritt gezwungen. Die Abtei Brauweiler, damals ein zuverlässiges Mitglied der Bursfelder Kongregation, entwickelte sich zu einer Bastion des Katholizismus im religionspolitisch umstrittenen Rheinland. Der Kaiser selbst hatte soeben größere Erfolge gegen den fortschreitenden Protestantismus, zuletzt im Schmalkadischen Krieg, zu verzeichnen. Er stand auf dem Höhepunkt seiner Macht. In dieser günstigen Situation hat Abt Hermann III. Lair sich persönlich nach Augsburg zum Kaiser begeben, um das Privileg abzuholen. Die Wappenverleihung mit dem Reichsadler hob das Ansehen der Abtei zusätzlich. Zur Reputation wurde das neue Wappen in vielfältiger Weise genutzt. Es löste die bis dahin

*Wappen der Abtei Brauweiler. Miniatur auf der Urkunde von 1547, 23. Nov.*

gebräuchlichen Siegel mit der Darstellung des hl. Nikolaus, des Patrons von Kirche und Kloster, ab. Auch die damals angeschafften Renaissancealtäre, wie der 1552 gestiftete Antoniusaltar und der 1561 aufgestellte Michaelsaltar, tragen das Wappen. Immer wieder taucht der Reichsadler in der Folgezeit in den Wappen der Äbte auf deren Grabplatten auf. Abt Anselmus Aldenhoven, der letzte Brauweiler Abt, ließ sein Adlerwappen am Giebel des Mittelrisalits der Prälatur anbringen.

Der letzte Kaiser, der die Abtei besuchte, war Karls V. jüngerer Bruder und Nachfolger Ferdinand I. Er war am 5. Januar 1531 in Köln gewählt worden und kam auf dem Weg zur Krönung in Aachen nach Brauweiler. Nach seiner Krönung kehrte er erneut in der Abtei ein, »bekleidet mit den goldenen Waffen« wie der Chronist vermerkt hat.

## Kriegsnöte, Naturkatastrophen und andere Plagen

Die rund 800jährige Geschichte der Abtei Brauweiler ist geprägt durch den Wechsel von Zeiten der Blüte mit denen des Verfalls. Die Gründe hierfür sind vielfältig. So war die große Krise des 11. bis 13. Jahrhunderts vorwiegend im mangelhaften Management der Klosterleitung mit allen damit verbundenen negativen Begleiterscheinungen für das klösterliche Leben begründet. Daneben aber haben zu allen

Zeiten Ereignisse das Schicksal des Klosters mitbestimmt, auf die seine Bewohner keinen Einfluß nehmen konnten: Kriege und durchziehende Heere, Fehden, Seuchen, Brände und Naturkatastrophen haben immer schicksalhaft in ihr Leben eingegriffen.
Im Jahre 1205, vielleicht zwischen dem 15. und 29. September, brach die erste Kriegskatastrophe über das Kloster herein. Damals, es war während des staufisch-welfischen Thronstreites, verwüsteten die Kölner in Erwartung der Belagerung durch Philipp von Schwaben fast alle festen Punkte im Vorfeld ihrer Stadt. Hierbei wurden auch Teile des Klosters in Mitleidenschaft gezogen, und der Kirchbau mußte unterbrochen werden. Gelitten haben die Klostergüter auch während der Auseinandersetzung zwischen dem Kölner Erzbischof Engelbert II. und dem Grafen Wilhelm IV. von Jülich. 1267 zerstörten jülichsche Soldaten den Turm der Sintherner Kirche und töteten Bauern, die sich in ihm verschanzt hatten. Damals mußte die Abtei sich mit einer hohen Summe an den Lösegeldkosten zur Befreiung des in jülichsche Gefangenschaft geratenen Kölner Erzbischofs beteiligen. Im limburgischen Erbfolgestreit und den Auseinandersetzungen zwischen der Kölner Bürgerschaft und ihrem Stadtherrn, dem Erzbischof Siegfried von Westerburg, war Brauweiler der Aufmarschplatz des erzbischöflichen Heeres, das von hier aus am Morgen des 5. Juni 1288 nach einem Gottesdienst in der Abteikirche zur Schlacht bei Worringen zog.
Besonders schwere Schäden erlitten das Kloster und seine Güter 1474/75 während des burgundischen Krieges, als Karl der Kühne Neuss belagerte. Wie nahe der Krieg diesmal gekommen war, zeigt der Umstand, daß die Mönche vom Schlafsaal aus ein Gefecht zwischen stadtkölnischen Söldnern und burgundischen Truppen beobachten konnten. Als die Kölner in Vorbereitung auf die befürchtete Belagerung ihrer Stadt drohten, das Kloster abzureißen, brachte man den Kirchenschatz in dem befreundeten Kloster Werden unter, das übrige Inventar nach Bergheim in Sicherheit und versteckte die Lebensmittelvorräte.
Im Kölnischen Krieg, einer ersten religionspolitischen Auseinandersetzung im Zusammenhang mit der Reformation, kam es nach 1580 immer wieder zu Überfällen auf das Kloster und seinen Besitz. Am 14. Februar 1584 steckten bayerische Soldaten alle vier Höfe der Abtei in Freimersdorf in Brand. Am 19. Februar des gleichen Jahres drangen bayrische Truppen in das Kloster ein. Abt und Mönche waren nach Köln geflohen. So fanden die Soldaten nur geringe Mengen an Lebensmitteln und Futter sowie nur unbedeutende Wertgegenstände vor. Ihre Wut darüber ließen sie an den Einrichtungen des Klosters aus, an Fenstern, Türen, Möbeln und Gemälden.
Neben den Kriegsvölkern trieb allerhand Gesindel sein Unwesen. Diese Freibeuter nutzten das Chaos der Zeit und überfielen die Dörfer. Am 13. August 1587 plünderte eine Gruppe das Dorf und die Abtei Brauweiler. Sie raubten Pferde und anderes Vieh. Pächter und Hintersassen des Klosters wurden entführt und erst gegen hohe Lösegeldsummen wieder freigelassen.
Neue Schrecken brachte der 30jährige Krieg. Elf Jahre nach Kriegsausbruch hielt sich 1629 der Reiteroffizier Jan von Werth mit einer spanischen Reiterkompanie in Brauweiler auf. Wegen des unverschämten Verhaltens seiner Soldaten kam es zu einem Tumult mit den Bauern des Dorfes. Als Jan vermitteln wollte, wurde er durch einen Schuß verletzt. Er wurde in der Abtei gesund gepflegt. Die Brauweiler Bauern

mußten für das Attentat durch die Bezahlung von 600 Reichstalern büßen. 1643 brannten hessische Soldaten eine Scheune und ein Tor der Abtei nieder. Der Konvent war nach Köln geflohen. Das Verdienst, die Abtei vor einer Brandkatastrophe bewahrt zu haben, ist dem Pulheimer Pastor Lambertus Mines zuzuschreiben. Er hielt sich zufällig in Brauweiler auf und löschte das Feuer mit einigen beherzten Bauern.

Zu den Kriegseinwirkungen kamen immer wieder Schäden, die von durchziehenden Truppen verursacht wurden. Wenige Tage vor der Ankunft Kaiser Maximilians I. im Mai 1505 erschien mittwochs nach Pfingsten des Kaisers Sohn Philipp, Herzog von Burgund und Kasitilien, mit einem Fußheer von 3000 Mann, das er gegen den Herzog von Geldern führte. Die Truppe quartierte sich einen Tag in Brauweiler ein; dann zog sie weiter, »teils zahlend, teils sich weigernd zu zahlen«, berichtet die Klosterchronik. Drei Tage später erreichte die Nachhut von 800 Söldnern das Kloster. Als sie jedoch erfuhren, daß ihre Hauptstreitmacht bereits alle Lebensmittel verbraucht habe, zogen sie weiter. 1550 und 1552 durchzogen mehrmals Reitereinheiten das Gebiet von Brauweiler. Den größten Schaden richtete eine 1200 Mann starke Reitertruppe des Herzogs von Holstein im August 1552 an. Sie blieben 22 Tage und stahlen Lebensmittel, Pferde und Wagen der Bauern.

Als besonders schlimm schildert die Chronik den Durchzug eines französischen Heeres von rund 10 000 Mann während des Siebenjährigen Krieges im Sommer 1758. Die Soldaten schlugen südlich von Brauweiler in den Feldern, die noch nicht abgeerntet waren, ihre Zelte auf. Nach ihrem Abzug kam ein noch größeres Heer und zog nördlich an Brauweiler vorbei durch die Felder. Als die Truppen abgezogen waren, war die gesamte Ernte vernichtet. Der Schaden wurde mit 42 000 Reichstalern einschließlich der erpreßten Kontributionen beziffert.

Immer wieder hatte das Kloster auch unter Brandkatastrophen zu leiden. Nicht selten war Brandstiftung die Ursache. So zündete während der Krisenjahre vor der Bursfelder Reform ein Mönch mit Namen Winrich von Schlenderhan aus Rache für eine Rüge den Fronhof in Sinthern und den Viehhof in Brauweiler an. Er büßte die Tat neun Jahre im Klostergefängnis, bis Freunde und Verwandte ihn befreiten und eine Jahresrente beim Abt erpreßten. Winrich kehrte im hohen Alter freiwillig vom väterlichen Hof Schlenderhan in das Kloster zurück, wo er starb.

Am 29. Mai 1516 brannten das Brauhaus und das Backhaus der Abtei, die in unmittelbarer Nachbarschaft der Kirche lagen, nieder. Nur mit Mühe gelang es den Mönchen von Brauweiler, den Brand zu löschen, indem sie Wasser auf den Hauptturm schafften und es von dort ins Feuer schütteten. Da der Brand auch größere Mengen der Lebensmittelvorräte vernichtet hatte, »war man gezwungen, mit Brot und Bier vorsichtig zu wirtschaften«.

Große Feuersbrünste sind aus dem 18. Jahrhundert überliefert. Am 21. Mai 1758 brannten die Höfe der Abtei in Freimersdorf nieder. Unter den Bewohnern waren drei Todesopfer zu beklagen. Vom 14. bis 19. November 1766 wütete eine Feuersbrunst in Brauweiler und legte fast das halbe Dorf in Asche. Da es an Löschwasser mangelte, ließ Abt Amandus Herriger Wasser in Fässern aus den umliegenden Ortschaften herbeischaffen. Gelöscht wurde mit dem damals modernsten Gerät, einer Feuerlöschspritze. Da diese sich bei den Löscharbeiten bewährt hatte, bestellte der Abt zwei weitere in Düsseldorf. Den obdachlos gewordenen Dorfbewohnern hat der Abt vorbildlich geholfen.

Eine ebenso heftige Brandkatastrophe vernichtete in der Nacht vom 24. auf den 25. Mai 1789 den halben Ort Dansweiler. Der damalige Abt Anselmus Aldenhoven organisierte Hilfsmaßnahmen für die Betroffenen.
Zusätzlich zu Kriegen und Feuersbrünsten haben Seuchen und Naturkatastrophen die Menschen in Schrecken gehalten. So hat die Pest 1349 und 1506 das Kloster und seine Güter heimgesucht. Bereits aus der Frühzeit des Klosters sind Erdbeben aus den Jahren 1113 und 1174 überliefert. Das wohl schwerste Beben ereignete sich unter der Regierung des Abtes Beda Groten (1753–1756). Es stand offenbar im Zusammenhang mit der Erdbebenkatastrophe von Lissabon, die am 1. November 1755 über 20 000 Menschenleben forderte. Im Dezember des gleichen Jahres verzeichnet die Klosterchronik eine länger andauernde Bebenperiode. Am 26. und 27. Dezember 1755 schreckten die Erdstöße, die mit großem Lärm verbunden waren, die Menschen auf. Die Mönche wollten aus dem Kloster fliehen, doch der Abt Beda Groten beruhigte sie mit den Worten: „Laßt uns auf den Herrn vertrauen". Am 18. Februar 1756 folgte dann das heftigste Beben im Rheinland. Es gab große Schäden an Kirche und Kloster. Kamine stürzten ein.
Mehrfach berichtet die Klosterchronik auch von Mäuseplagen und Unwettern. An eine solche Unwetterkatastrophe, die jedoch die Klostergüter auf seltsame Weise verschonte, erinnert noch heute das Standbild des hl. Donatus in Brauweiler, das 1779 Abt Anselmus Aldenhoven aufstellen ließ. Während des Mittelalters hat man solche Unwetter vielfach auf Hexerei zurückgeführt. Als 1518 Blitz und Hagel die Felder zwischen Sinthern und Brauweiler sowie weiter bis nach Bocklemünd heimsuchten und die Ernte weitgehend vernichteten, glaubte man an das Werk von Hexen. Ein Jahr später wurden 4 oder 5 Frauen in Dansweiler gefaßt, der »Hexerei überführt« und verbrannt. Zuvor hatte man sie in den 1517 neu erbauten Klosterkerker, einen quadratischen Turm vor der Klosterpforte, gesperrt. Über dem Eingang war der Spruch zu lesen: »Sanctum est nefas punire – Es ist heilige Pflicht, das Unrecht zu bestrafen.«
Die Gerichtsbarkeit in der Herrlichkeit Brauweiler, einer etwa 29 qkm großen kölnischen Unterherrschaft, zu der neben Brauweiler noch die Orte Dansweiler, Freimersdorf, Kleinkönigsdorf, Manstedten, Sinthern und Widdersdorf gehörten, hatte der Abt inne. Er ließ sie durch den Schultheißen ausüben. Eingriffe des Erzbischofs und seiner weltlichen Behörden scheinen selten gewesen zu sein. Zeitweilig hat allerdings das Hochgericht zu Bonn, besonders in der 1. Hälfte des 18. Jahrhunderts, den Anspruch erhoben, daß es die Rechtspflege in Brauweiler überwachen und die Urteile überprüfen müsse. Die Äbte haben sich dagegen erfolgreich gewehrt. Als Abt Matthias II. Grein (1731–1753) zwischen 1732 und 1745 mit außergewöhnlicher Härte gegen Diebe und Ehebrecher sowie Ehebrecherinnen vorging und sie auf besonders grausame Weise bestrafen und hinrichten ließ, verweigerte er dem Hofgericht Einsicht in die Urteile. Richtplätze befanden sich bei Freimersdorf, Manstedten und Widdersdorf.

## Blütezeit im Barock

Obwohl die letzten 300 Jahre der Klostergeschichte seit der Stabilisierung der wirtschaftlichen Verhältnisse um 1500 wegen mancher Kriegsdrangsale, Wetterun-

*Die Abtei Brauweiler von Südosten. Tuschezeichnung von Laporterie um 1795.*

bilden oder anderer Unglücksfälle recht bewegt waren, hat die Abtei Brauweiler während dieser Zeit ihre stärkste Wirkung nach außen entfalten können. Hierbei spielte der feste Wille eine Rolle, von nun an streng nach den Normen der Benediktinerregel leben zu wollen. Eine wichtige Unterstützung bedeutete in diesem Zusammenhang die Zugehörigkeit zum großen Verband der Bursfelder Kongregation und dessen überwachende Tätigkeit. Die Brauweiler Äbte konnten im Generalkapitel der Kongregation eine geachtete Stellung erringen und behaupten. Für das Jahr 1483 war Abt Adam I. Hertzenradt das Amt des Mitpräsidenten beim Generalkapitel zugedacht, doch er starb kurz vorher. 1511 konnte Abt Johannes I. von Wied das Generalkapitel in seinem Kloster begrüßen. Abt Hermann III. Lair hatte viermal das Amt eines Mitpräsidenten und einmal sogar das des Präsidenten beim Generalkapitel (im Jahre 1547) inne. Während der Zeit des 30jährigen Krieges war Abt Johann IV. Münch (1617–1649) innerhalb der Bursfelder Kongragation um die Restitution von solchen Klöstern bemüht, die dem Orden durch die Reformation verlorengegangen waren. Auch die Brauweiler Äbte des 18. Jahrhunderts haben eine nicht unwichtige Rolle in der Bursfelder Kongregation gespielt.
Seit der Einführung der Bursfelder Reform änderte sich auch die Herkunft der

Konventualen. So sind adlige Mönche seit 1467 nicht mehr mit Sicherheit im Kloster nachweisbar, statt dessen entstammten die Konventsmitglieder bürgerlichen Kreisen der Städte, vorwiegend vom Niederrhein, oder sie kamen auch aus bäuerlichen Familien. Die Zahl der Mönche nahm schließlich wieder zu. Bis zum Ende des 30jährigen Krieges dürfte die durchschnittliche Zahl der Konventualen über 20 gelegen haben. Ihre Zahl stieg nach 1649 auf fast 40 und fiel in späterer Zeit nie mehr unter 31.

Auf die Ausbildung und Weiterbildung der Mönche legten die Äbte der Barockzeit offenbar großen Wert. Die Abtei war Mitträgerin des Benediktinerseminars, das die Bursfelder Kongregation in Köln unterhielt. Zeitweise wurde es von Brauweiler Patres geleitet. So war der spätere Abt Dr. theol. Philipp Brewer 12 Jahre lang bis zu seiner Abtswahl im Jahre 1665 Regens des Seminars. Seit etwa 1730 wirkte der Brauweiler Pater Thomas Schmitz als Regens des Seminars. Als Professor der Theologie war er zeitweise auch Dekan der theologischen Fakultät an der Univerität in Köln. An der Bonner Universität lehrte der aus Westfalen gebürtige Pater Franziscus Cramer. Er hatte den Lehrstuhl für Theologie, Geschichte und Diplomatik inne. Zu seinen historischen Schriften gehörte eine um 1758 vollendete Geschichte der Abtei Brauweiler.

Eine Reihe von Brauweiler Mönchen war auch als Lektoren in auswärtigen Klöstern, so in St. Pantaleon, Tholey, St. Matthias sowie St. Martin in Trier, Kornelimünster, Corvey und Siegburg tätig. Andere Brauweiler Mönche waren während des 30jährigen Krieges als Seelsorger nach Böhmen, der Oberpfalz und Sachsen entsandt, unter ihnen der spätere Prior Joachim von Kamphausen, der zeiweise Abt des restituierten Klosters Berge bei Magdeburg war.

Zu den Mönchen, deren Wirken weit über den Raum des Rheinlandes hinausging, gehörte auch Pater Adamus Adami. 1610 in Mühlheim bei Köln geboren, begann er 1626 sein theologisches Studium an der Universität Köln und trat 1628 in die Benediktinerabtei Brauweiler ein. Nach weiteren Studien am Kölner Benediktinerseminar wurde Adami 1639 Prior der Abtei St. Januarius zu Murrhardt in Württemberg. Diese Abtei war zunächst der Reformation zum Opfer gefallen und 1629 wieder katholisch geworden. Adami kam 1643 als Vertreter aller restituierten württembergischen Klöster an den Wiener Kaiserhof. Als Bevollmächtigter des Fürstenstabes von Corvey wirkte er bei den Friedensverhandlungen in Münster und Westfalen mit. Nach dem Ende des 30jährigen Krieges wurde Adami zum Weihbischof von Hildesheim geweiht, wo er 1663 starb. Sein Grab befindet sich in der Krypta des Hildesheimer Domes.

Ein beredtes Zeugnis von der Blütezeit der Abtei im 17. und 18. Jahrhundert legt die reiche Barockausstattung der Kirche ab. Sie ist zu großen Teilen noch erhalten. Die ältesten Stücke sind die 1627 aufgestellten Gitter an den Zugängen zum Querschiff sowie das Stiftergemälde von 1657. Unter Abt Nikolaus Schögen (1660–1665) wurde 1664 im Südquerschiff der erste Barockaltar aufgestellt. Der Altaraufsatz war von dem Laienruder Paul Siben gearbeitet. Unter Abt Dr. Philipp Brewer (1665–1672) schuf Paul Siben im Jahre 1668 einen neuen Hochaltar. Ein Jahr zuvor war bereits das romanische Hochgrab der Stifter aus dem Chorquadrat in den Südnebenchor versetzt worden. Der neue, barocke Hochaltar war so groß, daß er die Apsisgliederung der Kirche störte. 1724 ließ ihn Abt Edmundus Schmitz (1722–1731) daher umarbeiten. Die letzten Reste des ersten barocken Hochaltares stellten

die vier weiß-golden gefaßten Figuren von Bischöfen dar, die heute im Südseitenschiff der Kirche stehen. Vermutlich für den umgestalteten Hochaltar ließ Abt Edmundus Schmitz den heute an der Westwand des Nordseitenschiffes befindlichen überlebensgroßen Kruzifixus aus Kalkstein anschaffen. Er konnte 1978 als ein bedeutendes Alterswerk des Gabriel de Grupello identifiziert werden. 1669 wurde die noch erhaltene Sakristei mit stuckierter Balkendecke erbaut. Die Ausstattung schuf ebenfalls der Laienbruder Paul Siben. Der Gemäldezyklus mit den Portraits der Stifterfamilie und der Äbte auf Holztafeln entstand unter dem Abt Matthias I. Franken (1709–1722). Er ließ um 1715 auch den Orgelprospekt mit Empore, den Hauptschmuck des Kirchenlanghauses, anschaffen. Weitere noch erhaltene barocke Ausstattungsstücke der Kirche sind das um 1700 von dem Laienbruder Leonardus Meurers († 1709) gearbeitete Chorgestühl, dessen Abts- und Priorsitz heute leider fehlen, die um 1725 angeschafften Beichtstühle mit einem bemerkenswerten theologischen Bildprogramm zum Thema Sünde, Buße und Reue sowie die 1731 unter Abt Matthias II. Grein gefertigte Kommunionbank. Sie bestand ursprünglich aus zwei Teilen, die vor den Altären der Nebenchöre standen, und zeigt Szenen, die sich auf die Eucharistie und ihre alttestamentlichen Vorbilder beziehen. Erwähnenswert sind schließlich noch die barocken Wandgrabmäler der Äbte Matthias I. Franken sowie Edmundus Schmitz.
Von der Tätigkeit der Abtei innerhalb der Herrlichkeit Brauweiler sei der Bau der Kapelle in Kleinkönigsdorf im Jahre 1751 erwähnt. Bauherr war der Abt Matthias II. Grein.
An jedem Sonn- und Feiertag hielt ein Geistlicher der Abtei hier einen Gottesdienst für die Bewohner des Dorfes.

## Das Ende der Abtei

Die Geschichte der ehemaligen Benediktinerabtei St. Nikolaus in Brauweiler endete mit zwei bedeutenden Äbten: Amandus Herriger (1756–1778) und Anselmus Aldenhoven (1778–1802, † 1810).
Amandus Herriger, der aus dem benachbarten Junkersdorf (heute Vorort von Köln) stammte, wird in den Klosterannalen als »eine Zierde des ganzen Ordens« bezeichnet. Zusammen mit seinem späteren Nachfolger, dem damals noch jungen Benediktinermönch Anselmus Aldenhoven, sowie dem bereits erwähnten Professor Franziscus Cramer hat er das Klosterarchiv durchforscht, die Urkunden und Akten überprüft und neu geordnet. Ebenfalls nahm Herriger sich der Bibliothek an. Der Raum wurde renoviert, neu möbliert und der Bücherbestand durch Ankäufe vermehrt.
Ebenfalls unterzog der Abt Kirche und Kloster umfangreichen Renovierungsarbeiten. So wurde der Orgelprospekt von dem Aachener Vergolder Elter neu gefaßt. Der Kirchtum erhielt eine steinerne Galerie und wurde mit Eisenankern gesichert. 1770 wurde der heute noch vorhandene vergoldete Wetterhahn auf die Kirchturmspitze aufgesetzt. Bei der Renovierung des Kapitelsaals wurde auch das Grab des Abtes Aemilius von Brabant geöffnet und untersucht. Um 1765 ließ Herriger das noch erhaltene Feldtor errichten.

Herrigers Nachfolger wurde Anselmus Aldenhoven, der aus Warth bei Hennef an der Sieg stammte. Er war vor seiner Weihe Ökonom des Kölner Hofes der Abtei und enger Vertrauter seines Vorgängers Amandus Herriger, der ihn offenbar in zunehmendem Maße mit den Rechtsgeschäften und den wirtschaftlichen Fragen der Abtei vertaut gemacht hatte. Sein Ansehen im Konvent und das Vertrauen, das man in seine Fähigkeiten setzte, waren offenbar groß. Er wurde vierzehn Tage nach Herrigers Tod im ersten Wahlgang zu dessen Nachfolger gewählt.
Welchen Höhepunkt die Abtei auch in wirtschaftlicher Hinsicht unter der Leitung ihres 51. und letzten Abtes erreichte, belegen die noch heute stehenden prachtvollen Abteigebäude, allen voran der repräsentative Prälaturbau an der Ehrenfriedstraße mit dem sog. »Kaisersaal« (auch »Rittersaal« genannt). Die Gebäude entstanden in der relativ kurzen Zeit zwischen 1780 und 1785, wie die Jahreszahlen an den Giebeln angeben. Der Mittelgiebel des Prälaturbaus zeigt an der Straßenfront über der Figur des hl. Benediktus das Wappen des Abtes Anselmus Aldenhoven. Seinen Wahlspruch »Non sibi sed aliis – Nicht für sich, sondern für andere« ließ der Abt an der Stirnwand der 1780 erbauten Vorhalle zur Kirche anbringen. Auch die seit 1792 wieder erhaltenen Rechnungen dokumentieren die ökonomischen Fähigkeiten Aldenhovens. Sie belegen, daß weniger als die Hälfte der Einnahmen für die Lebensbedürfnisse der Mönche verbraucht wurde und daher große Überschüsse erwirtschaftet werden konnten.
Abt Anselmus Aldenhoven scheint auch innerhalb der Kölner Erzdiözese eine wichtige Rolle gespielt zu haben. Mehrfach nennen ihn die Kölner Weihbischofsprotokolle als Mitweihenden bei Abtsweihen.
Anfang Oktober 1794 zeichnete sich mit dem Einmarsch französischer Revolutionstruppen das Ende der Abtei ab. Noch bevor die Franzosen Brauweiler erreichten, flüchteten Abt und Konvent ins Oberbergische auf das Burghaus Mauel bei Rosbach an der Sieg. Kurze Zeit später kehrte Abt Anselmus Aldenhoven mit seinen Mönchen wieder nach Brauweiler zurück. Während der folgenden Jahre hatte die Abtei unter den Kontributionen und Steuern hart zu leiden. Die Vorräte und ein beträchtlicher Teil der Einnahmen wurden aufgezehrt. Hinzu kam, daß die Hintersassen der Abtei immer weniger ihren Verpflichtungen und Zehntabgaben nachkamen.
Am 9. Juni 1802 wurde die Abtei Brauweiler durch einen französichen Konsularbeschluß, der die Säkularisation aller Klöster und Stifte in den besetzten rheinischen Gebieten verfügte, 778 Jahre nach ihrer Gründung, aufgelöst. Abt und Konvent mußten Brauweiler verlassen. Anselmus Aldenhoven, bereits 70 Jahre alt, fand Unterkunft bei dem Kölner Kaufmann Laurenz Fürth in der Johannisstraße. Er starb am 15. Juni 1810 und wurde in der damals zurückgewonnenen ehemaligen Jesuitenkirche St.-Mariae-Himmelfahrt beigesetzt. Ein Teil der Mönche erhielt eine neue Aufgabe in der Seelsorge als Pfarrgeistliche, andere wurden mit Pensionen abgefunden. Als Seelsorger für Brauweiler blieb das ehemalige Konventsmitglied Pater Theodor Benedikt Laurenz. Er war seit 1796 als Rektor der Brauweiler Laurentiuskapelle, die als Filialkirche der zuständigen Pfarrkirche in Sinthern unterstand, tätig. Seine Wohnung nahm er bis zur Einrichtung der Departements-Bettleranstalt im Jahr 1810 in einem Flügel der leerstehenden Abteigebäude.
Der Grundbesitz der aufgelösten Benediktiner-Abtei wurde zwischen 1803 und 1810 von der französichen Domänenverwaltung bis auf geringe Teile verkauft. Die

ehemalige Abteikirche St. Nikolaus kam 1806 als Pfarrkirche an die zwei Jahre zuvor gegründete Pfarrei Brauweiler.

## Literatur (Auswahl):


Walter Bader, Die Benediktinerabtei Brauweiler bei Köln. Untersuchungen zu ihrer Baugeschichte.– Berlin 1937.

Walter Bader, Die ehemalige Benediktinerabtei Brauweiler in Pulheim bei Köln. – (=Rheinische Kunststätten, H.167), Köln 1976[2].

Godefridus Eckertz (Hrsg.), Chronicon Brunwylrense. – In: AHV Nrh. 17 (1866), S. 119–191; 18 (1867), S. 95–159; 19 (1868), S. 220–261; 20 (1869), S. 248–260.

Hermann Engfer, Weihbischof Adamus Adami und sein Wirken im Bistum Hildesheim. – In: Unsere Diözese in Vergangenheit und Gegenwart. Zeitschrift des Vereins für Heimatgeschichte im Bistum Hildesheim, 32. Jg., 1963, S. 13–31.

Wolfhart Glaise, Die Restaurierung der romanischen Wand- und Deckenmalereien im Kapitelsaal der ehemaligen Benediktinerabtei Brauweiler. – In: Jb. Rhein. Denkmalpflege, Bd. XXIII (1960), S. 43–124.

J. Klein, Geschichte der Benediktiner-Abtei Brauweiler im Mittelalter. Festschrift zur Neunhundertjahrfeier des Bestehens der Kirche und der Abtei. – Brauweiler 1924.

Ursula Lewald, Die Ezzonen. Das Schicksal eines rheinischen Fürstengeschlechtes. – In: Rhein. Vjbl., Jg. 43 (1979), S. 120–168.

Otto Oppermann, Die älteren Urkunden des Klosters Brauweiler. Ein Beitrag zur Geschichte des mittelalterlichen Grundbesitzes an der Mosel und am Niederrhein. – In: Westdeutsche Zeitschrift für Geschichte und Kunst XXII (1903), S. 184–236.

Hermann Pabst, Die Brauweiler Geschichtsquellen. – In: Archiv der Gesellschaft für ältere Geschichtskunde XII (1872), S. 80–200.

G. H. Pertz (Hrsg.), Annales Brunwilarenses. – In: MGH SS XVI (1859), S. 725–728.

Hofrath Ristelhuber, Historisch-statistische Beschreibung des Land-Arbeitshauses zu Brauweiler. – Köln 1828.

Günter von Roden, Zur Wirtschaftsgeschichte der Abtei Brauweiler im Mittelalter. – In: Düsseldorfer Jb. 44 (1947), S. 88–116.

Georg Weitz (Hrsg.), Brunwilarensis Monasterii fundatorum actus. – In: MGH SS XIV (1883), S. 121–146.

Erich Wisplinghoff, Die Urkundenfälschungen aus dem Benediktinerkloster Brauweiler bei Köln. – In: Jb. Köln. GV. 31–32(1956–57), S. 32–73.

Erich Wisplinghoff, Untersuchungen zur Wirtschafts- und Besitzgeschichte der Benediktinerabtei Brauweiler. – In: Jb. Köln. GV. 43 (1971), S. 131–191.

Erich Wisplinghoff, Rheinisches Urkundenbuch. Erste Lieferung. – Bonn 1972 (=Publ. d. Ges. f. Rhein. Gesch. LVII), S. 99–158.

Erich Wisplinghoff, Brauweiler. – In: Germania Benedictina, Bd.VIII: Die Benediktinerklöster in Nordrhein-Westfalen. – München 1980, S. 216–230.

Heinz Wolter, Abt Wolfhelm von Brauweiler (1065–1091) und die Einführung der Siegburger Reform im Kloster Brauweiler. – In: AHV Nrh. 189 (1986), S. 35–50.

Pulheimer Beiträge zur Geschichte und Heimatkunde, Bde. 1 (1977) – 11 (1987) – (=Jahresausgabe des Vereins für Geschichte und Heimatkunde e.V.)

Darin u.a.:

Alfons Friderichs, Emecho von Clotten, Abt im Kloster Brauweiler. – In: Band 8 (1984), S. 22–23.

Günter Hagen, Restaurierung und Instandsetzung der ehemaligen Benediktiner-Abtei Brauweiler unter Einbeziehung einer neuen Nutzung. – In: Band 10 (1986), S. 223–226.

Wilfried Hansmann, Ein Kruzifixus des Gabriel de Grupello in der Brauweiler Abteikirche. – In: Band 2 (1978), S. 70–72.

Hans Rudolf Hartung, Die Zukunft der Abtei Brauweiler. Vom Benediktiner-Kloster über Bettleranstalt, Landesarbeitsanstalt und Landesklinik zum Kulturzentrum. – In: Band 7 (1983), S. 104–111.

Dieter Kastner, Brauweiler und das Privileg Karls V. vom 23. November 1547. – Band 1 (1977), S. 22–44.
Karl-Bernd Mouchard, Jan von Werth in Brauweiler. – In: Band 3 (1979), S. 29–33.
Karl-Bernd Mouchard, Beda Groten – 49. Abt von Brauweiler. – In: Band 5 (1981), S. 19–25.
Karl-Bernd Mouchard, Brauweiler im Zeitalter der Säkularisation. – In: Band 8 (1984), S. 75–87; Band 9 (1985), S. 45–53; Band 10 (1986), S. 97–107.
Werner Schäfke, Eine Tasse aus Frechen für Prior Joachim von Kamphausen in Brauweiler. – In: Band 2 (1978), S. 82–83.
Peter Schreiner, Richeza – Königin von Polen und Gönnerin der Abtei Brauweiler. – In: Band 11 (1987), S. 15–65.
Peter Schreiner, Das Erbe der Richeza: Der Streit zwischen der Abtei Brauweiler und dem Kölner Erzstift um das Moselgut Klotten. – In: Band 11 (1988), S. 66–94.
Erich Wisplinghoff, Brauweiler zwischen Verfall und Reform. Zur Geschichte des Klosters vom 13. bis zum 15. Jahrhundert. – In: Band 6 (1982), S. 43–59.

*Ungedruckte Quellen:*
Acta Abbatum Brauweilerensis
(Pfarrarchiv Brauweiler)

Marlies Fey

# Das Franziskanerkloster Brühl

## Einleitung

Nach weltlich – lebensfroher Jugend wandte sich Giovanni Bernardore (1181 oder 1182–1226), Sohn eines reichen Kaufmanns, nach schwerer Krankheit als Franziskus von Assisi 1206 einem Leben einsiedlerischer Armut zu. 1209 gründete er den »Ordo Fratrum Minorum (OFM)«, den Orden der Minderbrüder, welcher neben den Dominikanern der bedeutendste Bettelorden war. Die Franziskaner lebten nach den Worten des Herrn: »Wenn du vollkommen sein willst, so gehe hin und verkaufe alles und gib den Erlös den Armen« und »Nehmet nichts mit auf den Weg, denn Dinge, die man besitzt, müssen mit Waffen verteidigt werden«. Franziskus forderte von denen, die ihm folgten äußerste Armut, Gehorsam ohne jedes Warum, Demut und hingebende Liebe zu allen Geschöpfen. Sie legten jeglichen Besitz ab und beschafften sich ihren Lebensunterhalt durch das Betteln von Almosen.
Ihre Ausbreitung wurde gefördert durch die Anlage von Klöstern in den aufblühenden Städten und durch das Privileg, überall ohne Bindung an die Ortsgeistlichkeit predigen und Seelsorge ausüben zu dürfen[1].

## Gründung

Der Kölner Erzbischof Hermann IV., Landgraf zu Hessen (1480–1508) war von dem segensreichen Wirken der Franziskaner so beeindruckt, daß er ihnen in seiner Diözese ein Kloster errichten wollte[2]. Am 8. Juli 1490 erhielt er durch ein besonderes Breve von Papst Innozenz VIII. (1484–1492) die Erlaubnis, Franziskaner von der strengeren Observanz nach Köln oder in die Kölner Landes zu berufen[3]. Da es in Köln bereits ein Kloster gab, erbaute er 1491 in Brühl, seit 1469 (bis 1597) Landeshauptstadt, den Brüdern, die er wegen ihres musterhaften Lebens besonders liebte[4], in der Nähe seiner Burg Kirche und Kloster an der Stelle, an der ein von Juden bewohntes Haus mit einer Judenschule stand[5]. Den Grundstein legte der Erzbischof am Feste Christi Himmelfahrt im Jahre 1491. Bereits am 7. Dezember 1493 konsekrierte er die Franziskanerkirche »Ad sanctam Mariam de Angelis« zu Brühl[6]. Papst Alexander VI. (1492–1503) genehmigte am 25. Februar 1494 unter

Bezugnahme auf das Breve von Papst Innozenz vom 8. Juli 1490, daß Erzbischof Hermann auf seine Kosten »in oppido Bruel« ein Observantenkloster genehmigt hat und verbot, ein ähnliches Kloster in einer Entfernung von weniger als fünf Meilen zu errichten[7].

Am 21. Mai 1494 übergab der Erzbischof das Kloster in Anwesenheit des Guardians von Koblenz – Johann Kyrchberg, Bartholomäus de Kempis – lic. med. und Pastor von Lechenich, dem Vizekurat in Brühl – Johann Bruynswyck und clericus Hermann als Zeugen dem Orden der Minderbrüder des heiligen Franziskus. In seiner Dankansprache bat Kyrchberg, die Pforte an der Nordseite neben dem Hochaltar nur dem Erzbischof höchstpersönlich vorzubehalten und dafür zu sorgen, daß niemand aus dem Kloster zum Schloß gelangen kann. Auch bat er, dafür zu sorgen, daß niemand durch Pferde oder Hunde in seiner geistlichen Ruhe gestört werde, und daß der Erzbischof jeden Conventualen, der die strenge Ordensregel verletzt, aus dem Kloster entfernt. Hermann genehmigte diese Bitten und übereignete das Kloster juristisch auf den Minoritenorden zu Händen des dafür bestellten Kommissars Johann Kyrchberg[8].

Am 4. Oktober 1496 beurkundete das Brühler Gericht Verträge, durch die sich der Erzbischof die zum Bau des Klosters erforderlichen Grundstücke beschaffte[9].

Die neue Stiftung gedieh von Anfang an vortrefflich. Dazu trugen besonders die Männer bei, denen zuerst die Leitung des Klosters übertragen war: Pater Antonius von Raesfeld und Pater Johannes Maseick als erster Guardian[10]. Auch der Erzbischof zog sich gerne in die Stille seiner Lieblingsstiftung zu geistlichen Übungen zurück. Wie Hermann, so blieben auch spätere Erzbischöfe den Franziskanern in ihrer Residenz Brühl stets gewogen. Im Memorienbuche, welches nur bis zur Zeit des Erzbischofs Ferdinand, Herzog von Bayern (1612–1650) reicht, sind außer dem Stifter Hermann IV. von Hessen noch die Erzbischöfe Philipp II., Graf von Daun und Oberstein; Adolf III., Graf von Schauenburg; Anton, Graf von Schauenburg; Johann Gebhard, Graf von Mansfeld, und Ferdinand, Herzog von Bayern als besondere Guttäter und Gönner des Brühler Klosters verzeichnet. Gleichwie Erzbischof Hermann, so ließ auch Erzbischof Anton von Schauenburg sein Herz und die Eingeweide in einer bleiernen Kapsel auf dem Chore der Klosterkirche beisetzen[11].

Am 10. Oktober 1497 verbot Papst Alexander VI. dem Guardian und den Minderbrüdern in Brühl (apud castrum Brulae) auf Bitten des Erzbischofs Hermann, der mit Genehmigung des Heiligen Stuhls den Brühler Konvent errichtet und unter anderem mit Reliquien ausgestattet hat, diese Reliquien jemals wegzunehmen[12]. Der Kardinallegat Raimunds bestätigte am 20. April 1502 auf Bitten des Konvents der Minderbrüder von der Observanz zu Brühl (in oppido Bruela), die diesem Konvent von seinem Gründer, dem Erzbischof Hermann von Köln, gewährten Ablässe und dehnt diese Ablässe auf alle Konvente der Kölnischen Provinz dieses Ordens aus[13].

## Die Reformation

Im September 1517 schlug Martin Luther (1483–1546) an der Schloßkirche von Wittenberg 95 Thesen gegen die scholastische Theologie an. Damit setzte die Deutsche Reformation ein. Auf dem Augsburger Reichstag weigerte sich Luther, die Forderungen des Kardinallegaten Cajetan zu erfüllen und die Ablaßthese Nr. 58, die

**Wāne ind durch wen is begunnen wurden dat obseruantē Cloister zom Broell.**

Anno dñi. MCCCCxcj. dede der Eirwirdige her/her Herman Ertzbysschoff zo Coellen ind eyn sonderlinger lieffhaber des ordens van sent Franciscus/as ouch sent Elizabeth was/ van der geslecht he komen is/ buwen van grunt vp eyn nuwe Cloister van der Minrebroeder orden vā den obseruantē zo dem Broell/ vp die platze dae vur mails die Joeden plaegen zo wonen dae selffs. ind hait dat laissen buwen sere puntlich ind koestlich/ ind ouch die kyrch selffs gewijet/ ind dat Cloister besatzt mit geistlichē ind sere innigē vaderē ind broederen/mit ind by den he syn conuersacie sere gemeynlich hait.

*Die Cronica van der hilliger Stat Coellen (Koelhoff'sche Chronik, 1499, Bl. 347 (Rückseite). Nachdruck: 500/1972, Robert Steimel Verlag, Köln, Ex. Nr. 364 (Standort Archiv der Stadt Brühl).*

gegen die oberste Lehrgewalt des Papstes gerichtet war, zu widerrufen. Luther wurde exkommuniziert. Er bezeichnete den Papst als Antichristen und leugnete auf der Leipziger Disputation die Unfehlbarkeit der Konzilien und den Primatanspruch des Papstes: nur die Heilige Schrift sei Grundlage des Glaubens. 1521 wurde der Kirchenbann über Luther verhängt.

Von Anfang der Reformation an verstärkte sich von katholischer Seite der Widerstand gegen die protestantischen Reichsstände, wodurch die Kluft zwischen ihnen sehr tief wurde[14].

In dieser Zeit wurden die Klöster zum wichtigsten Stützpunkt des Katholizismus. Vor allem die Franziskaner kämpften erbittert gegen die Glaubensspaltung an. Der niederländische Reformator Erasmus gestand 1527 in einem Brief an den Franziskaner-Pater Franziskus Titelmans aus der kölnischen Ordensprovinz: »Da Euer Orden besser ist als die übrigen, habe ich ihm immer Zuneigung entgegengebracht«[15].

Auch im Brühler Kloster wehrte man sich gegen die Glaubensspaltung. An der Spitze im Kampfe gegen die Reformation stand der Pater Servatius Noethberg. Bucer und Melanchthon, die in Brühl predigten, diskutierten mit dem Pater und wollten ihn zum Abfall bewegen. Er aber widerlegte überzeugend deren Ansichten und widersetzte sich der neuen Lehre. Gründliche Bildung und eine glänzende Rednergabe erleichterten ihm seine schwierige Aufgabe, und er konnte jede Einwendung seiner Gegner aus dem Stegreif beantworten. In seinen Predigten auf der Domkanzel deckte er immer wieder die Verführungskünste der Neuerer auf. Dadurch hielt er viele vom Abfall ab und führte manchen wieder zurück. Pater Servatius starb hochbetagt am 21. Januar 1567 und fand seine Ruhestätte im Kreuzgang des Klosters[16].

Eine kritische Zeit für die Glaubenstreuen trat ein, als der Erzbischof Hermann von Wied (1515–1547) vom Glauben abfiel. Zunächst war er entschiedener Gegner der Glaubensspaltung und ließ am 1. Februar 1535 den Theologen Johann Clopreis als »Ketzer« an der Westseite der Brühler Burg verbrennen. In den darauffolgenden Jahren bekannte er sich jedoch mehr und mehr zu Luthers Thesen. Ostern 1543 empfing Hermann von Wied das Abendmahl zum erstenmal in evangelischer Weise; ein öffentliches Bekenntnis, das der Landesherr und Oberhirte vor seinen Untertanen ablegte. Er ließ sich trotz aller Umkehr- und Einschüchterungsversuche nicht

mehr umkehren. Der Papst sprach 1546 die große Exkommunikation über ihn aus[17]. Durch diese Geschehnisse war der Brühler Konvent hart mitgenommen, aber er hat sich glänzend bewährt[18].
Der Nachfolger Hermanns von Wied, Adolf III. von Schauenburg, hatte die Ruhe in der Erzdiözese äußerlich wiederhergestellt, aber der Geist Bucers wirkte fort, und sein Wirken fing an, Früchte zu tragen[19]. Manche Ordensleute fielen vom Glauben ab.
Was Bucer und Hermann von Wied nicht vermochten, gelang dem Kölner Erzbischof Gebhard Truchseß von Waldburg (1577–1583). Durch sein üppiges Hofleben und durch seinen Abfall vom Glauben (er wurde 1582 evangelisch) gelang es ihm, das Klosterleben mit in seinen Strudel hineinzuziehen. Einige, die nicht abfielen, blieben zwar im Kloster, führten aber ein nichtklösterliches Leben[20]. Von einem Brühler Guardian erzählt die Chronik folgenden Vorfall: Einmal hielt der Kurfürst auf dem Brühler Schloß nach dem Abendessen, wobei er stark getrunken hatte, einen Ball, bei welchem er und der Graf von Wittgenstein vortanzten. Da kam auch der Guardian von Brühl zufällig hinzu. Um mit diesem ihre Narretei zu treiben, befahl der Kurfürst dem Edelmann Theme von Hürden, mit jenem zu tanzen. Der Pater sträubte sich dagegen und bat, ihn zu entlassen. Doch es half nichts, er mußte mit herumspringen, und erst nachdem man sich lange genug an dem komischen Anblick ergötzt hatte, durfte er weggehen. Der Edelmann warf ihm einen Taler in die Kapuze, der Kurfürst ließ ihm 25 Goldgulden bezahlen[21].
Schlager schreibt:
Einige Patres, die vom Glauben abgefallen waren, kehrten wieder zurück. Der 1567 in Brühl geborene Arnold Pollich war dem evangelischen Glauben beigetreten. Er war 1581 als Waise bereits mit 14 Jahren zu den Mönchen ins Brühler Kloster gegangen. Fünf Monate später holten ihn seine Vormünder dort mit einem Zeugnis der Freigabe heraus. Pollich studierte auf eigene Kosten Theologie und erwarb Magisterwürden. 1590 wurde er in Radevormwald Pfarrer. Dort schloß er sich mit dem dortigen Pfarrer Adolf Sondermann dem reformierten Bekenntnis an. Er vermählte sich mit der früheren Kloster-Benden-Nonne Cäcilie Neckels. Pollich wurden wegen einiger Schmähgedichte auf den Papst, den König von Spanien und den Kurfürsten von Pfalz-Neuburg von der herzoglichen Regierung festgenommen und dem Erzbischof übergeben. Er wurde ins Olivienkloster nach Köln gebracht und dort in Haft gehalten, wo er 1626 mit der Kirche versöhnt starb[22].
U. Rothscheidt schildert die Dinge aufgrund zeitgenössischer Archivalien anders. Nach Rothschild ist Pollich im Zuge der Rekatholisierung des Bergischen Landes im Jahre 1626 aus Radevormwald gewaltsam entführt und, obwohl schwer krank, in das Kölner Strafkloster Ad Olivas verschleppt worden. Dort ist er nach wenigen Tagen gestorben, ohne zum katholischen Glauben zurückgekehrt zu sein[23].
Auf dem Provinzialkapitel von Köln wurde im Jahre 1603 ein Verzeichnis der abgefallenen Observanten aufgestellt und verlesen; es umfaßte 24 Mitglieder der Kölner Ordensprovinz, meistens Laienbrüder, doch auch mehrere Kleriker und Priester, die als Apostaten exkommuniziert wurden.
Patrizius Schlager schreibt über die wohl düstere Zeit der Geschichte der Franziskanerklöster:
Die Sonne hatte ihren tiefsten Stand erreicht. Verheißungsvoll war sie aufgegangen, als die ersten Franziskaner, arm an irdischer Habe, aber reich an Liebe, an den Rhein

gekommen waren; segenspendend stieg sie empor, bis gegen Ende des 14. Jahrhunderts düstere Schatten sie verdunkelten. Aber in der Durchführung der Reform verscheuchte sie mit sieghafter Kraft die dunklen Wolkenmassen, und Ströme von Licht und Wärme strahlte sie wieder aus im Mittagsglanze; in Wissenschaft und Tugend entfalteten sich die schönsten Blüten, reiften kostbare Früchte heran. Aber es gib keinen Stillstand. Es neigte sich ihre Bahn, sie verlor an Stärke; Klöster wurden ihr entrissen durch die Teilung der Provinz und durch die sozialen Umwälzungen, und sie verloren an Wärme. Das innere Feuer glühte nicht mehr mit früherer Kraft; in beständigem Kämpfen nach außen verkümmerte das innere religiöse Leben. Schon steht sie tief! Aber sie vergoldet mit ihrem Scheine doch noch immer die Erde, und ab und zu bricht ein helleuchtender Strahl hindurch als Vorbote eines neuen schönen Morgens, an dem die Sonne wieder mit verjüngter Kraft und neuer Wärme aufsteigen wird[24].

## Das Leben und Wirken der Franziskaner

Trotz allen Geschehnissen blieb Brühl katholisch, was nicht zuletzt auf das Wirken der Franziskanermönche zurückzuführen war. Ein ausgezeichnetes Mittel zur Erhaltung und Belebung des katholischen Glaubens waren die von den Franziskanern gegündeten Bruderschaften wie die Erzbruderschaft vom Gürtel des heiligen Franziskus, die Bruderschaft der unbefleckten Empfängnis Mariä, die Bruderschaft der h. h. Herzen Jesu und Maria und die Bruderschaft zur Erlösung der armen Seelen. An den Hauptfesttagen des Jahres, besonders am Franziskustag und Portiunkulafest zog man prozessionsweise aus den benachbarten Dörfern zur Klosterkirche. Dort war dann ein solcher Zusammenfluß von Menschen und ein solches Gedränge an den Beichtstühlen, daß man fürchten mußte, erdrückt zu werden. Vier bis fünf Beichtväter saßen von morgens bis mittags Beichte, aber sie reichten für die große Zahl der Prozessionsteilnehmer nicht aus[25]. Aufschlußreich sind die in den Bürvenich-Annalen erwähnten Berichte an das Generalkapitel. So heißt es in den Berichten über die Jahre 1651 bis 1657: Im Kloster und außerhalb in den Dörfern und Städten der ganzen Region sind von den Patres des hiesigen Konvents 1760 Predigten gehalten worden und 460 Kathechesen. Viele Auswärtige sind nach Brühl in unser Kloster gekommen als einem geistlichen Asyl und haben gebeichtet und freudig Almosen gespendet. Auswärtige und Brühler zusammengerechnet, haben 50 000 Gläubige hier gebeichtet. Auswärts aber, in den Kirchen und Kapellen der Städte, Dörfer und Schlösser haben die Patres mehr als 15 000 Beichten gehört. Zum katholischen Glauben haben sie zwei Ketzer bekehrt. Drei andere Verzweifelte, die im Begriff waren, Selbstmord zu begehen, haben sie aus dem Sumpf der Verzweiflung herausgezogen. Zwischen vielen Menschen geringen Standes haben sie haßerfüllte Alltags-Streitigkeiten geschlichtet. In die vor 11 Jahren hier gegründeten Bruderschaft der Unbefleckten Empfängnis haben sie 480 Männer und Frauen aufgenommen. In die Gürtelbruderschaft haben sich von Anfang bis heute mehr als 2000 Mitglieder aufnehmen lassen. In diesen 7 Jahren haben 99 Novizen Profeß abgelegt.

Ende Dezember 1660 ist dem Generalkapitel für die Zeit von Anfang 1658 bis Ende 1660 wie folgt berichtet worden: In diesem Konvent leben 40 Brüder, wenn man

Professe und Novizen zusammenrechnet. Von diesen Novizen haben in diesen 3 Jahren 43 Profeß abgelegt. Kommunikanten und Beichtende mehr als 30000. Predigten hier und auswärts 630. Kathechesen 140. Generalbeichten 67. Zum rechten Glauben bekehrt 4. Am Portiunkulafest 1658 wurden 1200 Kommunikanten und Beichtende gezählt; in den darauffolgenden 2 Jahren waren es wohl nicht weniger.
Für 1663 berichtete man dem Generalkapitel:
Hier wohnen 49 Brüder, davon 12 Geistliche, 15 Laienbrüder, 22 Novizen. Zur hl. Profeß wurden hier 26 Novizen zugelassen, und in Köln 3.
Aus dem Jahre 1667 lautete der Bericht:
Als in den Jahren 1665 und 1666 weithin ringsum die Pestseuche wütete und sich schließlich auch in die Stadt Brühl einschlich, hat Gott unseren Konvent wunderbarerweise davor bewahrt, obwohl viele Leute aus verseuchten Orten in unsere Kirche kamen, um zu beichten und zu kommunizieren; einige Verseuchte haben sogar ihren Beichtigern gesagt, das sie verseucht seien. Das hat aber die Brüder nicht abgehalten, zum Almosensammeln auch verseuchte Orte aufzusuchen und auf Bitten der Ortspfarrer in solchen Orten Beichten von Verseuchten zu hören. Am eifrigsten war dabei der Novizenmeister Aegidius Francken, bis ihm der Provinziel das untersagte. Weil diese Seuche in der Stadt (Brühl) wütete, fielen die Katechesen, die wir sonst immer in der Pfarrkirche hielten, auf kurfürstlichen Befehl während des ganzen Jahres aus.
1668 ließ der damalige Guardian Aegidius Francken am äußersten Ende des großen Gartens an der (Uhl-)Straße der Stadt ein Krankenhaus neu erbauen mit allem Zubehör zur besten Versorgung der Kranken und ihrer Pfleger ausstatten.
Die Pest, die in diesem Jahre in der Stadt Brühl wütete, ergriff nun auch den Konvent und steckte mehrere Brüder an; sie wurden in dem neuen Krankenhaus getreulich gepflegt von Pater Crispinus Beurich und Laienbruder Henrich Promper. Von den Kranken starben 4 Novizen und ein Laienbruder; die anderen wurden wieder gesund. 1671 schließt das Kapitel Brühl in den Bürvenich-Annalen mit dem Eintrag: Vom ersten Sonntag bis zum gleichen Sonntag des folgenden Jahres 1671 haben bei uns 14120 (Gläubige) gebeichtet. 39 Generalbeichten. 380 Predigten. Krankensakramente 15. Taufen 20. Weltliche bestattet 7. Katechesen in der Pfarrkirche wie üblich. 17 Novizen haben Profeß abgelegt[26].
Das am 12. Mai 1585 abgehaltene Ordenskapitel hatte Brühl zum Noviziatkloster bestimmt, welches seit dem Provinzial-Kapitel vom 2. Juni 1652 einen solchen Zuwachs erhalten hatte, daß die Räume nicht ausreichten[27]. Es wurden mehrere Anbauten errichtet: 1666 einen neuen Flügel hofwärts mit einer sehr geräumigen Schule für Novizen, 10 Zellen für Novizen, 4 für Gäste und einem Heizraum[28], 1668 wurde das bereits erwähnte Krankenhaus erbaut. Aber es stellte sich heraus, daß das Kloster alt und morsch war. Am 3. Januar 1714 bestätigte der Kurfürst Joseph Clemens die Privilegien des Brühler Franziskanerklosters anläßlich des Neubaus des durch sein hohes Alter ruiniertem Convents[29]. Von einem Neu- oder gründlichen Umbau konnten keine Hinweise ermittelt werden, jedoch lassen Mauerreste, die im Zuge der Umbauarbeiten 1987 gefunden wurden, auf einen Neubau schließen[30]. In einschlägiger Literatur ist über die sogenannte Neubauphase zu lesen: Am 3. September 1713 legte der erzbischöfliche Generalvikar Arnold de Reux den Grundstein zum vollständigen Neubau des Brühler Convents. In den Grundstein wurden zwei

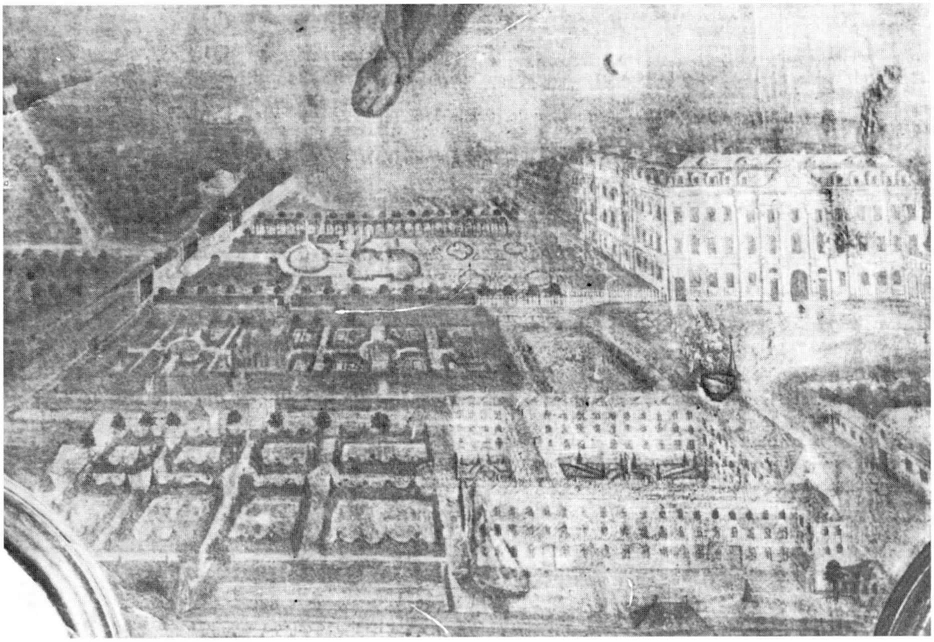

*Franziskanerkloster Brühl zu Zeiten des Kurfürsten Clemens August (und auch noch in der Franzosenzeit). Altarbild des hl. Antonius von Padua, um 1740 (Original 1944 verbrannt).*

Gedächtnis-Medaillen gelegt, die der Kurfürst Joseph Clemens hatte herstellen lassen; auf der einen Seite sein Bildnis, auf der anderen die Inschrift: »Confirma hoc, Deus quod operatus es in nobis«. Der Neubau dauerte die Jahre 1714–1718 hindurch[31].

Ebenfalls bei den Bauarbeiten in diesem Jahr wurde der Zugang zu einem unterirdischen Tunnel freigelegt, durch den der Ippenbach floß. Die Franziskaner benutzten das Bachwasser unter anderem auch zum Bierbrauen[32]. Das bezeugt eine Akte vom 28. Januar 1727, in der es heißt: Die Franziskaner leiden so sehr unter Wassermangel, daß sie das zum Bierbrauen nötige Wasser aus einem »unsauberen orth« schöpfen müssen. »Nun ist aber außer der statt eine gemeine bach, das Meer genant, auß welcher der mehriste theil dasiger einwöhner ihr höchst nötiges wasser in ihre wohnbehausungen vermittels röhren hinleiten«. Die Hofkammer hatte keine Bedenken, wenn den Anliegern die Durchleitung gestattet würde[33].

Bis zum Jahre 1783 gab es in Brühl keine höhere Schule. Die Eltern, die ihren Söhnen eine über die Elementarschule hinausgehende und auf höhere Studien vorbereitende Bildung zukommen lassen wollten, mußten sich teils an den »Schulmeister« und teils an den Pfarrer wenden. Am 18. Oktober 1783 versammelte sich der Magistrat, um näheres betreffend der Einrichtung der vom Kurfürst Max Friederich verfügten Schule mit dem eigens dafür abgesandten Hofkammer-, Geheim- und Adademiesekretär Esser zu überlegen und in die Tat umzusetzen: Es soll das sogenannte Franziskaner-Krankenhaus zunächst für die lateinische und

deutsche Schule auf städtische Kosten eingerichtet werden. Den Patres wird das öffentliche Lehramt unentgeltlich aufgetragen. Damit die Schule nicht mit geldlichen Ausgaben belastet wird, veranlaßt der Magistrat, den Lehrern die notwendigen Handbücher aus städtischem Fundus anzuschaffen. Arme Kinder, die das ganze Jahr hindurch zur Schule gehen, soll Unterstützung zukommen. Damit die zukünftige neue Schule mit mehr Feierlichkeit angefangen werde, sei sie am künftigen Sonntag von der Kanzel zu publizieren. Am darauffolgenden Montag seien sämtliche Eltern und Kinder einzuladen, um zusammen für ein langes Leben seiner Kurfürstlichen Gnaden und für einen glücklichen Erfolg der landesväterlich eingerichteten Schulanstalt den Heiligen Geist anzuflehen. Die Franziskanerschüler sollen zwar täglich in ihrer eigenen Kirche Messe halten, an Sonn- und Feiertagen aber unter Begleitung ihrer Lehrer paarweise von der Schule aus in die Pfarrkirche zur hl. Messe gehen, um durch ihr Gebet ihre eigenen Eltern und alle anderen Erwachsenen zu erbauen.
Die feierliche Einweihung wurde vom Pastor, dem Vikar und übelgesinnten Magistratsmitgliedern merklich behindert, und der kurfürstliche Akademierat drohte Strafen an, um zukünftig schädliche Verhaltensweisen dieser Art zu verhindern. Die Franziskaner-Pater Luchesius Schmal und Sybertus Kyrion wurden wegen ihrer Lehrertätigkeit von allen klösterlichen Nebendiensten entbunden[34].
Die Franziskanerschule ist noch vor 1793 wieder aufgelöst worden. Wann genau, konnte bisher nicht festgestellt werden.

## Die Säkularisierung

In der Zeit der französischen Militärregierung, also vom 6. Oktober 1794 bis zum 4. November 1797, lebten die Brühler Franziskaner anscheinend unbehelligt so wie sie in der Kurfürstenzeit gelebt hatten. Im Winter 1794/95 benutzten die Sansculottes einen Teil des Klostergebäudes – wie die Österreicher in den Jahren zuvor – als Lazarett; dadurch wurde aber das Leben der Patres offenbar nicht berührt. Niemand hinderte sie daran, ihren Lebensunterhalt weiterhin durch »Terminieren« zu erwerben. Dabei mußten sie allerdings behutsam vorgehen. Als einmal Pater Severus (Schüppen) bei einem Liblarer Bauern terminierte, klagte dieser über die hohen Kontributionen. Severus sagte ihm, an seiner Stelle würde er die Kontributionen nicht leisten. Das erfuhr der Steuereinnehmer Dumoulin und klagte Severus bei der Bonner Regierung wegen Aufhetzung zum Steuerstreik an. Die Regierung machte aber keinen Kriminalfall daraus. Sie ersuchte den Guardian (Klostervorsteher), Severus disziplinarisch zu bestrafen und künftig einen weniger redseligen Priester zum Terminieren einzusetzen. Damit war diese Sache erledigt. Einen Streit, den ein anderer Pater, Adam Knoerzer, mit dem Kommissar Biergans hatte, legte der Ordensprovinizial dadurch bei, daß er Knoerzer am 23. Fru. VII nach Düsseldorf versetzte.
Im Zuge der Einführung der französischen Gesetze in den rheinischen Departements dekretierte der Regierungskommissar Rüdler am 11. Ni. VI/31. Dezember 1797, daß kein Orden mehr Novizen aufnehmen und kein Novize mehr das Gelübde ablegen dürfe. Dieses Dekret mußte in jedem Kloster amtlich bekanntgegeben werden; das Protokoll über die Bekanntgabe mit einer Liste der Geistlichen und Novizen mußte der Klostervorsteher sowie der älteste und der jüngste Mönch

unterzeichnen. Dementsprechend begab sich am 22. NI. VI/11. Januar 1798 der Baillif (Amtmann) J. Gansen mit J. Lievenbrück und F. W. Schmitz als Zeugen zum Franziskanerkloster und erstellte das vorgeschriebene Protokoll. Unterzeichnet wurde es von dem Guardian Magnericus (H. E. Scolniovsky), dem Vicarius et Senior Gedeon Elser und dem jüngsten Mönch Epiphanus (J. B. Landgraf).
Von den vielen die geistlichen Institutionen betreffenden Dekreten der Militärregierung wurden die Brühler Franziskaner nicht berührt. Alle diese Dekrete betrafen die Einkünfte der Stifte und Klöster und deren für Landbesitz zu leistenden Kontributionen. Sie waren für die Bettelorden gegenstandslos, da diese weder feste Einkünfte noch – außer ihren nicht steuerbaren Klostergebäuden – Landbesitz hatten.
Zu Anfang des Jahres 1801, als die Verhandlungen über das Konkordat anliefen, mußten überall der Personen- und der Vermögensbestand der aufzuhebenden geistlichen Institutionen durch die örtlichen Maires und Domänenverwalter aufgenommen werden. Durch diese Bestandsaufnahmen wollte man sich einen Überblick über die voraussichtlichen finanziellen Auswirkungen der Säkularisation verschaffen. Einerseits sollten die Vermögen der aufgehobenen Körperschaften in die Staatskasse, andererseits sollten die davon betroffenen Personen bare Abfindungen erhalten. Die Aufhebung des Bettelordens war für die Staatskasse ein Verlust. Dementsprechend erstellten Maire Gareis und der Domänenverwalter Rosel am 21. Januar 1801 eine Liste der 22 Klosterinsassen auf (siehe F. Wündisch: Brühl, Mosaiksteine zur Geschichte einer alten kurkölnischen Stadt, Brühl 1987, S. 282 ff.).
Nach dem die Konsuln am 20. Pr. X/9. Juni 1802 die Aufhebung aller geistlichen Institutionen verfügt hatten, wurde am 13. Me. X/2. Juli 1802 das Ausführungsdekret für die rheinischen Departements erlassen, das die Einzelheiten der Aufhebung regelte. Am 5. August 1802 übernahmen Rosel und der Notar F. W. Schmitz das Kloster als Nationaldomäne. Mitte Dezember 1802 erhielten die inländischen vormaligen Klosterinsassen durch den Maire die Zahlungsanweisungen, aufgrund deren sie ihre Renten bei der Domänenkasse in Köln abholen konnten. Sie wurden aber nicht vertrieben. Johann Nikolaus Nacken, Johann Schüppen und Ägid Leuff wohnten noch 1809 im Kloster.
Am 22. März 1803 wurde »ein Gebäude, das Franziskanerkloster zu Brühl genannt, mit Ausnahme der Kirche und Sakristey« vor dem Maire Zaaren öffentlich meistbietend auf drei Jahre vermietet. Bei dieser Versteigerung focht der Kaufmann G. I. Seidlitz mit dem Architekten und Gastwirt P. J. Müller einen Prestigekampf aus, in dem er mit einer Jahresmiete von 310 frs Sieger blieb. Wie Rosel später berichtete, ging es den beiden nicht um die Nutzung der Gebäude, sondern nur um die Nutzung des großen Klostergartens, der mit Edelgemüse, Edelobst und Weinstökken bepflanzt war. Um das Klostergebäude hat sich Seidlitz offenbar nicht gekümmert. Deshalb blieb im Kloster alles beim alten. Im Nebengebäude, dem früheren Krankenbau, in dem 1783 die Lateinschule eingerichtet worden war, wurde weiterhin Schule gehalten. Im Hauptgebäude wohnten noch die Patres; im übrigen stand es leer. Der am 21. März 1806 auslaufende Mietvertrag wurde von Seidlitz nicht erneuert.
Um soziale Probleme zu lösen, dachte man daran, die Gebäude nutzbar zu machen. Gerne hätte man sie zur Einrichtung einer Textilfabrik vermietet. Doch kein Unternehmer ließ sich anlocken. Sie wurden offenbar dadurch abgeschreckt, daß Brühl mangels brauchbarer Landstraßen verkehrmäßig im Abseits lag. Auch der

Plan, in dem Kloster ein Pensionat für adlige Damen zu errichten, schlug fehl. So blieb als einziger Ausweg, das Kloster am 28. Mai 1806 an P. J. Müller, der damals Vertragsarchitekt der 4. Kohorte der Ehrenlegion war, für eine Anerkennungsgebühr von 100 frs jährlich zu vermieten. Müller verpflichtete sich, auf seine Kosten die Klostergebäude sowie die Kirche bewachen zu lassen und kleinere Reparaturen auszuführen. Auch ihm kam es nur auf die Nutzung des Gartens an; es findet sich kein Anhaltspunkt dafür, daß er im Kloster eine Gastwirtschaft mit Kegelbahn eingerichtet hätte.

Nun wurde erwogen, das Klostergebäude zu verkaufen. Als Mindestgebot wurden 20 000 frs festgesetzt. Da niemand das Kloster zu diesem Preis kaufen wollte, versuchte Rosel, das Brauerei-Inventar zu Geld zu machen. Am 10. Oktober 1807 berichtete er aber, daß bei dem von ihm angesetzten Versteigerungstermin der Maire Zaaren alle erschienenen Interessenten davon abgehalten habe, Gebote abzugeben. Mittlerweile hatte nämlich Zaaren ein Dekret Kaiser Napoleons erwirkt, nach dem das Klostergebäude der Stadt Brühl für deren Oberschule zur Nutzung überlassen werden sollte. Gemäß diesem Dekret wies Rosel die Stadt, vertreten durch ihren Maire, am 11. November 1807 in den Besitz der Anlagen ein. So erhielt die Stadt durch den Schachzug Zaarens, in dem Kloster eine Schule einzurichten, den Besitz der gesamten, weitläufigen Anlagen, obwohl nur ein ganz kleiner Teil davon für die Schule benötigt wurde. Auch in der Folgezeit bezeichnete man in lässigem Sprachgebrauch die Klostergebäude schlechthin als Schulgebäude. Deshalb wurde das Kaiserliche Dekret vom 9. April 1811, kraft dessen alle für Schulzwecke benutzten öffentlichen Gebäude den Gemeinden geschenkt wurden, unbedenklich auf die gesamten Klosteranlagen bezogen. Auf diese Weise erhielt die Stadt Brühl durch ein von Anfang an fragwürdiges und schließlich mißglücktes Schulexperiment ein Objekt zum Eigentum, daß zehnmal mehr wert war als alle damaligen Gemeindegrundstücke zusammengenommen[35].

## Das Lehrerseminar

Die Übernahme des Rheinlandes durch die Preußen 1815 brachte einen Wendepunkt in der Geschichte des Schulwesens. Man begann, durch Kurse die Lehrer in das neue, psychologisch begründete Unterrichtsverfahren nach Pestalozzi sowie in die Methode einzelner Unterrichtsfächer einzuführen: Rechnen, Lesen und Gesang standen Anfangs im Vordergrund[36]. Mittelpunkt für die ersten Kurse wurde Brühl, wo Johann Kaspar Schug, Direktor einer angesehenen Handels- und Realschule, die er 1812 von Köln nach Brühl in das Gebäude des Franziskanerklosters gelegt hat, sich erbot, »einen Kursus für Landschullehrer des Kantons Brühl oder überhaupt des Bezirkes Köln« abzuhalten, in der wohlmeinenden Absicht, den Lehrern ihr schweres Geschäft zu erleichtern und der ihnen anvertrauten Jugend die Hauptvorteile eines besseren Elementarunterrichtes zu verschaffen. Der erste Kurs war vom 21. September bis zum 29. Oktober 1814.

Am 18. 8. 1814 gab der General-Gouverneur Sack bekannt: »Der Vorsteher einer Erziehungsanstalt zu Brühl, Herr Prof. Schug, hat, in wohlmeinendem und patriotischem Eifer für das Beste des Landschuldwesens dasiger Gegend, sich erboten, die mit künftigem Monate eintretende Vacanzzeit zur Eröffnung eines etwa vierwö-

*Ausschnitt aus »Schmuckblatt der Stadt Brühl«. Zeichnung: »von Moers«, 1858 (Original Archiv der Stadt Brühl).*

chentlichen Normal-Cursus für Landschullehrer zu benutzen«, unentgeltlich über Methodik im Elementarschulfach-Besuch dringend empfohlen[37].
Am 7. November war Sack selbst in Brühl und gab einen ausführlichen, lobenden Bericht über den Schug'schen Kursus, der zu diesem Zeitpunkt 38 Teilnehmer hatte[38]. Im Laufe des Jahres 1815 wurden noch vier weitere Kurse abgehalten, so daß im ganzen 148 Lehrer in die »Stephanische Lesemethode, Pestalozzische Rechenmethode, Natorrsche und Näglische Gesangsmethode und die Krausischen Denkübungen eingeführt wurden[39].
Diese Kurse waren die Grundlage zur Errichtung eines Lehrerseminars, denn die Notwendigkeit zur Schaffung einer Einrichtung für die Ausbildung von Lehrern war gegeben.
Am 9. März 1818 starb Schug. Seine Anstalt löste sich auf. Das Klostergebäude stand leer. Der Gemeinderat befand in seiner Sitzung am 15. Februar 1821, daß das ehemalige Kloster für Seminarzwecke sehr geeignet wäre. Er schlug der königlichen Regierung vor, das Gebäude als Seminargebäude zu verwerten[40]. Da das Gebäude in sehr gutem Zustand und sehr geräumig war, so daß die erste Einrichtung nicht viel

Kosten verursachen würde, erhielt Brühl unter anderen Bewerbern den Vorzug. Am 18. April wurden unter der Anwesenheit des Konsistorialrats Grasshoff die Bedingungen zur Übernahme vertraglich festgelegt[41]. Als Eröffnungstag wurde der 22. Oktober festgesetzt. Da aber der zum Direktor gewählte Pfarrer Schweitzer von Generalvikar Fonck erst nach längerem Sträuben aus der Seelsorge entlassen wurde, und auch andere Umstände Verzögerungen herbeiführten, konnte das Seminar erst am 1. Januar 1823 eröffnet werden.
Die ersten Seminaristen, die am 31. Dezember 1822, dem Vorabend der Eröffnung, ankamen, wurden auf Kosten der Gemeinde Brühl bei ihrer Ankunft mit einer Tasse Tee, einem Weißbrötchen, und zum Abendessen mit einer Reissuppe, Braten und Kartoffeln, eine halbe Maß Bier und einem Glas warmen Wein versorgt[42]. Für das Festessen beschloß der Gemeinderat, einen Braten zu spendieren[43]. Ein von Pfarrer Steinbüchel zelebriertes Hochamt in der Klosterkirche leitete die Eröffnungsfeier ein. Dem Festgottesdienst wohnten außer Lehrern und Schülern, deren Zahl inzwischen auf 43 angestiegen war, bei: Konsistorialrat Grasshoff, Konsistorialassessor Schmitz als Kommissar der Regierung, Oberschulrat Zeller, der Brühler Bürgermeister Dr. Scholl mit dem gesamten Gemeinderat sowie eine große Anzahl Brühler Bürger.
Bei der Eröffnungsfeier bekundeten Schulbehörde, Gemeinde und Bürgerschaft, wie sehr sie die neue Anstalt zu schätzen wußten. Die Gemeinde Brühl war die geeignetste Stadt zur Gründung des ersten staatlichen, katholischen Lehrerseminars in der damals gerade entstandenen preußischen Rheinprovinz.
Der an dem Seminargebäude angrenzende Schloßpark gab den Seminaristen reichlich Gelegenheit zu Gelände-, Plan- und malerischem Zeichnen und war Stoffquelle für literarische Arbeiten[44].
Die Geschichte des Seminars ist auch verbunden mit den Namen bedeutender Gesangspädagogen wie dem Schweizer H. G. Nägeli (1773–1836), der sich auch als Komponist einen Namen machte, und E. Hentschel (1804–1875). Besonders hervorzuheben sind Michael Töpler, Jakob Blied und August Wiltberger. Töpler, laut Totenzettel 1804 in Schlesien geboren, setzte sich lange vor der Gründung des »Allgemeinen Deutschen Cäcilienvereins« für den Gregorianischen Choral, die Vokalpolyphonie des 16. Jahrhunderts und das alte deutsche Kirchenlied ein. 1853 wurde er königlicher Musikdirektor. Er starb am 12. November 1874 in Brühl. Sein Grabstein steht noch heute auf dem alten Friedhof an der Mühlenstraße. Der 1844 in Brühl geborene Jakob Blied wurde Töplers Nachfolger. Er war der Vater des späteren Architekten und Amtsbaumeisters Josef Blied (1877–1964), der durch seine Verwaltungsbauten Ruhm erlangte. Jakob Blied starb 1884 in Brühl, und auch sein Grabstein steht noch heute auf dem alten Friedhof. Blieds Nachfolger war August Wiltberger (1850–1928)[45].
Der Seminar-Oberlehrer und ehrenamtliche Beigeordnete der Stadt Brühl, Josef Frohn (1848–1937) wurde am 31. Juli 1929 Ehrenbürger der Stadt Brühl wegen besonderer Verdienste auf kommunalem Gebiet und wegen seines uneigennützigen Wirkens für die Belange der Allgemeinheit (1898 Stadtverordneter und seit 1910 ehrenamtlicher Beigeordneter)[46].
Im Seminar wurden über 4000 Lehrer ausgebildet und in die rheinischen Schulen gesandt zur »Mehrung treudeutschen und väterfrommen Geistes«.
Während des ersten Weltkrieges wurden ⅔ der Schüler eingezogen. Viele fielen.

Anfang der zwanziger Jahre dieses Jahrhunderts kam für das Lehrerbildungswesen und somit für das Brühler Lehrerseminar der Wendepunkt: Der Ruf nach Reformen wurde laut, das Streben nach Emporbildung und Vereinheitlichung des Lehrerstandes. Die Reichsverfassung entsprach diesem Ruf durch die Bestimmung, daß die Lehrerbildung nach Grundsätzen, die für die Höhere Bildung allgemein gelten, einheitlich zu regeln sei[47]. Am 25. Juli 1925 wurde das Seminar nach einhundertzweijährigem Bestehen geschlossen[48].

## Die Taubstummenschule

Im Jahre 1828 erließ der preußische Minister von Altenstein eine Zirkularverfügung an die Provinzen, welche unter anderem bestimmte: »Für die Lösung der Verallgemeinerung des Taubstummenunterrichts durch die Volksschulen ist es besonders wünschenswert, daß baldmöglichst in jedem Schulinspektionskreise ein Lehrer vorhanden sei, welcher die Taubstummen seines Wohnortes und in der nächsten Umgebung zu unterrichten imstande sei. Dieser Zweck wird am sichersten erreicht, wenn an jedem Schullehrerseminar ein Lehrer eingestellt wird, der die Unterweisung und Behandlung der Taubstummen in einem der vorhandenen Institute gründlich erlernt hat, eine Anzahl derselben in der mit dem Seminar verbundenen Übungsschule unterrichtet und zugleich für diese Sache empfänglich fähigeren Seminaristen mit der Methode des Taubstummen-Unterrichts theoretisch und praktisch bekannt macht.
Auf diese Weise wird es sich vielleicht in einem Jahrzehnt bewirken lassen, daß in allen Provinzen der Monarchie ohne unverhältnismäßige und unerschwingliche Kosten für die Bildung der unglücklichen Taubstummen am Orte selbst oder in der Nähe gesorgt und der jetzige meist vergebliche Andrang zu den Instituten beseitigt wird«.
Somit begann der Zeitabschnitt der Verbindung von Taubstummenschulen mit Lehrerseminaren. Der Seminardirektor sollte zugleich Vorsteher der Taubstummenschule sein und der Taubstummenlehrer alle Rechte der Seminarlehrer besitzen. Die taubstummen Kinder wurden nach und nach am Schulort bei Familien gegen einen täglichen Pflegegeldsatz untergebracht; so entstanden billige Externate statt kostspieliger Internate.
Das Verdienst, die Entwicklung geistiger Taubstummenfürsorge im Rheinland in die Wege geleitet zu haben, gebührt dem ersten Direktor des Brühler Lehrerseminars, Dr. Schweitzer. Auf einer Informationsreise im Jahre 1824 erregte die Königliche Taubstummen-Anstalt in Berlin seine besondere Aufmerksamkeit. Er beantragte, daß auch ein Zögling des Brühler Seminars in das Taubstummen-Institut nach Berlin gesandt und nach abgeschlossenem Kursus als Lehrer an der Seminarschule in Brühl angestellt werde, damit auf diese Weise künftig die Elementarlehrer in den Stand versetzt werden, den hilflosen, taubstummen Kindern Unterricht erteilen zu können.
Da es sich zeigte, daß taubstumme Kinder nicht mit »vollsinnigen« Schülern gemeinsam unterrichtet werden konnten, wurde der Gedanke des Taubstummen-Unterrichts in Volksschulen verworfen. Die Behörden richteten nun hier ihr Augenmerk auf die Lehrerseminare. 1852 bewilligte der 10. Rheinische Provinziallandtag

die Summe von jährlich 4000 Talern zur Errichtung und Unterhaltung von Taubstummenanstalten in den Lehrerseminaren von Brühl und Neuwied. Das Provinzial-Schulkollegium beauftragte den Direktor Pauli, dem Seminar spätestens bis zum 1. Oktober 1854 eine katholische Taubstummenschule mit etwa 30 Freistellen anzugliedern und zur Erreichung dieses Zieles geeignete Gelegenheiten zur Unterbringung der aufzunehmenden Zöglinge in Familien gegen einen jährlichen Pflegesatz zu ermitteln.

Nach langen Verhandlungen und Vorbereitungen konnte am 1. Oktober 1854 im Brühler Lehrerseminar die »Seminar-Taubstummenschule« eröffnet werden. Die Oberleitung der Schule oblag dem Seminardirektor Pauli, den Unterricht erteilte der Hauptlehrer Cüppers, der an der Berliner Anstalt zum Taubstummenlehrer ausgebildet worden war. Pauli legte sein Amt im Jahre 1863 nieder. Sein Nachfolger wurde Pfarrer Alleker aus Kettenis im Dekanat Eupen. Am 1. September fand die Überleitung der hiesigen Taubstummenschule in die provinzialständische Verwaltung statt. Hauptlehrer Cüppers wurde zum Direktor der Anstalt ernannt. Im gleichen Jahre zog die Taubstummenschule aus dem ehemaligen Klostergebäude, um in der Schützenstraße selbständig zu sein[49].

## Die Berufsschule

Mit der Wandlung Brühls von einer Villen- zur Industriestadt siedelten sich in Brühl auch Handwerksbetriebe an. Am 17. April 1904 wurde auf Initiative der freien Innung für sämtliche gewerblichen Handwerker in Brühl eine Handwerker-Fortbildungsschule eröffnet, nachdem Maler- und Anstreichermeister Fehmer bereits vorher Zeichenunterricht erteilt hatte. Im Jahre 1905 wurden Jugendliche bis zur Vollendung des 17. Lebensjahres schulpflichtig. Der Unterricht fand in den Gebäuden der Volksschulen in der Comesstraße und in der Clemens-August-Straße statt[50].

Als im Jahre 1925 das Lehrerseminar im ehemaligen Franziskanerkloster geschlossen wurde, beriet der Rat der Stadt Brühl über die weitere Verwendung des Gebäudes. Bereits damals kam die Idee auf, das Bürgermeister- oder das Katasteramt dort unterzubringen[51]. Doch dann beschloß der Rat die Verlegung der Berufsschule dorthin[52]. 1927 bezog sie ihr neues Domizil. Im Jahr 1929 stieg die Schülerzahl auf 550. 1930 wurden die Werkstätten ausgestaltet. Bei besonderen Feierlichkeiten kam das Radio zum Einsatz. Aus finanzieller Not mußten 1931 Klassen zusammengelegt werden. Die Kurzstunden von 45 Minuten wurden eingeführt: Zahlreiche, meist vom Bürgermeister abschlägig entschiedene Bitten der Eltern zum Erlaß des Schulgeldes wiesen auf die materielle Not der Eltern hin. Die nebenamtlichen Kräfte sollten durch stellenlose Gewerbe- und Handelslehrer ersetzt werden. Am 15. September 1933 wurden die Klassen der Berufsschule Brühl-Land in das Seminargebäude übernommen.

Ostern 1930 wurde in diesem Gebäude eine Volksschule eingerichtet, die den Namen »Katholische Knabenschule St. Franziskus« erhielt[53].

Die Politik der Gleichschaltung machte vor der Berufsschule nicht halt; die Schüler und Schülerinnen wurden aufgefordert, in die Hitlerjugend bzw. in den Bund Deutscher Mädchen, die Lehrer in den Reichsbund der Deutschen Beamten und in die NSDAP einzutreten. Der Schulleiter mußte regelmäßig Bericht erstatten. Am

1. Juli 1941 waren von 400 Jungen 392 in der HJ, von 252 Mädchen 218 im BDM. Alle männlichen Lehrkräfte des durchschnittlich zwölf Personen starken Kollegiums gehörten der NSDAP an. Der »Deutsche Gruß (Heil Hitler)« war in der Schule vorgeschrieben[54].

Die katholische Jungenschule wurde im Dritten Reich umbenannt in »Dietrich-Eckard-Schule«. Auch hier machte sich der politische Einfluß bemerkbar; bereits Ostern 1935 waren 95% der Jungen im Jungvolk bzw. in der Hitlerjugend. Während des ganzen Schuljahres 1941 standen die innerschulischen Arbeiten unter dem Zeichen des Krieges. Die Jungen trugen ihren Teil durch Altmaterialiensammlung bei. Auch an Kartoffelkäfersuchaktionen beteiligten sich die oberen Jahrgänge mit regem Eifer. Als auch diese Schule im Oktober 1944 geschlossen wurde, wurden die Lehrpersonen von der Stadtverwaltung und der Partei beschäftigt[55].

In dieser Zeit litt der Unterricht durch die Einberufung von Lehrern, durch die Belegung der Schule durch Soldaten und der Einbehaltung der Lehrlinge, die für die Kriegsproduktion benötigt wurden. Am 3. Oktober 1944 wurde der Unterricht eingestellt[56].

Der 28. Dezember 1944 war einer der dunkelsten Tage in Brühls Geschichte. Bombenabwürfe feindlicher Verbände zerstörten Brühl im gesamten südlichen Bereich ab Stadtmitte. Das Schulgebäude wurde zu 75% zerstört. Ein Wachtmeister der Luftschutzpolizei aus Krefeld, der mit seinem Trupp, bestehend aus 56 Leuten, teils Luftschutzpolizeileute, teils von der Feuerwehr-Bereitschaft, unterwegs zur Front in Brühl einquartiert war, beschreibt den Tag in seinem Einsatzbericht: »Unsere Fahrt ging zunächst nach Brühl bei Köln. Dort bezogen wir in der Berufsschule, einem mehreren Jahrhundert alten Franziskanerkloster (Lehrerseminar) Quartier. Ein Teil von uns rückte bis in Frontnähe vor, kehrte aber am folgenden Tage wieder nach Brühl zurück. Am 28. Dezember 1944 erreichte uns um die Mittagszeit die Anweisung, uns zum Abrücken fertigzumachen. Einige von uns waren gegen 1 Uhr mittags damit beschäftigt, unsere Ausrüstungsgeräte auf einen Wagen zu laden, der auf dem Schulhof vorgefahren war. Wir verluden Kreuzhacken, Schaufeln, Kisten usw. Dieses geschah, während Fliegeralarm gegeben worden war. Aber da die Stadt Brühl bis dahin noch keinen Luftangriff gehabt hatte, war man ziemlich sorglos. Kamerad von Beckerath begab sich noch einmal in seinen Quartierraum, um sich für die Fahrt wärmere Wäsche anzuziehen. Auch Zugführer von der Mühlen ging noch einmal hinein. Da überflogen plötzlich feindliche Verbände die Stadt Brühl und warfen ihre Bomben. Sogleich die erste Bombe fiel auf unseren Schulhof. Als ich ihr Sausen durch die Luft hörte, rannte ich um das Gebäude herum zum Haupteingang hinein, in dessen Nähe sich der Luftschutzkeller befand. Da fiel Bombe auf Bombe. Der Angriff dauerte etwa 8–10 Minuten.

Als wir wieder aus dem Luftschutzkeller herauskamen, sahen wir, daß der Südflügel des alten Klosters in Trümmer lag. Es war der Gebäudeteil, in den von Mühlen und Beckerath hineingegangen waren. Auch die südliche Fortsetzung des Ostflügels, wo eine Flüchtlingsfamilie wohnte, hatte einen Treffer abbekommen, so daß diese Familie unter den Schuttmassen begraben war. Mehrere Kameraden, so Zugführer Erkelenz und Kamerad Fischer waren, als die Mauern einstürzten oder einzustürzen drohten, durch die Fenster aus dem Ostflügel gesprungen. Nach dem Angriff wurden wir auf Befehl der örtlichen Luftschutzleitung von Brühl in der Stadt zur Bergung von verschütteten Zivilleuten eingesetzt. Erst gegen 4 Uhr nachmittags hatten wir Gelegenheit, uns um die Bergung der eigenen Kameraden zu bemühen. Der Südflügel der Berufsschule war derartig zusammengefallen, und alles lag so zu Pulver aufgelöst durcheinander, da keine Aussicht mehr dafür vorhanden war, noch einen Verschütteten zu bergen. Wir überlegten, die Kameraden könnten sich beim Angriff vielleicht im alten Kreuzgang auf dem Weg zum Luftschutzkeller befunden haben. Aber auch die Gewölbe des Kreuzganges waren eingestürzt und an dieser Stelle gleichfalls alles mit dichtem Schutt bedeckt. Die Zahl der Kameraden, die in Brühl durch den Luftangriff vom 28. Dezember 1944 zu Tode gekommen sind, beträgt sechs«[57].

Am 10. Juli 1945 nahm die Berufsschule ihren Betrieb wieder auf, und bereits am 7. Oktober 1949 war der erste Bauabschnitt, Sicherung des Erhaltenen, fertig. Auf Anregung des Einzelhandelsverbandes wurde am 1. April 1950 die zweijährige Handelsschule eingeführt. Der zweite Bauabschnitt, Ausbau des Südflügels und Wiederaufbau des Ostflügels, war 1952 beendet. Der dritte Bauabschnitt, der Wiederaufbau des südlichsten Teiles, der nicht zum Klostergebäude gehörte, sondern 1903/1904 errichtet wurde, wurde 1955 fertig[58].

Mit Beginn des Schuljahres 1955 konnte die Franziskus-Schule ihren Betrieb wieder im Berufsschulgebäude aufnehmen, nachdem sie ab 1945 in der Clemens-August-Straße untergebracht war. Im 2. Stock wurde eine Mädchenschule, die Marienschule eingerichtet. Die kirchliche Einweihung wurde am 19. April 1955 durch Pfarrer Lehnen vorgenommen[59].

Durch den Neubau des Gymnasiums am Rodderweg wurde das Gebäude an der Synagoge frei, so konnten 1968 die Franziskus- und die Marienschule dorthin verlegt werden.

1976 wurde ein Berufsvorbereitungsjahr eingerichtet. Im gleichen Jahr, am 1. August 1976 übernahm der Erftkreis von der Stadt Brühl die Trägerschaft der Berufsbildenden Schulen[60].

## Das neue Rathaus

Seit der Übernahme des inneren Schulbetriebes durch den Erftkreis berieten Rat und Verwaltung über die weitere Verwendung des Gebäudes. Am 16. Februar 1981 hat sich der Rat dafür ausgesprochen, das Haus für Verwaltungszwecke freizumachen, sofern der fortgeschriebene Schulentwicklungsplan eine Lösung zulasse. Im Zuge der Umlegungen städtischer Schulen, ausgelöst durch sinkende Schülerzahlen, konnte das Problem mit dem Umzug der Berufsbildenden Schulen in das Gebäude der Erich-Kästner-Realschule am Eichweg gelöst werden (Die Erich-Kästner-Realschule zog in ihr früheres Gebäude in der Richard-Bertram-Straße)[61]. 1984 wurde das Hochbauamt der Stadt Brühl mit der Planung zur Umgestaltung des Gebäudes in ein Rathaus beauftragt. Die Vorplanung kam im Januar 1985 zum Abschluß. Im April 1985 erfolgt die Abstimmung mit dem Landeskonservator und die Beratungen in den Bauausschüssen. Im Mai war die Planung und im August der Bauantrag fertiggestellt. Nach dem Auszug der Berufsbildenden Schulen begannen im Januar 1986 die Bauarbeiten. Die gesamten Umbaumaßnahmen der Gebäude umfaßten 43 000 $m^3$ umbauter Raum und 10 000 $m^2$ Nutzfläche[62].

Am 2. Oktober 1987 wurde das ehemalige Franziskanerkloster als neues Rathaus mit großen Feierlichkeiten unter Beteiligung der Bevölkerung offiziell seinen Bestimmungen übergeben[63].

## Anmerkungen

1 *Das moderne Lexikon,* Bertelsmann-Verlag, 1976, Band 6, S. 213.
2 *Bertram,* Richard, Chronik der katholischen Pfarre Brühl 1913, S. 61.
3 *Wündisch,* Fritz, Brühler Regesten, Band I, Brühl 1986, Nr. 577.
4 *Schlager,* Patricius, Beiträge zur Geschichte der kölnischen Franziskaner-Ordensprovinz im Mittelalter, Köln 1904, S. 122.
5 *Wündisch,* Fritz, Brühl – Mosaiksteine zur Geschichte einer alten kurkölnischen Stadt, Köln 1987, S. 84/85. Hierin widerlegt er die bisherigen Veröffentlichungen, wonach an dieser Stelle eine Synagoge gestanden haben soll.
6 *Regesten I* (Anm. 3), Nr. 585.
7 Ebda Nr. 587.
8 Ebda Nr. 588.
9 Ebda Nr. 590.
10 *Historisches Archiv der Stadt Köln,* Geistl. Abt. Nr. 199 (Bürvenich-Annalen) S. 130.
11 Ebda S. 112.
12 *Regesten I* (Anm. 3), Nr. 591.
13 *Wündisch,* Fritz, Brühler Regesten, Band II, Brühl 1987, Nr. 594.
14 *Paschke,* Uwe u. a., Enzyklopädie der Weltgeschichte »Von der Entdeckung der Welt zur Eroberung des Universums«, Baden-Baden, o. J., S. 447.
15 *Schlager,* Patrizius, Geschichte der kölnischen Franziskaner-Ordensprovinz während des Reformationszeitalters, Regensburg 1909, S. 21.
16 *Bürvenich-Annalen* (Anm. 10) S. 117.
17 *Krüger,* Günter, Lebensbilder aus 7 Jahrhunderten, Brühl 1985 S. 91/92.
18 *Schlager* (Anm. 15) S. 86.
19 *Bertram* (Anm. 2) S. 80.
20 *Bürvenich-Annalen* (Anm. 10) S. 115.
21 *Schlager* (Anm. 16) S. 113.
22 Ebda S. 112.
23 *Zeitschrift des Bergischen Geschichtsvereins,* Bd. 46, St. 127 ff.
24 *Schlager* (Anm. 16) S. 114.
25 *Bertram* (Anm. 2) S. 121.
26 *Bürvenich-Annalen* (Anm. 10) S. 135 ff.
27 Auskunft des *Archivs der Kölnischen Franziskaner-Ordensprovinz Mönchengladbach.*
28 *Rosellen,* Robert, Wilhelm, Geschichte der Pfarreien des Dekanates Brühl, Köln 1887, S. 123.
29 *Regesten II* (Anm. 13) Nr. 1026.
30 *Krüger:* Günter: Archäologische Funde im Bereich des Franziskanerklosters in Brühl, 1 Blatt der Brühler Museumsgesellschaft, Februar 1987.
31 *Bertram* (Anm. 2) S. 123.
32 *Krüger,* Günter, Wichtiger Fund am Franziskanerkloster, 1 Blatt der Museumsgesellschaft, April 1987.
33 *Regesten II* (Anm. 13) Nr. 1039.
34 *Stadtarchiv Brühl,* Akte H 7, 19.
35 *Mosaiksteine* (Anm. 5), S. 282 ff.
36 *Brühler Heimatblätter,* Dez. 1922.
37 *Journal des Mittelrheins,* Band II 16. 6.–15. 9. 1814.
38 Ebda Bd. III 15. 9.–15. 12. 1814.
39 *Brühler Heimatblätter,* Dez. 1922.

40 *Stadtarchiv Brühl,* Akte H 34.19, Ratsprotokoll v. 15. 2. 1821, fol. 90/91.
41 *Stadtarchiv Brühl,* Akte H 52 a.
42 *Brühler Heimatblätter,* Dez. 1922.
43 *Stadtarchiv Brühl,* Akte H 52 a.
44 *Brühler Heimatblätter,* Januar 1923.
45 *Jensen,* Dr. Helmut, Manuskript Musikgeschichte Brühl, Amt für Kultur und Freizeit, Brühl.
46 *Stadt Brühl – Für Sie,* Informationsbroschüre der Stadtverwaltung Brühl, 1986, S. 33.
47 *Brühler Heimatblätter,* Jan. 1923,
*Stadtarchiv Brühl,* Akten 368–370, Amtliches Schulblatt, 1921, 1923, 1924.
48 *Sonntag,* Jakob, Brühl – Geschichte und Geschichten, Brühl 1976, S. 96.
49 *Brühler Heimatblätter,* 1924,
Da keine Archivalien über die Taubstummenschule auffindbar waren, wurde ausschließlich der Aufsatz aus den Heimatblättern zugrunde gelegt.
50 *Festschrift* 75 Jahre Berufsbildende Schulen Brühl 1905–1980, 1980 S. 8.
51 *Stadtarchiv Brühl,* Akte 338, Ratsprotokoll v. 1. 3. 1926, S. 142.
52 Ebda, Ratsprotokoll v. 29. 3. 1926, S. 145.
53 *Auszug* aus der Schülerchronik der kath. Knabenschule, Bd. I, 1903–1935, Abschrift im Stadtarchiv.
54 *Festschrift* (Anm. 50).
55 *Schulchronik* (Anm. 53).
56 *Festschrift* (Anm. 50).
57 *Einsatzbericht* von LSPOL, von der Biese, Krefeld, Stadtarchiv Brühl, Akte 158.
58 *Stadtarchiv Brühl,* Chronologie Franziskanerklosters, Abt. Zeitgeschichtl. Sammlungen.
59 *Niederschrift* des Festprogramms anläßlich der Einweihung des wiederaufgebauten Schulgebäudes (Franziskus-, Marien-, Berufs- und Handesschule) am 4. 10. 1955
Stadtarchiv Brühl, Abt. Zeitgeschichtl. Sammlungen.
60 *Stadtarchiv Brühl,* Ereigniskartei 1976.
61 Ebda, 1981.
62 *Informationsschrift* der Stadtverwaltung Brühl zur Rathaus-Einweihung 1987.
63 *Stadtarchiv Brühl,* Ereigniskartei 1987.

Hermann-J. Hüsgen

# Das Zisterzienserinnenkloster Burbach

## Quellen

Der Bestand »Burbach« im Hauptstaatsarchiv Düsseldorf (HStA) umfaßt 48 Originalurkunden (Urk.), 19 Aktenbände (Akten) die ausschließlich die Klosterwirtschaft betreffen, und einen Stiftungsbrief betr. die Pfarrkirche von Gleuel (Akten 20); ferner ein Kopiar mit Urkundenabschriften von 1233–1751 (Hs. + Rep. 1). Hinzu kommen die Akten über die Auflösung des Klosters (Roer. Dep.). Zahlreiche Einzelurkunden finden sich in verschiedenen Beständen des Hist. Archivs der Stadt Köln (HAStK). Hier sind v. a. die Schreinsbücher (Schr.b.), die Schreinsurkunden (Schr.Urk.) sowie das Kirchenarchiv von St. Columba (Col.) zu nennen. Einige Urkunden aus anderen Kirchenarchiven sind von H. Schäfer in den Annalen (AHVN) Band 71 + 83 abgedruckt. Von großer Bedeutung ist das Totenbuch der Abtei (Nekr./auch mit [†] unter dem Datum des Eintrags zitiert). Es befindet sich heute in der Deutschen Staatsbibliothek Berlin/DDR [Ms. Bor. 2°752]. Die erhaltene Papierhandschrift (33 x 13,3 cm) umfaßt 165 Seiten (mit dem Anhang des 19. Jahrhunderts insgesamt 188 Seiten). Sie stammt aus der 1. Hälfte des 18. Jahrhunderts und enthält Nachträge bis ins 19. Jahrhundert. Der Text geht zurück auf zwei Abschriften der Jahre 1656 (von Theodor Segers) und 1496 (von Catharina de Campana). Letztere redigiert Nachrichten »ex fracto & antiquo Libro Scripto« (Nekr. fol. I). Weitere Einzelnachweise erscheinen in den Anmerkungen.

## Lage

Südwestlich der Ortschaft Hürth-Burbach liegt das Gelände des ehemaligen Klosters, das im Gegensatz zu seiner Umgebung durch den Braunkohlentagebau nur wenig verändert worden ist. Es liegt heute genau zwischen den ehemaligen Abbaugebieten der Gruben Engelbert und Gotteshülfe auf circa 90 m ü NN. Eine Kartenaufnahme der französischen Ingenieur-Geographen Ribet und Clément[1] aus den Jahren 1808/09 zeigt die ursprüngliche Lage des Klosters am oberen »Bourbacher Bach«, dem heutigen Stotzheimer Bach. Genauer ergibt sich die Lage des Klosters auf einer Karte des Geometers Gallibertus aus dem Jahre 1796. Es ist dies zugleich die einzige

Lageskizze, die relativ genau Aufschluß über die Gebäude des Klosters gibt[2]. Der Burbacher Bach entspringt in einem kleinen Teich oberhalb des Klosters, fließt in östlicher Richtung und wird auf halber Strecke zum Kloster für den Betrieb einer Ölmühle aufgestaut. Hinter ihr biegt der Bach nach Norden ab und weitet sich zu einem zweiten, größeren Teich, an dessen Ende vor den Konventsgebäuden eine Mahlmühle steht. Ein zweiter Abfluß dieses Mühlenteiches umfängt ein größeres Wiesenstück, um sich schließlich wieder mit dem Hauptbach zu vereinigen, der in nordöstlicher Richtung zu den Dörfern Burbach und Stotzheim hin abfließt. Teile des Bachlaufes sind heute noch im Gelände erkennbar (Abb. 1).

## Gründung

Zwei lateinische Urkunden unterrichten über die Gründung von Kloster Burbach. Die erste greifbare Nachricht datiert vom September 1233. Eine notarielle Abschrift im Kopiar nennt den 5. September als Ausstellungsdatum[3]. Der Kölner Erzbischof Heinrich von Molenark bestätigt die Einrichtung des Klosters »ad fontem ste. marie«. Als Initiatorin wird Guderadis, die Witwe des Ritters Hartmann aus Köln genannt. Sie unternimmt diese Gründung zu ihrem und ihres Mannes Seelenheil, sowie zu dem ihrer Freunde. Ihr Mann Hartmann Gir ist Begründer einer ebenso wohlhabenden wie einflußreichen Kölner Patrizierfamilie, deren Grundbesitz sich über die ganze Stadt verteilt. Seine Söhne und Töchter sind mit den angesehensten Familien Kölns verschwägert, sie sind Schöffen und Ratsherren. Hartmann stirbt wohl um 1231[4]. In das von seiner Frau Guderadis gegründete Kloster, so die Urkunde des Erzbischofs weiter, werden mit seiner Zustimmung Nonnen aus dem Kölner Kloster Mariengarten (de orte ste. marie) übersiedelt. Ab 1220 wird dieses Kloster in Köln erwähnt, lag aber möglicherweise zuvor außerhalb der Stadt[5]. Eine Stiftungsurkunde für Mariengarten ist nicht bekannt. Ausdrücklich heißt es in der Urkunde vom 5. September, es sei besser, wenn alle Schwestern die Stadt verließen, um außerhalb der Mauern »an einem einsamen Ort, fern von den Tumulten« ihr Gebet zu verrichten. Nach den Gepflogenheiten des Ordens soll kein Kloster innerhalb einer Stadt liegen. Dennoch kommt es nicht zu einer Verlegung des ganzen Konventes, sondern nur zu einer Teilung. Wie die spätere Geschichte des Klosters Burbach, aber auch anderer Klöster zeigt, ist dem innerstädtischen Standort aus Sicherheitsgründen – zumal für Frauenklöster – ein gewisser Vorzug nicht abzusprechen. Möglicherweise ist aus diesen Gründen das Kloster Mariengarten wenige Jahre zuvor in die Stadt verlegt worden[6]. Die Echtheit der Urkunde wird von Knipping bezweifelt, weil die Schrift aus dem 14. oder 15. Jahrhundert stammt. Da innere Gründe für eine Unechtheit jedoch nicht vorliegen und das Siegel wohl echt ist, vermutet er die Abschrift einer schadhaften Urkunde und die Anfügung des alten Siegels[7]. Nähere Einzelheiten über die Teilung des Konventes erfährt man aus einer zweiten Urkunde, die nur wenige Tage später, am 20. September, in der Kirche von Mariengarten besiegelt wird. Die Urkunde[8] spricht davon, daß die Äbtissin Mechtild von Mariengarten und Guderadis übereingekommen sind, 31 Frauen aus dem Kloster in die neue Gründung zu entsenden. Im weiteren geht es zunächst um eine Zusicherung der Guderadis, als Gegenleistung die Schulden des Klosters in Höhe von insgesamt 30 Mark kölnisch in zwei Raten zu begleichen. Sodann folgen

Vereinbarungen über die Aufteilung der Güter und Zinseinnahmen (Renten) zwischen den fortziehenden und den verbleibenden Schwestern. Letztere behalten das Grundstück des Klosters Mariengarten mit all seinen Gebäuden. Alles andere, Zinsen, Getreiderenten und Immobilien – innerhalb und außerhalb der Stadt – werden zu gleichen Teilen zwischen den Konventen aufgeteilt. Um eine gerechte Verteilung zu gewährleisten, werden eine Reihe von Klerikern bestimmt, die den Wert der Renten und Güter feststellen sollen. Es sind dies der Subprior Appolonius, der Dominikaner Fr. Leo, der Knechtstedener Kanonikus Giselbert, der Priester Matthias und Martin, Kanonikus von S. Gereon in Köln. Sie werden zugleich als Schiedsrichter bei etwaigen Streitigkeiten bestellt. Dem Kloster Burbach fallen der Hof in Berrenrode und die Güter in Wintere zu, sowie an Geldrenten ½ Mark von Guderadis, 1 Mark von Bruno de Speculo und 4½ Mark von Mabilia, der Tochter des Appolonius Errebolt, die noch im gleichen Jahr zwei weitere Renten an das Kloster Burbach überweist[9]. Dem Kloster Mariengarten verbleiben die Güter in Rile, Thedenhoven und Rodenkirchen und ebenfalls verschiedene Renten. Alle Tiere des bisherigen Konventes werden zu gleichen Teilen aufgeteilt. Bei einigen Gütern jedoch wird anders verfahren. Es handelt sich dabei unter anderem um Haus und Hof, welche die Schwester des Fr. Godefridus gen. Flaminger dem Kloster vermacht hat und um die Güter in Niele seitens Arnoldus gen. Flaminger. Diese werden zu zwei Dritteln den Burbacher Schwestern zugesprochen, der Rest verbleibt den Nonnen von Mariengarten. Im Falle der Nieler Güter werden eventuell entstehende Kosten in derselben Weise auf beide Konvente verteilt. Neben der Äbtissin Mechtild und Guderadis haben auch die schon genannten Gutachter und zehn weitere Zeugen die Rechtskraft der Urkunde beglaubigt.

## Name

Die Urkunde Erzbischof Heinrichs vom September 1233 spricht von dem »coenobium prope colon[iam] ad fontem s[anc]te marie«, wörtlich also von dem Kloster nahe Kölns bei der Quelle der Heiligen Maria. Tatsächlich liegt das Kloster nahe der Quelle des Burbacher bzw. Stotzheimer Baches. Maria als Patronin des Zisterzienserordens begegnet als Namenselement bei sehr vielen Klöstern. Genau den gleichen lateinischen Namen trägt auch das Kloster Hoven im Kreis Euskirchen. In der Form »de fonte sancte (oder beate) Marie« begegnet dieser Name in den lateinischen Urkunden des 13. Jahrhunderts. Der Name Burbach tritt 1241 erstmalig als Ort in Erscheinung, an dem das Kloster 4 Mansen Land besitzt. Doch erst 1271 wird der Name als Bezeichnung für das Kloster »de fonte beate marie in burbach« verwendet. Weiter sind die Formen »ad«, »apud«, »iuxta Burbach« oder ähnlich gebräuchlich. Nur einmal begegnet »ste. maria de Burna in burbach«[10]. Ausschließlich in Kölner Urkunden taucht jedoch mehrmals die isolierte Form »Burne« auf[11]. Ab der Mitte des 14. Jahrhunderts tritt der offizielle Name »de Fonte«[12] zugunsten der mit Burbagh (1297), Burtbeic (nur 1333), Buyrbach (1358–1457) und Boirbach (1569) leicht variierten Schreibweise zurück, dies gilt auch für die letzte lateinische Belegstelle vom 11. 6. 1358 (»ad Buyrbach«), die sich wohl dem üblichen Sprachgebrauch anpaßt[13] und die Konventssiegel. Ab 1457 begegnet dann die eingedeutschte Form Marienbrunn oder Marienborn »genannt Burbach«. Die lateinische Konventsliste aus dem 19. Jahrhundert verwendet »Fons B. M. V. in Burbach« bzw. iuxta oder alias Burbach und fügt als Ortsbestimmung »in nemore Kottenforst« hinzu[14]. Von sehr später Hand, vermutlich des 18. oder 19. Jahrhunderts wird auf zwei Urkunden die Bezeichnung »Maria de Hürth« nachgetragen. Sonst begegnet diese Bezeichnung nicht[15].

## Gebäude

Von der Klosterkirche und den eigentlichen Konventsgebäuden existieren heute keine Reste mehr, einige Nebengebäude haben sich indes erhalten. Die alte Mahlmühle gegenüber dem Kloster dient heute als Bauernhof. 1782 verpachtet das Kloster diese Mühle nebst allem Zubehör an Land an Peter Fungeling und Eva Krings. Diese Pacht ist dann alle 12 Jahre, zuletzt bis 1806 vom Kloster erneuert worden[16]. Der markanteste Bau im ehemaligen Klosterbereich ist ein nach der Aufhebung zeitweise als Forsthaus genutztes Gebäude aus Feldbrandziegeln. An seiner Nordflanke schließt ein Torbogen mit der Jahreszahl 1789 den heutigen Innenhof ab. In den Schlußstein des Bogens sind rechts und links von einem Abtsstab zwei »S« eingehauen. Beides deutet auf die Äbtissin Scholastika Steinbüchel (1774–1794) als Erbauerin hin. Man betritt das Forsthaus vom Hof her durch eine Tür, deren flachrunder Giebel ein geistliches Wappen trägt (Abb. 2). Dem runden Wappenschild, der einen gespannten, aufwärts weisenden Bogen mit zwei Sternen auf blauem Grund zeigt, sitzt ein Krummstab auf[17]. Der Türsturz darunter trägt die Jahreszahl 1727. Das Datum weist in die Regierungszeit der Äbtissin Anna Gertrudis Isenkrott (1717–1740). Doch läßt sich ihr das Wappen im Giebelfeld nicht eindeutig zuordnen. Der fünf Achsen breite Bau mit Walmdach erinnert in Stil und Ausführung an das um zwei Achsen breitere Haupthaus der Burg Efferen aus dem Jahre 1769[18]. Die ursprüngliche Funktion des Gebäudes ist nicht bekannt, doch könnte es als Äbtissinnenhaus genutzt worden sein. So ist zur gleichen Zeit (1729) im Zisterzienserinnenkloster Saarn ein solches Haus errichtet worden[19]. Das Visitationsprotokoll von 1569 erwähnt nur eine gesonderte Kammer der Äbtissin (cubiculum). Der schon zitierte Plan aus dem Jahre 1769 zeigt den Bau noch nicht. Entweder trägt der Türsturz das falsche Jahr, oder Gallibertus hat sich einer älteren Vorlage bedient, zumal sein Arbeitsauftrag der Vermessung des Baches gegolten hat, der »sich in die Stadt Cöllen ergiesset«. Die Aufnahme des Klosters ist eher ein Nebenprodukt und v. a. wegen der beiden Mühlen von Interesse. Die Karte von 1807/08 zeigt die Lage des Hauses recht genau. Es steht in der Flucht der Konventsmauer, die den Klausurbereich zur Mühle hin abschließt und stößt unmittelbar an die nordöstliche Ecke des Klostergeviertes. Diese Lage macht zugleich die ursprüngliche Funktion des Innenhofes vor dem Forsthaus deutlich. Der heutige Garten ist der ehemalige Wirtschaftshof, nicht der Kreuzgangbereich des Klosters. Die den Garten heute südlich begrenzende Ziegelmauer dürfte etwa den Verlauf des nördlichen Konventsflügels markieren. Im Westen und Norden wurde dieser Hof von Wirtschaftsgebäuden begrenzt. Ehemalige Stallungen und Schuppen befinden sich auch heute noch an dieser Stelle. Auf die Stelle, an der sich das eigentliche Kloster befunden hat, weist heute ein kleines Marienhäuschen hin, dessen Stufenunterbau aus Mühlsteinsegmenten errichtet ist. Die Eheleute W. Fungeling und A. S. Simons haben es 1852 an dieser Stelle errichtet. Die teilweise beschädigte Inschrift lautet: »Deo / Hier stand das Bernhardinerkloster / zu dessen Erinnerung errichtete dieses Denkmal / die Eheleute W. Fungeling und A. S. Simons / MDCCCLII«. Die Kirche des Klosters liegt nach dem Plan von Gallibertus an der Südseite der Anlage und ist mit ihrem halbkreisförmigen Chorschluß nach Osten ausgerichtet. Nördlich von ihr liegt im Zentrum der Anlage der rechteckige Kreuzgarten, um den sich die übrigen Gebäude gruppieren. Unterstellt man dem zitierten Plan eine gewisse Genauigkeit, so mißt die Kirche etwa 50 Meter. Wann die Anlage in dieser Form errichtet worden ist, läßt sich schwer sagen. Kirche und Wohnungen sind für das klösterliche Leben notwendig, die Möglichkeit der Klausur ist Bedingung für klösterliches Leben überhaupt. Für das Vorhandensein früher Bauten gibt es zwei Zeugnisse: Ida von der Lint Gassen aus Köln stiftet in ihrem Testament von 1252 eine Rente von 2 Mark für 2 ewige Lampen vor dem Hauptaltar und Erzbischof Guiellmus Antibarensis, sowie andere Bischöfe erteilen am 3. Juni 1333 einen Ablaß zugunsten der »ecclesie in Burtbeic col. dioc. fundate in honore S. Dionisii mart.«. Dies ist der erste Beleg für eine Kirche zu Ehren des Hl. Dionysius in Burbach. Die Urkunde wird durch ein Transfix aus dem 14. Jahrhundert ergänzt, welches überschrieben ist: »Dit ist der afflaiß des cloysters ind goytzhuyss zo Burbach«[20]. Für die folgende Zeit ist nichts über das Aussehen oder den Zustand der Konventsgebäude bekannt. Es muß allerdings damit gerechnet werden, daß diese durch Kriegseinwirkung gelitten haben dürften. Erst für die Regierungszeit der Äbtissin Elisabeth Pütz (urkundlich 1598 bis 1626) berichtet der Nekrolog über umfangreiche Maßnahmen zum Aufbau und zur Ausstattung der Kirche. Die Äbtissin hat, so steht unter dem 4. Juli verzeichnet, »unsere Kirch lasten auffuhren dreij neuer Al[t]är laßen machen mit der Orgel«. Die Äbtissinnenliste spricht davon, daß sie »ecclesiam altius (erhabener) aedificavit«. Kaum achtzig Jahre später verwüstet ein Brand die Kirche, so daß die Äbtissin Anna Margaretha Cönens (1702–10) die Kirche samt Chor und Turm wieder aufbauen muß[21]. Näheres ist über diese Baumaßnahmen nicht zu erfahren. Die einzelnen Gebäudeteile ergeben sich im Grunde aus ihrer Funktion innerhalb des Klosters. Kirche, Kreuzgang, Kapitelhaus und Refektorium sind obligate Räumlichkeiten, deren Zuordnung jedoch aus einem Idealplan der Zisterzienserklöster nur unzureichend abgeleitet werden kann[22]. Der Beichtvater in Frauenklöstern, der ja nicht im Klausurbereich wohnen kann, hat ein eigenes Haus bzw. eine eigene Wohnung[23]. Zumindest für die Novizinnen scheint es in der Mitte des 17. Jahrhunderts eigene Kammern oder Gemächer zu geben. Für diese Zeit sind auch ein Krankenhaus (Siechenhaus) und ein Turm belegt[24]. Die ursprünglichen Bräuche von Cîteaux verbieten Glockentürme[25], weshalb sich Zisterzienserkirchen gewöhnlich durch einen Dachreiter auszeichnen, der eine Glocke trägt. Das Aussehen des Turmes in Burbach muß offen bleiben. Eine Beschreibung der Immunität aus etwa der gleichen Zeit erwähnt ein Brauhaus. Bei all diesen Gebäuden läßt sich ein Standort nicht ausmachen. Gleiches gilt für das Kapitelhaus, in dem sich 1698 der Konvent zur Äbtissinnenwahl versammelt[26]. Der Nekrolog verzeichnet die Stiftung eines Glasfensters für dieses Kapitelhaus. Insgesamt werden noch 3 weitere Fenster an nicht benannter Stelle gestiftet. Man darf vermuten, daß es sich um farbige Fenster handelt. Ein Kanoniker von St. Kunibert stiftet ein Fenster für den »Umgang«, also wohl den Kreuzgang. Alle diese Stiftungen lassen sich allerdings zeitlich kaum einordnen[27].

## Inventar

Von der Ausstattung der Kirche durch die Äbtissin Elisabeth Pütz ist schon die Rede gewesen. Im Zuge dieser Maßnahmen läßt sie auch drei Altäre errichten. Einer davon ist dem Hl. Bernhard geweiht und wird durch den Beichtvater Theodor Segers vor 1656 mit einem Vorhang und einer Widmungstafel geschmückt[28]. Vier neue Altäre werden am 4. Juni 1662 durch den Kölner Weihbischof Wallenberg konsekriert: Der Hochaltar zu Ehren des Kirchenpatrons Dionysius + Gefährten, sowie Johannes Bapt. und Ursula mit Gefährtinnen; ein Altar im rechten Kirchenschiff (Epistelseite) »nach dem Kirchhoff« hin, zu Ehren der Ordenspatronin Maria, sowie Josefs und Bernhards. Auf der linken Seite, bei den Beichtstühlen, ein Altar zu Ehren der Ordensgründer Benedikt und Robert, sowie ein Altar in der Sakristei zu Ehren der Heiligen Margarete, Agnes und Lucia. In jeden Altar werden zahlreiche weitere Reliquien von Heiligen (Elisabeth, Bonifatius, Maria Magdalena, Simon und Judas apost., Jacobus, Stephanus und Paulus) eingeschlossen. Am häufigsten sind Reliquien der Heiligen Ursula mit ihren Gefährtinnen vertreten[29]. Aus dem Nekrolog des Klosters sind weitere Ausstattungsstücke der Kirche bekannt, die meistenteils allerdings nicht datierbar sind. Die Äbtissin Adelheidis stiftet drei Paramente, 1754 wird ein St. Anna Bild geschenkt, für eine oder mehrere Muttergottesbilder zu verschiedenen Zeiten zahlreiche silberne Ketten, Ringe, Rosenkränze mit Perlen, Kleider und Knöpfe sowie ein silberner Gürtel und ein vergoldetes Zepter. 1698 erhält das Allerheiligste einen Kranz. Die Profeßschwester Anna Kramers († 26. November 1700) läßt zwei Reliquienhäupter mit Gold, Silber und Samt neu verzieren. Dem Hochaltar wird ein Vorhang gestiftet. Dieser Altar hat vermutlich auch den geschnitzten Reliefaufsatz[30] getragen, der sich heute in der Kirche St. Wendelin in Berrenrath befindet. Insgesamt 13 silberne und kupferne Leuchter lassen sich nachweisen, sechs davon für das 18. Jahrhundert. Für den liturgischen Gebrauch sind zwei silber vergoldete Kännchen (1755) bestimmt, fünf Kelche, 22 unterschiedliche Meß- und Chorgewänder, zahlreiche seidene Tücher, Korporalia etc. Die Ausstattungs- und Gebrauchsstücke des Klosters belaufen sich bei seiner Auflösung im Jahr 1802 nach dem französischen Etat auf die Summe von 945 Francs. Neben einigen schon genannten Stücken (Orgelgehäuse, Beichtstuhl, Leuchter, Gewänder und Altartücher) verzeichnet die Liste sechs Bilder, Kreuze, Ziborien, sieben hölzerne Figuren aus der Kirche, einen Weihwasserkessel aus Bronze, Sitzkissen, eine Uhr und ein Glockenspiel mit zwei Glocken aus dem Turm. Hinzu kommen Gebrauchsgegenstände aus dem Haushalt und der Landwirtschaft sowie einige Tiere[31].

## Gräber

Nach den Berichten über die Altarkonsekrationen von 1662 liegt der Friedhof an der freien Südseite der Klosterkirche. Möglicherweise werden hier die einfachen Konventsschwestern begraben, vielleicht auch Außenstehende. Ausdrücklich erfährt man nur von den Gräbern höhergestellter Persönlichkeiten innerhalb der Kirche. Zweifelhaft ist die genaue Einordnung des Beichtvaters Johannes Horstanus (sicher vor 1599)[32], er stirbt am 11. Mai und ist nahe des Hochaltars begraben. Vor dem Marienaltar wird der am 5. Mai 1663 verstorbene Beichtvater Alphonso de Zamora begraben. Zumindest in Burbach gestorben und daher höchst wahrscheinlich auch hier beerdigt, ist der Beichtvater Godefridus Bürch († 18. Februar 1738). Prominentester Mönch ist der Abt von Heisterbach, Johannes Buschmann, der auf einer Reise in Burbach am 4. Mai 1728 stirbt und ›neben dem Hohen Altar unter dem Sarg‹ bestattet wird. Ferner ist belegt, daß der Ritter (miles) Wilhlem von Vissenich († 9. Juni) in der Kirche begraben liegt. Wo die Eheleute Peter von der Klocken ihr Grab haben, ist nicht bekannt, doch haben sie zum 18. Oktober ein Totengedenken mit Begehung ihres Grabes gestiftet. Der Konvent soll an diesem Tag zu Tisch Wein erhalten. Drei Grabplatten aus dem Kloster sind noch erhalten. Sie tragen die Namen des Beichtvaters Conrad Dubuss († 11. April 1721) und der Äbtissin Anna Gertrud Cönens († 29. November 1753) – beide in der alten Gleueler Kirche[33]. Die Grabplatte der Äbtissin Irmgardis de Horst († 9. Januar 1562) steht heute im Vorraum von St. Wendelin in Berrenrath. Von der Inschrift ist noch lesbar: »Abba hic sepulta et . . . A dm 1562«. Da die Platte Abnutzungsspuren aufweist, handelt es sich wohl um ein Bodengrab. Erhalten ist noch ein einfaches Steinkreuz im heutigen Innenhof vor dem Forsthaus. Noch lesbar ist der Name »Wilhem« in gotischer Schrift. Nach dem Bericht des Petro Merssaeo in seiner Geschichte der Kölner Erzbischöfe sind auch die Stifterin Guderadis und ihr Mann im Kloster begraben. Zumindest für Hartmann Gir ist dies unwahrscheinlich, da er schon vor der Klostergründung verstorben ist. Doch auch für Guderadis gibt es sonst keinen Beleg. Das Totenbuch sieht für den 10. Februar nur eine Seelenmesse für sie und ihren Mann (»pro eâ et marito Hermano Von Geyr«) sowie Fisch und Wein für den Konvent vor, nicht aber eine Begehung des Grabes. An dieser Stelle ist auch der Text von Merssaeo zitiert, der als Todesdatum der Guderadis den 4. Februar 1312 angibt und den Vermerk »ex una cum Marito Suo sepulta (mit ihrem Gatten beerdigt) in Suo Monasterio fontis B. Virginis . . .«[34]. Die Überlieferung bei Merssaeo ist insgesamt unzuverlässig, so verlegt er die Klostergründung in das Jahr 1300, wird aber auch in diesem Punkt vom Schreiber des Nekrologs nicht korrigiert! Ob es wirklich ein Stiftergrab in Burbach gegeben hat, muß zuletzt offen bleiben.

## Archiv und Bibliothek

Spätestens nach der Säkularisation wurden die meisten Klosterbibliotheken in alle Winde verstreut, indes wird man davon ausgehen können, daß viele Frauenklöster im Rheinland nie eine größere Bibliothek besessen haben[35]. Auch für Burbach läßt sich eine solche nicht nachweisen. Die Bücher, die nach A. Tille[36] im Gleueler Pfarrarchiv erhalten sind, stammen nicht aus dem Kloster. Es gibt allerdings Nachweise für liturgische Bücher, die ja unentbehrlich sind. 1661 und vor 1700 wird dem Kloster je ein silberbeschlagenes Missale gestiftet[37]. Einzelne Pergamentblätter dreier weiterer liturgischer Handschriften haben als Einbandmaterial im Klosterarchiv Verwendung gefunden. 1. Eine liturgische oder theologische Schrift (Perg. Doppelbogen je Seite 46 × 33 cm, 2 Kolumnen à 48 Zeilen, doppelseitig beschriftet) dient als Einband für ein Lagerbuch der Jahre 1515–1598. 2. Ein Zins- und Pachtbuch für Gymnich ab 1660 ist mit einem Pergamentblatt eingebunden, welches vermutlich zu einem Missale gehört (33,6 × 21,5 cm, 2 Kolumnen an den Rändern beschnitten). Das Blatt bietet die Perikope Joh 9,1–38 mit eingeschobenen Orationen. Der Text ist in Anlehnung am Mt 8,1 durch die Wendung »In Jener Zeit . . .« aus dem Textzusammenhang herausgelöst. 3. Ein Zinsregister der »Blesheimer Grundherschaft item zu Liblar« ab 1755 ist mit dem Blatt eines Choralbuchs eingebunden (Perg. 25 × 21 cm mit Notenlinien und Neumen). Die Vorderseite des Blattes enthält Text und Melodie des Introitus zum Fest Christi Himmelfahrt: »Viri Galilaei, quid admiramini aspicientes in coelum?«[38]. Weiter kann man den Stücken der Bibliothek das Totenbuch einreihen. Aus älteren Vorlagen hat die Priorin Katharina de Campana dieses Buch 1496 zusammengestellt. Die Neufassung von 1656 besorgt allerdings Theodor Segers, der von 1652–1659 Beichtvater der Nonnen ist. Einer seiner Nachfolger, Albertus Mansteden, hat gleich drei Register für das Klosterarchiv angefertigt, das Pacht- bzw. Rechnungsbuch und das Hauptbuch von 1763 sowie ein Register von älteren Schriften und Urkunden von 1764[39]. Ansonsten enthält das Klosterarchiv außer den heute im Hauptstaatsarchiv Düsseldorf liegenden Urkunden insgesamt 19 Pacht- und Zinsregister des 16.–18. Jahrhunderts aus dem Bereich der Klosterwirtschaft. Hinzu kommt ein Kopiar mit Abschriften von Urkunden ab 1233. 1569 wird erstmals ein Klosterarchiv erwähnt, in welches die »registra« der Abtei abgelegt werden[40].

## Städtischer Hausbesitz

Der Besitz von Häusern oder der Anteil an Hausrenten ist für jedes Kloster eine wichtige Einnahmequelle. Der Hauptteil dieses Besitzes liegt für Kloster Burbach in der Stadt Köln, aber teilweise auch auf dem Lande. 1380 verschreiben die Eheleute Heinrich und Hilla Covenson der Abtei eine Rente von einem Malter Weizen (Kölner Maß) aus ihrem Wohnhaus nebst Zubehör in Schwadorf. Diese Rente ist gedacht zur Leibzucht (Unterhalt) für die Konventualinnen Fie Overstolz und Nesen von Niethen. Nach deren Tod geht die Rente jedoch auf das Kloster über. Dieser Besitz in Schwadorf ist noch für die Jahre 1660–1674 nachweisbar[41]. In Brühl erwirbt das Kloster 1610 von Katharine Bommels, der Witwe des Bürgers und Prokuratos »des Städtlein Brühl«, eine Hofstätte mit Garten und Bauplatz für 500 Taler. Ein Jahr später kommt es zu Regelungen mit den Hausnachbarn vor einem Kölner Notar. In die gleiche Zeit fallen zwei Ankäufe von Land in Oedekoven. Das Kloster scheint zu dieser Zeit eine offensive Erwerbspolitik zu betreiben. Der Hof in Brühl liegt an der Stelle, an der Erzbischof Clemens August später die Hubertusburg errichtet. Zu diesem Zweck kauft er das Gelände 1731 von der Äbtissin Anna Gertrud Isenkrott auf und das Kloster verlegt seinen Hof vor die Stadt[42]. Über den weitaus meisten Hausbesitz verfügt Kloster Burbach jedoch in der Stadt Köln[43]. Schon zum Zeitpunkt seiner Gründung ist das Kloster im Besitz von Zinsen aus Kölner Häusern. Diese Häuser, oft auch nur Zinsanteile, sind Stiftungen und häufig mit der Verpflichtung zu Seelmessen verbunden, oder aber sie stammen aus der »Mitgift« einzelner Nonnen. Keine 70 Jahre nach seiner Gründung ist der Konvent in praktisch allen Kölner Stadtbezirken mit Hausbesitz oder Hausanteilen vertreten und findet in zahlreichen Testamenten Berücksichtigung. Wichtig ist es aber vor allem für die Nonnen, einen Wirtschaftshof in genügender Größe zu besitzen, der

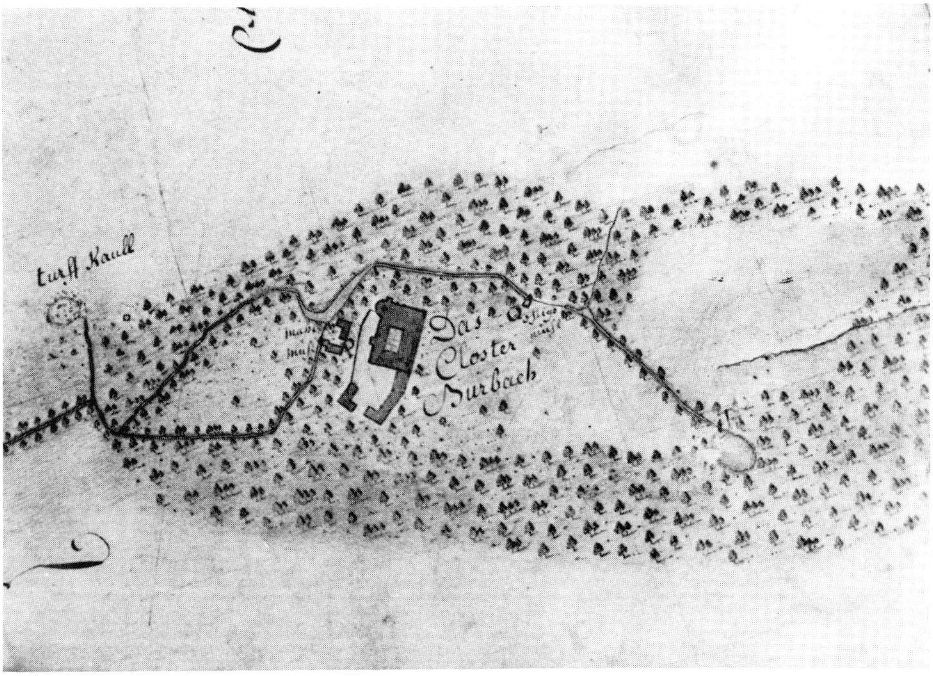


*Lageplan des Geometers Gallibertus von 1796.*

auch als Zufluchtsstätte dienen kann. Für das Jahr 1344 ist der Erwerb eines solchen Hofes nachzuweisen, es ist der Lohhof im Bezirk Kolumba in der Nähe des Neumarktes. Bis ins 15. Jahrhundert wird er von den Nonnen genutzt. 1633 erwirbt die Abtei das »Alt Steinhauß« am Rinkenpfuhl für die Summe von 3200 Talern[44]. Das Haus liegt gegenüber von St. Mauritius und unweit des Hofes der Nonnen aus Benden. Noch wenige Jahre zuvor verkauft die Abtei über 100 Morgen Busch im Gebiet von Brühl an den Kartäuserkonvent für die beträchtliche Summe von 1858 Reichstalern. Dieses Geld legen die Nonnen jedoch in einem Erbe im Bezirk Brigiden an[45]. Der Burbacher Hof wird 1639 und 1643 mit Hypotheken belastet und fällt 1664 an die Gläubiger. Doch gelingt sein Wiedererwerb im Jahre 1669 und bis zur Aufhebung der Abtei bleibt er in deren Hand. Erst 1800 wird der Hof erstmalig zur Pacht ausgegeben. Dieser Hof am Rinkenpfuhl ist einer der größten Stadthöfe der Frauenklöster des Ordens in Köln.

## Landbesitz

Der Besitz an Grund und Boden bzw. der Anteil an Grundpachten ist wohl die wichtigste Einnahmequelle für das Kloster. Die Höfe und Äcker werden grundsätzlich auf 6, 12 oder 24 Jahre Pacht gegeben, nur vereinzelt ist eine Vererbpachtung (1309, 1771) bekannt. Die Pachtzeiten deuten auf eine Dreifelderwirtschaft hin. Um

Kontinuität und Sorgfalt der Pächter zu gewährleisten, wird häufig an einen Pächter, seine Frau und deren Sohn gemeinsam verpachtet, so daß letztere im Todesfalle den Hof weiterführen können (Drei-Leiber-Pacht)[46]. An Getreide können für das Jahr 1763 über 367 Malter Roggen, 39 Malter Weizen und 58 Malter Gerste nachgewiesen werden. Hinzu kommen andere Abgaben an das Kloster, die in den Pachtverträgen geregelt sind, so z. B. zu Ostern 1 Kalb, 50 Eier und 1 Weißbrot (Paschweck), Lebkuchen, Schweine und Hühner etc., aber auch Dienste, wie das Einsammeln und Abliefern von Grundpachten. Die fälligen Abgaben gehen nur zum Teil ans Kloster, es müssen von ihnen auch unterschiedliche Abgaben an den jeweiligen Lehnsträger oder den Landesherrn bestritten werden[47]. Die bereits mehrfach zitierte Urkunde vom 20. September 1233 nennt als Grundbesitz des Klosters einen Hof (curtis) in Berrenrath, Güter (bona) in Wintere, ⅔ der Güter in Niele von Arnoldus Flaminger, sowie ⅔ von Haus und Hof (domum et area) von Godefridus Flaminger, letzterer ohne Ortsangabe. Über die Größe dieser Güter wird nichts vermerkt. Hinzu kommt natürlich noch der Grundbesitz, auf dem das Kloster selbst steht. Dieser Burbacher Besitz wird mit 59 Morgen (ea primaria fundatione) angegeben. Die zum Kloster gehörende Immunität wird im Mai 1662 vom damaligen Gerichtsboten und Förster Heinrich von Efferen wie folgt umschrieben: »Brücke am Mühlenweiher durch den alten Bach über das Mühlenrath durch den Weiher und durch den Bach, der von Süden abkommt bis über den Weiher, der im Süden gemacht ist, bis zu der Berrenrather Hoheit und kehrt aus eine große Eiche, die am Feld steht zwischen den Braigen, da ein Creutz ausgehauen ist, geht alsdann durch die Cloisters 8 Morgen und durch den Ohligs Müllenweiher, darin ein Stock steht, der vorher in dem Bach stand, von diesem Stock weiter die alte Bach hinab, längs dem Garten und längs des Klosters Brauhaus bis hinter dem Müllengarten, bis zur Brücke«. Wichtig ist für das Kloster der Erwerb der Mühlengewalt. Die Mühlen liegen innerhalb der Immunität und sind nur mit einem Beitrag zum Unterhalt der Gleueler Kirche belastet[48]. Schon 1236 gewährt Graf Wilhelm von Jülich die Freiheit des Wasserlaufes durch sein Territorium und 1258 verzichtet der Augustinerkonvent Mechtern bei Köln auf seinen Anteil an der Mühlengewalt in Burbach zugunsten des Klosters[49]. Der entscheidende Ausbau des Berrenrather Besitzes erfolgt 1236. In diesem Jahr erwirbt die Abtissin Christina vom St.-Ursula-Stift in Köln den Fronhof zu Berrenrath in Erbpacht[50]. In den Besitz weiterer Güter kommt das Kloster durch eine Schenkung seiner Stifterin, die Erzbischof Konrad am 19. Juli 1241 bestätigt. Guderadis schenkt der Abtei Land in Berrenrath (3 Mansen), Burbach (4 Mansen) Merreche [= Kierberg] (5½ Mansen), Linde [Lind bei Köln-Kriel] (2 Mansen weniger 8 Morgen), 25 Morgen Wald beim Kloster und 10 Morgen Wiesen, ¼ Weinberg zu Dollendorf und nach ihrem Tode ein weiteres Viertel, einen Hof zu Niel mit allen Rechten und verschiedene Renten in Köln. Der gleiche Erzbischof besiegelt am 10. März 1252 auch die Schenkung eines Arnold – vielleicht der schon erwähnte Arnold Flaminger – über Güter zu Erb, Burbach und Berrenrath sowie seinen sonstigen Besitz, vorbehaltlich der Leibzucht[51]. Weitere Erwerbungen sind zunächst nicht bekannt, doch zählt eine Güterliste von 1256 noch weitere Besitzungen auf. Papst Alexander IV. nimmt am 7. Juli dieses Jahres das Kloster unter seinen Schutz und bestätigt folgende Besitzungen: zu Burbach, Berrenrath, Linde, Merrigre (= Kierberg), Niel, Erp, Wintere (Königswinter), Dollendorf, Kessenich, Lövenich, Königsdorf, Dirmuntstein (Dirmerzheim), Palmersdorf, Voggene (= Vochem) und Morle (?). Einige

Güter finden später keine Erwähnung mehr, sie werden möglicherweise unter anderem Namen geführt oder wurden aufgegeben, vielleicht gegen andere Güter eingetauscht. Ein solcher Tausch ist 1581 zwischen insgesamt 33 Morgen Land auf dem Altenfeld und zu Burbach gegen ca. 12 Morgen zu Berrenrath und Bruchland auf dem Birkenfeld sowie verschiedene Renten belegt und 1515 für Land bei Brühl[52].

## Berrenrath/Burbach

1298 verzichtet Graf Luf von Hülchrath als Vogt des Fronhofes zu Berrenrath auf alle seine Vogteirechte an diesem Hof zugunsten der Schwestern von Burbach. In den Hof gehören zu dieser Zeit 8 weitere Hofstätten im Ort. 1763 umfaßt der Hof (Stumbshof) selbst 245 Morgen Land. Aus »notdringender Ursache« muß er 1749 unter den Einwohnern und Hausleuten verteilt werden und wird 1763 in dieser Form an Peter Blatzheim und Anna Fündelin und 26 Hausleute verpachtet. Gut die Hälfte des Bodens ist nach einer Akte des 18. Jahrhundert schlechter Qualität, wobei Abgaben an den Erzbischof, die Klöster St. Ursula, St. Apern und Cäcilien zu zahlen sind, ferner an die Gerichtspersonen in Berrenrath und den Offermann zu Gleuel. Bis 1802 bleibt der Hof im Besitz des Klosters. Ferner gehören 1763 in diesen Fronhof weitere 400 Morgen Land und 150 Morgen Busch, die um Berrenrath und Burbach liegen. Das Land ist 1802 auf insgesamt 46 Pächter in Stücken von 1 bis 21 Morgen (durchschnittlich etwa 9 Morgen zu je 12 Jahren Pachtzeit) verteilt. Auch die 150 Morgen Busch sind noch im Besitz des Klosters[53].

## Berzdorf

1295 erwirbt Burbach 6 Morgen Ackerland zu »Bertesdorf« für 7 Mark weniger 6 Solidi. Dieses Geld schenkt der Kölner Patrizier und Vikar Gerhard Overstolz den Nonnen unter der Bedingung, daß sie die Hälfte des erworbenen Besitzes seiner Nichte Hadewigis, Nonne im Kloster Hoven, als Leibzucht geben. 7 Morgen im »Bertesdorfer Feld« sind 1357 im Besitz der Abtei nachweisbar[54]. Ein Pachtvertrag ist aus dem Jahre 1698 erhalten. Der Hof zu Berzdorf wird auf 12 Jahre den Eheleuten Johann Felten und Anna Stoub verpachtet. Neben den Leistungen an das Kloster ist der Hof mit Abgaben an den Domhof, den Kirchhof in Worringen und das Schloß in Brühl belastet. Ferner werden die Pächter zur Einholung sämtlicher Grundpachten in Berzdorf verpflichtet. 1709 wird der Vertrag unter Hinzufügung von 4 Morgen Benden und veränderter Abgaben verlängert. Im Todesfall kann der Sohn den Vertrag übernehmen. Weitere Pachten sind für die Jahre 1757 bis 1805 belegt. Der Gesamtbesitz des Hofes in Berzdorf beläuft sich 1757 an Ländereien und Benden auf etwa 300 Morgen, 1763 auf cirka 316 Morgen. Bis 1802 gehört er zum Kloster[55].

## Bornheim und Brenig

Beide Güter werden unter den Äbtissin Elisabeth Pütz am 11. November 1617 von der Abtei erworben. Zu dem freiadeligen Gut in Bornheim gehören neben Haus und Hofplatz 1763 5½ Viertel Weinland, 3 Morgen Acker und 16 Morgen Busch sowie 1½ Morgen Broich. 1789 gibt das Kloster die Erlaubnis zur Niederlegung der Weinstöcke, so daß diese 1802 nicht mehr erwähnt werden. Pachten sind von 1754 bis 1790 nachweisbar. Bei Brenig verpachtet das Kloster 1704 und 1716 Hofstatt, Ackerland, Weingärten und Büsche für je 12 Jahre. Neben Abgaben (10 Malter Roggen, 4 Malter Gerste, 1 feistes Kalb oder 1 Goldgulden, 3 Hühner) müssen die Pächter auch die Grundpachten des Klosters in Bornheim, Waldorf und Dersdorf auf ihre eigenen Mühen und Kosten einholen. 1763 wird der Umfang des Gutes mit 20 Morgen Acker, 2½ Viertel Weinland und 3 Viertel Busch angegeben. Von 13 Morgen sind Abgaben an das Kölner Kunibertsstift, von 7 Morgen Abgaben an das Cäcilienstift zu leisten. Pachten sind von 1763 bis 1799 belegt[56].

## Brühl

Über den Tausch von Land, 1515 das in den Burbacher Hof bei Brühl gehört, wird oben schon berichtet. 1626 verkauft die Abtei an die Kölner Kartäuser etwa 100 Morgen Busch im Brühler Gebiet. 1637 jedoch kauft die Äbtissin Elisabeth Pütz hier 5¼ Morgen Land. Seit der Hof innerhalb Brühls 1731 vor die Stadt verlegt wurde, gibt es hier zwei Höfe. 1763 werden der Brühler Halbwinner (Pachten von 1757 bis 1786: 26 Malter Roggen, 6 Malter Weizen, 12 Malter Gerste) und der Brühler Halfen (seine letzte wegen Kriegslasten geminderte Pacht 1793 bis 1802: 21 Malter Roggen, 4 Malter Weizen, 6 Malter Gerste), die vom selben Pächter gehalten werden, erwähnt. In einer Akte des 18. Jahrhunderts und 1802 wird nur der letztere Hof mit 149¼ Morgen 2 Pinten Acker und 4 Morgen 3 Pinten Baumgarten (1802: 150 Morgen) aufgeführt[57].

## Erp

Alter Besitz sind die Ländereien in Erp. Ein Hof läßt sich nicht nachweisen, doch sind Pachten für 23–25 Morgen Land von 1763 an belegt. Das Land ist dem Grafen von Manderscheidt-Blankenheim zinspflichtig. Der letzte Pachtvertrag wird 1799 abgeschlossen.

## Frechen

Der Kirchhof in Frechen wird erstmals 1763 mit 63 Morgen angegeben. Pachtverträge sind für die Jahre 1757–1793 nachweisbar. In den Akten von 1802 ist er mit 140 Morgen ausgewiesen.

*Der letzte Baurest des Klosters, das ehemalige Forsthaus (um 1727 errichtet) vom Innenhof der heutigen Anlage aus gesehen.*

## Gymnich

Die Eheleute Johann Pyll von Kerpen empfangen von Ulrich und Bela Poll 1483 deren Haus und Hof mit 18 Morgen Acker und Benden (Wiese) zu Gymnich. Die Urkunde ist wohl mit dem Erwerb der Güter durch die Abtei in deren Archiv übergegangen. Akten existieren für diesen Besitz für den Zeitraum 1660 bis 1801. Das Hauptbuch vermerkt für 1763 neben verschiedenen Grundrenten 10 Morgen Benden. Wahrscheinlich wird das Land vor der Säkularisierung verkauft, da es 1802 in den Akten nicht mehr auftaucht[58].

## Königsdorf

Nach der Erwähnung von 1256 tritt dieser Besitz erst 1763 mit einem Pachtvertrag über 26 Morgen 3 Viertel und 15 Ruthen wieder in Erscheinung. Bei der Anlegung einer Straße erhält das Kloster 77 Reichstaler. Entschädigung für seinen Landverlust[59]. 1 Malter Weizen ist von der Pacht an das Ursulastift zu zahlen und 15 Malter Roggen an das Kloster. Diese Abgaben bleiben bis 1802 stabil, der Hof wird bei der Auflösung mit 25 Morgen berechnet. Pachtverträge sind für die Jahre 1765–1802 belegt.

## Kessenich bei Bonn:

Nach einer Spezifikation durch den Kessenicher Pastor Johann Schniederknab am 14. Mai 1614 entfallen auf den Kessenicher Besitz etwas über 4 Morgen Weinland, 38 Morgen Ackerland und etwa 4 Morgen Busch. Neben der Verpachtung von 3 Pinten Weinland und der Herabsetzung von Abgaben für 3 Viertel Acker 1625 ist ein erster Pachtbrief für den Hof in Kessenich von 1562 erhalten, danach sind Abgaben an den Erzbischof, an den Geschworenen Hofmann und den Offermann zu Kessenich sowie an den Kartäuserhof zu zahlen. Dem Kloster bleiben nur 8 Ahmen Wein. Diese Verpachtung geht an vier Personen gemeinsam für 24 Jahre. 1742 gewährt der Kurfürst für die Kessenicher Güter Zollfreiheit. Hof und Land bleiben bis 1802 ungemindert im Besitz des Klosters, der letzte Pachtvertrag wird 1798 abgeschlossen[60].

## Liblar

Nach 1256 erwirbt die Abtei Land bei Liblar. 1309 ist eine erste Vererbpachtung von 18 Morgen belegt. Nebst einer Erbrente bei Bliesheim erwirbt Burbach 1486 11 Morgen Land zu Köttingen bei Liblar für 315 oberländische Gulden. 1802 lassen sich nur 4 Morgen bei Liblar und insgesamt 12 Morgen bei Roggendorf, nahe Liblar nachweisen. An Pachtverträgen sind nur jeweils die bekannt, welche 1802 auslaufen[61].

## Oedekoven

Gut nachvollziehen läßt sich der Erwerb der Güter in Oedekoven bei Bonn: Am 13. März 1613 verkaufen die Eheleute Georg und Caecilia Zensus aus Oedekoven der Abtei Haus und Hof, Kelterhaus, Scheune, Stallung, dazu 6 Morgen Land, 18 Morgen Busch, 2 Morgen Bruch sowie Benden, Garten und 8½ Viertel Weinland. Das Kloster zahlt hierfür 2300 Taler. Ein Jahr später werden noch einige kleinere Landstücke von demselben Ehepaar hinzuerworben. Die Erwerbspolitik des Klosters führt schließlich 1752 zu einem weiteren Ankauf. Diesmal werden von den Eheleuten Peter Oedekoven und Christina Bogen für 250 Taler 2½ Pinten Weinland, 1 Morgen Land und ½ Viertel Busch erworben. Dieses Land ist dem Kapitelhof in Meßdorf zinspflichtig. Der Besitz verbleibt ungeschmälert bis zur Aufhebung beim Kloster. Pachtverträge sind für die Jahre 1762–1810 nachweisbar[62].

## Wintere

Die einzige Nachricht für diesen Besitz nach 1256 stammt aus dem Jahre 1307. Für den 30. November ist ein Schöffe in Königswinter belegt, der als »familiaris in Buyrbag« bezeichnet wird[63].

An kleineren Grundpachten sind nachweisbar (Jahr des Nachweises)[64]:
Bruggen: Quittungen 1756–1801.
Allstädten: 1595 (erste Verpachtung belegt)–1802 (4 Morgen Land).
Camp zu Hüchelheim: Quittungen 1756–1800 (½ Malter Roggen).
Dersdorf: 1704/1716.
Dottendorf: 18. Jahrhundert.
Gleuel: 1802 (1½ + 4 Morgen Land).
Goltzheim: 1763 (Erbzins von 1 Malter Roggen).
Hürth: 1513 (erste Schenkung zum Unterhalt einer Nonne)–1763.
Niederbohlen: Quittungen 1763–1802 (4½ Morgen Land, 1 Malter Roggen).
Stotzem: Quittungen 1756–1802 (4½ Morgen Land).
Waldorf: 1704/1716.

## Aufsicht

Wie für Mariengarten in Köln ist auch für Burbach die Zugehörigkeit zum Zisterzienserorden erst für 1241 (»ordinis cystercien[sis]«) belegt. Die älteren Urkunden schweigen zu dieser Frage[65]. 1241 siegelt neben dem Weltklerus der Abt von Heisterbach (de valle sci petri) für Burbach, während sich Kamper Mönche und Äbte in Burbach erst ab 1584 nachweisen lassen, was eine frühere Anwesenheit natürlich nicht ausschließt. Drei Beichtväter in der 1. Hälfte des 16. Jahrhunderts stammen möglicherweise aus Altenberg. Es sind Arnold Müll († 1. Februar), Christian Schuiss († 4. April) und Jacob Ercelens († 22. April)[66]. Für die spätere Zeit gilt jedoch, daß Burbach, wie auch Kloster Mariengarten, aber auch der Nachbarkonvent Benden, seinen Priester aus dem Zisterzienserkloster Kamp erhält. Diese Abtei versieht zugleich die geistliche Aufsicht über den Nonnenkonvent Burbach. Ihre Äbte fungieren als Visitatoren und nehmen in der Regel die Profeß der Schwestern entgegen, deligieren aber gelegentlich dieses Recht auch an Äbte anderer Zisterzen oder an die Beichtväter, die dann »ex commissione« oder »cum licentia« handeln. Bei wichtigen Verträgen muß der Abt einer Zisterze bzw. der Beichtvater des Klosters mit unterzeichnen. Der Pater in Burbach erscheint in den Quellen unter der Bezeichnung Confessor/Confessarius bzw. Beichtiger und später auch Prior. Zusammen mit der Äbtissin ist der Pater für die Verwaltung der abteilichen Güter verantwortlich. In dieser Eigenschaft müssen sich beide einmal jährlich auf St. Andreas (30. November) vor dem Konvent für ihre Rechnungsführung verantworten. Bei einigen Pachtverträgen sind eigens Abgaben für den Pater vorgesehen[67]. Im Kloster versieht der Pater den Meßgottesdienst. Zu den Konventsämtern treten Anniversare und Memorien (Seelmessen), die aus den Vermächtnissen der Stifter bestritten werden. Ein eigener Priester für diese Messen ist für Burbach nicht bekannt. Für die Konsektration von Paramenten und Altargerät erhalten die Beichtväter eine auf fünf Jahre befristete Vollmacht des Diözesanbischofs[68]. Zur Aufgabe des Paters in Burbach zählt zudem der Gottesdienst für die Bewohner von Berrenrath. 1623 erhält die Abtei die Erlaubnis, an der Stelle der durch Wallfahrten verehrten St.-Wendelin-Säule ein Oratorium zu errichten. Es wird in das Kloster inkorporiert, wobei dieses für die Hl. Messe und die Instandhaltung Sorge trägt[69]. Viele Beichtväter wirken vor oder nach ihrer Tätigkeit in Burbach auch in anderen

Klöstern, wie Saarn oder Mariengarten, oder in den Kamper Stadthöfen in Köln oder Neuss. Manche bekleiden auch Ämter im Kloster Kamp bis hin zum Abt. Grundsätzlich fungieren die Beichtväter oder Prioren als Stellvertreter der Vateräbte in den unterstellten Frauenklöstern. Außer Burbach unterstehen der Abtei Kamp 23 weitere Frauenklöster[70].

## Zahl und Herkunft der Nonnen

Für das Gründungsjahr der Abtei, 1233, wird die Zahl der Nonnen mit 31 angegeben. Wenn man die Höhe der Anzahl auch nicht bezweifeln muß, so kann sie doch nur auf dem Hintergrund der religiösen Frauenbewegung des 13. Jahrhunderts richtig gewertet werden. Möglicherweise ist der Durchschnittswert deutlich niedriger anzusiedeln. Im 13. Jahrhundert gibt es für Frauenklöster gewisse zahlenmäßige Beschränkungen, die abhängig von der Höhe der Einkünfte sind. Es soll verhindert werden, daß die Nonnen gezwungen werden, ihren Unterhalt zu erbetteln, oder zum Zwecke der Landarbeit den Bereich der Klausur zu verlassen – letzteres übrigens im Gegensatz zur Praktik des 12. Jahrhunderts. Für das Kölner Zisterzienserinnenkloster Maria Sion z. B. legt Papst Innozenz im Jahre 1300 die Höchstzahl auf 50 Nonnen fest[71]. Eine solche Festschreibung der Nonnenzahl ist für Burbach nicht überliefert. Genaue Zahlen stehen erst wieder für das 17. und 18. Jahrhundert zur Verfügung. Im Jahr 1650 läßt sich eine Konventsstärke von 14 Nonnen feststellen, im Jahre 1698 sind es ebensoviele und 1750 15 Nonnen, dabei eine Laienschwester. In der Zeit vor der Auflösung des Klosters nimmt die Zahl der Nonnen ab. Die letzte Nonne wird am 3. November 1793 eingekleidet, aber noch vor der Säkularisierung verläßt sie das Kloster wieder, um zu heiraten. Am Ende leben noch acht Nonnen, darunter eine Laienschwester, in der Abtei[72]. Fragt man nach der Herkunft der Burbacher Schwestern, so fällt der Blick zunächst auf das benachbarte Köln. Schon die Stifterin entstammt dem städtischen Patriziat. Ein Blick in die Schreinsbücher und -urkunden läßt zumindest für die Zeit bis etwa 1400 einen hohen Anteil Kölner Bürgerstöchter vermuten. Die meisten überhaupt nachweisbaren Nonnen sind hier zu finden. Töchter aus den oberen Schichten der Stadt, aber auch aus den Kreisen des Landadels leben im Kloster Burbach. Der Herkunftsnachweis ist im Einzelfall oft nur schwer zu führen, da Angaben meist fehlen. Von den letzten acht Nonnen des Klosters ist bekannt, daß drei gebürtig aus Köln stammen, die übrigen aus Aachen, Düren, Siegburg, Simpelfeld/Herzogtum Limburg und Wart bei Siegburg[73]. Daß es adelige und nichtadelige Nonnen in Burbach gibt, belegt das Visitationsprotokoll von 1569 (siehe unten). Damals kam es offensichtlich zu Rivalitäten zwischen beiden Gruppen. Die Kommission mahnt den Konvent, sich auf die gemeinsame Profeß zu besinnen. Daher sollen sich die adeligen Nonnen nicht für etwas besseres halten, andernfalls müssen sie bestraft werden. Vor allem die Äbtissin wird ermahnt, für Gleichheit in Disziplin und Strafe zu sorgen. Sie soll (bei den adeligen Nonnen) kein Auge zudrücken (non isti connivendo). Die damalige Abtissin Margaretha von Efferen (Quentel-Overstolz) entstammt selbst dem Landadel und ist in dieser Hinsicht wohl besonders gefährdet.

## Konversen

Sind Adelige wie Nichtadelige doch beides Nonnen, so findet sich in Burbach noch eine andere Gruppe von Schwestern, die Konversen oder Laienschwestern (Laica). Diese sind typisch für Zisterzienserklöster, sie unterliegen nicht der strengen Klausur und sind nur eingeschränkt zum Stundengebet verpflichtet, da sie sich der mehr praktischen Arbeit widmen. Sie leben nach einer eigenen Regel, die sie jedoch auch zu Keuschheit und Armut verpflichtet, und von den übrigen Nonnen getrennt. Urkundlich sind sie für Burbach schwer faßbar. Im Vorwort zur Nekrologabschrift von 1656 wird zwischen »Conventual-Jufferen« und »Mit-Schwesteren« unterschieden. Das Totenbuch selbst teilt 21, vielleicht 22 Laienschwestern mit, zeitlich einzuordnen sind allerdings nur wenige von ihnen. Für 1451[74], 1661 († 30. April) und 1679 († 11. Oktober) ist je eine Konversin belegt. Die Mitschwester Catharina Blums betreut über 24 Jahre hinweg die Küche des Klosters und wird unter ihrem Todestag (27. Oktober 1683) im Nekrolog lobend erwähnt. Als Organistin sind die Laienschwestern Maria Magdalena Wannos († 19. November 1763) und Francisca Wilhelma Francken (bis 1802 im Kloster) tätig. Für beide ist auch ein Datum für Einkleidung und Profeß überliefert. Ihr Versprechen legen sie jedoch nicht in die Hände des Abtes von Kamp ab, sondern in die des Paters in Burbach, was bei den Konventsschwestern nur ausnahmsweise der Fall ist. Da die Laienschwestern nicht auf festen Chorsitzen ihr Gebet verrichten, sondern auf einfachen Stühlen, nennt der Visitationsbericht von 1569 sie »sediles«. Die Äbtissin wird aufgefordert, darauf zu achten, daß die Laienschwestern in ihrem Dienst (in suo officio) gewissenhafter seien und mit den übrigen Schwestern Eintracht halten. Auseinandersetzungen zwischen Mönchen und Konversen, oft bis zur Handgreiflichkeit, sind in den Klöstern der Zisterzienser keine Seltenheit[75]. Verschärfend kann sich dabei auswirken, daß Konversen auch aus adeligen Kreisen stammen können. In Burbach trifft dies sicher für die Konversinnen Agnes von der Klocken und Catharina Aich zu, die dem Kölner Patriziat entstammen[76]. Für manche Arbeiten muß ein Frauenkloster auf männliche Konversen oder Fratres zurückgreifen (conversi monialium), die unmittelbar in das Frauenkloster eintreten und dort auch ihr Noviziat absolvieren. Für Burbach sind aus dem Totenbuch einige Fratres bekannt, die sich aber nicht eindeutig als Konversen identifizieren lassen: Fr. Hernicus Kestenich († 3. April), Fr. Gobelinus († 21. Oktober) und Hermann von Schorenstein († 12. Dezember). Sicher dagegen lassen sich drei weitere Bedienstete bestimmen, die kein Gelübde abgelegt haben, die Magd Christina († 3. Oktober), der Arbeiter Johann Greffrath († 29. August) und Alphonsus Haid, »welcher uns treulich gedient hat« († 6. Juni).

## Klosterleben

Das durchschnittliche Eintrittsalter in Burbach beträgt in der Zeit nach 1600 ca. 19 bis 20 Jahre. Dabei gibt es aber einige Ausnahmen. Nicht selten kommen Mädchen im Alter von 15 oder 16 Jahren ins Kloster. Die spätere Äbtissin Gertrud Stutges tritt bereits mit 9 Jahren in Burbach ein und legt nach Erlangen des kanonischen Mindestalters mit 13 ihre Profeß ab. Seit dem Generalkapitel der Zisterzienser von 1287 ist den Klöstern die Aufnahme von Mädchen ab dem 10. Lebensjahr gestattet.

Sie werden als Mädchen oder Lehrtöchter bezeichnet. Der Nekrolog von Burbach bezeichnet 6 weibliche Verstorbene als »Scholaris«, sie sind jedoch nicht datierbar[77]. Wer in das Kloster eintritt, wird zunächst eingekleidet (vestita, habitum assumpsit), daß heißt, er empfängt den Habit aus der Hand des Beichtvaters (Confessor). Die Nonnen werden als Juffern, (con)moniales, sorores oder Mitschwestern bezeichnet. Die Zeit des Noviziates dauert in der Regel ein Jahr, selten zwei oder länger. Die Profeß nimmt der Abt von Kamp, bzw. sein Beauftragter entgegen. Als Einzelfall ist auch die Übernahme einer Schwester aus einem anderen Konvent belegt. 1582 löst Erzbischof Gebhard den Augustinerinnenkonvent S. Achatius an der Marzellenstraße in Köln auf und übergibt die Gebäude dem Jesuitenorden. Die Nonnen, so der Zeitgenosse Weinsberg, »haben sich etliche jair her under in ubel vertragen und gezenkt sonder uffhoeren«. Die Priorin des Klosters siedelt nach der Auflösung ihres Klosters als Subpriorin nach Burbach über und bringt hierhin verschiedene Geldrenten mit[78]. Wie die zahlreichen Erbverzichte zeigen, sind manche Nonnen bis ins 15. Jahrhundert durchaus vermögend. Dennoch geben sie ihren Besitz nicht immer einfach auf. Zum einen gibt es die Möglichkeit der Leibzucht, also eine Rente für den Lebensunterhalt. Diese Renten fallen nach dem Tod der Schwestern oft an den Konvent, so 1380, 1386, 1513 und 1654[79]. Diese Leibzuchten können von den Konventualinnen mit Zustimmung der Äbtissin auch veräußert werden, so belegt für Nese von Garstorp 1402 und 1451 seitens Adelheid von Koenynxhoven[80]. Aber auch andere Rechtsgeschäfte können von den Nonnen unternommen werden, etwa die Verpachtung von Häusern: 1331, zweimal 1346 und 1351 durch die Schwestern Adelheid; Catharina und Elisabeth Buytze, 1462 durch Adelheit von der Hynden[81]. Diese wenigen Belege zeigen, daß es den Nonnen möglich ist, privaten Besitz auch selbst zu verwalten. Die freie Verfügung, sonst ein Kennzeichen der Stifte, bleibt jedoch an die Zustimmung der Äbtissin gebunden. Strenger gehandhabt wird jedoch die Beobachtung der Klausur. Neben dem zunehmenden Luxus an Kleidung und Nahrung ist die nachlässige Handhabung der Klausur ein Wesensmerkmal der nachlassenden Klosterdisziplin im 16. und 17. Jahrhundert. Im Anschluß an die Beschlüsse des Konzils in Trient fordert der Kölner Erzbischof Ferdinand von Bayern (1612–1650), daß »keiner Jungfrau nach getaner Profession einiger Ausgang, auch nit auf geringe Zeit, unter was für einen Schein man solchen unterstehe zu bemänteln, gestattet werden soll, es seien dann genugsame, erhebliche Ursachen vorhanden«[82]. Schon einer seiner Vorgänger, Salentin von Isenburg, läßt 1569 einen Teil der Pfarreien und Klöster des Erzstiftes visitieren. Am 8. August weilt die Kommission im Kloster Burbach. Sie verfügt, daß der äußere Klausurbereich wieder geschlossen werden solle, wie es früher üblich gewesen ist. Der Schlüssel soll vom Prior verwaltet werden, aber daneben der Äbtissin und Priorin zur Verfügung stehen. Auch eine andere Sitte soll beendet werden. Die Konventsschwestern haben bislang mit dem Prior und der Äbtissin zusammen in deren Wohnung gegessen. Für die Schwestern ist dies offensichtlich peinlich, da der Prior zugleich ihr Beichtvater ist. So wird verfügt, daß die Schwestern mitsamt der Äbtissin in das Refektorium zurückkehren, und der Prior soll in seinen eigenen Räumlichkeiten essen[83]. Jahre später müssen die Nonnen während des truchsessischen Krieges das Kloster zwangsweise verlassen. Am 24. Juli 1583 plündern bayerische Truppen die Ville und das Kloster. Die Nonnen bringen sich nach Köln »uff Weierstrais in ire behausung« in Sicherheit[84]. Einen weiteren Zwangsaufenthalt in der Stadt müssen die Schwestern

*Unpersönliches Äbtissinnensiegel an einer Urkunde aus dem Jahre 1241.*

*Unpersönliches Äbtissinnensiegel, nachweisbar 1241–1337.*

*Zweites Großes Konventssiegel, nachweisbar 1454–1637.*

*Siegel der Äbtissin Katharina von Kovelshoven an einer Urkunde aus dem Jahre 1403.*

während des 30jährigen Krieges über sich ergehen lassen. Bis 1646 dauert das dreijährige Exil, an dessen Ende der Konvent wegen ausgebliebener Renten und Pachten verschuldet ist[85]. Der Wiederaufbau des Klosters ist wohl erst mit der Altarweihe 1662 beendet. Zwei Jahre später muß der verschuldete Kölner Hof verkauft werden. Ein vom Beichtvater Alphons de Zamora niedergeschriebener Bericht gibt einige – wenn auch nicht gerade alltägliche – Eindrücke aus dem Kloster Burbach wieder. Der 19jährigen Novizin Sybilla Juliana de Gudenau erscheint in ihrer Kammer, während der Messe und im Hof der Geist einer ehemaligen Nonne. Zu seiner Erlösung fordert der Geist von der Novizin eine Wallfahrt ins Lothringische nach Scharpfenhovel. Nur seinen Vornamen will die unerlöste Seele preisgeben: Margaretha. Fünfzig Jahre hat sie im Fegefeuer verbracht und fünf Jahre in der Kammer der Novizin gewartet. Für den ganzen Konvent bietet sich die Gelegenheit, den Geist über Fegefeuer und Höllenqualen, aber auch über andere Dinge zu befragen. Immer fungiert Sybilla als Vermittlerin der Antworten. Der Pater fragt, ob er im Kloster bleiben soll – er soll. Die Schwestern fragen: »Was haltet ihr vom Eigentum, mögen unsere Religiösen, welche von dem Kloster keine Kleider bekommen, sondern von Fremden, oder durch ihre Arbeit, Geld dazu bekommen, solches heimlich bei sich behalten?«. Der Geist antwortet, daß sie diese Dinge nur zu ihrer Notdurft und mit Einwilligung der Oberen behalten bzw. ausgeben dürfen. Die Bitte nach der Wallfahrt wird zunächst mit dem Argument beanstandet, ein guter Geist könne unmöglich den Bruch des Klausurgebotes verlangen. Erst ein Exorzismus überzeugt davon, daß es sich um einen guten Geist handeln muß. Auf Anraten des Kölner Inquisitors Thomiensis Dr. Friedt und des Pastors von Laurentius Anthonius Wormbs beginnt die Novizin zusammen mit dem Pater und zwei Schwestern am 3. Januar 1650 um 13 Uhr die Reise. Über Gleuel, Königsdorf, Jülich und Maaseik geht der Weg, teilweise durch militärisch gefährdetes Gebiet. Nach der glücklichen Rückkehr werden im Kloster die Glocken geläutet und das Te Deum angestimmt. Am 28. Januar kann der nun erlöste Geist in den Himmel auffahren. In der Kammer der Novizin versammeln sich neben der Äbstissin, dem Pater und den Konventualinnen auch der Pater von Mariengarten in Köln, der Schultheiß von Gleuel, der Notar Henricus Fabritius und »viele andere weltliche Frauleuth«. Nach dem Segen mit dem Allerheiligsten verlangt der Geist nach einem Schnupftuch, welches plötzlich, von frischen Blutstropfen verfärbt, zu Boden fällt, sichtbares Zeichen für seine Auffahrt zu Gott. Die Novizin Sybilla Juliana de Gudenau stirbt keine zwei Jahre später, nach langer Krankheit am 28. Dezember 1651, am Fest der unschuldigen Kinder. Den Bericht über die Erscheinungen des Geistes hat sie zusammen mit dem Pater eigenhändig unterzeichnet. Der Text scheint nicht ganz einheitlich zu sein (Personenwechsel), doch weist er zahlreiche Elemente auf, wie sie für Berichte von Gesprächen mit Seelen Verstorbener typisch sind[86].

## Ämter

Die *Äbtissin* des Klosters wird nach dem Wahlprotkoll von 1698 von den Konventualinnen in Anwesenheit der Äbte von Heisterbach (Generalvisitator), Kamp (Visitator) und Altenberg gewählt. Zur Verlesung kommt das 64. Kapitel der Regel Benedikts über die Einsetzung des Abtes. Die Wahl kann per Akklamation, durch ein Gremium oder geheim geschehen. Nach der (in diesem Fall geheimen) Wahl wird die neue Äbtissin durch die Übergabe von Regel, Schlüssel und Siegel in die geistliche und weltliche Verwaltung des Klosters eingesetzt. In Berrenrath trägt die Äbtissin von Burbach zugleich den Titel »Domina«. Das Kloster besitzt hier seit 1298 Jurisdiktionsrecht in der niederen Gerichtsbarkeit, die im 17. Jahrhundert in verschiedenen Prozessen durch den kölnischen Hofrat gegen Ansprüche des Amtes Lechenich bestätigt werden[87].

Die *Priorin* (Priorissa) wird 1252 erstmals genannt. Sie steht dem Chor vor, ist Stellvertreterin der Äbtissin und Vorsteherin des Klosters in der Sedisvakanz. Ihr zur Seite steht die *Subpriorin*, die ebenfalls 1252 zuerst erwähnt wird. An dritter Stelle der Klosterhierarchie steht die *Kellnersche* (Celeraria). Sie verwaltet die Wirtschaftsangelegenheiten des Klosters und besorgt zu Ostern die jährlichen Abrechnungen außerhalb des Klosters[88]. Das Amt der *Novizenmeisterin* ist nur für Maria Margareta Dünwald: »in die 40 Jahre gewesene cantrie und novitie Meisters . . .« († 15. Januar 1694) belegt. Die Funktion scheint 1569 noch von der Äbtissin wahrgenommen zu werden[89]. Ferner gibt es die Ämter der *Cantrix* und der *Sakrista*. Da die *Organistin* nicht im Chror anwesend sein kann, übernimmt diesen Dienst eine Konversin. Die Bezeichnung *Senioressa* bzw. *Subsenioressa* wird ohne Amt als Ehrentitel an alte Schwestern vergeben. Im Nekrolog wird einmal († 8. Juli) eine Schwester als *Schiffmeistersche* bezeichnet[90]. Die Aufsicht über die abteilichen Güter besorgt der *Kellner* oder Keller. Der Keller Dionysius ist unter dem 7. März mit seiner Frau im Nekrolog verzeichnet, ein Meister Georgius auffm Katzenbuch unter dem 28. Juni. Er hat 1515 das Lagerbuch der Abtei angelegt. Der Keller Georg Rhömer († 3. Oktober) beglaubigt eine Urkunde von 1539 und erstellt als Notar 1592 eine Güterliste für das Kloster[91].

Folgende Äbtissinnen sind urkundlich und/oder mit ihrer Regierungszeit nachweisbar[92]:

*Adelheidis* (urk. 19. Juli 1241); *Hadewigis* (urk. 1. Februar 1274); *Hartwigis* (urk. 13. November 1305 bis 1. August 1309); *Payza* (urk. 13. November 1330 bis 23. Februar 1337); *Beatrix* (urk 27. März 1335 bis 14. Februar 1337); *Elisabeth* (urk. 18. Januar 1346 bis 16. November 1351); *Loretta* (urk. 21. Juli 1357); *Christina de Vischenich* (urk. 1399); *Katharina von Kovelshoven* (urk. 15. Oktober 1402 bis 1405); *Margaretha Birkelin* (urk. 1407); *Bela Ritter* (urk. 28. März 1451); *Christina von Baensberg* (urk. 24. November 1453 bis 23. August 1454); *Margaretha Beissel* (urk. 17. September 1462 bis 13. Dezember 1491); *Ermgin v. d. Klocken* (urk. 1. August 1525); *Gertrud Beissel* (urk. 22. Mai 1538 bis 10. Oktober 1539); *Irmgardis Horst* († 9. Januar 1562); *Margaretha von Efferen/Quentel* (urk. 11. November 1562 bis 4. Juni 1595?); *Katharine von Driess* (urk. 6. Juni 1581); *Ursula Katterbach* (urk. 1592–1593); *Catharina Zweifel* (urk. 1562 + 1595? als Priorin); *Elisabeth Pütz* (urk. 11. November 1598 bis 24. Oktober 1637); *Gertrud Stuttges* (reg. 1640 bis 9. April 1665); *Anna Flecks (reg. 14. April 1665 – urk. 1683); Anna Scheiffhals* (reg. 1690 bis 26. Dezember 1695); *Maria Adelheidis Dünewalds* (reg. 1695–1698); *Margaretha Gartsweiler* (reg. 10. Dezember 1698 bis 1702); *Anna Margaretha Cönens* (reg. 1702 bis 28. August 1712); *Joh. Catharina Solingen* (reg. 1712 bis 27. Januar 1717); *Anna Gertrud Isenkrott* (reg. 28. Februar 1717 bis 8. März 1740); *Anna Gertrud Cönens* (reg. 16. März 1740 bis 28. November 1753); *Anna Barbara Emonds* (reg. 15. Dezember 1753 bis 12. Juli 1759); *Anna Gertrud Dauzenberg*

(reg. 18. Juli 1759 bis 9. April 1774); *Scholastika Steinbüchel* (reg. 19. April 1774 bis 16. Dezember 1794); *Bernhardine Kesselkaul* (reg. 3. Januar 1795 bis 1802).
Zeitlich nicht einzuordnen sind folgende Äbtissinnen:
Catharina de Mauel († 22. Februar); Sophia de Dünen († 17. März); Margaretha Schouradh († 14. Juni); Jutta de Aldenhoven; Anna Riechs († 24. Juni); Gertrudis de Orto († 11. Juli); Christina v. d. Klocken († 22. Juli); Maria Schorn († 30. Juli); Sophia de Orto († 23. Dezember);
Der Nekrolog listet weitere Äbtissinnen mit ihren Vornamen auf, sie sind somit nicht eindeutig zuzuweisen.

## Siegel

Die beiden ältesten für Burbach nachzuweisenden Siegel hängen an einer Urkunde vom 19. Juli 1241[93].
1. Zusammen mit Nr. 2 wird dieses Siegel im Text (Corroboratio) als »ipsius eccl[es]ie sigillo[rum]« angekündigt. Das Siegel ist spitzoval ‹4,5 cm›: Äbtissin mit Schleier auf einem Stuhl. Die gekreuzten Arme ruhen auf den Knien. Die Umschrift lautet: + SIGILL. ABBATISSE DE FONTE S. MARIE. Das Siegel findet sich nur an den beiden Exemplaren der Urkunde von 1241 (Abb. 3.1).
2. Das zweite Siegel (ebenfalls ein unpersönliches Äbtissinnensiegel) ist bis zum Jahre 1337 nachweisbar[94]. In einer Urkunde von 1275 wird es angekündigt als »sigillum monasterii nostri«, in der letzten als »sigillum nostrum, quo communiter utimur« (. . . welches wir gemeinsam gebrauchen). Das Siegel ist spitzoval ‹4,5 cm›: Stehende Äbtissin auf einer Konsole. In ihrer Rechten einen Abtsstab, dessen Krümme (?) bis in die Umschrift reicht, in ihrer Linken ein geschlossenes Buch. Die Umschrift lautet: + S. ABBATISSE DE FONTE SCE MARI ? E. (Abb. 3.2).
3. Das erste große Konventssiegel ist nachweisbar von 1357–1403[95]. Das Siegel ist rund ‹∅ 5 cm›: Gekrönte Madonna mit Kind auf einer Bank sitzend, rechts und links stilisierte Lebensbäume. Der Hintergrund ist schräg gegittert. Die Umschrift lautet: S[igillum] C . . . E FONTE S[an]C[t]E MARIE.
4. An der Urkunde von 1403 hängt zugleich das einzige, erhaltene, persönliche Äbtissinnensiegel, das der Äbtissin Katharina von Kovelshoven. Das Siegel ist spitzoval: Stehende Äbtissin auf einer Konsole. In ihrer Rechten ein einwärts gedrehter Abtsstab, in ihrer Linken ein geschlossenes Buch, rechts und links stilisierte Lebensbäume. Die Umschrift lautet: + [s] IGILLUM KATHERINE ABBATISSE IN BUVRBACH (Abb. 3.3).
5. Das zweite Konventssiegel ist dem ersten (Nr. 3) nachgeschnitten, jedoch ohne den gegitterten Hintergrund. Die Schrift entstammt dem 15. Jahrhundert. Es ist nachweisbar für die Zeit von 1454 bis 1637[96]. Die Umschrift lautet: SIGILLUM CONVENTUS . . . SANCTE MARIE (Abb. 3.4).
6. Für die späte Zeit ist ein in rotes Wachs gedrückter Quittungsstempel erhalten. Er besiegelt einen Pachtvertrag vom 22. Februar 1769[97]. Der Stempel ist rund ‹∅ 2,5 cm›: Äbtissin in Dreiviertelfigur mit Stab. Die Umschrift lautet: BVRBACHEI QVITVNG.

## Aufhebung

Ab 1794 ist das Rheinland französisch besetzt. Dies bringt zunehmende Einschränkungen der Rechte aller geistlichen Institutionen mit sich. Ihre vollständige Aufhebung erfolgt nach dem Frieden von Lunéville (9. Februar 1801) und dem Konkordat mit dem apostolischen Stuhl (10. September 1801) gemäß dem Konsularbeschluß vom 9. Juni 1802 (20. Prairial 10)[98]. Schon in den letzten Mühlenpachtverträgen 1782 und 1794 legt der Konvent fest, daß der Pachtzins notfalls auch nach Köln lieferbar sei. Als letzte Nonne wird 1793 die 21jährige Walburga Preis im Kloster eingekleidet, doch legt sie ihre Profeß nicht mehr ab, sondern kehrt – aus welchen Gründen auch immer – nach Hause zurück und heiratet[99]. Der letzte Prior, Dionysius Miltz aus Koblenz, ist seit 1785 in Burbach und wird nach Aufhebung des Klosters Pastor in St. Sebastianus bei Koblenz und später in Kesselheim. Dort stirbt er am 1. Januar 1820. Aus dem Vergleich der Akten von 1763 mit denen von 1802 ergibt sich, daß das Kloster den Brühler Halbwinner verkauft hat. Gleiches gilt für verschiedene andere Besitzungen, wie etwa in Hürth und Gymnich[100]. Alle anderen Güter werden im Rechnungsabschluß vom 24. Thermidor 10 (12. August 1802) erfaßt. Die Einnahmen aller Güter werden mit 136,80 Fr. in Geld und 5923 Fr. in Lebensmitteln angegeben. Das Inventar wird auf 945 Fr. geschätzt, das Gesamtkapital auf 322 000 Fr.[101]. Zum Vergleich: Benden 216 000 Fr., Hoven 300 000 Fr. Bis 1812 sind die meisten Güter von der Domänenverwaltung verkauft. Als Verkaufstermin für das Kloster selbst wird der 12. August 1805 anberaumt, doch ist das Resultat der Versteigerung nicht bekannt[102].
Das Klostergelände und die noch vorhandenen Baureste dienen heute als Schuppen und Vereinsräume für den Hürther Rudersport und die 1951 gegründete Versehrten-Sport-Gemeinschaft (VSG) Hürth.

## Anmerkungen

1 Tranchot/Müffling 1803–1820 Blatt 81.
2 HStA Karten 1368 d. Maßstab etwa 1:3833.
3 HStA 1 und Hs + Rep. 1.
4 *Lau*, F. Das Kölner Patriziat bis zum Jahre 1325, in: Mitteilungen des Stadtarchivs Köln: 25 (1894), S. 275.
5 *Keussen*, H. Topographie der Stadt Köln im Mittelalter. Bd. 1. Bonn 1910. S. 362 b.
6 *Clemen*, P. (Hrsg.) Die Kunstdenkmäler der Rheinprovinz: 7,3. S. 323.
7 *Knipping*, R. (Bearb.) Regesten der Erzbischöfe von Köln im Mittelalter. Bd. 3. Bonn 1913. Nr. 789.
8 Hs. + Rep. 1 fol. 3f. zum Orig. vgl. *Tille, Armin* Übersicht über den Inhalt der kleineren Archive der Rheinprovinz. Bd. 1 (Publ. d. G. f. Rhein. Gk. 19). Bonn 1899. S. 213.
9 Vgl. *Keussen* (wie Anm. 5), I, 29,3.
10 HStA 2; HAStK Columba 95: 6. Juli 1271. HAStK Columba 63: 1. Februar 1274.
11 HAStK Columba 509: 1332; HAStK Columba 537: 1334; *Planitz*, H./*Buyken*, T. Die Kölner Schreinsbücher des 13. und 14. Jahrhunderts. Weimar 1937. Nr. 1286: 1285/86. Weitere Belege: *Lau* (wie Anm. 4) S. 372 und HAStK 1197 (Genealogische Abteilung) fol. 147 + 200.
12 Zuletzt HAStK Groß St. Martin 67: 13. März 1349.
13 *Heuser*, A. Das Testament des Heinrich Hirtz, in: AHVN 20 (1869), S. 94.
14 Nekrolog fol. 183ff.

15 HStA 13 und 19.
16 HStA 47 und HStA Roer. Dep. 468, 123–125.
17 Vgl. *Clemen* (wie Anm. 6) 4,1. S. 16: Er spricht irrtümlich von einem Anker mit zwei Sternen. Heute ist nur noch ein Stern erhalten.
18 Vgl. *Köllen*, J. (u. a.) Siegel und Wappen, Burgen und Schlösser im Landkreis Köln. Köln 1966.
19 Vgl. *Roden*, G. von Die Zisterzienserinnenklöster Saarn, Duissern, Sterkrade (Germania Sacra NF 18,4). Berlin 1984. S. 10.
20 *Sauerland*, H. V. Kölner Urkunden in der Pariser National-Bibl. 925–1742. Trier 1897 (Auswärtige Repertorien HAStK). Orig. Paris Bibl. Nat. Ms. lat. 9271 Nr. 27.
21 Nekrolog fol. 68, 184 und fol. 88.
22 *Braunfels*, W. Abendländische Klosterbaukunst. Köln [3]1978. S. 124.
23 Vgl. *Franzen*, A. (Hrsg.) Die Visitationsprotokolle der ersten nachtridentinischen Visitation im Erzstift Köln unter Salentin von Isenburg im Jahre 1569. Münster 1960. S. 348. (Auch ein Refektorium.)
24 HStA Akten Köln 150.
25 *Canivez*, D. J. M. Statuta Capitolorum Generalium Ord. cist., etc. (Bibliotheque de la Revue D'histoire Eccl. 9). Tom 1. Louvain 1933, S. 61.
26 Nekrolog, fol. 175f.
27 Ebenda, fol. 14, 31, 53, 119, 127, 138.
28 Vgl. ebenda, fol. II und 68.
29 Vgl. Nekrolog, fol. 143 und *Torsy* (wie Anm. 68) S. 155.
30 Altarpredella des ausgehenden 15. Jahrhunderts: Ursula mit acht Gefährtinnen, 0,25 × 1,85 m. Nach *Clemen* (wie Anm. 6) 4,1. S. 16.
31 Roer. Dep. 468, fol. 129f.
32 Bei *Roden* (wie Anm 19). S. 57 fälschlich mit dem späteren Abt Karl Reineri gen. Horstanus identifiziert. Dieser stirbt 1633 in Neuss und wird in Eppinghoven begraben. Vgl. *Dicks, M.* Die Abtei Camp am Niederrhein (1123–1803). Kempen 1913. S. 464.
33 Zur Inschrift *Clemen* (wie Anm. 6) 4,1 S. 133.
34 Vgl. Nekrolog fol. 15, 174 und CRATEPOLIUS De electorum ecclesiasticorum archi-episcoporum ... origine & successione ... Historica Tractatio ... Authore F. Petro Merssaeo ... Coloniae Agrippinae 1736. S. 110.
35 *Classen*, W. Beiträge zur Geschichte der Klosterbibliotheken und -archive am linken Niederrhein z. Z. der franz. Herrschaft insbes. z. Entstehung der Kölner Gymnasial-Bibl. etc., in: Düsseldorfer Jb (1937), S. 218.
36 Vgl. *Tille* (wie Anm. 8) S. 12 Nr. 6. (Freundl. Mitteilung durch den Verwalter des Archivs Herrn H. Schnitzler, Gleuel.)
37 Nekrolog, fol. 44, 126.
38 Vgl. HStA Akten 4, 14, 9.
39 HStA Akten 2, 3 und 6.
40 *Franzen* (wie Anm. 23) S. 348.
41 HStA 8 und Akten 19.
42 HStA 8, 22 und 23. Vgl. *Zilliken*, P. Adelshöfe und Klostergüter im alten Brühl, in: Zwischen Scholle und Grube 5 (1951). S. 30f. und Repertorium Burbach im HStA zum 3. 6. 1731.
43 Vgl. hierzu v. a. die Arbeit von *Steinwascher*, G. Die Zisterzienserstadthöfe in Köln. Bergisch Gladbach 1981.
44 HStA 35: 7. März 1633.
45 HAStK Kartäuser 981: 15. Oktober 1626.
46 *Henn*, V. Zur Lage der rhein. Landwirtschaft im 16.–18. Jahrhundert, in: Zeitschr. f. Agrargeschichte und Agrarsoziologie 21 (1973), S. 176. Zu den Erträgen vgl. HStA Akten 2.
47 Zusammenstellung HStA Akten 5.
48 HStA Akten 12 und Akten 3 fol. 52 und 127.
49 HStA Akten 6 fol. 11 und Hs. + Rep. 1 fol 7.
50 Orig. Paris, Bibl. Nat. Ms. lat. 9285 Nr. 6. Abschrift *Sauerland* (wie Anm. 20): 20. Dezember 1236.
51 Vgl. zum folgenden HStA Akten 2, 3 und Roer. Dep. 468, fol. 123–130. Zu dieser Stelle: HStA 2 und Hs. + Rep. 1 fol. 9.
52 HStA 19 und 12.

53 HStA Akten 12. Vgl. auch *Rosellen*, R. W. Geschichte der Pfarreien des Dekanates Brühl. Köln 1887. S. 51 f.
54 HStA 6 und *Schäfer*, H. Pfarrarchive, in: *AHVN* 83 (1907), Nr. 29.
55 HStA 38; HStA Akten 8 fol. 16 f.
56 Vgl. HStA Akten 10, 2 fol. 47–51; HStA 28 und 40.
57 Vgl. HStA 37; HAStK Kartäuser 981; HStA Akten 12.
58 HStA 8; HStA Akten 3; vgl. *Rosellen* (wie Anm. 53) S. 64.
59 Vgl. *Rosellen* (wie Anm. 53) S. 63.
60 HStA Akten 2, 16; HStA 14, 15 und 34; Rosellen (wie Anm. 53) S. 64.
61 HStA 7 und 10.
62 HStA 42, 24 (13. März 1613), 25 (14. Mai 1614), 42 (7. Februar 1752), HStA Akten 2, Roer. Dep. 468.
63 Schmitz, F. (Hrsg.) Urkundenbuch der Abtei Heisterbach. Bonn 1902. Nr. 212.
64 Vgl. HStA Akten 2 und Roer. Dep. 468.
65 HStA 2 und 3. Zur komplexen Frage der Inkorporation in den Orden vgl. *Dengler/Spengler*, B. Einleitung, in: Helvetia Sacra III 3,2. Bern 1982.
66 Arnold Müll († 1. Februar), vgl. *Moseler*, H. (Hrsg.) Urkundenbuch der Abtei Altenberg. Bd. 2. Bonn 1912. Nr. 368: 1531. Christian Schuiss († 4. April), vgl. ebenda, S. 74: Hofherr im Kamper Hof in Köln. Jacob Ercelens († 22. April), vgl. ebenda, S. 73: Confessor in Apern 1518.
67 Z. B. HStA 38 (20. Dezember 1698): dem Beichtiger 1 Reichstaler.
68 Belegt für 1778 und 1798, vgl. *Torsy*, J. Die Weihehandlungen der Kölner Weihbischöfe 1661–1840. Düsseldorf 1969. S. 155.
69 Vgl. Hs. + Rep. 1 fol. 22.
70 Vgl. *Dicks* (wie Anm. 32) S. 673 ff.
71 Vgl. *Dengler/Spengler* (wie Anm. 65) S. 519 ff. und HAStK Sion 18.
72 Zahlen nach den Angaben im Nekrolog.
73 Roer. Dep. 3446 fol. 10 f.
74 HAStK Schr. Urk. Martin 44; Nekrolog: † 14. Februar.
75 Vgl. zu Konversen in Männerklöstern *Hüsgen*, H.-J. Formgleiche Anfänge Rheinischer Zisterzen (unveröff.). Bonn. 1986. S. 25 f. und 36.
76 Vgl. *Fahne*, A. Geschichte der Kölnischen und Bergischen Geschlechter. Teil 1. Bonn 1848. Index.
77 Zu den Frauenklöstern des Ordens im allgemeinen vgl. *Kuhn-Rehfus*, M. Zisterzienserinnen in Dt., in: Elm, K. u. a. Die Zisterzienser. Katalog. Bonn 1980, S. 131; vgl. Nekr. fol. 2, 20, 99–105, 121.
78 Vgl. *Lau*, F. Das Buch Weinsberg. Bonn 1886/98. Bd. 3, S. 141; HStA 20.
79 Vgl. HStA 8; Mitteil. d. HAStK 22 (1892), S. 95, Urk. 11; *Rotthoff*, G. Inventar des Archives der Pfarrkirche in Kaiserswerth. Essen 1961. Nr. 57, 2.
80 *Schäfer*, H. Pfarrarchive, in: *AHVN* 71 (1901), S. 26 [1402!]; HAStK Schr. Urk. Martin 44.
81 HAStK Schr. Urk. Schöffen 9, Christoph 85, GB 1849 a, *Schäfer*, H. (wie Anm. 80) S. 9; HAStK Schr. Urk. Peter 22.
82 Vgl. *Kuhn-Rehfus* (wie Anm. 77) S. 136 f. Zitat: *Franzen*, A. Der Wiederaufbau des kirchlichen Lebens im Erzbistum Köln unter Ferdinand von Bayern Erzbischof von Köln 1612–1650. Münster 1941. S. 251.
83 *Franzen* (wie Anm. 23) S. 347 f.
84 Vgl. *Lau* (wie Anm. 78) S. 193. Das Quartier ist nach *Steinwascher* (wie Anm. 43) S. 51 nicht zu identifizieren.
85 HAStK Auswärtig 50.
86 Abschrift des Berichtes aus dem Jahre 1669: HStA Akten Köln 115.
87 Vgl. Nekrolog fol. 175 f.; Rep. + Hs. 1 fol. 23: 13. August 1629, 15. März 1631; *Rosellen* (wie Anm. 53) S. 51 f.; wohl in dieser Eigenschaft siegelt die Äbtissin 1568 HAStK Apern 146.
88 Rep. + Hs. fol. 9; Vgl. *Franzen* (wie Anm. 23) S. 347.
89 Vgl. ebenda.
90 Nekrolog fol. 70, 171 f. und 182.
91 Lagerbuch = Akten 4. Vgl. hier fol. 42; HStA 14.
92 Auf eine vollständige Liste der nachweisbaren Konventsmitglieder muß hier aus Platzgründen verzichtet werden. Es sei an dieser Stelle jedoch auf die geplante Edition des Nekrologes verwiesen.
93 HStA Urk. 2 und 3.

94 HAStK Columba 63: 1. Februar 1275/Columba 571: 14. Februar 1337.
95 HAStK Columba 662: 21. Juli 1357/Columba 887: 15. Januar 1403; vgl. *Ewald*, W. Rheinische Siegel Bd. 4. Köln 1976, S. 82.
96 HStA Koblenz 53 C 25 Nr. 1656: 23. August 1454/HStA 37: 24. Oktober 1637.
97 HStA 44 (Papierurkunde).
98 Vgl. *Büttner*, R. Die Säkularisation der Kölner geistlichen Institutionen. Köln 1971, S. 29 ff. und 61.
99 Vgl. Nekrolog fol. 163.
100 Vgl. HStA Akten 2,3 und Roer. Dep. 468.
101 Roer. Dep. 3446, fol. 3–11.
102 Vgl. *Kliesing*, G. Die Säkularisation in den kur-kölnischen Ämtern Bonn, Brühl, Hardt, Lechenich und Zülpich etc. Diss. Bonn 1932, S. 56–103.

Karl Stommel

# Frauenthal – vom Zisterzienserinnenkloster zum Marienhospital

## Das Kloster unserer lieben Frau zu Vrouendal (1234–1430)

Wenn ein Bürger in der Erftstadt heute den Namen Frauenthal hört, denkt er unwillkürlich an das Krankenhaus, das Marienhospital. Nur wenig ist aus der wechselvollen fast 800jährigen Geschichte des Klosters Frauenthal bisher bekannt, das im 12. oder zu Beginn des 13. Jahrhunderts »in onser leven vrouen dale« oder, wie es in lateinischen Urkunden des Mittelalters heißt, »in valle beatae Mariae« gegründet wurde, aus dem sich das Marienhospital entwickelt hat.

Im Verlauf des 12. und zu Beginn des 13. Jahrhunderts entstanden im Erftland und in der Ville eine Reihe von Zisterzienserinnenklöstern, u. a. in Hoven bei Zülpich, in Blatzheim, Walberberg, Benden bei Brühl und das Kloster Cottenforst bei Godesberg, später Marienforst genannt. Als ältesten Beleg für das Kloster Frauenthal findet sich eine Urkunde aus dem Monat Mai des Jahres 1234, in der »die Äbtissin L. und der Konvent zu Frauenthal« eine Jahresrente, die dem Kloster von einem Hause bei der Reinoldskapelle zu Köln gehörte, dem Kapitel des Stiftes von St. Aposteln verkaufte[1]. Über das Kloster der Zisterzienserinnen in Frauenthal liegen uns mehr als zwanzig Urkunden und eine Aktennotiz vor. Das Klosterarchiv scheint bei der Auflösung 1450 verlorengegangen zu sein, und so betreffen die meisten Urkunden, die uns aus verschiedenen Archiven anderer Klöster und Kölner Stifte überkommen sind, nur Grundstücksangelegenheiten[2]. Sie zeigen uns aber, welch großen Besitz das Kloster Frauenthal angesammelt hatte. Nur wenige der Grundstücksurkunden sind einer näheren Betrachtung wert, wie jene Urkunde aus dem Jahre 1317[3]. Das Stift von St. Mariengraden in Köln beabsichtigte mit Hilfe der Kölner Erzbischöfe im benachbarten Bliesheim eine Unterherrschaft zu errichten. Zu diesem Zwecke hatte das Stift bereits alle Zehnt-, Grund- und Gerichtsrechte in Bliesheim erworben, ihm fehlte nur noch die Mühle in Bliesheim, die dem Kloster Frauenthal verpfändet war. Das Eigentum an der Mühle war für die Agrargesellschaft des Mittelalters entscheidend, weil alle Einwohner eines Ortes gezwungen waren, in der Mühle des Grundherren mahlen zu lassen; es herrschte also ein »Mühlenzwang«. Mariengraden löste vom Frauenthaler Kloster die Bliesheimer Mühle für die damals hohe Summe von 110 Mark ab, was einer Jahresrente von 12 Maltern (ungefähr 24 Zentnern) entsprach. Und noch eine zweite Urkunde ist in der Lage, uns die vielfältigen wirtschaftlichen Verflechtungen des Klosters zu veranschaulichen[4]. Am 1. Februar 1359 beurkundete der Knappe Wilhelm von Heddinghoven, Burgmann in Lechenich, daß er auf sein Burglehen verzichtete, welches bisher in einer vom Kloster Frauenthal entrichteten Rente von 11 Maltern Korn, 3½ Maltern Gerste und einem Malter Hafer bestanden habe. Das Kloster hatte also beim Verzicht im Jahre 1359 seit 30 Jahren den Burgmann bezahlt. Arm konnte dieses Kloster wahrlich nicht gewesen sein.

Was nun die wirtschaftliche Lage betrifft, so nahmen wohl alle Niederlassungen der Zisterzienserinnen, die um 1200 in unserm Raume entstanden, eine ähnliche Entwicklung. Das lag, wie wir bei der Betrachtung einiger Urkunden sehen werden, an der gleichen sozialen Struktur der Klosterinsassen. In einigen dieser Urkunden tauchen die Namen von Äbtissinnen und Nonnen auf. So wird aus dem Jahre 1317 die Frauenthaler Nonne Iliana (Eliana), die Tochter des Kölner Bürgers Heinrich von Niederich erwähnt, die urkundlich erklärt, daß sie mit Zustimmung des Konventes von Frauenthal damit einverstanden ist, daß ihr Vater 24 Morgen Ackerland dem Kölner Stift von St. Severin schenkt[5]. Bei der Größe einer solchen Schenkung ist wohl anzunehmen, daß auch die Mitgift, die Iliana beim Eintritt ins Frauenthaler Kloster mitbrachte, nicht gering war. Iliana kam immerhin aus dem begüterten Kölner Patriziergeschlecht der Hirzelin, das an Rang und Namen den adeligen Familien gleichkam[6]. Aus einer bekannten Kölner Patrizierfamilie, nämlich dem der Jude, stammt auch die Nonne Gertrudis, die im Jahre 1398 im Kloster Frauenthal lebte[7]. Für die Nonne Stina von Preme war testamentarisch festgelegt, daß ihre Geschwister ihr bis zu ihrem Tode aus dem elterlichen Erbe jährlich vier Gulden als »Spielpfennig« (Taschengeld) zahlen mußten[8]. Für das Jahr 1373 wird als weitere Nonne in Frauenthal Titzel von Attendorn erwähnt, eine Tochter Bertas von Konradsheim[9]. Mit Zustimmung der Äbtissin Guda verzichtet Titzel zugunsten ihrer Mutter auf Einkünfte und Rechte, die sie als väterliches Erbe an den Fleischbänken zu Köln, »dem früheren Fleischmarkt« besaß[10]. Die Äbtissin Guda schenkt dann in einer Urkunde des Jahres 1386 ihrem Kloster einige Benden (Wiesen) zu Konradsheim, die sie bisher dem Ritter Arnold von Schoenberg verpachtet hatte[11]. Eine Äbtissin vermutlich aus dem heimischen Adel war »Guitgen, genannt Quaden dochter«, die in einer Urkunde ihrer Mitschwester Elitzen von Vernich 2½ Morgen Auenland, gelegen zwischen dem Kloster und dem Ort Blessem übertrug, damit Elitzen davon Zehnteinkünfte und Dienstleistungen empfange[12].

Wie wir gesehen haben, stammen alle in den Urkunden genannten Nonnen aus den einheimischen Adelsfamilien oder kommen aus Kölner Patriziergeschlechtern. Diese soziale Zusammensetzung der Klosterfrauen und auch der Reichtum des Klosters liegt wohl in der Intention der Klostergründung und ist Ausdruck der Erb- und Familienpolitik der begüterten Familien. Es galt damals als geltendes Recht, daß das Erbe nach dem Tod des Vaters und auch nach dem Tod der Mutter aufgeteilt werden mußte. Die Mutter erhielt nach dem Tode ihres Mannes ihr Witwenteil, so wie es in der Heiratsurkunde festgelegt war. Bei einer entsprechend großen Kinderzahl konnte der Reichtum einer Familie in wenigen Generationen vergangen sein. Um nun das Familienvermögen auch als Machtfaktor zu erhalten, waren die Eltern froh, wenn möglichst viele Kinder in ein Kloster gingen. Diese Kinder erhielten zwar beim Eintritt ins Kloster eine nicht geringe Mitgabe, blieben dann jedoch bei einer Erbteilung unberücksichtigt. Der Einkauf in ein Kloster war auch nicht billig, die

*Die Klosterkirche (1954).*

Mitgabe aber war wesentlich kleiner als das Erbteil. Die unverheirateten Töchter – und wer heiratete, bestimmte die Familie – zogen oft das Klosterleben dem müßigen Leben einer Erbtante vor. Das Klosterleben war dagegen damals gar nicht so streng und freudlos, es glich wohl mehr dem Leben in einem der adeligen Damenstifte[13]. Die Nonnen behielten, wie wir den Urkunden entnehmen konnten, sogar Privatbesitz, erhielten aus dem Familienbesitz eine jährliche Zuwendung, den Spielpfennig. Nicht nur Privatbesitz war erlaubt, es war den Ordensfrauen sogar gestattet, ihre Klausur mit eigenen Möbeln auszustatten. Vom Armutsideal der geistlichen Orden waren diese Klöster weit entfernt. Das Kloster Frauenthal, so wird in einer Quelle berichtet, soll nicht einmal einen eigenen Geistlichen gehabt haben, zu Messe und Beichte sei ein Geistlicher aus Geilrath bei Blatzheim dorthin gekommen[14].

Die spärlichen Quellen, die uns erhalten sind, geben uns wenig Einblick in das Leben und Wirken der Ordensfrauen im Zisterzienserinnenkloster Frauenthal. Nach etwa zwei Jahrhunderten Bestands mußte das Kloster seine Pforten schließen. In einer Urkunde vom 1. März des Jahres 1450 überträgt der Kölner Erzbischof Dietrich von Moers »Haus und Hof, in dem einst die Klosterfrauen nach der Regel der Zisterzienser zu residieren pflegten«, dem Kloster Marienforst mit allen Rechten und Gütern, mit allem beweglichen und unbeweglichen Inventar, »so wie es Äbtissinnen und Nonnen des Klosters Frauenthal so lange innegehabt haben«[15]. Das Kloster Frauenthal, so betonte der Erzbischof, sei »von seinen Bewohnern verlassen, gewissermaßen unbewohnt und gänzlich aufgegeben.«

In der älteren Literatur wird behauptet, Erzbischof Dietrich habe schon im Jahre 1428 das Frauenthaler Kloster an den Brigittinnenorden übertragen, und so sei Frauenthal die erste Brigittinnenniederlassung im Kölner Stift gewesen[16]. Die Urkunde von 1450 widerlegt, daß Brigittinnen in Frauenthal gewohnt haben. Dies ist auch unwahrscheinlich, weil eine Urkunde aus dem Jahre 1433 noch ausdrücklich von den »cloister junffer zo vravendale ordens van ciaas (Abk. für Zisterzienser) in deme gestychte van Collen« spricht[17].
Warum die Nonnen damals ihr Kloster verließen, können wir der päpstlichen Genehmigungsurkunde für die Auflösung entnehmen, die auf den 26. Januar 1451 datiert ist. Papst Nikolaus V. erklärt darin, daß der Kölner Erzbischof die Mißstände in den Klöstern angeprangert und deshalb befohlen habe, daß die Ordensfrauen die Klosterregeln genau beachten und besonders die Klausur streng einhalten sollten. Der Erzbischof habe den Insassen der Klöster angeboten, daß sie sich in ein anderes Kloster ihrer Wahl begeben könnten, wenn sie seiner Anordnung nicht folgen wollten. Die Vorstellungen des Erzbischofs paßten wohl nicht ins Konzept vieler Frauenthaler Nonnen, denn die meisten von ihnen waren wohl unter anderen Voraussetzungen in das Kloster eingetreten, wie sie jetzt Dietrich von Moers mit seiner Reform einführen wollte. Das Kloster Marienforst, in das nach den Zisterzienserinnen die Brigittinnen eingezogen waren, übernahm den gesamten Frauenthaler Besitz. Es sollte mehr als 400 Jahre dauern, ehe wieder Klosterfrauen in Frauenthal einzogen.

## Der Klosterhof zu Frauenthal (1450–1801)

Das Kloster Marienforst setzte die Güterpolitik der Frauenthaler Ordensfrauen fort[18]. Zwar gab es in unserm Raume weniger Schenkungen an die Brigittinnen als früher an die Frauenthaler Zisterzienserinnen, doch Marienforst war stets darauf bedacht, »daß dem Kloster nichts verlorengehe«. Auf dem Klosterhof in Frauenthal zog ein Pächter ein, der die Interessen des Klosters vertrat. Die Halfen oder Pächter adeliger oder geistlicher Höfe stammten zum Teil aus dem niederen Adel und waren Pächter geworden, weil sie kein adeliges Lehen mehr besaßen; einige jedoch kamen aus der Schicht der Kleinbauern. Sie hatten ihren kleinen Besitz verkauft, weil sie sich als Pächter besser standen. Diese Halfen oder Pächter bildeten dann eine neue soziale Schicht zwischen Adel und Bauern und gelangten nicht selten zu Reichtum. Der erste der Frauenthaler Halfen, der uns in den Quellen (1617) begegnet, ist Heinrich Engels, dem wir später als »Baumeister« (Verwalter) des Domstiftes in Friesheim begegnen. Sein Sohn wurde Pächter des Spurcker Hofes in Liblar und dann »Burggraf« auf der Gracht.
Heinrich Engels, der Fronhalfe des Klosters Marienforst in Frauenthal, war allerdings mit einer Sonderaufgabe betraut. Im Kölnischen Kriege waren am Pfingstmontag des Jahres 1586 alle Gebäude in Frauenthal von niederländischen Soldaten in Brand gesteckt und völlig zerstört worden[19]. Um seinen Hof in Frauenthal wiederaufzubauen, mußte das Kloster Marienforst verschiedene Obligationen aufnehmen, z. B. ein Darlehen von 300 Reichstalern auf seinen Hof zu Spurck[20]. Für den Aufbau der alten Klosterkirche fanden sich andere Helfer. Der von der Gracht stammende Speyrer Domdechant Adolf Wolff von Metternich und dessen Bruder Hermann,

*Die Stifter des Marienhospitals, die Eheleute Adolf Münch und Helena Offermann.*

Herr zur Gracht, übernahmen den Wiederaufbau[21]. Der Domdechant wies auf die Bedeutung der ehemaligen Klosterkirche hin, zu der bis zu ihrer Zerstörung im Jahre 1586 viele fromme Pilger gezogen seien, um zu der dort in Lebensgröße stehenden »miraculösen, steinernen statua unserer lieben Frau« zu beten. Nach dem Tode seines Bruders Hermann sorgte der Speyrer Domdechant auch für die Fertigstellung der Kirche und stiftete dann für das neue Gotteshaus einen Goldkelch, der die Inschrift trägt: Adolf Wolff genannt Metternich, Domdechant zu Speyer dedicabat Beatae Virgini Mariae zu Frauendahl 1609. Unter dem Boden des Kelches ließ Adolf Wolff von Metternich nicht nur sein Familienwappen anbringen, sondern auch das seiner Buschfelder Vorfahren. Wollte er etwa damit sagen, daß das Geschlecht der Buschfelder Ritter eine besondere Beziehung zu diesem Kloster hatte? Vieles spricht dafür. Das Kelch befindet sich heute in St. Alban in Liblar, er ist der älteste uns erhaltene Goldkelch aus den Kirchen der Erftstadt[22].
Um seine Schulden aus dem Neubau des Frauenthaler Hofes zu bezahlen und die Schuldverschreibungen einzulösen, entschloß sich Marienforst, »Rechte oder Besitz in Frauenthal« zu verkaufen. Der Grachter Junker Johann Adolf Wolff genannt Metternich, kaufte im Jahre 1617 die Klostermühle zu Frauenthal für 1500 Reichstaler und 114 Morgen Busch für 25 Reichstaler pro Morgen[23]. Trotz dieser Verkäufe blieben die Einkünfte von Marienforst in Frauenthal nicht gering. In einem Pachtvertrag vom 22. Februar 1763 sind die Einnahmen aus dem Klosterhof verzeichnet: Äbtissin und Prior von Marienforst überließen den Eheleuten Arnold Kurtius und Eva Collens den Hof mit allen Gebäuden, Ackerland, Wiesen und Benden für eine

Jahrpacht von 40 Maltern Korn, 30 Reichstalern, 2 fetten Schweinen, 1 fettes Kalb, 2 Pfund Pfeffer und 2 Geißen[24]. Außerdem erhielten die Äbtissin »eine Huth Zucker« und der Pater Prior einen Goldgulden. Der Pächter war verantwortlich für die Instandhaltung der Hofgebäude und für die den Hof umgebenden Weiher und Gräben. Der Hof war also zu diesem Zeitpunkt noch durch Wassergräben gesichert. Die Fischerei in den Gräben und Weihern behielt sich das Kloster Marienforst bei der Verpachtung vor. Die Klosterkirche ist im Pachtvertrag nicht erwähnt.
Über die Renteneinkünfte, die das Kloster jährlich aus der Stadt Lechenich und den Orten Herrig, Konradsheim, Blessem, Kierdorf, Brüggen und der Unterherrschaft Liblar bezog, liegen uns zwei amtliche Listen aus den Jahren 1726–30 vor[25]. Demnach waren in den genannten Orten 168 Grundstücke zugunsten des Klosters belastet, was diesem jährlich 29 Malter Korn, 17 Hühner und an Geld 2 Reichstaler, 2 Gulden, 8 Schillinge und 11 Mark eintrug. Die Verschiedenheit der Geldwährung zeigt die verschiedenen Zeiten, in denen die Belastung eines Grundstücks entstand. Der Überblick über den Besitz des Klosters zeigt wohl, daß im 13. und 14. Jahrhundert darauf 50 Ordensfrauen leben konnten (die Zahl 50 nennt die Chronik von Herrestorf). In seiner Blütezeit besaß das Kloster Frauenthal noch einen Hof zu Kendenich[26]. Dazu kam dann noch die Mitgabe, die jede Ordensfrau mitbrachte. In einer Zeit jedoch, in der die Ansprüche stiegen und die Lebensmittelpreise fielen, stellte der landwirtschaftliche Besitz nicht mehr den gleichen Wert dar. So hatte das Kloster Mühe, die um 1600 von den Wolff Metternichs zur Gracht errichteten »Muttergottes Capell« zu erhalten. Als sie im Jahre 1764 so baufällig geworden war, »daß man ohne Gefahr das heilige Meßopfer darinnen nicht verrichten« konnte, erbat die Äbtissin die Hilfe der auf Burg Buschfeld sitzenden Familie Quadt. Sie fragte brieflich an, ob sie nicht für einen völligen Neubau der alten Klosterkirche auf dem Haus Buschfeld vorhandene überflüssige Ziegelsteine haben könne[27]. Am 11. Dezember 1779 stand Marienforst wieder vor einer neuen finanziellen Belastung, denn der Hof mit seinen gesamten Wirtschaftsgebäuden brannte ab. Der Klosterhof wurde in den beiden nächsten Jahren neu aufgebaut. Der Halfe berechnete, daß der komplette Neubau 2167 Reichstaler und 32 albus gekostet habe[28]. Am Martinustage 1787 schloß Josef Hünten als letzter Pächter einen Vertrag mit Marienforst[29].
Der Klosterhof wurde von der französischen Revolutionsbesatzung als geistlicher Besitz eingezogen und der Ehrenlegion zugesprochen. Er wurde vorerst an Josef Hünten für 560 francs und 400 francs Kontributionssteuer jährlich verpachtet. Im Jahre 1809 wurde dann der gesamte Klosterkomplex mit Wohnhaus, Stallungen, Scheune, Remise, mit Gräben und Weihern, mit Garten und Ländereien sowie mit der »aus Stein gebauten und mit Schiefer gedeckten, auf einem Areal von 400 qm stehenden Kapelle« für 14 360 francs verkauft[30].

## Vom Armenhospital zum Krankenhaus (1809–1987)

Am 11. März 1851 kauften die Eheleute Adolf Münch und Helena Offermann, Weinhändler, wohnhaft in Köln in der Peterstraße 49, vor dem Kölner Notar Joseph Harperath das ehemalige Kloster Frauenthal[31]. Verkäufer war der Immobilienmakler Jakob Kaufmann. Nach der Übernahme des »Gütchens«, so berichtete Adolf Münch in einem Brief aus dem Jahre 1860 an den Lechenicher Pastor Cremer, habe er in

Frauenthal zunächst entsprechende Wohn- und Ökonomiegebäude aufrichten lassen, dann habe er sich um die Erhaltung »der ziemlich großen Kapelle, die unmittelbar an die anderen Gebäude anstößt«, bemüht. Münch beschreibt, daß das Gotteshaus seit der Säkularisierung von einer Hand in die andere gekommen sei, so habe er bei seinem Kauf nur mehr die massiven Außenwände mit einem durchlöcherten Dach vorgefunden. Angesichts der Verkündigung des Dogmas von der unbefleckten Empfängnis im Jahre 1854 habe seine Frau den dringenden Wunsch gehabt, die alte Klosterkirche zur Abhaltung des Gottesdienstes wiederaufzubauen. Über seine persönliche Situation schreibt Adolf Münch: »Der liebe Gott hat uns zwar keine Kinder geschenkt, er hat aber unserer Hände Arbeit und unseren Fleiß sichtbar mit jedem Jahr neu gesegnet«. Da sie als Eheleute ihr »kleines Vermögen« nicht anzutasten gebraucht hätten, so hätten sie bisher 15 000 Taler für den Aufbau der Kapelle verwandt. Wände, Dach und Inneres seien vollständig wiederhergestellt, ein neuer Altar sei angeschafft, Kirchenstühle gekauft worden, und was noch an Ausschmückung, Paramenten und Gefäßen benötigt werde, könne er baldigst besorgen. Für einen Gottesdienst in der Kapelle werde er 13 Morgen Land stiften, die eine Jahresrente von 100 Talern brächten. Um zu klären, wie der Gottesdienst angeordnet werden könne, bitte er den Lechenicher Pastor um Unterstützung. Pastor Cremer nahm sich dieses lukrativen Angebotes an, und nach einem notariellen Akt über die Schenkung der 13 Morgen vom 30. Oktober 1860 wurden vom Generalvikariat 12 Messen genehmigt[32].
In den nächsten Jahren nach der Genehmigung des Gottesdienstes bemühten sich die Eheleute Münch dann um die Stiftung eines »Armenhospitals« für die Gemeinden Lechenich und Liblar. Allein die Firmierung ihrer Pläne hört sich für uns heute schrecklich an, doch zur damaligen Zeit gab es keinerlei soziale Sicherheit, keine Rentenversicherung und keine Sozialhilfe (womit nicht gesagt ist, daß die heutige bereits vorbildlich ist). Damals gab es nur eine staatliche »Armenverwaltung« mit einer ganz geringen finanziellen Basis. Karitative Einrichtungen konnte nicht einmal die größte Not lindern. Aus christlicher Verantwortung wollten die Eheleute Münch »hilflosen, armen Kranken helfen«. Und selbst die preußische Regierung, die sonst jede Privatinitiative beargwöhnte, mußte zugeben, daß ein solches »Spital« an allen Orten dringend notwendig sei. In den Dörfern der heutigen Erftstadt bestand eine solche Einrichtung in kleinem Maße damals nur in Gymnich[33].
In der Stiftungsurkunde vom 24. Dezember 1867 wurde die materielle und verwaltungsmäßige Grundlage für ein Armenspital geschaffen[34]. Die Eheleute Münch traten ihren Hof in Frauenthal an die Stiftung ab, versprachen, die benötigten Möbel und Einrichtungsgegenstände zu besorgen und außerdem ein Kapital von 15 000 Talern zu stiften, von deren Rendite arme und hilfsbedürftige Menschen gepflegt werden sollten. Von dem Ertrag dieses Kapitals konnten damals 8 bis 10 mittellose Personen betreut werden. Weiter verpflichteten sich die Eheleute Münch, die Kapelle baulich zu erhalten. Außerdem errichteten sie eine weitere Stiftung von 5000 Talern für die Anstellung eines geistlichen Rektors in Frauenthal. Daraufhin wurde die Frauenthaler Kapelle Rektoratskirche für den Ort Blessem, der bisher zur Pfarre Heddinghoven gehörte[35].
Der durch die Satzung ernannte Verwaltungsrat trat am 1. Dezember 1868 zusammen, es galt, Pflegepersonal und einen »Belegarzt« anzustellen[36]. Von den drei in Lechenich und Liblar praktizierenden Ärzten wurde Dr. Breuer, der in Liblar

gleichzeitig als Armenarzt tätig war, ausersehen. Nach vergeblichem Bemühen, Franziskanerinnen aus dem Mutterhaus in Aachen oder Schwestern des Ordens der Armen Dienstmägde Jesu Christi aus Dernbach im Westerwald zu gewinnen, führten endlich Verhandlungen mit dem Mutterhaus der Vincentinerinnen in Köln-Nippes zum Ziel. Nach mehr als vier Jahrhunderten zogen am 29. Oktober 1869 wieder acht Ordensfrauen in Frauenthal ein. Zunächst klagten sie über Langeweile, denn es dauerte wegen der Umbauten noch bis 1871, ehe die ersten Kranken aufgenommen werden konnten.
Wie groß der Bedarf für eine solche Pflegestation in diesem Raume war, zeigen die ersten Aufnahmeanträge, die seitens der Pfarrer, teils auch von den Nachbarn oder Ortsvorstehern, und nur in ganz wenigen Ausnahmefällen von den Betroffenen selbst gestellt wurden[37]. Natürlich waren auch Anträge begüterter Familien dabei, die für ältere Personen um Aufnahme baten. Der Höchstpflegesatz betrug 1,50 Reichsmark, das entsprach dem Verdienst eines Tagelöhners für zwei Tage Arbeit. Das Kuratorium prüfte sorgfältig und gewissenhaft, sogar die Bitte eines Pfarrers um Aufnahme seiner schon betagten Haushälterin mußte abgeschlagen werden, weil die Not zu groß war.
Der Ortsvorsteher von Liblar, namens Breitenbenden, berichtete von einer Familie B., in der der Mann als Tagelöhner nur »für die allernotwendigsten Existenzmittel für seine fünf Kinder« arbeite. Das jüngste der Kinder sei noch kein Jahr alt, und die Mutter sei seit längerer Zeit an der Wassersucht schwer erkrankt und habe keinerlei Pflege. Nach der dringenden Bitte des Ortsvorstehers wurde die Frau aufgenommen, den Tagessatz von 1,20 Mark übernahm die Stiftung. Beim Lechenicher Pfarrer Cremer, dem Vorsitzenden des Kuratoriums, häuften sich die Anträge. Eine alleinstehende Frau aus Lechenich hatte vier Monate in einer Bonner Klinik gelegen. Da sie pflegebedürftig und mittelos war, und der Vermieter ihrer Unterkunft mit Räumung drohte, wurde sie aufgenommen. Eine andere Frau aus Dirmerzheim, Mitte vierzig, von Geburt an blind, lebte bei ihrer kranken über siebzigjährigen Mutter, die für den Rest ihres Lebens noch 400 Taler besaß, von denen das Kuratorium nichts fordern konnte. Sollte die Mutter sterben, so konstatierte man, würde der etwa verbleibende Rest noch auf fünf Kinder aufgeteilt. Die blinde Frau wurde aufgenommen. Die Aufnahmeanträge sind eine seltene historische Quelle für die Not der damaligen Zeit. Die Aufnahmekapazität von 8–19 Personen erwies sich als ein Tropfen auf einen heißen Stein, doch gelang es dem Kuratorium, bis zum Jahre 1896 die Bettenzahl auf 45 (28 Männer und 17 Frauen) zu erhöhen.
Die Genehmigungsurkunde der preußischen Regierung für das »Marienhospital« hatte bereits darauf hingewiesen, daß sich das »Institut« auch der »bürgerlichen Krankenversorgung« öffnen soll[38]. Wie sehr auch die Krankenversorgung zu der damaligen Zeit im argen lag, geht aus einem Brief hervor, den der neue Belegarzt am 15. Oktober 1872 an das Kuratorium richtete[39]. In Herrig war eine ältere Frau hingefallen und hatte sich einen Oberschenkelhalsbruch zugezogen. Der aus Lechenich herbeigerufene Arzt hatte dem Sohne geraten, seine Mutter in Frauenthal unterzubringen. Als der Sohn dem Vorschlag zustimmte, hatte der Arzt gemeint, dann brauche er auch keinen Verband anzulegen, dann könne das auch in Frauenthal geschehen. Doch in Frauenthal war kein Zimmer frei, und auch aus anderen Gründen verzögerte sich der Transport, so daß die arme Frau erst am Abend des sechsten Tages per Pferdewagen eingeliefert wurde. Die Schwestern benachrichtig-

*Das Marienhospital in Erftstadt (1986). Luftbild. Freig. Reg.-Präs. Düsseldorf 30-K-732.*

ten dann den Belegarzt, es sei ein Kranker eingeliefert worden, er möchte doch am nächsten Morgen vorbeikommen. Dr. Breuer war entsetzt, als er sieben Tage nach ihrem Sturz die Frau »mit freischlotterndem Gliede« sah, »ihre Lendengegend ist schwarzblau, mißfarbig und dem Brandwerden nahe«. Dr. Breuer bat das Kuratorium, seine Kollegen zu veranlassen, daß immer ein Notverband angelegt werde. Sein Brief ist ein erschreckendes Dokument der Krankenversorgung jener Zeit.

Der Ausbau der ärztlichen Versorgung in Frauenthal verlief durchaus parallel zur Entwicklung des allgemeinen Medizinalwesens. Im Jahre 1896 wurde der erste Operationssaal eingerichtet. Die Regierung befürchtete allerdings, daß er zu nahe an der Dunggrube des dortigen landwirtschaftlichen Betriebes liege, den die Ordensfrauen damals noch bewirtschafteten[40]. Die Vinzentinerinnen widmeten sich 80 Jahre lang in Frauenthal der Krankenpflege. Sie eröffneten sogar im Jahre 1901 eine Handarbeits- und Haushaltungsschule, in der jeweils zehn Mädchen für die Zeit eines Jahres ausgebildet wurden. Aus Nachwuchsmangel mußte der Vinzentinerinnenorden im Jahre 1965 seine Arbeit in Frauenthal beenden. Von 1963 bis 1976 übernahmen spanische Franziskanerinnen ihre Tätigkeit, dann wurden auch sie zurückberufen.

Das aus dem Armenhospital sich entwickelnde Marienhospital blieb eine segensreiche Einrichtung im Sinne seiner Stifter. Als erster Arzt wurde Dr. Gottfried Niegeggen im Jahre 1952 vertraglich mit der Leitung des Krankenhauses und des Altenpflegeheimes beauftragt[41]. Mit großem Engagement begann er den Aufbau und den Modernisierungsprozeß, der zum heutigen Marienhospital, einem neuen Kranken- und Unfallkrankenhaus führte, wo in einem modernen Gebäude 124 Betten für Kranke zur Verfügung stehen. 15 Ärzte sind heute angestellt.
Wenn der heutige Besucher des Krankenhauses nach Frauenthal kommt, so vermögen noch zwei Dinge, ihn an die 800jährige Geschichte zu erinnern: das Karree des um 1860 wiederaufgebauten Klostergebäudes mit der Klosterkirche und der Name »Marienhospital«.

## Quellen und Anmerkungen:

1 *HA Köln* = Historisches Archiv der Stadt Köln Aposteln UK 1/20 Mai 1224.

2 Soweit sie nicht unter den folgenden Anmerkungen erwähnt sind, handelt es sich um folgende Urkunden und Akten: HA Köln UK HUA Nr. 465, jetzt AV 320 vom 6. 4. 1282 (Mitteilungen aus dem Kölner Stadtarchiv 4/13); HSTA Ddorf = Hauptstaatsarchiv Düsseldorf Gnadenthal UK 3 vom 31. 1. 1293, verl. Bers Günther in: Beiträge zur Jülicher Geschichte. Mitteilungen des Jülicher Geschichtsvereins Nr. 39 / November 1932, und Heusgen Paul, Das Dekanat Zülpich. Siegburg 1959. S. 158 u. S. 192 ff.; HA Köln, Kölner Schreinsbuch Nr. 32 fol 18 b (St. Martin Clericorum) vom 31. 10. 1303, gedruckt in Mosler H., Urkundenbuch der Abtei Altenberg I Bonn 1912 S. 402; HA Köln St. Apern UK Nr. 4 von 1305; HA Köln St. Georg UK 3/42 vom 14. 8. 1309); HA Köln Mitteilungen aus dem Stadtarchiv 9/132 Nr. 1276 a vom 12. 11. 1329; HA Köln St. Aposteln UK 2/209 vom 8. 2. 1358; HA Köln Carmeliter Copiar C vol 32 vom 22. 1. 1353; HSTA Ddorf Marienforst UK 22 vom 1. 9. 1384; HA Köln Karthäuser UK 1/219 vom 16. 8. 1398; HA Köln Karthäuser UK 2/243 vom 2. 2. 1400; HA Köln Mariengraden Akte 14 b um 1400; HA Köln St. Georg UK 3/135 vom 1. 12. 1401.

3 *HA Köln Mariengraden!* /53 vom 1. 9. 1318.

4 *HSTA Ddorf.* Kurköln UK 649, vergl. Regesten der Erzbischöfe von Köln. Herausg. v. Wilhelm Janssen Bd. VI Nr. 1159 vom 1. 2. 1359.

5 *HA Köln St. Georg 43* vom 30. 11. 1317, gedruckt bei Ennen L., Quellen zur Geschichte der Stadt Köln. Köln 1870. Bd. 4 S. 43.

6 *Mitteilungen* aus dem Kölner Stadtarchiv 26/27 s. 112 Stammtafel des Geschlechtes Hirzelin.

7 *Ebd. S. 117* Das Geschlecht Jude.

8 *HA Köln Karthäuser* UK 2/243 vom 2. 2. 1400.

9 *HA Köln HUA UK 1* (2801) vom 25. 4. 1373 und UK 1 (2815) vom 23. 7. 1373).

10 *HA Köln Kartäuser UK 2/243* vom 25. 4. 1373.

11 *Archiv Gracht UK 15* vom 3. 8. 1386.

12 *HSTA Ddorf. Marienforst UK 17* vom 10. 6. 1378.

13 Vergl. *Wündisch* Fritz, Zur Geschichte des Klosters Benden. Mitteilungen zur Brühler Geschichte Nr. 4 1978 S. 26.

14 *Stramberg* Chr. von, Rheinischer Antiquarius III Abt 1, Bd. 13 S. 188. Die von Stramberg zitierte Chronik des Kölner Dechanten Herrestorf war mir nicht zugänglich.

15 *HSTA Ddorf. Marienforst UK 37* vom 12. 7. 1450. Über die Datierung dieser Urkunde s. Nyberg Tore, Brigittinische Klostergründungen. Leiden o. J. S. 129 ff.

16 *Hennes* J. H., Kloster Marienforst bei Godesberg. Annalen des Histor. Vereins f. d. Ndrh. 32. Heft Köln 1878 S. 82 ff.; Podlech E., Die wichtigsten Stifte, Abteien und Klöster in der alten Erzdiözese Köln. Breslau 1913. Bd. II S. 238; Nettelbla C. F. Wilhelm von, Nachrichten von einigen Klöstern der hl. Brigitta. Frankfurt u. Ulm 1764. Quelle Nr. 7.

17 *HSTA Ddorf. Marienforst UK 30* vom 14. 9. 1433.

18 *Ebd., Marienforst* Urkunden Nr. 47, 53, 89, 102, 111, 157, 168, 185, ferner Akte 15 b.

19 *Archiv Gracht Copienbuch* II O[2] II 1[2].
20 *HSTD Ddorf. Marienforst UK 189* vom 17. 7. 1629.
21 *Archiv Gracht,* wie Anm. 19.
22) *Kostbarkeiten* aus den Kirchen der Erftstadt. Ausstellungskatalog, zusammengestellt von Karl Stommel. Erftstadt 1985. S. 14.
23 *Urkunde in Abschrift* in Archiv Gracht, Copienbuch II vom 6. 1. 1627.
24 *Pachtbrief* in Pfarrarchiv St. Kilian Lechenich Teil I Abtl. I Bd. 4 Frauenthal und in HSTA Ddorf Marienforst Akte 15 b.
25 *HSTA Ddorf. Marienforst* Akte 12 a.
26 *HSTD Ddorf. Marienforst UK 47* vom 13. 12. 1459.
27 *Simons* Peter, Bliesheim, Geschichte der kölnischen Stiftsherrschaft Mariengraden. Köln 1936. S. 71; entnommen Stramberg a.a.O. S. 189.
28 *HSTA Ddorf. Marienforst* Akten 15 b.
29 Ebd. und *Roer-Departement* A 3217 Bl. 132.
30 Ebd. *Roer-Departement* Nr. 3782.
31 *Pfarrarchiv St. Kilian,* wie Anm. 24.
32 Ebd.
33 *Bericht* über die Verwaltung und den Stand der Kreis Communal-Angelegenheiten des Kreises Euskirchen 1888–1898. S. 275; ferner Weber Matthias, Erftstadt-Gymnich. Köln 1984. S. 244.
34 *Kreisarchiv Euskirchen* Akte I 1543, Das Marienhospital zu Frauenthal.
35 *Essser* Albert, Das Dorf Blessem. Veröff. des Vereins der Geschichts- und Heimatfreunde des Kreises Euskirchen A Reihe Heft 8. Euskirchen 1963.
36 *Pfarrarchiv St. Kilian* s. Anm. 24.
37 Ebd.
38 *Kreisarchiv Euskirchen,* wie Anm. 34.
39 *Pfarrarchiv St. Kilian,* wie Anm. 24.
40 *Kreisarchiv Euskirchen,* wie Anm. 34.
41 *100 Jahre Marienhospital Frauenthal.* Ansprache des Dechanten Heinrich Lennartz am 17. 12. 1967. Protokollbuch der Stiftung Frauenthal.

H.-Georg Lützenkirchen

# Verlorene Orte – Das Kloster Frauweiler

## Prolog: Wer kennt Frauweiler?

Beginnen wir mit dem Ende! Am 8. April 1970 brachte man einen an die Kirche gelegten Sprengsatz zur Explosion und als der Rauch sich verzogen hatte, lag da nur noch Schutt. Weniger noch: Da, wo früher Kirche, Kloster und Ort Frauweiler waren, gähnte bald ein riesiges Loch. Der Braunkohletagebau hatte alles geschluckt! Die Bewohner des verschwundenen Dorfes wurden umgesiedelt, sie lebten von nun an in Bedburg-Rath. Der Kirche dort ließ man das Patronat der alten Frauweiler Kirche: St. Lucia.

»Kommt man von Osten auf Frauweiler zu, so bestimmt schon von weitem die schlanke, hohe Choransicht der katholischen Kirche, die früher Klosterkirche war . . . die dörfliche Silhouette.« Wer näher herankam, der sah, daß Kirche und Kloster ganz am Ortsrand lagen. Wodurch der Ort seine ganze Geltung bezog: – nie war das Kloster der Mittelpunkt des Ortes! Die Kirche wurde 1885 vom Kölner Diözesanbaumeister Franz Schmitz restauriert. Seitdem trug der einschiffige Kirchenbau den weithin sichtbaren schlanken Dachreiter über dem Chor, wohin ihn der Meister vom Westteil des Daches versetzt hatte. Das charakteristische Treppentürmchen beließ er auf der Südseite.

Unterhalb des Treppentürmchen, an die ganze Südseite der Kirche lehnte sich der Friedhof an, an der anderen, der Nordseite, standen die Wirtschaftsgebäude des Klosterhofs. Kloster Frauweiler! Der Klosterhof wurde, nachdem die Franzosen den Ort verlassen hatten, vom ehrwürdigen Forstrat Steffens aus Eschweiler gekauft. Das war 1826, und seitdem führte er das Anwesen als landwirtschaftlichen Betrieb. Den Erfordernissen der Wirtschaftlichkeit folgend, ließ er im Laufe der Zeit die alten Gebäude erneuern und umgestalten. Schließlich erwarb die Rheinbraun AG das Anwesen und ließ es weiterhin bewirtschaften solange die Bagger noch fern waren. Was wir 1969, kurz vor dem endgültigen Ende, hier sehen ist die Erinnerung an das ehemalige Kloster[1].

## Einige Vorbemerkungen

Wer die Geschichte eines alten Klosters erzählen will, der muß sich zunächst einen Überblick über das Originalmaterial der vergangen Zeit verschaffen. Was läßt sich noch finden von alten Originalbelegen? Was gibt es an frühen Abhandlungen und Zusammenfassungen? Wir wollen an dieser Stelle einige Anmerkungen zu diesen Dingen machen, weil sie nicht untypisch sind für Betrachtungen wie der unsrigen.
Natürlich, auch für Frauweiler finden wir Urkunden und Dokumente[2]. Sie geben uns Aufschluß über Stiftungen, Kauf und Verkauf von Land und anderen Gütern. Sie erzählen von Streitigkeiten, nennen uns Namen von Bürgern, Schöffen u. v. a. m. Wir wollen das alles nicht gering schätzen, uns aber auch nicht zufrieden geben mit einer bloßen Auflistung solcher Dokumente. Von Anfang an wollen wir versuchen, sie statt dessen im Zusammenhang zu sehen mit für Frauweiler bereits vorhandenen Chroniken. Da ist einmal das umfangreiche Werk des Kölner Augustiners Arnold Neelsbach – eigentlich eine Abhandlung über das Kölner Kloster, aber zu Beginn des 20. Kapitels heißt es: »De conventu S. Luciae in Frauweiler Anno 1625 ad Ordinem deducto«. Über Frauweiler also geht's[3]. Die Schrift entstand 1676 in Köln. 1746/47 schrieb in Frauweiler Aurelius Ortmans die »Chronologia Conventus S. Luciae in Frauweiler«[4]. Das umfangreiche Werk dieses lange Jahre in Frauweiler lebenden Augustinermönches ist wohl die bedeutendste Fundgrube für unsere Thema (freilich noch nicht vollständig ausgewertet). Beiden Arbeiten ist gemein, daß ihre Autoren dem Beschriebenen näher waren, als wir es heute sind. Sie werden noch über Belege verfügt haben, die uns längst verloren sind. Freilich – sie sind parteiisch! Als Augustiner schreiben sie natürlich aus der Sicht ihres Ordens und stellen dessen Belange in den Vordergrund. Die kargen Hinweise hier wie da auf die Episode des Birgittenordens in Frauweiler mögen hierfür als Beleg dienen.
Im 19. Jahrhundert erfährt unsere Sache einen gewaltigen Schub an neuen Erkenntnissen. Es beginnt ein fleißiges Durchstöbern aller möglichen Archive, getrieben von zuweilen durchaus »vaterländischer Gesinnung« (nach der Franzosen Herrlichkeit am Rhein und angesichts des Strebens nach der *einen* deutschen Identität), aber auch von der aufklärenden Absicht, Licht in das Dunkel manch legendenartiger Überlieferung zu bringen. Resultate sind die vielen ebenso umfangreich wie pathetisch daherkommenden Arbeiten, freilich mit einer Menge neuen Materials. Jedoch oft nur mühsam zu lesen. Vielfach werden die neuen Dokumente ohne deutliche Kenntlichmachung einfach in den eigenen Text gerückt, und der ist dann eine Aneinanderreihung von Kaufverträgen, Schlichtungsvereinbarungen, Stiftungsabmachungen und worüber-sonst-noch-alles-Urkunden-geschrieben-werden. Da fehlt der Überblick schaffende Vergleich, zuweilen vorkommende Schreibfehler in den Urkunden verbleiben als solche unerkannt im Text, beim Leser oftmals Verwirrung stiftend. Schließlich fehlt nur allzuoft der genaue Nachweis des Erarbeiteten[5]. Dennoch, wenn man's prüft, so zeigt sich, daß die Fakten zumeist stimmen.
Für unser Thema nennen wir eine Arbeit aus dem Jahre 1876. Sie lautet: »Das Kloster Frauweiler bei Bedburg« und wurde von einem Pfarrer Müller verfaßt. Er war es, der, nach eigenen Angaben, die Ortmansche Chronik fand. Sie ist denn auch Grundlage seiner Darstellung[6]. Wir werden uns dieser Darstellung oft bedienen.
Das Gerüst karger Jahreszahlen bedarf der Füllung. Nun denn, wie war das mit dem Kloster Frauweiler?

## Von Nonnen und anderen Frauen in Frau-Weiler

Unsere Geschichte beginnt im Jahre 1452. Die kleine Siedlung, der sich unsere Aufmerksamkeit zuwendet, ist eigentlich kaum der Rede wert. Einige wenige Häuser werden dort gestanden haben. Der Fleck taucht in den frühen Erwähnungen als Wilre, Wyler oder Wilram auf. Er gehörte zur »Herrlichkeit Bedburg« und gleich den Nachbarsiedlungen Garsdorf, Wiedenfeld, Rath, Montagsend und Asperschlag gehörte man zum Kirchspiel Auenheim: dort stand die Pfarrkirche. In unserem Ort reichte eine dem hl. Antonius geweihte kleine Kapelle. Der Auenheimer Pfarrer feierte dort regelmäßig den Gottesdienst und ließ sich diese seelsorgische Dienstleistung entsprechend entlohnen. Nein, das alles war der Rede nicht wert, und es wäre so, oder wenig anders geblieben: Ein kleines Dorf, weitgehend landwirtschaftlich geprägt, erst mit der Braunkohleverarbeitung kommen Arbeiter ins Dorf. 74 Häuser, in denen 379 Bewohner lebten, zählte man zu Beginn der 60er Jahre des 20. Jahrhunderts . . .[7].
Aber 1452 war's der Landesherr Gumprecht von Neuenahr, der aus Sonsbeck drei Schwestern der dritten Regel des hl. Franziskus nach Wilre berief. Er schenkte ihnen die kleine Kapelle, dazu eine Wohnung; womöglich gehörten dazu noch die geringen Ländereien, die bereits 1439 für die kleine Kapelle erworben wurden[8] – was Gumprecht den drei Schwestern überließ wird für einen soliden Anfang gereicht haben. Warum tat er das? Vermutlich wird der Graf, wie die meisten in einer Situation wie der seinen, an sein und seiner Familie Seelenheil gedacht haben. Dem diente eine solch gute Tat der Klostergründung damals sehr oft; als Gegenleistung ließ man für sich beten. Im übrigen galt es für ihn, sich noch einzurichten in der neuen Herrschaft Bedburg, denn erst 1442 war er durch Heirat zum Herrn hier geworden. Auch wollte er wohl nicht hinter seinem Reifferscheidschen Vorgänger zurückbleiben, der ja bereits gegen Ende des 13. Jahrhunderts in Bedburg ein Kloster gestiftet hatte[9].
Nun bilden drei Schwestern noch keinen Klosterverband, wie wir ihn uns vorstellen. Doch schon in den folgenden Jahren muß sich das geändert haben. Schenkungen, wie die der Eheleute Johann von Efferen und der »Juffer« (!) Styngen, die im Juni 1458 dem Konvent – so heißt's jetzt schon – ein Haus neben der Kapelle überlassen[10], mögen vielleicht auch im Hinblick auf eine mögliche ›Wohnungsnot‹ der Nonnen getätigt worden sein.
Was war das für ein Kloster in diesen Jahren? Wahrscheinlich waren es regulierte Terziarinnen, die jetzt in Frauweiler lebten. Doch deren Situation war nicht eindeutig. Es gab solche, die hielten Klausur und Gelübde streng ein, andere nicht. Womöglich war das ein Zustand, der weder dem Stifter, noch den Äbten der Benediktinerklöster in Brauweiler und St. Martin (Köln), denen die geistliche Leitung der neuen Gemeinschaft oblag, so recht gefiel. Es ist möglich, daß sie deshalb darauf gedrängt haben, für die Nonnen die Regel des hl. Benedikt verpflichtend zu machen, um dadurch ein ordentliches Klosterleben zu garantieren. Das Frauweiler Kloster ein Kloster der Benediktinerinnen? Wir glauben das denn doch nicht, zumal beim späteren Übertritt in den Orden der Augustinerinnen auch davon keine Rede ist. Deshalb ist mit Vorsicht der Hinweis zu lesen, 1458 sei der Konvent in die Bursfelder Kongregation aufgenommen worden. Hätten dieser Version nach, die Äbte aus Brauweiler und St. Martin dies in die Wege geleitet, so macht doch

stutzig, daß zu dieser Zeit nur der Kölner Konvent der Kongregation schon angehörte, während der Brauweiler Konvent der benediktinischen Reformbewegung erst 1469 beitritt. In den 60er Jahren erfolgte dann die große Welle der Beitritte[11]. Derartige Ungewißheiten erledigen sich aber 1477, einem entscheidenden Jahr für unsere Frauweiler Nonnen. Es wird am 30. Januar des Jahres ein festliches Gedränge in Frauweiler geherrscht haben. Die Benediktineräbte waren aus Brauweiler und Köln angereist, um dem Übertritt der Nonnen in den Augustinerinnenorden das rechte Gepräge zu geben.

Im Namen ihrer Mitschwestern bat Catherina von Grevenbroich symbolisch um die Zulassung (das förmliche Antragsverfahren war bereits seit April des Vorjahres in Gang). Man entsprach dem Wunsche, und die beiden Äbte übergaben den Augustinern in Bedburg die geistliche Leitung der Nonnen[12]. 30 Schwestern zählte der Konvent. Ihre Namen sind uns bekannt, und wir wollen sie nennen. Erste Frau im Konvent war besagte Catherina. Sie wurde einstimmig gewählt von[13]: Irmgardis de Wylschre (Irmgard von Wassele); Catharina von Sonsbeck; Adelheidis Schloters; Catherina von Liva; Catharina von Kapellen; Gretha Brandts; Nesta (Nesa) von Köln; Catherina von Noie; Catherina von Borenthein (Barrenstein); Catharina Marckmanns; Nesta (Nesa) von Venlo; Sophia von Köln; Elisabeth Fretz (Treck); Catherina von Aldenhouen (Aldenrath); Adelheidis Bachen (Bucken); Gesa von Wellengen; Helena von Grevenbroich; Druda von Rade; Gerta (Gesa) von Schwollis; Gerda (Guda) von Köln; Barbara von Caster (?) (Grevenbroich); Lysa von Buchstraden; Greta von Liva; Stina von Rysweiler (Rysweck); Catherina von Gladbach; Adelheid von Anholt; Greta von Sevenich (Severich); Ida Hamechers; Catherina Schmitz von Paffendorf.

Nicht wenige Namen, die auf eine Herkunft aus der näheren und weiteren Umgebung hinweisen, und die Vermutung ist gar nicht so abwegig, daß die wohlhabenden Familien von dort in dem jungen Kloster eine willkommene Versorgungsmöglichkeit für ihre Töchter erkannten. Die Vermutung wird bestärkt durch die Namen, die wir ansonsten noch in der Chronik finden. Da kommen beispielsweise die Nonnen, deren Sterbedaten wir aus der Ortmanschen Chronik erfahren, aus Broich, Paffendorf, Geretzhofen, Dansweiler oder Rath. Mochte die Versorgungsmöglichkeit eine praktische Erwägung sein, die zur Beliebtheit des Klosters beitrug, so tat freilich eine andere ein übriges.

Schauen wir noch einmal auf die Schenkung des Jahres 1458, so lesen wir bei Aurelius Ortmans, daß selbige zu Ehren der Hl. Jungfrau Maria und der hl. drei Jungfrauen geschah, »die zu wyler resten«[14]. Wir wollen den plötzlichen Wechsel Ortmanns' vom steifen Kirchenlatein in das landesübliche Idiom nicht überbewerten. Er konnte halt – wie wir heute – mehr nicht zu dieser Heiligenverehrung sagen. Die drei Jungfrauen waren jedenfalls da! Fides, Spes und Charitas samt ihrer Mutter Sapientia (oder Sophia) gab's neben dem hl. Antonius, dessen Verehrung auf dem Lande immer schon ausgesprochen beliebt war. Der Jungfrauen gemeinsamer Feiertag war der 1. August, und man versprach sich von den Dreien (plus der Mutter) Gesundheit für die Kinder und leidliches Wohlbefinden der Schwerkranken. Woher der Kult kam ist nicht genau zu sagen. Daß er ein Rest eines vorchristlichen Matronenkultes sein könnte, ist am Ende auch nur eine Vermutung[15]. Wie auch immer, die Verehrung der Jungfrauen blieb ein Anliegen der Bevölkerung, und das Kloster konnte ihres Dankes gewiß sein, soweit man die Verehrung förderte.

Mittlerweile aber gab es Grund, Wyler einen neuen Namen zu geben: genug Frauen am Ort, um nunmehr Frauweiler zu heißen![16]
Leidlich gute Bedingungen also für das junge Augustinerinnenkloster, und während es in den folgenden fast hundert Jahren einen erheblichen Aufschwung erlebte – wir sparen uns die Auflistung von Schenkungen, Stiftungen und Käufen und wollen lediglich mitteilen, daß der klosterzugehörige Hof von bis zu 10 Dienstboten bearbeitet wurde, daß wohl außerdem eine Weberei (Stülpentuch) für erhebliche Einnahmen sorgte[17] – widmen wir uns nocheinmal dem Ereignis von 1477, als man die neue Ordensregel annahm.
Noch als die Äbte aus Brauweiler und Köln die Aufsicht über das Frauweiler Kloster innehatten, delegierten sie die geistlichen Pflichten an die Augustinereremiten aus Bedburg. Einer von ihnen war Johannes von Mecheln der Ältere[18]. Ein studierter Mann, der in Perugia und Löwen war und 1452 in Bedburg als Pfarrer tätig ist. Er nahm den Nonnen im nahe gelegenen Frauweiler die Beichte ab und wird wohl bei mancher Gelegenheit mit den Frauen über dies und jenes gesprochen haben, darunter auch über einen Übertritt zur Regel des hl. Augustinus. Was hätte ihnen daran gefallen können? Der fernen, fremden Observanz der Benediktiner wäre man ledig, die Padres aus Bedburg stünden allezeit bereit zur geistlichen Versorgung, zudem würde die Regel des hl. Augustinus weiterhin Möglichkeiten bieten, segensreich ins Umland zu wirken. Klausur und feierliche Gelübde waren selbstverständlich[19]. Wir wissen, er hatte Erfolg.
Doch Johann von Mecheln ließ es dabei nicht bewenden. Er widmete sich weiter ›seinem‹ Kloster. Es galt, den Nonnen zu einer ihrem Kloster angemessenen Kirche zu verhelfen. Dies zu leisten wurde zu seinem Ziel, und ab 1484 wird er wohl eine Art Bauleitung übernommen haben, als man mit dem Bau beginnt. Die Anregung zur in dieser Gegend ungewöhnlichen Backsteinarchitektur stammte vielleicht auch von ihm. 1488 steht der einschiffige Bau und am 3. November des Jahres wird die Kirche vom Kölner Weihbischof eingeweiht – nebst 4 Altären und natürlich ist einer davon den drei Jungfrauen gewidmet. Johannes von Mecheln darf noch ein Jahr sein Werk betrachten, er stirbt am 10. Oktober 1489. Sein Grab findet er in Frauweiler. Pfarrer Müller nannte ihn den »zweiten Gründer dieses Klosters« – wohl wahr[20].
Die geordneten Verhältnisse der folgenden Jahre machten es den Nonnen möglich, auch anderweitig in Erscheinung zu treten. 1534 richtete man ein Pensionat ein, in das man die besseren Jungdamen aus Harff, Boldendorf, Holtorf, Paffendorf, Zieverich oder Fliesteden aufnahm. Auch hier scheint sich das gute Verhältnis zwischen Kloster und den Familien der Umgebung zu bewähren[21]. Und was sonst für die Menschen noch gut war, das wußte Schwester Gutchen Klerchens. Sie schrieb in Frauweiler 1539 die »historie von den gloriosen hoen heren vuyrst ind gewaldigen Marschales in alre hyllichsten meteler Santa Quiryn«[22]. Quirin ist einer der 4 Marschälle, deren Verehrung sehr beliebt war auf dem Lande. Die Nonnen wußten, was das hieß: segensreich ins Umland wirken ...

## Reformation und Gegenreformation: Ein Zwischenspiel in wirrer Zeit

Mögen auch die Nonnen gegen Ende des 16. Jahrhunderts ihren Besitz nicht mehr so gut verwaltet haben, wie es vielleicht notwendig gewesen wäre – doch wer wollte es

*Eine Kulturlandschaft verschwindet! Jedoch nicht erst mit der Sprengung eines markanten Bauwerkes, wie der Frauweiler Klosterkirche. Spektakuläre Abbruchaktionen im Abbaugebiet der Braunkohle stehen vielmehr am Ende eines langjährigen Umsiedlungsverfahrens, das bislang etwa 53 Ortschaften verschwinden ließ und damit ca. 23 000 Menschen aus ihrer generationenlang gewachsenen Kulturlandschaft herausriß. Sie leben heute in Neubausiedlungen, die Erinnerungen an das alte »Rheinische Straßendorf« verblassen lassen. Angesichts dieser schleichenden Umgestaltung einer Kulturlandschaft wirkt der Verlust eines einzelnen Bauwerkes fast verschmerzbar.*

ihnen zum Vorwurf machen angesichts der Wirren, in die man jetzt geriet. Das gesamte katholische Imperium geriet ins Wanken und ausgerechnet ein Augustiner war's, der dies bewirkte – Martin Luther.

Auch in den rheinischen Augustinerkonventen kriselte es. Als 1529 lutherische Regungen aus Bedburg vermeldet werden, ist das dortige Augustinerkloster davon betroffen. Unserer Nonnen Beichtväter kommen von da, doch sind direkte Auswirkungen auf das geistliche Leben in Frauweiler noch nicht zu spüren. Ab 1553 wird das wahrscheinlicher geworden sein. Es regierte in Bedburg mittlerweile Graf Hermann von Neuenahr, ein überzeugter Lutheraner. Unter seiner Herrschaft werden die beiden katholischen Klöster Bedburg und Frauweiler auf den »Aussterbeetat« gekommen sein ...

Noch ärger wird die ganze Situation ab 1579 und in den Jahren danach, als die ganze Gegend in den Truchseßischen Krieg (1582–1589) hineingezogen wird. Einer der treuesten Anhänger des reformierten Kölner Kurfürsten Gebhard Truchseß ist Adolf von Neuenahr. Der hatte 1579 in Bedburg die Nachfolge Hermanns angetreten und diesen Anspruch mit Waffengewalt gegen den katholischen Kontrahenten Graf Werner von Salm-Reifferscheid durchgesetzt. Schlimm für alles Katholische, denn Graf Adolf ist ein noch eifrigerer Verfechter der neuen Lehre, als es sein Vorgänger war. In diesen Jahren wird es gewesen sein, daß das Klosterleben in Frauweiler in Unordnung und Auflösung geriet.

Der erwähnte Krieg war mittlerweile in vollem Gange und unsere beiden Grafen in verschiedenen Lagern. Graf Werner war ein bedeutender Mann der katholischen Seite und in deren Absichten paßte es ganz gut, als Werner mithilfs bayrischer Truppen 1584 daran ging, die Bedburger Niederlage von '79 zu tilgen. Konnte der Reifferscheidsche, so das Kalkül der Katholischen, sich die Herrschaft in Bedburg sichern, so war zugleich der evangelische Gegner entscheidend geschwächt. So kam es dann auch: im Februar des Jahres ist Bedburg von den Bayrischen eingeschlossen, im März endgültig in der Hand des Salm-Reifferscheidschen Grafen.

Als der sich alsbald daran macht, das katholische Leben in seiner Herrschaft wiederherzustellen, scheint in Frauweiler von vornherein alle Müh' vergebens. Schulden, von marodierenden Soldaten geplünderte Gebäude, die Nonnen gestorben oder geflüchtet!

Eine schließlich durchgeführte erzbischöfliche Visitation ergibt kein anderes Bild: Klagen über den Unstand von Kloster und Gebäuden. Was von den verfallenen Gebäuden überhaupt noch nutzbar war, diente den Kurkölnischen als Stall oder Scheune[23].

So gibt Erzbischof Ferdinand wohl schon das Kloster auf, als der 1612 den Auftrag erteilt, das mobile Inventar aus Frauweiler zu verkaufen, die Bediensteten endgültig zu entlassen, das Land schließlich zu verpachten. Wenn schon dieses Kloster verloren war, so sollte doch ein Teil der Pacht dazu verwandt werden, das Bedburger Kloster wieder instand zu setzen. Der andere Teil des Pachterlöses sollte dem Frauenkloster Burghof (Köln) zukommen[24]. 1614 soll dann alles ehemals Frauweilersche Gut diesem Kloster incorporiert werden. Doch jetzt, da das endgültige Ende ›ihres‹ Klosters bevorsteht, regt sich Protest! Es sind wieder die Adeligen der Umgebung, die diese Entwicklung nicht zulassen wollen. 1615 fordern sie, wenigstens die Klosterkirche wieder instand zu setzen[25]. Der Erzbischof horcht auf und fragt nun seinerseits beim Reifferscheidschen Grafen an, was von dieser Initiative zu

halten sei. Graf Werner reagiert schnell und beantragt Wiederherstellung der Gebäude und Neubesiedlung des Klosters durch Augustiner, die aus Neuss kommen sollten[26].
Erzbischof Ferdinand wird sich nun der Sache etwas genauer angenommen haben, denn die Frauweiler Angelegenheit wurde zu einer der von ihm forcierten katholischen Gegenreformation. Der dienten Klosterneugründungen, mit welchen er vorzugsweise die neuen Orden der Jesuiten, Kapuziner oder Franziskaner-Rekollekten ausstattete, versprach er sich doch gerade von ihnen einen spürbaren seelsorgerisch-missionarischen Effekt. In diesem Zusammenhang galt seine besondere Vorliebe aber den Frauenklöstern. Teils aus dem eben genannten Motiv heraus, teils weil etwas anderes hinzu kam: die Frauenklöster bedurften eher des Schutzes des Kölner Erzbischofs, mithin war sein Einfluß auf die Klöster direkter. Nach Prüfung der Lage in Frauweiler entschied Ferdinand sich denn auch gegen die Augustiner und für den Birgittenorden (auch Erlöserorden genannt). Sie sind es, die im April 1618 in Frauweiler einziehen[27].
Sie kamen aus Marienforst bei Bonn und hatten dem Erzbischof in einer ähnlichen Sache schon einmal gute Dienste geleistet. Im Kölner Zisterzienserinnenkloster Sion waren 1613 die Verhältnisse so mißraten, daß er dorthin die Birgitten schickte. Und sie enttäuschten ihn nicht: Ordnung und klösterliche Zucht waren bald wiederhergestellt[28]. Im Unterschied zum Kölner Fall war freilich in Frauweiler ein kompletter personeller Neuanfang vonnöten. Das Kloster war ja verlassen, aber die übrigen Bedingungen schienen zu stimmen: ausreichende Gebäude waren vorhanden, Ansprüche früherer Bewohner waren nicht mehr zu erwarten und des Erzbischofs Wohlwollen besaß man allemal[29].
Der Hinweis auf die räumlichen Voraussetzungen ist von Bedeutung, denn die Marienforster Abordnung wird wahrscheinlich aus Frauen und Männern bestanden haben. Idealerweise lebten die Ordensmitglieder, streng getrennt nach dem Geschlecht, in einem Doppelkloster, dem eine Äbtissin vorstand und dessen geistliche Leitung dem Generalbeichtiger oblag. Es sollten dann 60 Nonnen neben 13 Mönchen, 4 Diakonen und 8 Laienbrüdern leben. Das entsprach der Zahl der 12 Apostel plus Paulus und den 72 Jüngern Jesu[30]. Übernahm man ein verlassenes Kloster wie Frauweiler, so reichte für den Anfang eine Mindestzahl. Der ideale Aufbau war ein Prozeß, kein Zustand!
Die Rechnung des Erzbischofs zielte auf die Anziehungskraft der symbolgeladenen Frömmigkeit der Nonnen, die grau und schwarz beschleiert eine weiße Leinenbindenkrone mit 5 roten Punkten als Verbildlichung des Leidens Christi trugen, sowie auf die Predigerkraft ihrer Priester[31]. Doch in Frauweiler klappte es nicht. Mag es das Mißtrauen der Bevölkerung gegen diesen ›komplizierten‹ Orden gewesen sein, die geringe Begeisterung des Landesherren? Wie auch immer: bereits 1624 verlassen die Bestellten Frauweiler wieder. Einer ihrer Patres, Johann Hugo, führte noch einige formale Rückzugsgefechte[32], doch im Juni 1625 beginnt das neue Kapitel der Frauweiler Klostergeschichte mit dem Einzug der Augustinereremiten.

## Die Augustinereremiten in Frauweiler

Halten wir einen Moment inne, bevor wir uns dem zuwenden: Das Kloster in Frauweiler hatte sich bewährt; besonders die Angehörigen des niederen Adels der Umgebung schätzten die gute Adresse; wie auch die übrige Bevölkerung sah man die besonderen seelsorgerischen Bedürfnisse, die Pflege der ›Volksheiligen‹, beim Kloster gut aufgehoben (schließlich auch im Einvernehmen mit dem Hüter des seelsorgerischen Alltags, dem Auenheimer Pfarrer)[33]; die Turbulenzen der Reformationsstreitigkeiten waren überstanden und im Bedburger Land stand die katholische Sache wieder recht stabil: mit zwei Klöstern der Augustinereremiten.
Von Köln aus wurde die Sache in Gang gesetzt. Des Papstes Ermunterung im Ohr, fleißig neue Konvente zu gründen, führte am 11. Juni 1625 der Kölner Prior Walther Henriquez von Strevesdorf den ersten Frauweiler Prior in sein Amt ein. Der hieß Franciscus Schommartz[34] und ihm sollten noch 55 weitere folgen. Sie seien genannt (zunächst bis 1700)[35]:

(Zum Prior eines Augustinerklosters wurde man durch das Provinzialkapitel auf Vorschlag des jeweiligen Konventes bestellt. Das Kapitel kam alle drei Jahre zusammen. Seit 1679 bestand die kölnische Provinz, zu der die Klöster Köln, Trier, Aachen, Marienthal, Bedburg, Wallenfangen, Hillesheim, Rösrath und Frauweiler gehörten.)

| | | |
|---|---|---|
| 2. | 1631–1634 | Martinus Matthiae |
| 3. | 1634–1637 | Augustinus Petolet |
| 4. | 1637–1640 | Adam Esingen |
| 5. | 1640–1643 | Petrus Immeren |
| 6. | 1643–1646 | Antonius Gelenkirchen |
| 7. | 1646–1650 | Nikolaus Flamineus |
| 8. | 1650–1652 | Petrus Immeren Vicarius Frauw. |
| 9. | 1652–1655 | Johannes Blens Prior Frauw. |
| 10. | 1655–1658 | Augustin Petolet |
| 11. | 1658–1661 | Augustin Wardell |
| 12. | 1661–1664 | Gabriel Wardell S. T. Bacc. |
| 13. | 1664–1667 | Johannes Aurelius Peuls |
| 14. | 1667–1670 | Tobias Hartzem |
| 15. | 1670–1673 | Johannes Chrysostomus Bachem |
| 16. | 1673–1682 | Gabriel Wardell |
| 17. | 1682–1684 X 7 | (†) Johannes Brouiliardt |
| 18. | 1684 X 7–1685 IX 3 | Nikolaus Claßen Prior Vicar |
| 19. | 1685–1687 X 3 | (†) Gabriel Wardell S. T. B. |
| 20. | 1687 X 13–1688 | (3 Wochen vor dem Provincial-Kapitel) Theodor Leuning |
| 21. | 1688 (3 Wochen) | Arnold Neelsbach |
| 22. | 1688–1691 | Alipius Neelsbach |
| 23. | 1691–1694 | Matthias Leonis |
| 24. | 1694–1697 | Johannes Schweitzer S. T. Lic. Exprovinzial |
| 25. | 1697–1700 | Aurelius Winandi |

Die ersten Jahre gingen ruhig an: kleinere Ereignisse, einige Schenkungen, 1635 ist von Strevesdorf, diesmal als Weihbischof, erneut in Frauweiler, zwecks Einweihung der Altäre in der Kirche[36].
Soweit die Menschen in Frauweiler in Kontakt mit den Mönchen traten, mochte ihnen das internationale Flair aufgefallen sein. Keine Töchter aus der Nachbarschaft mehr, sondern Mönche, von denen es etwa, wie im Falle des zweiten Priors, heißt: er war »ein Belgier des Deutschen unkundig«. Aus dem französischen Thionville kam sein Nachfolger[37].
Doch alles Staunen über solche Dinge wird den Menschen 1641 vergangen sein. Wieder geriet man in die Wirren größerer Zusammenhänge. Es war der Dreißigjährige Krieg, der in dieser Zeit das Rheinland heimsuchte. Truppen, welcher Seite auch immer angehörig, strömten ins Land und nur allzuoft kamen die ausgemergelten Söldner als Soldateska »um zu sengen und zu brennen, daß es eine Lust sei«.[38] Bedburg, Kaster und Bergheim wurden im Februar 1642 von hessischen und weimarischen Truppen besetzt. Land und Leuten wird es nicht gut ergangen sein. Um Leib und Leben zu retten, werden die Mönche ihr Kloster wieder und wieder verlassen haben. Vielleicht wurde es ruhiger als die Truppen sich einzurichten begannen, aber jedesmal, wenn die Eintreiber übers Land gingen, um den Unterhalt der Soldaten aus der geplagten Bevölkerung zu pressen, werden die Mönche gezittert haben, wie alle anderen Menschen auch. Danach begann zwar recht bald die kaiserliche Gegenoffensive, doch wird sich das Leben der Menschen um keinen Deut verbessert haben. Die Soldaten mochten jetzt katholisch sein, aber hungrig waren sie genauso wie die Evangelischen ... – Erst 1650 sind alle fremden Truppen abgezogen.
In schlimmer Zeit waren die Frauweiler und Bedburger Augustiner nahe zusammengerückt. Antonius Gelenkirchen und Nikolaus Flamineus bekleideten wohl auch deshalb das Priorenamt hier wie dort – eine Personalunion, die noch einmal von Theodor Leuning repräsentiert wurde[39]. Doch jetzt konnte man wieder an ein geregeltes Ordensleben denken.
Erziehung und Ausbildung lag den Augustinern sehr am Herzen. Zwar erreichten sie auf diesem Gebiet längst nicht den Einfluß der Jesuiten im Erzbistum Köln, doch waren sie auch nicht untätig. In Frauweiler preschten sie 1654 in ihrem Bemühen wohl ein wenig zu weit vor, als sie für Jungen und Mädchen aus den Orten der näheren Umgebung eine Art Elementarschule einzurichten begannen. Bei Gelegenheit der nächsten Visitation drückte die Ordenshierarchie ihren Mißmut darüber aus, daß auch Mädchen ausgebildet würden! Daraufhin wurde dies eingestellt. Daß zumindest den Jungen dieses schulische Angebot weiterhin bestehen blieb, mag uns nicht ungewöhnlich erscheinen, angesichts der pädagogisch-akademischen Qualitäten vieler Mönche im Konvent. Augustin Wardell und Tobias Hartzem etwa waren Lehrer schon in Köln gewesen. Doch ab 1698 genoß die in Bedburg eingerichtete Schule den Vorrang – mit Lehrern aus Frauweiler[40]. Unbeschadet von solchen Planungen und Überlegungen blieb immer das interne Lehrangebot für die Mönche. Zu diesem Zweck waren gebildete Lektoren im Kloster.
Eine letzte Bemerkung für diesen Zeitraum gilt Arnold Neelsbach. Der Bruder von Alipius Neelsbach ist der Autor unserer schon zitierten Chronik.
Also denn, der Prioren zweiter Teil[41]:

| | | |
|---|---|---|
| 26. | 1700–1703 | Gelasius Hach |
| 27. | 1703–1709 | Servatius Charlis (später Provinzial) |
| 28. | 1709–1712 | Caspar Scharfbillig |
| 29. | 1712–1715 | Franciscus Claudt |
| 30. | 1715–1718 | Petrus Munch |
| 31. | 1718–1721 | Gelasius Hach |
| 32. | 1721–1730 | Josef Sinsteden |
| 33. | 1730–1733 | Reginald Kremer |
| 34. | 1733–1739 | Johannes Tiquet |
| 35. | 1739–1742 | Liberatus Keßekaul |
| 36. | 1742–1745 | Fulgentius Henscher |
| 37. | 1745–1748 | Bonifatius Jacobs |
| 38. | 1748–1751 | Aurelius Ortmans |
| 39. | 1751–1754 | Bonifatius Jacobs |
| 40. | 1754–1757 | Patritius Esser |
| 41. | 1757–1760 | Augustin Kribben |
| 42. | 1760–1764 | Simplician Schieffer |
| 43. | 1764–1767 | Lukas Lammertz |
| 44. | 1767–1770 | Benedikt Adrian (später Provinzial) |
| 45. | 1770–1771 IX 29 | Augustin Rüttgers |
| 46. | 1771 IX 29–1773 | Maximus Kallenberg, Vicarius Prior |
| 47. | 1773–1776 | Maximus Kallenberg Prior |
| 48. | 1776–1779 | Benedikt Geuthen |
| 49. | 1779–1783 | Gabriel Vasen S. T. D. (später letzter Prior der kölnischen Provinz) |
| 50. | 1783–1787 | Johannes Schweitzer iunior |
| 51. | 1787 | Anselm Lutterforst (lehnt wegen seines hohen Alters das Amt ab) |
| 52. | 1787–1788 V 19 | Johannes Nep. Becker(s) |
| 53. | 1788 V 19–1791 | Petrus Schinck |
| 54. | 1791–1795 III 10 | (†) Franciskus Zilken |
| 55. | 1795–1796 | Vincentius Manderwirth Prior Vicar |
| 56. | 1796–1800 | Vincentius Manderwirth Prior |

Einige dieser Namen stehen für die Blütezeit des Klosters in Frauweiler. Doch zunächst beginnt das neue Jahrhundert wenig spektakulär. Erfreut haben mag es die Mönche, daß sie 1716 und 1734 einige formale Versprechungen erhielten, die ihnen die leidvollen Einquartierungen, bzw. die Vorratslieferungen für's Militär ersparen sollten[42]. Die Klugen unter ihnen werden sich ihren Teil gedacht haben . . .
Als dreißigster Prior kam mit Petrus Munch ein kluger Prediger des Ordens wieder nach Frauweiler, wo er 1699 Profeß abgelegt hatte. Der Konvent behielt ihn im Anschluß an sein Priorat gleich da. Man vertraute wohl auf seine ordnende Hand als Prokurator: Es stand der Neubau der Klosteranlage an[43].
Es war Josef Sinsteden, unter dessen Priorat das Werk begann. Sofern überhaupt noch vorhanden fielen die alten Gebäude, und 1722 war der erste Flügel der Anlage neu aufgebaut. Er barg die beiden Refektorien und die oberen Zellen für die Mönche. 1727 wurde der zweite Flügel fertig, in dem sich die Gästezimmer und die

Sakristei befanden. Die Anlage ist noch nicht fertiggestellt, da ruft der Orden Prior Sinsteden zu neuen Aufgaben und so dauert es noch bis 1736, ehe der Rest der Klosteranlage mit den Ställen und der Krankenabteilung fertiggestellt ist[44]. Jetzt endlich kann J. M. Steidlin anreisen und im Rahmen seiner Folge aller Klosteransichten der Augustinereremiten in Deutschland auch die Frauweiler Ansicht festhalten. Im übrigen hält man auf geordnete Verhältnisse in dieser Zeit. Schon Gelasius Hach drängte auf eine gute Buchführung, insbesondere um die Besitzrechte und -ansprüche urkundlich abzusichern. Prior Sinsteden legte ein »Directorium Conventus« an. Das Buch sollte die regelmäßigen Ereignisse und Aufgaben des Konvents, die im Laufe eines Jahres wiederkehrten, festhalten. Die Aufzeichnungen begannen 1722 und wurden bis 1793 fortgeführt[45].

Stellen wir uns einmal die Zeit vor, in der wir uns befinden. Es ist eine Phase reger Volksfrömmigkeit. Auch an Erft und Gillbach fand diese Frömmigkeit ihre ›eigenen‹ Objekte, die Volksheiligen. Die Kirche regte solche Bewegungen durchaus an, doch war sie immer darauf bedacht, sie nicht ausufern zu lassen, sie unter Kontrolle zu behalten. Wallfahrten sind hierfür ein schönes Beispiel: einerseits kennen wir seit barocken Zeiten eine intensive Kommerzialisierung, dadurch daß regelrechte ›Modewallfahrten‹ entstehen mit allem möglichen Erinnerungskitsch, andererseits griff man immer dann ein, wenn der fromme Trubel sich allzusehr zu verselbständigen drohte.

Selbstverständlich waren die Klöster in diese kirchliche Strategie eingebunden. Indem man ihnen die Pflege der örtlichen Heiligenverehrung übertrug, hatte man zugleich eine gewisse Garantie, daß sie im frommen Rahmen blieb[46]. Einen Teil dieser Aufgabe übernahm bei den Augustinern die Arme-Seelen-Bruderschaft. Es war Prior Sinsteden, der die Gründung derselben in Frauweiler anregte[47]. Gebetsbruderschaften dienten eben der Erfassung und Aktivierung der Laienfrömmigkeit – es waren ja auch Laien, die in ihnen organisiert waren. Sie waren in fast allen Pfarrkirchen der Diözese anzutreffen und auch die männlichen Orden beherbergten ›ihre‹ Bruderschaft in der Klosterkirche[48]. Da stand Frauweiler natürlich nicht abseits.

Der Beter eifriges und vorbildliches Engagement wird erforderlich gewesen sein, wenn in Frauweiler das Vierzigstündige Gebet abgehalten wurde. Im Laufe der Zeit hatte die Beteiligung an diesem Gemeinschaftsgebet sehr zu wünschen übriggelassen. Als von selber nichts mehr lief, sollte das Versprechen eines vollkommenen Ablaßes die Menschen wieder in die Kirche holen. Diese kirchenstrategische Überlegung geriet in Frauweiler in Konflikt mit einem anderen Ablaßversprechen. Papst Benedikt XIII. bewilligte 1725 einen solchen für die Feier des 1. August, dem Fest unserer Jungfrauen, doch genau zu diesem Zeitpunkt fand auch besagtes Gebet statt. Der Ablaß für die Feier des Festes der Jungfrauen wird deshalb nicht mehr erneuert[49].

Auch Kirchenpatronin Luzia war im Laufe der Jahre in den Vordergrund der

*1489, ein Jahr nachdem er den Bau der Frauweiler Klosterkirche vollendet hatte, starb Johannes von Mecheln. Noch im gleichen Jahr wurde er vor dem Hochaltar der Kirche beigesetzt. Seine Grabplatte ließ man in die dem Friedhof zugewandte Südwand der Kirche ein. Ein angemessenes Gedenken des »zweiten Gründers« des Klosters.*

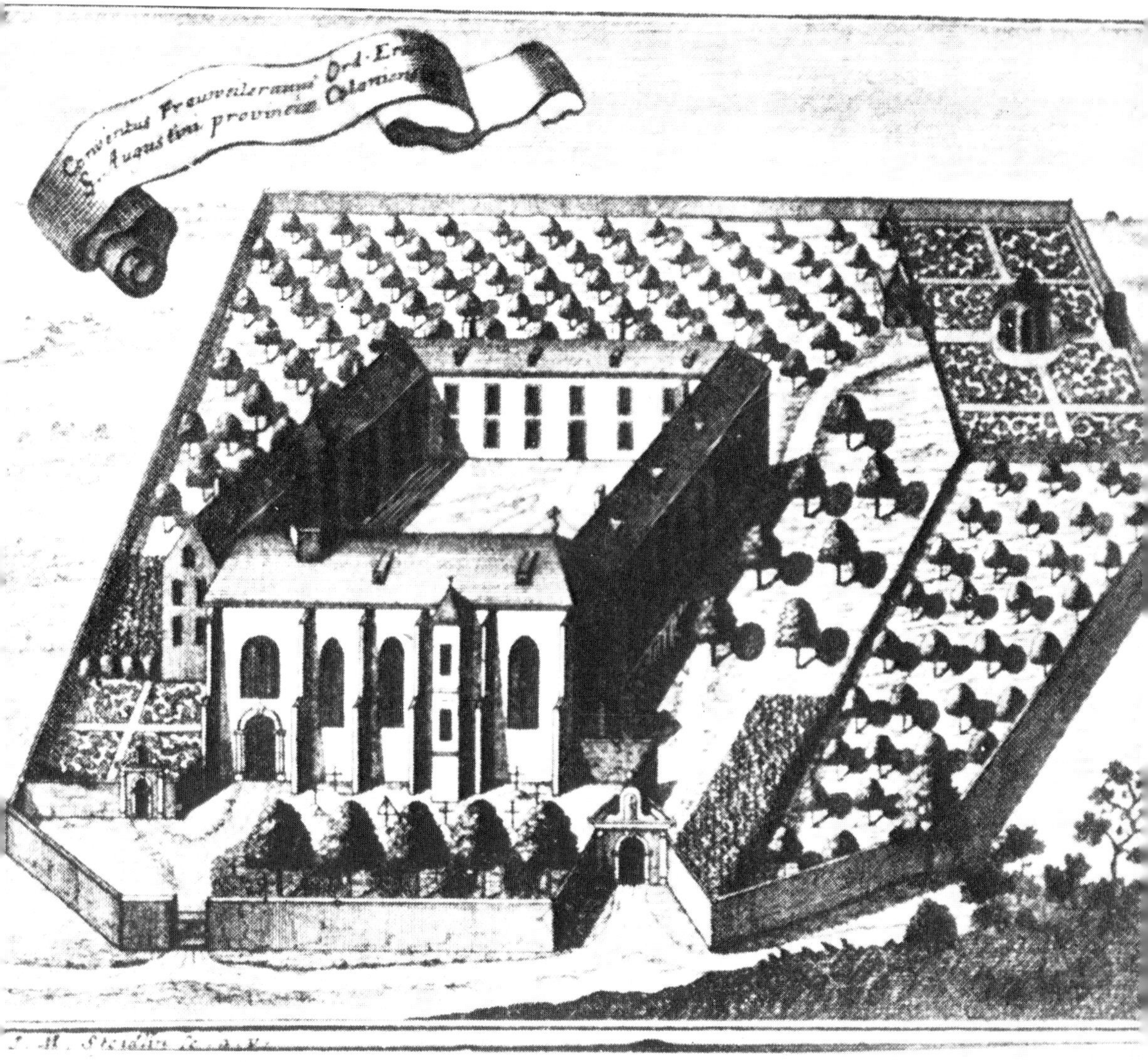


*Im Auftrag des Ordens bereiste um 1736 der Augsburger Joh. Matth. Steidlin die deutschen Lande zwecks Anfertigung von Ansichten aller Klosteranlagen der Augustinereremiten. Als er nach Frauweiler kam, hatte man dort die Anlage gerade vollendet. Im Vordergrund der Friedhof, dahinter die Kirche, deren Dachreiter sich noch auf der Westseite des Daches befindet, schließlich die Klostergebäude.*

Verehrung gerückt. Galt schon der Jungfrauen Verehrung der Gesundheit im weitesten Sinne, so half die hl. Luzia gegen ansteckende Krankheiten[50].
Kranken und Sterbenden diente auch eine andere sehr beliebte Gewohnheit: die Sieben Fußfälle wurden 1704 in Frauweiler gestiftet. Es soll diese Prozession von Bedburg nach Frauweiler geführt haben, vorbei an den sieben Stationen, an denen man des Leidens Christi gedachte. Einige Gläubige stellten die Apostel, Judas, Kaiphas und Pilatus dar, ein verhüllter Christusdarsteller trug das Kreuz. An »Palmen« wurde solcherart gefeiert und die diesmal palmentragenden Jungfrauen – so sind sie auf einem Schöffensiegel dargestellt – werden wohlgefällig dem Fest ihren Segen erteilt haben[51].
Zurück zum Kloster! Als 1758 die Ordensoberen eine Empfehlung zu den Mitgliederzahlen in den Konventen aussprechen, nennen sie für das umgebaute Frauweiler Kloster 20 Bewohner (den Bedburgern empfiehlt man 16). Rechnet man hierzu noch die Novizen, die eine Zeitlang in Frauweiler Ausbildung genossen, so werden durchaus an die 30 Menschen im Kloster gewohnt haben. 1770 zählt der Konvent neben den 14 Padres und 7 Laienbrüdern 5 Novizen. Chronist Aurelius Ortmans bezeichnet sich selber in seinem Werk als Novizenmeister, auch Petrus Schinck wirkte 1786 als Novizenmeister in Frauweiler[52].
Höhepunkt der Blütezeit des Klosters aber dürften die beiden Provinzialkapitel 1757 und 1761 gewesen sein. Erstmals kommen die Großen der Ordensprovinz im April 1757 nach Frauweiler. Das Kloster wird die 22 Gäste gut beherbergt und bewirtschaftet haben und Provinzial Adam Schmitz, der 1736 als Lektor in Frauweiler wirkte, wird's zufrieden gewesen sein. Jedenfalls lud er zum sogenannten Intermedium zwischen den Kapiteln wieder nach Frauweiler ein. Anläßlich dieser Zusammenkunft wurde die Empfehlung zu den Mitgliederzahlen, von der wir schon hörten, verabschiedet. Man sinnierte außerdem über die Qualifikationen eines Klösterlichen Lektors, der so vortragen sollte, daß der junge Ordensnachwuchs allzeit gut folgen könnte; man legte die Kriterien für künftige Novizen fest: jung und gebildet, von ehrenhaftem Verhalten und ohne Verpflichtung aus Militär und Ehe (!) sollten sie sein; man war sich einig darüber, daß die lobenswerte Tätigkeit als Lektor Mindestvoraussetzung für die Erlaubnis zur Aufnahme eines Studiums an der Universität sein sollte. 1761 tagt das Kapitel erneut in Frauweiler. Zum Provinzial wird mit Chrisostomos Koenen wieder ein ehemaliger Frauweiler gewählt. 16 Delegierte logierten diesmal im Frauweiler Kloster[53].
So war das Kloster Frauweiler in diesen Jahren eine vollwertige Niederlassung der Augustinereremiten in der kölnischen Provinz. Während des Priorats von Lukas Lammertz wurde noch einmal die Kirche renoviert[54]. Wer ahnt zu dieser Zeit, daß Gabriel Vasen es 1796 sein wird, der das letzte Provinzkapitel der Augustiner leiten wird? . . .

## Epilog

In Frankreich beginnt das letzte Kapitel der Klostergeschichte. Von der Dynamik ihrer Revolution werden französische Soldaten über die Grenzen ihres Landes getrieben. Wieder Soldaten und wieder unbequeme Requisitionen. Doch diesmal wird's wohl weitgehend ohne Mord und Totschlag abgegangen sein, Greueltaten gibt's nicht zu berichten. Was die Mönche freilich gedacht haben in diesen Tagen, angesichts der fremden Soldaten, die ihnen wohl schon zuflüsterten, was in Frankreich mit Kirchen und Klöstern geschah? Das wissen wir nicht, ebensowenig wie das, was sie den Brüdern aus Belgien, die in Scharen an die rheinischen Klosterpforten anklopfen und um Aufnahme bitten, tröstliches zu sagen gewußt haben. Doch das Ende war unaufhaltsam. 1802 wird das Kloster in Frauweiler geschlossen. Aufhebung!

Für die nächste Zeit diente das Kloster in Frauweiler Invaliden des napoleonischen Heeres als Heimstätte. Wir erwähnen das hier nur, um noch einmals auf die Größe der Anlage hinzuweisen: immerhin 22 ehemalige Söldner lebten dort mit ihren Familien[55].

Was wurde aus den Mönchen? Sie, denen die Klöster ja nie zur festen Heimat geworden waren, wie etwa den Benediktinern, werden versucht haben, zu ihren Familien zu gelangen. Dort galt es, – wie auch immer – eine neue Existenz aufzubauen.

Von einigen, die in Frauweiler waren, möchten wir noch etwas mitteilen. Von Robert Zons zum Beispiel, der 1804 noch als Subsidiar in Frauweiler wirkt; oder von R. Lieven, dem wir 1804 in Bedburg begegnen, wo er 1822 stirbt. Cornelius Contzen hatte 1779 in Frauweiler Profeß abgelegt, 1803 wirkt er als Vikar in Gees. Lange Zeit wirkte auch Alexander Heudt noch in Bedburg und Auenheim[56].

Und Gabriel Vasen, der letzte Provinzial? Noch 1799 hatte dieser aus Furcht vor den Franzosen Köln fluchtartig ins Rechtsrheinische hinüber verlassen. Doch allzu lange blieb der 49. Frauweiler Prior nicht im ›Exil‹: »Am 5. Juli 1800 starb P. Gabriel Vasen in Rath bei Frauweiler im Hause seiner Schwester, und wurde im Augustinerkloster zu Frauweiler begraben[57].«

Die ihn zu Grabe trugen blieben noch 2 Jahre . . . – im Kloster Frauweiler.

## Anmerkungen

1 Die Kirche wurde von der Rheinbraun AG bereits 1968 erworben. Im Juli 1969 wurde der Klosterhof abgerissen. Für ihn ließ sich das genaue Kaufdatum nicht ermitteln. Dies: Mündliche Auskunft, Informationszentrum Schloß Paffendorf.

Das Zitat: Ohm, Anneliese, Die Klosterkirche in Frauweiler, in: Frauweiler, Garsdorf, Wiedenfeld. Dörfer im Abbaugebiet der Braunkohle. Mit Beiträgen von Anneliese Ohm u. a., Bedburg 1961, S. 101–112, s. S. 101.

Die Angaben zur Kirche: Ohm, Klosterkirche, S. 104. Außerdem: Clemen, Paul, Die Kunstdenkmäler des Kreises Bergheim, Düsseldorf 1899, S. 59–62. Mit reichem Bildteil: Die Denkmäler des Rheinlandes. Kreis Bergheim, Bd. 1–3 (von Anneliese Ohm und Albert Verbeek), Düsseldorf 1970/1971, s. Bd. 1, S. 41–46. Zu Franz Schmitz: Dohmen, Heinz, Kirchenbauten des Erftraumes im 19. Jahrhundert in den Kreisen Bergheim, Grevenbroich und Mönchengladbach, Diss. Aachen 1973, S. 199/200. Neben Vincenz Statz war Franz Schmitz einer der bedeutenden Baumeister der Neugotik. Zu den Besitzverhältnissen: Haberich, Franz, Quellen zur Geschichte von Frauweiler, Garsdorf und Wiedenfeld, in: Frauweiler, Garsdorf, Wiedenfeld, S. 65–100, s. S. 74.

Außerdem: Schläger, Heinrich, Dörfer und Fluren der Orte Frauweiler, Garsdorf und Wiedenfeld, in: Frauweiler, Garsdorf, Wiedenfeld, S. 35–64, s. S. 36. Auch für Garsdorf und Wiedenfeld gilt, daß die bedeutsamen Anwesen am Ortsrande lagen.

2 Das meiste Material befindet sich im Hauptstaatsarchiv Düsseldorf, HStAD, Kloster Frauweiler, Nr. 1 ff.

3 Zu finden: MS Bonn, Universitätsbibliothek S. 350. Die doppelt beschriebenen Seiten sind durchnumeriert, so daß man das Kapitel 20. findet S. 585–588.

4 HStAD, Kloster Frauweiler, Nr. 59.

5 Als Beispiele seien (mit Bez. auf unser Thema) genannt:
Dethier, Johann Peter, Beiträge zur vaterländischen Geschichte des Landkreises Bergheim. Größtenteils aus ungedruckten Urkunden und Archivalnachrichten, Köln 1833. Das Werk ist pedantisch in §§ eingeteilt. § 24 des II. Teils lautet: Das Dorf und Kloster Frauweiler, s. S. 61. Für die dort gemachten Angaben reicht als Quellenangabe: »ein Bedburger Manuscript« (!).
Fahne, Anton, Geschichte der Grafen jetzigen Fürsten zu Salm-Reifferscheid sowie ihrer Länder und Sitze nebst Genealogie derjenigen Familien, aus denen sie ihre Frauen genommen, Bd. 1/2, Cöln 1866/1858 (Bd. 2: Urkundenbuch).

6 Müller (Pfarrer), Das Kloster Frauweiler bei Bedburg, in: Annalen des historischen Vereins für den Niederrhein, H. 30, 1876, S. 61–82. Die handschriftliche Chronik Rektor Breuers, die etwa bei Ohm, Klosterkirche, S. 111 ausgewiesen ist, ließ sich so nicht auffinden. Zur Zeit bearbeitet man im Historischen Archiv des Erzbistums Köln das Pfarrarchiv Auenheim. Darin befinden sich handschriftliche Notizen mit der Bezeichnung Chronik Breuer, die Frauweiler aber nur am Rande streifen, AEK, Pfarrarchiv Auenheim, Vorl. Nr. 148.

7 Zur Ortsbezeichnung: Fabricius, Wilhelm, Erläuterungen zum Geschichtlichen Atlas der Rheinprovinz, Bd. 5: Die beiden Karten der kirchlichen Organisation, 1450 und 1610, Bonn 1909–1913. Es heißt dort: »früher Wilzau, dann Wilre«, s. 5,1, S. 19/20. Müller, Das Kloster, nennt Wylzau und Wilre, s. S. 61.
Haberich, Quellen, nennt noch Wilre-Au. Dort auch der Hinweis auf die frühe urkundliche Erwähnung bereits 1117, s. S. 65.
Zur kirchlichen Organisation: Ebda.
Der Auenheimer Pfarrer erhielt 10 Malter Weizen im Jahr, so: Müller, Das Kloster, S. 61.
Frauweiler zu Beginn der 60er Jahre: Schmidt, Hartmut, Die dörfliche Struktur der Orte Frauweiler, Garsdorf und Wiedenfeld, in: Frauweiler, Garsdorf, Wiedenfeld, S. 11–34, s. S. 18.

8 HStAD, Kloster Frauweiler, Nr. 1.

9 Zur Gründung des Bedburger Klosters: Kunzelmann, Adalbero, Geschichte der deutschen Augustiner-Eremiten. Erster Teil. Das dreizehnte Jahrhundert, Würzburg 1969, S. 193–195.

10 Müller, Das Kloster, S. 62.

11 Zu den Franziskanerinnen: Lexikon für Theologie und Kirche, Bd. 1–14, Sonderausgabe Freiburg 1986, S. 4/280–285.
Der Übertritt in die Bursfelder Kongregation wird überall gen., z. B.: Müller, Das Kloster, S. 62. Einen Schritt weiter geht Haberich, Quellen, der das Datum 1458 für diesen Beitritt bestätigt und das folgende Kapitel einleitet mit »Das Kloster unter den Benediktinerinnen«, s. S. 70.
Zur Bursfelder Kongregation: LThK, 2/796–798, die Daten: 2/797. Im übrigen gab es zwar Nonnenklöster, für die zutraf, daß Äbte der Bursfelder Kongregation über sie eine Gewalt hatten, was aber nicht hieß, daß sie zu Bursfelder Klöstern wurden. Frauweiler fehlt denn auch bei: Hofmann, Philipp, Liste der Nonnenklöster der Bursfelder Kongregation, in: Studien und Mitteilungen zur Geschichte des Benediktinerordens und seiner Zweige, Bd. 53, München 1935, S. 77–102.

12 HStAD, Kloster Frauweiler, Nr. 11, 12.

13 Alle Namen sind der Ortmanschen Chronik entnommen. In Klammern die Namen, wie Müller, Das Kloster, sie las, s. S. 63.

14 Müller, Das Kloster, S. 62. Ein Zitat aus der Chronik.

15 Zu den Drei Jungfrauen: LThK, 4/120 f.
Der hl. Antonius, gen. auch »Firkes Tünn«. Vergl.: Hegel, Eduard, Das Erzbistum Köln zwischen Barock und Aufklärung. Vom Pfälzischen Krieg bis zum Ende der französischen Zeit, 1688–1814, Köln 1979, s. S. 338. Antonius sollte die Schweine vor Rotlauf schützen.
Zum Zweck der Verehrung: Haberich, Quellen, s. S. 69.
Zum Matronenkult: Ebda. Auch: Kirchhoff, Hans Georg/H. Braschoss/F. Schoser, Heimatchronik des Kreises Bergheim, Köln 1974, s. S. 77 ff.

16 Müller, Das Kloster, S. 61. Mit Schwerpunkt auf die Klostergründung, d. h. die Besiedelung durch Nonnen, als Grund für die Namensumbenennung: Noll, F. W., Heimatkunde des Kreises Bergheim, Bergheim 1912, s. S. 188.

17 Müller, Das Kloster, S. 65. Noll, Heimatkunde, S. 189. Haberich, Quellen, S. 71.

18 Kunzelmann, Augustiner-Eremiten, Vierter Teil. Die kölnische Provinz bis zum Ende des Mittelalters, Würzburg 1972, s. S. 63.
19 Heimbucher, Max, Die Orden und Kongregationen der katholischen Kirche, Bd. 1–2, Paderborn 1896/1897, s. S. 463 ff.
20 Müller, Das Kloster, S. 65.
Zum Einfluß von Mechelns auf die Kirche: Ohm, Klosterkirche, S. 102. Zur Kirchen- und Altarweihe: HStAD, Kloster Frauweiler, Nr. 18. Den Einfluß Mechelns würdigen sowohl Neelsbach als auch Ortmans.
21 Zum Pensionat: Müller, Das Kloster, S. 65. Haberich, Quellen, S. 71.
22 Zu finden: Historisches Archiv der Stadt Köln, Codex MS. G. B. 88, fol. 182 a–192 b.
Der Hinweis: Felten, Wilhelm, Zur Geschichte der Verehrung der heiligen vier Marschälle, in: Annalen ..., H. 104, 1920, S. 121–149.
23 Zu den Ereignissen: Goeters, J. F., Die Herrschaft Bedburg und ihre kirchlichen Verhältnisse zur Zeit der Reformation, in: 400 Jahre Bedburger Synode. Eine Festschrift, Bedburg-Niederaußem 1971, S. 49–71.
Der »Aussterbeetat«: Kirchhoff u. a., Heimatchronik, S. 133. Die Frauweiler Situation: Fabricius, Erläuterungen, S. 19/20. Fahne, Geschichte der Grafen, Bd. 1, S. 12. Dort heißt's: »Ende des 16. Jahrhunderts waren die Nonnen bis auf eine ausgestorben ...« Müller, Das Kloster, S. 65/66. Clemen, Kunstdenkmäler, S. 60.
24 Müller, Das Kloster, S. 66. In diesem Kloster sollen die letzten Nonnen aus Frauweiler untergebracht gewesen sein: Ebda.
25 Müller, Das Kloster, S. 66/67. Die Namen der ›Protestler‹: Winand Raitz von Frentz, Albrecht von Holtrop, Johann von Reuschenberg, Otto von Selbach gt. von Loe, Everhard von Efferen, Friedrich von Plittersdorf zu Wellendorf, Dietrich Deutz zu Kenten, Wilhelm Adolf von Kinzweiler.
26 Müller, Das Kloster, S. 67.
27 Zu Kurfürst Ferdinand: Ennen, Edith, Kurfürst Ferdinand von Köln (1577–1650), in: Annalen ..., H. 163, 1961, S. 5–40.
Zu Ferdinands Vorliebe für Frauenklöster: Franzen, August, Der Wiederaufbau des kirchlichen Lebens im Erzbistum Köln unter Ferdinand von Bayern Erzbischof von Köln 1612–1650, München 1941, S. 250 ff.
Zum Birgittenorden: LThK, 2/486 f.
Verwechslungen und Unklarheiten tauchen bei der Bezeichnung auf. So meint Müller, Das Kloster, daß »Brigittiner aus Marienforst« eingezogen wären, s. S. 67. Haberich, Quellen, spricht von »Mönchen des Brigittenordens«, s. S. 72.
28 Hennes, F. H., Kloster Marienforst bei Godesberg, in: Annalen ..., H. 32, 1888, S. 72–87.
29 Hierzu: Nyberg, Tore, Br(!)igittinische Klostergründungen des Mittelalters, Leiden, o. J.
30 LThK, 2/486 f.
31 Zur Nonnentracht: Hennes, Kloster Marienforst, S. 84.
32 Müller, Das Kloster, S. 67. Demnach stellte dieser noch einige Entschädigungsforderungen. Diesem ganzen Zwischenspiel in Frauweiler widmet Ortmans in seiner Chronik gerade sieben Zeilen.
33 Zum Konkurrenzverhältnis mit dem Auenheimer: Fahne, Geschichte der Grafen, S. 12.
1624 waren es übrigens auch die Bewohner von Frauweiler, Opshoven, Gommershoven und Montagsend, die die Erneuerung des Klosters wünschten: Müller, Das Kloster, S. 67.
34 Ebda. Zur Aufforderung des Papstes: Kunzelmann, Augustiner-Eremiten, Siebter Teil. Die kölnische Provinz von Beginn der Neuzeit bis zur Säkularisation, Würzburg 1976, s. S. 255.
35 Die Liste folgt: Kunzelmann, Augustiner-Eremiten, Siebter Teil, S. 213–219, h. S. 213–216. Mit kleinen Abweichungen auch: Müller, Das Kloster, S. 71.
36 Müller, Das Kloster, S. 67/68.
37 Kunzelmann, Augustiner-Eremiten, Siebter Teil, S. 214.
38 Sehr ausführlich hierzu: Engelbert, Günther, Der Hessenkrieg am Niederrhein, in: Annalen ..., H. 161, 1959, S. 65–113; H. 162, 1960, S. 35–96 und: Schadensliste zum Hessenkrieg am Niederrhein, H. 163, 1961, S. 134–165. Das Zitat: H. 161, s. S. 78.
Die Auswirkungen in Frauweiler: Müller, Das Kloster, S. 68.
39 Kunzelmann, Augustiner-Eremiten, Siebter Teil, S. 214 u. 216.
40 Die Schule in Frauweiler: Kunzelmann, Augustiner-Eremiten, Siebter Teil, S. 212. Müller, Das Kloster, S. 68. Haberich, Quellen, S. 74. Die Prioren: Kunzelmann, Augustiner-Eremiten, Siebter

Teil, S. 215. »Höhere Bildungsstätten für die Jugend« richteten die Augustiner 1677 in Rösrath, 1698 in Bedburg und 1704 in Hillesheim ein. Kunzelmann, Augustiner-Eremiten, Siebter Teil, S. 230/231.

41 Kunzelmann, Augustiner-Eremiten, Siebter Teil, S. 217–219.

42 Müller, Das Kloster, S. 69.

43 Kunzelmann, Augustiner-Eremiten, Siebter Teil, S. 217.

44 Kunzelmann, Augustiner-Eremiten, Siebter Teil, S. 212/213.

45 Ebda. Kunzelmann nennt einen »liber fundationum« und einen »liber pachtationis (!)«. Die von Sinsteden begonnenen Aufzeichnungen: HStAD, Kloster Frauweiler, Nr. 60.

46 Zur kirchlichen Rekatholisierungsstrategie: Um Glaube und Reich. Kurfürst Maximilian I. Katalog der Ausstellung in der Residenz in München 12. Juni bis 5. Oktober 1980, München 1980 (Wittelsbach und Bayern II/2), S. 557ff. Dort auch in ›anschaulichen‹ Beispielen etwas zu dem hier über Wallfahrten Gesagten. Was hier zu den bayrischen Verhältnissen gesagt wird, kann m. E. auch fürs Rheinland gelten: »Die ... geförderte Religionspraxis war ganzheitlich: sie bezog auch den Körper der Gläubigen mit Fasten, Wallfahrten, Kniebeugen und Kreuztragen in die Religionsausübung ein. Sie kam seiner sinnlichen Natur entgegen ... erregte die bildnerische und theatralische Phantasie des Volkes. Sie benützte althergebrachte magische Vorstellungen, die als Schutzriten und Amulette in den katholischen Kult eingebracht wurden.«, s. S. 558.
Die Einbeziehung der Klöster geschah auch ganz formal. So delegierte etwa der Weihbischof oftmals Weihehandlungen auch an die Frauweiler Prioren. In der Hauptsache sind es Kirchenglocken, die sie einzuweihen haben. Torsy, Jakob, Die Weihehandlungen der Kölner Weihbischöfe 1661–1840. Nach den weihbischöflichen Protokollen, Düsseldorf 1969.

47 Kunzelmann, Augustiner-Eremiten, Siebter Teil, S. 213. Im Archiv des Erzbistums Köln befindet sich: Anzeichnungsbuch der Armen-Seelen-Bruderschaft zu Frauweiler, AEK, Amtsbuch Nr. 2 (Pfarrarchiv Auenheim). Das Buch weist Eintragungen bis 1805 auf.

48 Hegel, Das Erzbistum, S. 339f.

49 Bzgl. des Vierzigstündigen Gebets: Hegel, Das Erzbistum, S. 333. Zu Frauweiler: Müller, Das Kloster, S. 69.

50 Noll, Heimatkunde, S. 189.

51 Die Stiftung: HStAD, Kloster Frauweiler, Nr. 29.
Zur Form der Feier: Haberich, Quellen, S. 70. Das Siegel: s. S. 67. Noll, Heimatkunde, schreibt: »Gegen die ansteckenden Krankheiten kam ... die Verehrung der hl. Lucia daselbst auf, zu der man weithin wallfahrte.«, s. S. 189. Meint er die Prozession?

52 Die Zahlen 1770: Kunzelmann, Augustiner-Eremiten, Siebter Teil, S. 213. Die Empfehlung: s. S. 512. Die Zahl 30 nennt: Noll, Heimatkunde, S. 189.
Zur Novizenausbildung: Kunzelmann, Augustiner-Eremiten, Siebter Teil, s. S. 213: »Wiederholt war hier im 18. Jahrhundert das Noviziat.« Novizenmeister Petrus Schinck: s. S. 219.

53 Zu den Versammlungen in Frauweiler: Kunzelmann, Augustiner-Eremiten, Siebter Teil, S. 508ff.

54 Kunzelmann, Augustiner-Eremiten, Siebter Teil, S. 218.

55 Noll, Heimatkunde, S. 190.

56 Noll, Heimatkunde, meint, daß Robert Zons noch 1807 in Frauweiler ist, s. S. 190. Tatsächlich ist er zu dieser Zeit Pfarrer in Gladbach. So nach: Torsy, Jakob, Der Regularklerus in den Kölner Bistumsprotokollen, 1661–1825, Siegburg 1985, S. 51–86 (Augustiner-Eremiten). Dort auch die übrigen Angaben.

57 Ein Zitat nach: Kunzelmann, Augustiner-Eremiten, Siebter Teil, S. 552. Eine Gruppe von sechs Augustinern lebte im übrigen noch 1808 in Bedburg in einer Art inoffizieller Gemeinschaft. Kunzelmann nennt ihre Namen, doch ist nicht klar, wer von ihnen wann in Frauweiler gewesen ist, s. S. 553.

Fritz Hemmersbach

# Das Kollegiatstift St. Martinus Kerpen

In der Literatur und auch in der mündlichen Überlieferung wird häufig behauptet, daß das Kerpener Stift von Karl dem Großen gegründet wurde. Diese Ansicht dürfte wohl auf Ausführungen des Kölner Kanonikers Gerhard Stempel zurückzuführen sein, die dieser 1587 in seiner geographischen Beschreibung des Territoriums und der Herrschaft Kerpen und Lommersum niederschrieb.

Über die Errichtung des Stiftes unterrichtet uns die älteste Urkunde, die in einem Kopialbuch enthalten ist, das um 1800 angelegt wurde. Leider sind in dieser Abschrift weder Eschatokoll noch Datierung enthalten. Aber wir erfahren immerhin, daß ein Pfalzgraf Hermann bekundet, diese geistliche Gemeinschaft sei von seiner Mutter Magdilidis und deren Ehegemahl Sigibodo errichtet worden. Aufgrund genealogischer Forschung folgert Severin Corsten, daß das Stift kurz vor 1050 gegründet wurde und daß die Gründer aus dem Hause Are zu stammen scheinen. Der Pfalzgraf Hermann schenkte dem Stift etliche Güter zu seinem Seelenheil und dem seiner Eltern.

Das Stift war als Kollegiatstift gegründet worden. Ein Kollegium von Kanonikern übte den Chordienst unter Leitung des Propstes (Praepositus = Vorsteher) an der Kollegiats- oder Stiftskirche aus. Dafür waren sie mit Praebenden ausgestattet (bestiftet).

Ursprünglich sollten auch die Weltkleriker ein Gemeinschaftsleben (vita communis) führen. So bildete sich neben dem Stand der Mönche, die im Kloster lebten, der Kanonikerstand heraus. Die Kanoniker lebten nach den canones, den Gesetzten der Kirche.

Verfallserscheinungen führten jedoch im 10. Jahrhundert zur Auflösung der vita communis und zur Aufspaltung des einheitlichen Kapitalvermögens. Dies wurde auf die einzelnen Kanoniker aufgeteilt.

Ob es in Kerpen ursprünglich nur einen gemeinsamen Güterbesitz gegeben hat, ist nicht überliefert. Zur Gründungszeit dürfte jedoch neben einem gemeinsamen Stiftsvermögen jeder Kanoniker sein eigenes Vermögen oder Einkommen, seine Praebende, gehabt haben. Hier liegt ein wesentlicher Unterschied der Stifte zu den Klöstern, deren Mönche grundsätzlich weder eigenen Besitz noch eigenes Einkommen haben durften.

Die frühe Entwicklung des Stiftes Kerpen liegt völlig im Dunkel. Aus der frühesten datierten Urkunde von 1178, die überliefert ist, kennen wir lediglich den Namen des Propstes, Wecelinus, sowie die von vier Kanonikern, nämlich Winricus, Johannes, Ensfridus und Heribertus. Diese werden in einem Schenkungsakt des Erzbischofs Philipp von Köln als Zeugen genannt. Im 13. Jahrhundert erfahren wir aus den Quellen schon Genaueres. 1211 erfolgte eine Gütertrennung zwischen Propst und Kapitel. Unzufriedenheit der Kanoniker mit dem Propst führten dazu, daß festgeschrieben wurde, welche Güter ihm allein zur Nutznießung zustanden und welche dem gesamten Kapitel. Die Erträge aus dem gemeinsamen Vermögen wurden auf den Propst und die Kanoniker aufgeteilt.

Da jedoch in dieser Zeit die meisten Mitglieder des Stiftes Praebenden (Pfründe) an mehreren Kirchen besaßen, waren sie häufig abwesend, denn sie mußten ja ihre Interessen an verschiedenen Stellen vertreten. Die bestehende Anwesenheitspflicht (Residenzpflicht) konnte nicht im notwendigen Umfang wahrgenommen werden. Deshalb wurden 1252 mit Genehmigung König Wilhelms und des Erzbischofs Konrad von Köln Statuten herausgegeben. In ihnen wurde genau festgelegt, wie die Einkünfte zu verteilen waren. Dabei spielte die Anwesenheit sowie die gerechte anteilige Zuweisung die größte Rolle.

Die Stiftsherren wohnten in der Nähe der Kirche in eigenen Häusern rund um den Stiftsplatz. Die stiftseigene Propstei stand an der Stelle, an der sich heute das Pfarrhaus befindet. Während diese für den jeweiligen Propst reserviert war, mußten die Kanoniker ihre Häuser von den Vorgängern oder deren Erben kaufen. Der Kapitalsaal, der Versammlungsraum der Kanoniker, und Wirtschaftsräume waren nördlich an die Kirche angebaut. Der gesamte Komplex bildete die Immunität (Freiheit), einen rechtlich und räumlich abgeschlossenen Bezirk. Die Anlage ist in ihren Grundzügen noch erhalten. Dies ergibt sich aus einem Vergleich des heutigen Zustandes mit einer Karte der Immunität aus dem Jahre 1791. Der Plan „Wahre Abbildung des königlichen Stiftes in Kerpen in seinem ganzen Immunitätsbezirk und dazu gehörenden Gärten und Gebäulichkeiten“ gibt eine Situation wieder, wie sie schon lange vorher bestanden haben dürfte.

Das Kapitel des Kollegiatstiftes St. Martinus Kerpen bestand aus 12 Kanonikern und dem Propst. Nach den Statuten von 1589 sollten vier Priester, vier Diakone und vier Subdiakone sein. Wurde die Stelle eines Kanonikers durch Tod oder Verzicht (Resignation) frei, so hatte das Kapitel das Recht, diese in den Monaten Februar, April, Juni, August, Oktober und Dezember neu zu besetzen. Dadurch konnten, wie Ingrid Joester für das 18. Jahrhundert nachgewiesen hat, die Praebenden an Verwandte von residierenden oder resignierenden Kanonikern vergeben werden.

In den übrigen Monaten besetzte der Landesherr die Stellen. Dieser versorgte nicht selten Nachkommen aus ihm nahestehenden Familien auf diese Art mit einer Pfründe. So konnte er auch Einfluß auf das Stiftskapitel gewinnen.

Es kam jedoch auch nachweislich vor, daß Kanonikalpraebenden vom Papst vergeben wurden.

Das Recht des Landesherrn geht wahrscheinlich auf ein Konkordat zwischen Papst Clemens VIII. und Kaiser V. zurück, der als Landesherr von Brabant auch Herr von Kerpen war.

Über den Kanonikern standen dem Range nach die Dignitäre: Propst, Dechant (decanus) bzw. Vizedechant und Scholaster (scholasticus).

Der Propst war der Vorsteher des gesamten Kollegiums. Er hatte das Stift nach

außen hin zu vertreten. Damit hatte er die wichtigste Position inne. In Kerpen war er zugleich auch Dechant. Zwar konnte er durch den Vizedechanten vertreten werden, dieser hatte aber nicht die Rechte und Aufgaben wie der Dechant nach der Trennung von Propstei und Dekanat, die im 18. Jahrhundert durchgeführt wurde. Bis zu diesem Zeitpunkt fielen dem Propst also auch die Rechte und Pflichten eines Dekans zu. Er führte den Vorsitz im Kapitel. Er besaß die Disziplinargewalt. Ihm oblag die geistliche Leitung der Stiftsangehörigen und die Verantwortlichkeit für den Gottesdienst. Die Befolgung der Stiftsstatuten hatte er zu überwachen. Diese Pflichten ermöglichten es dem Propst aber auch, großen Einfluß im Stift auszuüben.
Fußend auf germanischem Eigenkirchenrecht war die Einsetzung des Propstes altes Königsrecht. So beanspruchte der König diese Recht auch im Kerpener Stift. Urkundlich nachweisbar ist jedoch, erstmals 1205, daß er wohl des öfteren den Erzbischof von Köln mit diesem Recht belehnte. Dies führte in der Folgezeit zu Auseinandersetzungen zwischen dem König und den Erzbischöfen, die dieses Privileg auf Dauer auszuüben gedachten. Die Streitigkeiten wurden schließlich gerichtlich zugunsten des Königs entschieden, der dann auch von seinem Recht Gebrauch machte.
1336 verlieh König Ludwig von Bayern die Propstei Kerpen seinem Schwager, dem Grafen Wilhelm von Jülich, für dessen Verdienste. Bei der Verleihung wurde jedoch nicht darauf verzichtet zu erwähnen, daß die Besetzung der Propsteistelle grundsätzlich königliches Recht ist.
Als Selbständigkeit und Macht der Territorialherren auf Kosten des Reiches zunahmen, wurde die Ernennung des Propstes erfolgreich von den jeweiligen Landesherren beansprucht.
Als 1609 die Grafen von Jülich ausstarben, teilten sich die Rechtsnachfolger, die Kurfürsten von Brandenburg und die Pfalzgrafen von Neuburg, das Kollationsrecht, das Recht, die Propsteistelle zu besetzen. Wurde die Stelle frei, so nahm der Kurfürst von Brandenburg die Ernennungen in den Monaten Januar, März, Mai, Juli, September und November vor, der Pfalzgraf in den übrigen Monaten. Der Ernannte mußte jedoch auch die Genehmigung des jeweils anderen Landesherren einholen.
Der Scholaster hat wohl ursprünglich den Scholaren, den Jungen, die für das Stift bestimmt waren, selbst Unterricht erteilt. Später dürfte er nur noch die Aufsicht über die Stiftsschule und den Schulmeister ausgeübt haben. Er führte aber auch die Korrespondenz des Stiftes. Ferner bewahrte er die Urkunden, Akten und Briefe des Stiftes. In der Regel vertrat er das Kapitel bei Prozessen.
Interessant ist in diesem Zusammenhang eine Erzählung des Caesarius von Heisterbach über ein besonderes Erlebnis der Kerpener Stiftsschüler im 12. Jahrhundert. Der Scholaster Daniel († 1209), der später Abt von Schönau bei Heidelberg wurde, hatte ihm darüber berichtet.
„In Kerpen, wo Abt Daniel damals Scholaster war, erhielten die Schüler einmal Erlaubnis, in den Wald zu gehen. Als sie dort eine Wolfshöhle gefunden, warfen sie die jungen Wölfe heraus, und einer der Schüler hieb denselben mit einer Doppelaxt die Füßchen ab. Als die Knaben fort waren, kam die Wölfin zurück, sah was ihren Wölfen geschehen war und rannte den Schülern nach, verfolgte jedoch in ihrer Wut einzig und allein den Knaben, welcher es getan hatte. Dieser kletterte in seiner Angst auf einen Baum, die Wölfin aber, welche ihn dort nicht erreichen konnte, begann sofort die Erde um den Baum aufzuscharren und als ihr dies nicht sofort gelang, rief

sie noch andere Wölfe herbei. Inzwischen waren auf den Lärm der Schüler Leute mit Schwerten, Spießen und Prügeln herbeigeeilt, verjagten die Wölfe und zogen, jenen Knaben in ihrer Mitte, dem Dorfe zu. Die Wölfin ließ sich jedoch nicht verjagen, sondern machte fortwährend Versuche, sich zu rächen. Als sie dem Dorfe bereits nahe waren, durchbrach die Wölfin trotz der Gefahr, welche sie bei dieser Rachetat bedrohte, die Schar der Bewaffneten, packte den Knaben bei der Kehle und erwürgte ihn sofort.“

Von der Schule des Stiftes wissen wir fast nichts. Sie scheint nicht hoch dotiert gewesen zu sein. In der letzten Zeit des Bestehens erhielt der Schulmeister außer dem Schulgeld noch 18 Reichstaler jährlich. Dafür hatte er den Unterricht zu halten, die Choristen zu unterrichten und während des Chorgebetes im Chor anwesend zu sein. So wurde die Schule schließlich der Vikarie S. Beatae Mariae Virginis (B.M.V.) inkorporiert und der Vikar B.M.V. hatte den Unterricht zu halten. So hatte der Vikar, dessen Einkünfte auch knapp bemessen waren, ein etwas höheres Einkommen. Die Vikarie hieß dann Schulvikarie.

Besondere Aufgaben fielen im Stift dem Kellner (cellerarius), dem Custos und dem Aedilis (Baumeister) zu.

Der Stiftskellner hatte die wichtigste Stelle in der Güterverwaltung des Stiftes inne. Er war Meier und Rentmeister in einer Person. Er hatte die Güter zu verwalten, deren Erträge die Praebenden für Propst, Scholaster und die Kanoniker lieferten, sowohl Gelder als auch Naturalien. Die Pfründeneinkünfte hatte er an die Inhaber der jeweiligen Pfründe auszuzahlen. Zur Verwaltung der Güter gehörte auch die Oberaufsicht über die dort Tätigen. Diese hatte er bei Prozessen im Namen des Kapitels vor dem landesherrlichen Gericht zu vertreten. Zu den Gütern zählten die Mühle, Benden und die Höfe, die der Lehnsgerichtsbarkeit des Stiftes unterstanden, so Mödrath, Duzrode und Hahn.

Der Custos war für die kirchlichen Gewänder und Gerätschaften verantwortlich. Außerdem hatte er für die Lampen und Lichter (Kerzen) zu sorgen. Aus den Akten der Custodie aus dem Jahre 1779 ist ersichtlich, daß die notwendigen Mittel aus bestimmten Stiftsgütern erwirtschaftet wurden.

Die Kirchenfabrik oder das Gotteshausvermögen (fabrica ecclesiae) verwaltete der Aedilis, der für die Instandhaltung der Kirche verantwortlich war. Das Vermögen wurde durch Privatstiftungen gebildet. Die Stiftskirche war zugleich auch Pfarrkirche. Aus diesem Grunde gab es eine »Nachbarfabrik«, das zweckgebundene Vermögen der Nachbarn, wie aus der Sicht des Stifts die Gemeindemitglieder genannt wurden. Stift und Gemeinde teilten sich die entstehenden Kosten für die Instandhaltung der Kirche nach alten Vereinbarungen.

Auf dem bereits erwähnten Plan von 1791 ist klar zu erkennen, daß das linke Seitenschiff der damals dreischiffigen Basilika und die östlich anschließende Sakristei Teil der Stiftsimmunität waren, der übrige und damit größte Teil der Kirche einschließlich des Kirchturms nicht. Dies dürfte bei der oben angesprochenen Finanzierung bei der Erhaltung des Gebäudes eine Rolle gespielt und mitunter zu Konflikten geführt haben.

*Karte der Immunität des Stiftes Kerpen, 1791 (Original 78,5 x 66); kolorierte Handzeichnung von Landmesser Joseph Paar (HSTAD Karten 3341).*

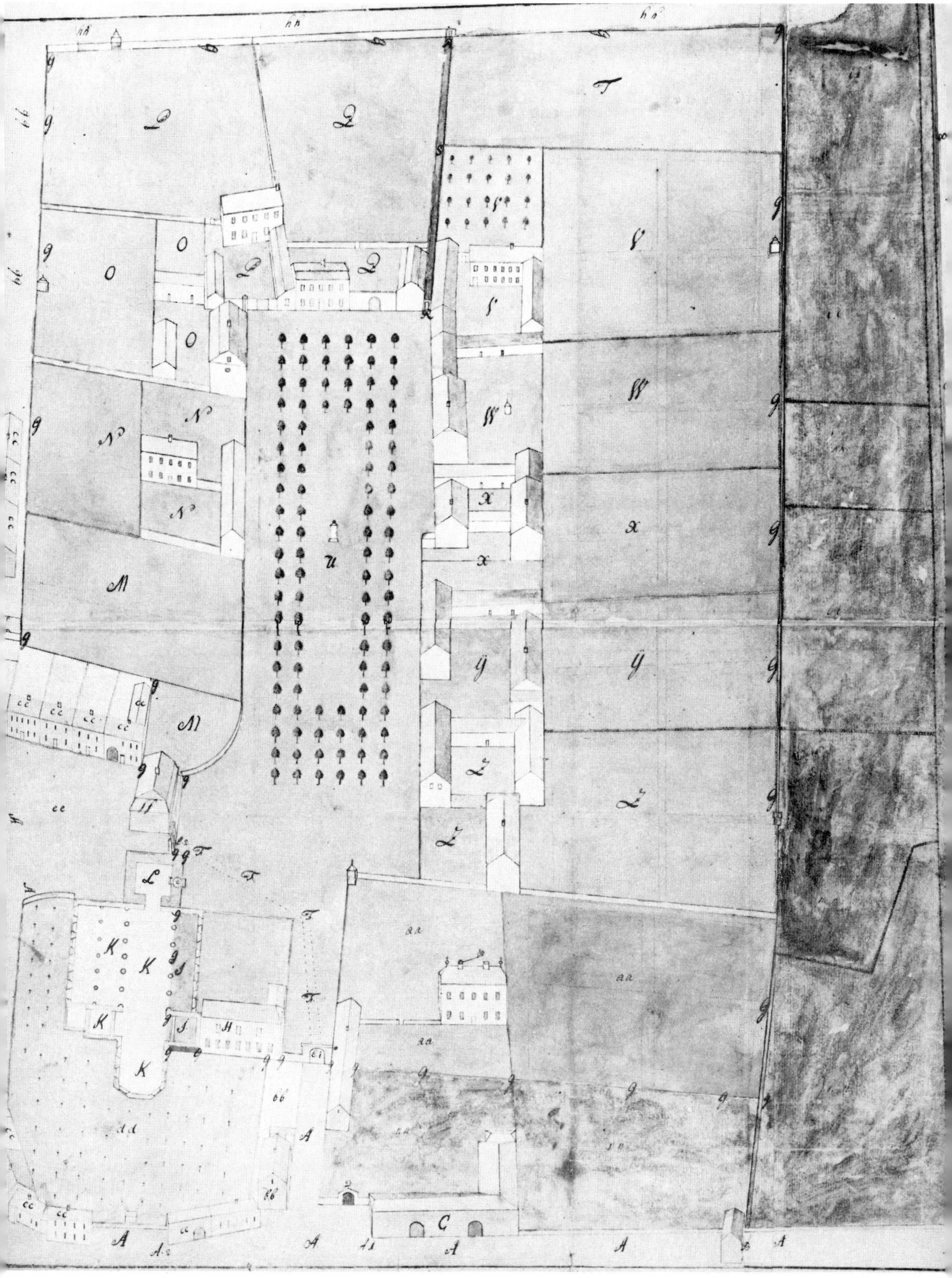

Q
Q
T
O
O
N
M
M
U
W
X
K
K
K
K
L
H
C
A
A
A
A
A
aa
aa
ee

Altargründungen in der Stiftskirche zu Kerpen hatten dazu geführt, daß schließlich auch noch sechs Vikare zum Stift gehörten. Sie lebten von den Einkünften, mit denen die jeweiligen Vikarien bei der Gründung von ihren Stiftern ausgestattet worden waren. Diese Dotationsgüter stellten ein Sondervermögen dar. Es gehörte zwar dem Stift, wurde aber von den Vikaren verwaltet. Sie übten an ihren Altären die cura actualis aus, sie hatten die ihnen auferlegten Messen und Anniversarien zu feiern. Um ihre Aufgaben wahrnehmen zu können, mußten die Vikare geweihte Priester sein, während nur vier Kanoniker nach den Statuten Priester sein mußten, wie schon an anderer Stelle erwähnt wurde. Damit die Gottesdienste ordnungsgemäß gehalten werden konnten, bestand für die Vikare Residenzpflicht. Ihre Häuser standen im Stadtgebiet außerhalb der Immunität. Dies zeigt schon, daß sie eine andere rechtliche Stellung im Stift hatten als die Kanoniker. Darauf weist auch hin, daß sie sich zu einer eigenen Bruderschaft mit dem Namen »Fraternitas vicariorum Beatae Mariae Virginis« oder »Unserer lieben Frau« zusammengeschlossen hatten.
Die sechs Vikare werden in einer bestimmten Reihenfolge genannt: Vicarius S. Barbarae, Vicarius S. Johannis Evangelistae, Vicarius S. Catharinae, Vicarius S. Trium Regum, Vicarius Beatae Mariae Virginis und Vicarius S. Annae. Daraus darf man wohl schließen, daß im Verlauf der Jahrhunderte die Altäre in dieser Reihenfolge gestiftet worden sind. Ein Nachweis darüber liegt bisher nicht vor.
Die Vikarie der hl. Barbara wird bereits in einer Urkunde von 1439 erwähnt, als die Vikarstelle neu besetzt wurde. Sie war dem Pastorat inkorporiert, so daß der Vikar an diesem Altar gleichzeitig die Pfarrstelle innehatte. Der Curatpfarrer, auch Pastor genannt, wurde vom Erzbischof ernannt. Obwohl der Pfarrer die Hauptlast der Seelsorge in der Gemeinde zu tragen hatte, war sein Einkommen im Vergleich zu dem der Kanoniker bescheiden. Sein Haus lag auf dem Filzengraben. Es ist heute noch Eigentum der Pfarre St. Martinus. Der zweigeschossige Putzbau von fünf Achsen trägt auf dem Türsturz aus Rotsandstein die Inschrift: DEO TRINO MARIAE FRANCISCO ANTONIO. Das Chronogramm ergibt die Jahreszahl 1704.
Der Vikar am Altar S. Johannis Evangelistae war gleichzeitig geistlicher Präses der St. Sebastianus-Schützenbruderschaft. Er wurde auch Bruderpriester genannt. Margret Wensky führt als Erstnennung der Bruderschaft das Jahr 1474 auf. 1564 ist in den Akten der Pfarre St. Martinus »Jorgen va haen broderpreyster zu Kerpen der helliger Colligaten Kirche sent Mertenn Rector Altaris Joanis Evangelistem« aufgeführt. Die »Ordenungh oder regulen deß hilligen Martiris Sebastiani lobliger broderschaft: und deß Vogellschießens alhier zu Kerpen«, die der Bruderpriester Wilhelm Gymnich (Wilhelmus Gimmenigh) 1650 aufschrieb, gibt einen genauen Einblick in die Einbindung der Bruderschaft in das kirchliche Leben. Sich zu einem gottesfürchtigen Lebenswandel zu befleißigen, sich im Schießen zu üben und Geselligkeit zu pflegen waren gleichberechtigte Ziele. Einen letzten Hinweis auf die Bindung der Bruderschaft an die Vikarie gibt uns der Vikar Johann Franz Heyd, der 1807 »pour la liquidation« eine Übersicht zur Vermögens- und Einkommenslage über »Das ehemalige Beneficium Sti. Johanni Evangelistae modo Sti. Sebastiani« erstellte. Bei der Neuernennung eines Vikars oder Bruderpriesters durch das Kapitel schlug die Gemeinde zwei geeignete Kleriker vor. Hier gab es also eine echte Mitwirkung der »Nachbarn« bei der Stellenbesetzung.
Der Vicarius S. Beatae Mariae Virginis war auch Rektor der Hubertuskapelle. Diese

lag nördlich von Langenich, das zur Herrschaft und zum Pfarrgebiet Kerpen gehörte, am Hubertusbusch. Die Kapelle ist bereits auf der Karte des Gerhard Stempel aus dem Jahre 1587 eingezeichnet. Sie wurde Anfang des 19. Jahrhunderts abgerissen, als sie nur noch als unnütze Ruine bestand.

Die jüngste Altarstiftung war die zu Ehren der hl. Anna durch den Kanoniker und Scholaster des Stifts Matthäus Adam Kleinermann im Jahre 1713. In diesem Zusammenhang ist bemerkenswert, daß dieser im Jahre 1709 die wiederhergestellte Annakapelle außerhalb des Ortes an der Landstraße von Köln nach Düren geweiht hatte. 1713 stiftete er für diese Kapelle auch eine Messe. Die Verehrung der hl. Anna scheint in dieser Zeit in Kerpen eine besondere Bedeutung gehabt zu haben.

Da im Zusammenhang mit den Vikarien bereits von zwei Bruderschaften die Rede war, sei hier noch eine dritte angeschlossen, auch wenn diese keine direkte Beziehung zu den Altären hatte. 1692 wurde die Archi-Confraternitas S. Scapularis in Kerpen neu begründet. Die Ordnung der erneuerten Skapulierbruderschaft wurde vom Stiftskapitel und dem »wohlehrsamen Schöffengericht alhir zu Kerpen« angenommen und beschlossen. Präsides waren Carmeliterpatres aus Köln. Die Bruderschaft muß in der Seelsorge eine herausgehobene Bedeutung gehabt haben. Die Mitglieder kamen nicht nur aus Kerpen, sondern auch aus den umliegenden Ortschaften, die nicht zum Pfarrbezirk und damit auch nicht zur Herrschaft Kerpen gehörten. Sie bestand bis ins 19. Jahrhundert hinein.

Die Standeszugehörigkeit der zum Stift Kerpen zählenden Personen ist bisher nur teilweise untersucht worden.

Die Pröpste waren in der Regel Adelige. Von den urkundlich nachweisbaren, von denen auch die Geschlechternamen bekannt sind, waren zwei bürgerlicher Herkunft, Albrecht Zobbe (1430–1442) und Theodor Bürgers (1689–1691). Die übrigen waren Freiherren und Grafen, einer, nämlich Bernhard Heinrich von Sachsen-Lauenburg (1510–1512), entstammte dem Hochadel.

Die Kanonikerstellen dürften bei einflußreichen Familien nicht zu den begehrtesten gehört haben. Sauerland deutet darauf hin, daß Kerpen »in stiller Einsamkeit lag zwischen Köln und Düren« und daß die Kanoniker »im liber valoris mit einer Zehntabgabe von 12 Mark Silber eingetragen« sind. Im Vergleich dazu betrug die Zehntabgabe am St. Viktors-Stift in Xanten 48 Mark Silber. Kerpen galt da wohl als ungünstig gelegene und ärmere Stiftskirche.

Joester weist nach, daß das Kerpener Stift im 18. Jahrhundert ein ständisch geschlossenes Gefüge aufwies. Es war mit Kanonikern aus alteingesessenen rheinischen Beamtenfamilien besetzt. Die meisten kamen aus Köln, Bonn, Düsseldorf und Aachen. In den früheren Jahrhunderten dürfte die Zusammensetzung anders gewesen sein. Durch das Kollationsrecht des Königs von Spanien bzw. der jeweiligen Pfandinhaber wurden bei der Vergabe der Kanonikerpfründe Nachkommen aus Familien bevorzugt, die den Rechtsinhabern nahestanden.

Die Vikare stammten wohl zum größten Teil aus Kerpen und der näheren Umgebung.

Die wirtschaftliche Sicherung des Stiftes ergab sich aus Einkünften mannigfacher Art. Diese bestanden ursprünglich aus Naturalien. Mit Zunahme der Geldwirtschaft wurden die Abgaben durch entsprechende Zahlungen abgelöst. In den Urkunden und Akten ist die Rede von Schenkungen und Käufen, von Erbrenten und Zehnten, von Ackerland, Benden und Weinbergen, von Mühlen, Patronaten und den zwei inkorporierten Pfarreien. Die Einkünfte bescherten dem Stift zeitweise einen bemerkenswerten Wohlstand, der aber in Krisenzeiten durch Einwirkungen von außen beträchtlich geschmälert werden konnte.

Ende des 15. Jahrhunderts wurden die Güter während der Kriegszüge, die Karl der Kühne am Niederrhein führte und zu dessen Besitz die Herrschaft Kerpen-Lommersum als Teil Brabants gehörte, verwüstet. Um den Unterhalt der Stiftsmitglieder zu gewährleisten, schenkte Papst Innozenz VIII. ihnen 1488 die Einkünfte aus der Pfarrkirche St. Nikolaus in Kuchenheim, die vom päpstlichen Stuhl zu vergeben war. Sie wurde dem Stift inkorporiert, so daß die zu leistenden Abgaben auf Dauer gesichert waren.

Nur wenig später, im Jahre 1509, verzichtete Johann Lintgen, Kanoniker an St. Aposteln zu Köln, auf die ihm zustehende Curatpfarrei von St. Martin zu Kerpen. Der Verzicht geschah zu Händen des Propstes Dr. jur. Wigher von Hassent namens des Kapitels und vor Zeugen wurde festgelegt, daß die Pfarrei dem Stift inkorporiert wurde. Johann Lintgen erhielt als Entschädigung eine Leibrente von jährlich 26 Rhein. Goldgulden.

Durch das Patronatsrecht über die Mödrather Kapelle, die bereits erwähnte Hubertuskapelle und die Kapelle in der Kerpener Burg flossen dem Stift regelmäßig Einkünfte zu.

Mödrath gehörte zur Herrschaft und zum Pfarrbezirk Kerpen. Am 6. April 1487 erlaubten Propst Wigher von Hassent und das Kapitel der Kollegiatskirche St. Martinus den Bewohnern zu Mödrath, daß dort die Kapelle, der Altar und der Friedhof geweiht werden durften. Von diesem Zeitpunkt an konnte man die Toten im eigenen Ort beerdigen und in einer eigenen Kapelle wenigstens Werktagsmessen feiern. Zur Einsetzung des Rektors stand den Mödrathern das jus praesentandi capelanum zu, das jedoch von den Stiftsherren nicht immer berücksichtigt wurde und Anlaß zu Streitigkeiten zwischen den beiden Parteien gab. In der Festlegung der Rechte heißt es in der Urkunde u. a. »Ferner sollen zu keiner Zeit in der oben genannten Kapelle oder auf dem Kirchhof Dienst oder Werke getan werden, die der Kirspelskirche zugehören und die dem Seelenbewahrer (gemeint ist der Ortspfarrer) schädlich sein könnten nämlich Begängnisse, Jahrgezeit, Tote begraben, Bruderschaft machen oder anderes. Die Nachbarn zu Mödrath sollen zu ewigen Tagen verbunden sein und bleiben ihrer Mutterkirche zu Kerpen in allen Sachen, die die Mutterkirche betreffen, seien sie geschriebenes Recht oder von alter, guter löblicher Gewohnheit.«

Die Hälfte der Spenden aus dem Opferstock mußten an das Stift abgeliefert werden. Die finanziellen Angelegenheiten wurden also bis ins Kleinste geregelt.

Die Einkünfte aus der Burgkapelle müssen dem Stift schon sehr früh zugestanden haben. 1281 wurde in der Streitsache zwischen Propst und Kapitel einerseits und Wenemar von Gemenich (Gymnich) andererseits unter anderem entschieden, die Bedienung seiner Kapelle und die Einkünfte derselben fortan nicht mehr nach Willkür zu vergeben, sondern deren Vergebung dem Stift zu überlassen, dem sie von Rechts wegen zustehe.

Die Nachweise über den Besitz des Stiftes aus der frühen Zeit sind äußerst spärlich. Immerhin erfahren wir, daß Hermann, der Sohn des Stifterehepaares, den Fratres eine Mühle in Sinzig und anderthalb Mühlen (molendinum et dimidium) schenkte. Außerdem vermachte er, und das alles zu seinem Seelenheil und dem seiner Eltern, die Kirchen in Eccheze (Erftkreis) und in Belere (Kreis Ahrweiler) sowie deren

Benefizien. Die Kirchen werden später nicht mehr erwähnt, wohl aber Güter bei Esch, die vielleicht auf diese frühe Stiftung hinweisen. Corsten vermutet, daß Hermann das Stift dort beschenkte, wo es schon Besitz hatte, der auf die Erstausstattung durch die Gründer zurückführt. Dazu könnten Güter gehört haben, die zu entfernt lagen und deshalb abgestoßen wurden. So wurde 1259 ein Hof zu Bodendorf (Ahr) mit 12 Morgen Weinberg gegen 12 Morgen Weinberg bei Bonn eingetauscht, Güter zu Keimt, Kröf und Uerzig wurden 1214 verkauft.

Im 13. Jahrhundert besaß das Stift einen Hof zu Troisdorf bei Bedburg und einen Hof zu Widdendorf bei Elsdorf mit 113 ¼ Morgen Ackerland und vier Gewalten Busch, den es für einen jährlichen Pachtzins von 14 Malter Roggen Kölnisch Maß und neun »Rader« Mark verpachtet hatte. Bei Bonn gehörte ihm der »Kerpenrehoff«. Der Kapitelsbusch bei Kerpen, der Bochholz bei Mödrath und Benden bei Brüggen zählten zu dem nahe gelegenen Eigentum. Bereits erwähnt wurden die Höfe Mödrath, Duzrode und Hahn sowie die Mühle Benden, die alle für 1275 nachgewiesen sind. Dazu kam das Recht, die Mühlen Mutrode, Bentumlin und Langenich zu den Zeiten frei zu benutzen, wenn diese frei waren. Die stiftseigene Mühle zu Mödrath war zeitweise dem Kloster Bottenbroich verpachtet.

1358 wurde dem Kapitel von den erbberechtigten Mitgliedern derer zu Merode eine ihnen gehörende Hofstätte geschenkt. Diese lag innerhalb der Immunität des Stifts und war vorher Eigentum des Tilman von Merode, Pastor zu Blaitzheym (Blatzheim) gewesen. Vielleicht ist dieser Besitz auf Hermann von Merode zurückzuführen, der nachweislich von 1325 bis 1334 Kanoniker am Stift Kerpen gewesen war.

1211 überließ Erzbischof Theoderich I. von Köln den ihm nach geltendem Recht zustehenden Rottzehnten auf den Hankenbusch im Kirchspiel Kerpen dem Stift. Diese Schenkung wurde 1219 von Erzbischof Engelbert I. bestätigt. Und schließlich bestätigte Erzbischof Heinrich I., daß Propst und Kapitel von Kerpen den Rottzehnten des genannten Busches dem Kölnischen Vassallen Werner von Soest, Sohn des Goswin von Soest, für einen jährlichen Pachtzins von 24 Solidi Kölnisch überlassen hatten.

Im 14. Jahrhundert wurden weitere Güter im Kirchspiel Elsdorf, in Langenich, in Troisdorf bei Bedburg und in Kerpen erworben. Interessant ist eine Transaktion aus dem Jahre 1312. Wenemar von Gymnich und seine Gattin Elisabeth verkauften dem Stift ihr Landgut, das in der Herrschaft Türnich gelegen war, mit Äckern, Benden und Büschen. Dasselbe erhielten sie dann in Erbpacht zurück und verpflichteten sich, jährlich 20 Malter Roggen Kerpener Maß zu zahlen und die auf dem Gute lastende Kurmede zu tragen.

Beachtlich waren die Pachtzinsen, die das Stift für Ackerland, Benden und Büsche erhielt.

Einkünfte flossen jedoch auch aus den Memorienstiftungen. Die Stifter wollten sicherstellen, daß in der Zukunft für ihr Seelenheil und das lebender oder verstorbener Familienangehöriger regelmäßig Gottesdienste gefeiert wurden. Die Intentionen waren entsprechend formuliert. In ihnen wurde oft die Verpflichtung zur Verehrung bestimmter Glaubensgeheimnisse oder Heiliger eingeschlossen. Es wurde bereits darauf hingewiesen, daß Altäre (Vikarien) errichtet werden mußten, damit alle Anliegen berücksichtigt werden konnten.

Die Schutzhörigen des Stiftes hatten als Wachszinsige Abgaben in Form von Wachs zu leisten. So konnte der Bedarf für die Kerzen, die im Gottesdienst gebraucht

wurden, gedeckt werden. Aber schon früh konnte diese Verpflichtung in Geld abgelöst werden.
Die Pachtzahlungen wurden wesentlich vereinfacht, als es üblich wurde, diese statt in Naturalien in Geld zu begleichen. Das wirkte sich natürlich auch erleichternd auf das Stift Kerpen aus. Bei dem umfangreichen Streubesitz konnte ohnehin nur ein geringer Teil vom Besitzer selbst bewirtschaftet werden. Vor allem die entlegenen Weingüter waren zu kostenträchtig. Sie wurden abgestoßen und seit etwa 1500 wurden sie in den Urkunden und Akten nicht mehr erwähnt. Durch den aufblühenden Handel war es möglich geworden, den Wein preiswerter zu kaufen. Die Geldwirtschaft ermöglichte es auch, bei entsprechender Kapitalansammlung Liegenschaften im näheren Umkreis zu kaufen. Geld wurde bei vertraglicher Absicherung durch vorhandene Sachwerte verliehen und die Zinseinkünfte vergrößerten den Besitz des Stiftes.
Seit dem 11. Jahrhundert führten Klöster und Stifte in Deutschland ein Siegel. Seine eigentliche Bedeutung erlangte es als Mittel zur Beglaubigung von Urkunden. Diese erhielten durch die Beisetzung des Siegels ihre Rechtskraft. Wenn das im Text angekündigte Siegel fehlte, konnte die Urkunde angefochten werden.
Das Kollegiatstift St. Martinus Kerpen hatte nachweislich zwei verschiedene Siegel. Das große Stiftssiegel zeigt in einem runden Siegelfeld den Patron des Stiftes, den hl. Martin, zu Pferd. Die Gloriole um sein Haupt weist ihn als Heiligen aus. Sich rückwärts wendend teilt er mit dem Schwert, das er in der rechten Hand hält, seinen Mantel und reicht den abgeschnittenen Teil dem Bettler, der hinter dem Pferd steht.

Umschrift: † SANCTVS · MARTINVS · IN · CARPENA
(= St. Martin Patron in Kerpen)
Größe: 65 mm im Durchmesser
Das Siegel ist von 1227 Nov. bis 1363 Mai 27. nachgewiesen.
Literatur: W. Ewald, IV, Taf. 7, Nr. 6

Außerdem führte das Stift auch ein Geschäftssiegel (Sigillum ad causas). Dieses war ein kleineres Nebensiegel, mit dem man die Masse der alltäglichen Rechtsgeschäfte zu besiegeln pflegte. Das große Siegel verwendete man bei wichtigen Beurkundungsfällen. Die Handhabung im Stift Kerpen ist bisher nicht untersucht worden, auch fehlt eine Übersicht über das zeitliche Vorkommen.
Das Geschäftssiegel zeigt in einem runden Siegelfeld den hl. Martin vor einem Altar, auf dem ein Kelch und eine Kerze stehen. In den Händen hält er vor sich die hl. Hostie. Er feiert das Meßopfer.

Umschrift: S(igillum) ECCLESIE CAR-PENS (is) AD CAVSAS
(=Geschäftssiegel der Kerpener Kirche)
Zwischen den Buchstaben R-P ragt die Gestalt des Heiligen in die Legende hinein.
Inschrift: S (an) C (tu) S MARTINVS (= St. Martin)
Größe: 37 mm im Durchmesser
Literatur: W. Ewald, IV, Taf. 7, Nr. 4.

*Stiftssiegel St. Martin Kerpen (1252).*

*Geschäftssiegel der Stiftskirche St. Martin (1540).*

Über die Baugeschichte der heutigen Pfarrkirche liegen aus der ersten Zeit fast keine Quellen vor. Aber sicherlich gab es vor der Gründung des Stiftes in Kerpen schon eine Kirche. Den Ursprung auf Karl den Großen zurückzuführen muß Hypothese bleiben. 871 schenkte Ludwig der Deutsche dem Kloster Prüm zwei Kirchen und zahlreiche Güter in Ripuarien, darunter auch »in villa Kerpinna mansos, quos habuit Otbertus in beneficium«. Man kann vermuten, daß es in dieser villa auch eine Kirche gab. Außerdem weist das Patrozinium des hl. Martinus auf die Wahrscheinlichkeit einer Gründung in der fränkischen Zeit hin.

Erschließen läßt sich ein Bau aus der Zeit vor der Mitte des 11. Jahrhunderts, da die Mauer des Querhauses im Oberbau glatt durchläuft. Dieses Querschiff dürfte die Erweiterung eines älteren niedrigeren Langhauses sein, das man sich wohl einschiffig vorstellen muß. Bei einheitlicher Bauweise müßten Mittelschiff und Querschiff gleich hoch gewesen sein. Jedoch läßt sich der Bau dieses Mittelschiffs nicht mehr nachweisen. Die Erweiterung fällt etwa in die Zeit, in der das Stift gegründet wurde. Im Querschiff und im Chor sind Teile des Baus aus dieser Zeit erhalten. Zu ihnen gehören die drei Gevierte des Querhauses und das Joch, das an das Hauptchor angefügt ist und das sich nach Osten hin verjüngt. Ferner zählen dazu die beiden hohen Nebenapsiden an den Querhausflügeln.

Sie treten nach außen hin dreiseitig vor, innen sind sie halbrund gebildet. Das Mauerwerk aus Tuffsteinlagen und Bruchstein ist vielfach mit römischen Ziegeln durchsetzt. Ähnliches findet sich häufig im Mauerwerk des 11. Jahrhunderts. In den Ost- und Westwänden sind die hochsitzenden Fenster mit Tuffsteinbögen noch sichtbar. Das Querhaus war ursprünglich flach gedeckt, die Wände waren mit Wandmalereien bedeckt. Die Kerpener Kirche ist der niederrheinischen Baukunst dieser Zeit zuzurechnen, die in Utrecht ihren Kern hatte.

Im späten 12. Jahrhundert scheint ein neues, basilikaartiges Langhaus errichtet worden zu sein. In dieser staufischen Zeit war die Vierung mit bedeutenden Wandmalereien geschmückt. Vielleicht wurde damals dem südlichen Querhaus eine niedrige Sakristei oder Kapelle angefügt.

In der Mitte des 13. Jahrhunderts wurde der Chor vergrößert. Er wurde um eine in fünf Seiten schließende, ausbuchtende Apsis erweitert. Überliefert sind von den dünnen Diensten die attischen Basen mit gerollten Eckblättern und die frühgotischen Knospenkapitelle.
Im frühen 15. Jahrhundert wurde ein umfassender Umbau des Langhauses vorgenommen, ohne dabei den Grundriß des Vorgängerbaues zu sprengen.
Ihre besondere Wirkung erzielt das Bauwerk als Ganzes durch den mächtigen Westturm. Die Zeit seiner Erbauung ist durch eine Inschrift bekannt, sie gibt das Jahr 1496 an. Die Platte stammt aus dem frühen 19. Jahrhundert und wiederholt wohl eine ältere Inschrift aus dem Jahr der Grundsteinlegung: ANNO D(OMI)NI MCCCCXCVI DIE PENVLTIMA MARTII ANTE MERIDIEM CIRCA HORAM NONAM LOCATI SVNT PRIMI LAPIDES ANGVLARES FVNDAMENTALES HVIVS TVRRIS. Von den drei Geschossen des Turms sind die beiden unteren aus Backstein mit Tuffbändern, das obere nur in Backstein ausgeführt. In dem rechteckigen Vorsprung an der Nordseite liegt die innen verlaufende Wendeltreppe. An der Westseite befindet sich ein großes dreiteiliges Fenster mit Fischblasenmaßwerk. 1967 wurde dort ein gestiftetes Buntglasfenster eingesetzt, in dem die Ergebnisse des II. Vatikanischen Konzils dargestellt sind. Es wurde von Hermann Gottfried gestaltet. Der Turm ist der Gruppe der niederrheinischen Westtürme zuzurechnen, die bis weit in die Niederlande anzutreffen sind.
In der ersten Hälfte des 16. Jahrhunderts fand die Kirche ihre endgültige Gestalt, die bis zu ihrer Zerstörung durch einen Bombenangriff am 25. 2. 1945 erhalten blieb. Nach der Verwüstung im Jahre 1513 durch Geldrische Truppen wurde das Südschiff niedergelegt und als zweischiffige Halle in der heimischen Bauweise der damaligen Zeit neu errichtet. Von den erhaltenen Wappenschlußsteinen dieses Baues läßt einer eine ungefähre Datierung zu. Er zeigt das Wappen des Jaspar von Rennenberg, der nachweislich von 1525 bis zu seinem Tode 1540 Propst des Kerpener Stifts gewesen ist.
1770 erhielt die Kirche vier neue Glocken, die von dem in unserer Gegend bekannten Glockengießer Martin Legros (Martinus Legros Malmundariensis) auf dem Stiftsplatz gegossen wurden. Die drei vorhandenen Glocken wurden eingeschmolzen, das darüber hinaus notwendige Metall wurde hinzugekauft. Das Holz des Glockenstuhls nicht eingerechnet hatte die Gemeinde 1128 rthl. 17 alb. 6 heller zu zahlen. Die andere Hälfte bezahlte das Kapitel. Die Kostenverteilung hatte zu Streitigkeiten zwischen Gemeinde und Stift geführt, so daß der damalige Altbürgermeister Heyd äußerte: »Wahrlich, Kaiser Karl hat uns Ungeziefer in den Pelz fundiert.« Für die Weihe der Glocken war dem Propst und Dechant der Stiftskirche zu Kerpen (Ant. Wilh. Jos.) de Robertz, »vel in eius absentia (pro) altero viro in dignitate ecclesiastica constituto capitulo dictae collegiatae bene viso« vom Kölner Weihbischof eine Vollmacht erteilt worden. Dies zeigt beispielhaft, daß die Dignitäre des Stifts auch Weihehandlungen, die dem Weihbischof vorbehalten waren, mit dessen Genehmigung ausführten. Da von Robertz nie in Kerpen residierte, ist es fraglich, ob er selbst die Weihe vornahm. Vielleicht erklärt sich auch aus der ständigen Abwesenheit die Formulierung der Vollmacht. Drei der 1770 gegossenen Glocken sind erhalten und werden regelmäßig geläutet. Es sind die Marien-, die Martinus- und die Hubertusglocke. Der hl. Hubertus ist der zweite Pfarrpatron. Die Inschriften enthalten je ein Chronogramm, das die Jahreszahl 1770 aufweist. Im Schriftverband der Marien-

glocke fällt auf, daß in dem Wort BRABANTVM zwei Buchstaben vertauscht wurden und so BRAABNTVM zu lesen ist.
Die Kirche St. Martin war ein bedeutendes Bauwerk. Es hatte in der rheinischen Kunstgeschichte einen beachtlichen Platz. Trotz der verwickelten Baugeschichte, während der Generationen ihren Teil im jeweils vorherrschenden Stil erbauten, bot die Kirche ein in sich geschlossenes Bild.
Die Beziehungen des Stiftes nach außen müssen unter zwei Gesichtspunkten betrachtet werden. Zum einen spielten vor allem die Pröpste eher eine Rolle in ihrer politischen Tätigkeit als in der Führung des Stiftes. Zum anderen war das Stift oft in das Schicksal der kleinen Herrschaft Kerpen hineingezogen worden, die, vom Herzogtum Jülich und von Kurköln eingeschlossen, an der wichtigen Straße von Köln nach Düren lag.
Die Ämterhäufung vieler Kanoniker und vor allem der Pröpste, die an verschiedenen Stiften Pfründe innehatten, führte sicherlich zu einer wechselseitigen Beziehung zwischen vielen Orten. Es kann daraus jedoch nicht geschlossen werden, daß hier vorrangig von Kerpen Auswirkungen auf diese Orte ausgingen. Bei der Wertung der Tätigkeit der Pröpste muß berücksichtigt werden, daß diese zunächst eine politische Tätigkeit ausübten, bevor der Landesher ihnen durch Einsetzung in das Amt des Propstes die materiellen Voraussetzungen für ihren Lebensunterhalt und für ihre Tätigkeit verschaffte. Da Kerpen ein kleines Stift war, sicherte es relativ geringe Einnahmen. So ist es erklärlich, daß die Pröpste, die häufig gleichzeitig Kanoniker, Scholaster oder gar Propst an anderen Stiften waren, nur selten Residenz ausübten. Meist waren sie abwesend, um wichtigere Aufgaben wahrzunehmen.
Wir finden Kerpener Pröpste hin und wieder in einer wichtigen Rolle als kaiserliche, päpstliche oder erzbischöfliche Beauftragte bei Beurkundungen und Schiedssprüchen. Seit dem 15. Jahrhundert waren sie oft bedeutende Ratgeber der Landesherren. Einige Belege dieser Tätigkeiten sollen hier aufgeführt werden.
Bis etwa 1300 finden wir Kerpener Pröpste im Dienste des Königs. Im Gefolge Ottos IV. weilt Propst Gerhard 1209 in Speyer. Er erscheint als Zeuge in einer Urkunde für das Kloster Nivelle. Ein wesentlicher Hinweis, daß der Inhaber der Propstpfründe in Kerpen im Dienst des Reiches stand, gibt uns Papst Bonifaz VIII. Er gestattet am 28. 10. 1296 dem Subdiakon Wikbold von Holte, neben anderen Pfründen auch die Propstei von Kerpen zu behalten, obwohl er die höheren Weihen noch nicht erhalten habe. Diese brauchte er in den nächsten fünf Jahren nicht zu empfangen, damit er sich als familiaris des deutschen Königs dessen Dienste besser widmen könne. Dies wird ihm gestattet »entsprechend seiner Bitte und mit Rücksicht auf seine Gelehrsamkeit, seine edle Geburt, seinen ehrbaren Wandel und seine mutigen Vorzüge«.
Die Verleihung der ecclesia Kerpen durch König Philipp von Schwaben an den Kölner Erzbischof Adolf I. im Jahre 1205 brachte die Kerpener Pröpste in eine stärkere Abhängigkeit von den Erzbischöfen. Corsten vermutet, daß diese Orientierung außerdem Folge der Pfründenhäufung war, daß nämlich die Pröpste auch mancherlei Pfründe in Köln hatten. So finden wir viele Erwähnungen Kerpener Pröpste in Urkunden der Erzbischöfe. Diese Vorgänge sind sicherlich ein Beleg für die Machtverschiebungen am Niederrhein zugunsten der Territorialherren.
Nachdem 1336 das Recht, die Kerpener Propsteistelle zu besetzen, dem Grafen von Jülich verliehen worden war, finden wir in der Folgezeit die Pröpste in Diensten der

Jülicher. Dr. Gottfried von Harff, päpstlicher Protonotar, war mit unter den ersten, die sich 1390 an der neuen Kölner Universität einschreiben ließen.
Albrecht Zobbe (1430–1442) war Kanzler und Ratgeber des Herzogs von Jülich.
Von Dr. Wigher von Hassent (»Wigerus de Hassent, de Embrica«) werden in den Akten des Stifts sowohl seine Beziehung zum Herzog als auch seine Gelehrsamkeit vermerkt. »1462, in welchem Jahr er von dem Herzog von Berge, deßen Söhnen er praeceptor gewesen, zum Propst ernannt worden, hernach Decretorum Doctor auf der Köllnischen Universität, wo er auch unter dem Nahmen Doctor Weyer Bekant war, auch Rector magnificus 1478 und 1499, † 1510.« Während des Neußer Krieges (1472–1475) überbrachte der Propst Karl dem Kühnen 1475 Briefe des Herzogs von Jülich. Dieser warnte in seiner Antwort vor den Gegnern und bestätigte: »accepimus litteras vestras et audivimus que in vim credencie venerabilis prepositus Karpensis consiliarius vester nomine vestro nobis retulit, . . . .« Auch weitere Urkunden und zwei im Stiftsnachlaß erhaltene Briefe zeigen deutlich die enge Beziehung v. Hassents mit dem Herzog Wilhelm III. von Jülich-Berg. Die weitreichende Tätigkeit des Propstes mag auch dadurch dokumentiert werden, daß ihn der päpstliche Kardinallegat Raimund am 21. 4. 1502 beauftragte, die Zustände am Kloster Hoven zu untersuchen und, falls notwendig, die Pfarrkirche dem Kloster zu inkorporieren.
1544 erhielt Johann von Vlatten die Kerpener Propstei, als er die in Xanten auf kaiserlichen Befehl aufgeben mußte. Er war wohl der Propst, der am nachhaltigsten über den Rahmen des Stifts hinaus gewirkt hat. Bei ihm wird sehr deutlich, daß die Pfründe in Kerpen nur zu seiner materiellen Sicherheit diente. Ministergehälter gab es damals ja noch nicht. Ausgiebige Studien und seine Freundschaft mit Erasmus von Rotterdam ließen ihn zu einem angesehenen Humanisten und gewandten Diplomaten werden. Zunächst herzoglicher Rat, dann Vizekanzler und schließlich im Jahr 1554 Kanzler für Jülich und Berg machen seinen Einfluß in diesem Territorium deutlich. Am Reichskammergericht zu Speyer vertrat er die Interessen seines Landesherrn. Er wirkte maßgeblich auf die Kirchenreform und die Visitationen im Herzogtum ein. Auf den Reichstagen verfolgte er vor allem zwei Ziele: Verbesserung der kirchlichen Zustände und systematischer Ausbau des Bildungswesens. Er wollte als Erasmianer den endgültigen Bruch zwischen den Konfessionen durch innerkirchliche Reformen vermeiden. Die Kirchenordnung von 1566 ist auf seine Einwirkungen und Anstrengungen zurückzuführen, auch wenn diese erst vier Jahre nach seinem Tode erschien. Sein Wirken auf dem Gebiet des Bildungswesens wurde auch nach außen hin sichtbar. In Düsseldorf schuf er das Gymnasium illustre als eine zentrale Schule. Durch geschickte Verhandlungen in Rom erreichte er, daß der Papst 1562 der Gründung der Universität Duisburg zustimmte. Seine politische Weitsicht führte jedoch über das Herzogtum hinaus. Er entwarf eine europäische Ordnung, in der für Osteuropa ein Gegengewicht gegen die anwachsende Macht Rußlands gefordert wurde. Diese Persönlichkeit hätte man sicherlich nicht nur auf die Leitung eines Stiftes festlegen dürfen. Seine Fähigkeiten mußten zur Entfaltung größeren Raum haben.
Johann Gottfried von Bequerer (1691–1720) übte im Gegensatz zu seinen Vorgängern Residenz aus. Von ihm ist die Madonna am Stiftsplatz überliefert. Als Domherr zu Köln war er bei der Kölner Erzbischofs- und Kurfürstenwahl Stimmführer der bayerischen Partei.
Der letzte Propst Anton Wilhelm Josef von Robertz (1766–1802) residierte nicht in

Kerpen, sondern beständig in Düsseldorf. Er wurde von dem jeweils amtierenden Vizedechanten vertreten. Er war kurpfälzischer Geheimrat und geistlicher Administrationsrat. Als geachteter Gelehrter und Staatsmann wurde er sowohl von der päpstlichen Kurie als auch von dem Kurfürsten von Pfalz-Bayern mit wichtigen Aufträgen betraut.

Die wechselvolle Geschichte von Burg und Herrschaft Kerpen wirkte sich zwangsläufig auf die Geschicke des Kollegiatstiftes aus. Im 13. Jahrhundert gab es Auseinandersetzungen zwischen Johann von Kerpen und der Kirche von Kerpen wegen der Jurisdiktion über die Wachszinsigen. Auf den Streit und dessen Beilegung 1281 mit Wenemar von Gymnich wurde bereits hingewiesen.

Seit 1282 gehörte Kerpen zu Brabant. Im 13. und 14. Jahrhundert wurde jedoch auch das Stift, das in dieser strategisch wichtigen Enklave lag, von den Machtkämpfen zwischen den Territorien am Niederrhein nicht verschont. Erzbischof Wilhelm von Köln bestätigte 1353 den Klöstern und Stiften ihre Besitzungen, Einkünfte, Rechte und Titel. Ihre Privilegien sowie ihre Immunität und Libertät wurden zugesichert. Dadurch sollte wieder Rechtssicherheit geschaffen werden.

Die Inkorporation der Pfarrkirche St. Nikolaus in Kuchenheim 1488 infolge der entstandenen Not durch die Kriegszüge Karls des Kühnen von Burgund wurden schon erwähnt.

Bei einem Überfall im Jahre 1513 durch geldrische Truppen wurde das Stift verwüstet. Der Wiederaufbau erforderte erhebliche Mittel. Zur Hilfeleistung rief Bischof Erich I. von Münster, Herzog von Sachsen-Lauenburg, ein Verwandter des Propstes Bernhard Heinrich von Sachsen-Lauenburg (1510–1512), seine Diözesanen auf. In einer Hauskollekte sollten sie zum Besten des zerstörten Stiftes spenden. Den Spendern verlieh er unter festgelegten Bedingungen einen Ablaß von 40 Tagen.

Während der Freiheitskriege der Niederländer wurde Kerpen von dem niederländischen Offizier Bilius von Utrecht überrumpelt, geplündert und in Brand geschossen. Die Stiftskirche wurde durch Brand zerstört. Der Spanier Oberst Mondragon eroberte die Stadt 1579 zurück. Der Kommandant Ferdinand Lopez de Villa Nova ließ die Kirche wiederherstellen.

Der Eroberungskrieg Ludwigs XVI. gegen Holland und das Reich (1672–1678) brachte dem Stift und seinen Pächtern erheblichen Schaden und schwere Lasten. Die Landstände des Erzstifts Köln kamen der Petition des Kapitels nach und erließen ihm u.a. für ein Jahr die Abgaben zu den im Erzstift gelegenen Ländereien.

Im 18. Jahrhundert entstand ein Streit um den Pfarrer und Kanoniker Heyblum, dem Testamentsvollstrecker des verstorbenen Vikars Gladbach. Der angebliche Erbe Michel Schmitz war mit den Erbschaftsregelungen nicht einverstanden und brachte die Angelegenheit schließlich vor die erzbischöfliche Behörde. Heyblum wurde suspendiert. Dies erklärten die brabantischen Landstände für ungültig, da für sie der Prozeßgegenstand eine weltliche Angelegenheit war und sie damit ihre Hoheitsrechte eingeschränkt sahen. Die Kontrahenten reagierten mit Einziehung von Einkünften des Kapitels einerseits bzw. mit denen aus den Domgütern andererseits. Heyblum wurde exkommuniziert. Als die Parteien sich schließlich nach langem Streit einigten und versöhnten, erhielt der Geistliche die Absolution. Er blieb Pfarrer bis zu seinem Tode am 3. 11. 1760. Hier liegt ein lehrreiches Beispiel vor, wie Privatauseinandersetzungen zu Machtfragen zwischen Herrschenden werden und wie Bürger Leidtragende dieser machtpolitischen kalten Kriegführung sein können.

1786 wurde Graf August von Schaesberg mit der 1712 zur Reichsgrafschaft erhobenen Herrschaft Kerpen-Lommersum belehnt. Er belegte 1791 unter Mißachtung der Immunität auch die Häuser des Stifts mit Soldaten, als kaiserliche Truppen auf dem Durchmarsch nach Brabant waren. Den Prozeß gegen den Reichgrafen gewann das Stift ebenso wie den um die Abhaltung der Jahrmärkte am Laetare-Tag und am Sonntag nach dem Ursulafest auf dem Stiftsplatz. Graf Schaesberg mußte die Immunität respektieren. Die Markttage wurden daraufhin in Mödrath abgehalten.
1802 hatte das Kollegiatstift St. Martinus Kerpen durch die französischen Eroberer sein gewaltsames Ende gefunden. Gemäß dem Suppressionsdekret wurde es aufgehoben. Die Stiftskirche wurde Pfarrkirche, die Propstei Pfarrerwohnung. Das gesamte Vermögen wurde eingezogen.
Das Stift bestand nicht mehr.

Benutzte Quellen und Literatur:

Severin Corsten, Wann wird Kerpen zum ersten Mal urkundlich erwähnt? In: Kerpener Heimatblätter, Heft 3/1964.

Ders., Von der Gründung des Stifts Kerpen. In: Kerpener Heimatblätter, Heft 1/1965.

Ders., Kerpen und das Reich. In: Kerpen in Geschichte und Gegenwart, Kerpen 1971.

Ders., Der Immunitätsbezirk des Martins-Stiftes – Ein Plan aus dem Jahre 1791. In: Kerpener Heimatblätter, Heft 3/1973.

Hans J. Domsta, Geschichte der Fürsten von Merode im Mittelalter, Band I, Düren 1974.

W. Ewald, Rheinische Siegel, Band IV, Die kirchlichen Siegel, Bonn 1931.

A. J. Gail, Der Kerpener Stiftspropst Johann von Vlatten, Jülich-bergischer Hofkanzler. In: Kerpener Heimatblätter, Heft 2/1964.

Geographica Descriptio Territorii et Dominii Kerpensis et Lommerschum Ducatus Brabantiae per D. Gerardum Stempelium Goudanum Can. S. Georgii Colon. 1587 (Karte), Pfarrarchiv Kerpen.

Fritz Hemmersbach, Die »Nachbarn« zu Mödrath und die St. Sebastianus-Schützenbruderschaft in Kerpen. In: Kerpener Heimatblätter, Heft 3/1982.

Wilfried Ismar, Die Glocken der Stiftskirche St. Martinus in Kerpen. In: Kerpener Heimatblätter, Heft 3/1974.

Ingrid Joester, Alltagsleben im Stift St. Martin um die Mitte des 18. Jahrhunderts. In: Kerpen in Geschichte und Gegenwart, Kerpen 1971.

Dies., Die Besetzung des Stifts St. Martin in Kerpen im 18. Jahrhundert. In: Annalen des historischen Vereins für den Niederrhein, Heft 175, Düsseldorf 1973.

Josef Krings, Bemerkungen zur Geschichte der Kerpener St. Sebastianus-Schützenbruderschaft unter besonderer Berücksichtigung des Quellenmaterials aus dem 17. Jahrhundert. In: Kerpener Heimatblätter, Heft 3/1981.

Liber Copiarum Regalis Ecclesiae Kerpensis, um 1800, Pfarrarchiv Kerpen.

Liber novus Archi-Confraternitatis S. Scapularis in Kerpen, Coeptus Anno Domini 1692 in Julio, Pfarrarchiv Kerpen.

Wilhelm Mummenhoff, Regesten der Reichsstadt Aachen, 1251–1300, Band 1, Bonn 1961.

H. Nagelschmitt, Zur Geschichte des Klosters Hoven. In: Annalen des historischen Vereins für den Niederrhein, Heft 32, Köln 1878.

Annaliese Ohm und Albert Verbeek, Die Denkmäler des Rheinlandes, Kreis Bergheim, Band 2, Düsseldorf 1971.

Leo Peters, Wilhelm von Rennenberg (†1546), Kempen 1979.

Repertorium des Urkunden- und Actenarchivs des vormaligen Stifts St. Martin zu Kerpen, ausgefertigt 1872. Hauptstaatsarchiv Düsseldorf.

Heinrich Volbert Sauerland, Urkunden und Regesten zur Geschichte der Rheinlande aus dem vatikanischen Archiv, Band 4 (1353–1362), Bonn 1907.

Josef Thewes, Geschichte des Kollegiatstiftes St. Martin in Kerpen. In: St. Martinus in Kerpen, Kerpen 1953.

J. Torsy, Die Weihehandlungen der Kölner Weihbischöfe 1661–1840, Nach den weihbischöflichen Protokollen, Düsseldorf 1969.
Adolf Ulrich, Acten zum Neusser Kriege 1472–1475. In: Annalen des historischen Vereins für den Niederrhein, Heft 49, Köln 1878.
Vikariatsakten, Pfarrarchiv Kerpen.
Margret Wensky, Rheinischer Städteatlas, Kerpen, Lieferung VII Nr. 39, Bonn 1982.
Walther Zimmermann, Zur Baugeschichte der katholischen Pfarrkirche St. Martin in Kerpen. In: St. Martinus in Kerpen, Kerpen 1953.

Heinz Wolter

# Das Benediktinerinnenkloster Königsdorf

Am Ortsausgang von Königsdorf, dort wo die Aachener Straße das Wohngebiet verläßt, um in westlicher Richtung über die Höhen der Ville zu führen, erhebt sich zur rechten Seite der Straße auf einer Böschung eine alte Ziegelsteinmauer. Inmitten der Mauer befindet sich in einer hellgetünchten Nische eine etwa lebensgroße Kreuzigungsgruppe. Die Mauer umschloß einst die Immunität, d. h. den engeren Bereich, des hier gelegenen Benediktinerinnenklosters, während die Kreuzigungsgruppe, deren stilgerecht restaurierte Originale heute den kargen Innenraum der Königsdorfer Pfarrkirche St. Hildebold schmücken, ursprünglich gegenüber der Mauer, auf der anderen Straßenseite in einer kleinen Kapelle untergebracht war. Die Klosterkirche ist nicht mehr vorhanden, und von den Klostergebäuden sind nur noch Reste erhalten. Eine bildliche Darstellung auf einer historischen Karte aus dem Jahre 1743 vermag dem Betrachter aber vielleicht eine ungefähre Vorstellung vom Aussehen der Klosteranlage vor ihrem Abbruch zu Beginn des 19. Jahrhunderts zu vermitteln.

## 1. Die Gründung

Das Kloster Königsdorf wird zum ersten Mal in einer nicht näher datierbaren Urkunde des Erzbischofs Bruno II. von Köln aus dem Jahre 1136 erwähnt[1]. Es dürfte entweder erst in diesem Jahr oder allenfalls wenige Jahre vorher gegründet worden sein, auch wenn die sogenannte Fundatio monasterii Konigsdorff, ein erstmals im Jahre 1580 faßbarer und vermutlich nur einige Jahrzehnte früher entstandener Bericht über die Gründung und Frühzeit des Klosters, seine Entstehung in das ausgehende 8. Jahrhundert verlegt[2]. Die Fundatio berichtet, daß kein Geringerer als Karl der Große das Kloster im Jahre 775 gegründet und mit zahlreichen Privilegien und Reliquien ausgestattet habe, die Klostergebäude und die Nonnen aber schon im Jahre 886 einem Raubzug der Normannen zum Opfer gefallen seien. Im Jahre 930 sei das Kloster dann von dem Herzog Giselbert von Lothringen und seiner Gemahlin Gerberga, einer Schwester Ottos des Großen, wiederhergestellt und mit vierzehn Nonnen aus St. Maria im Kapitol in Köln unter der Führung der Äbtissin Uda neu besetzt worden. Drei Jahre später sei es durch den

Papst Leo VII. und Otto den Großen bestätigt und reich privilegiert worden, jedoch seien genau einhundert Jahre später, nämlich im Jahre 1033, sämtliche Nonnen in einem Zeitraum von nur zwei Monaten gestorben. Daraufhin habe der Erzbischof Hermann II. von Köln gemeinsam mit dem Abt von St. Pantaleon zwölf Mönche aus der Stadtkölner Abtei nach Königsdorf versetzt und die Güter des dortigen Klosters mit päpstlicher Zustimmung zwischen dem St. Andreasstift in Köln und der Abtei St. Pantaleon geteilt. Im Jahre 1133 – wiederum nach genau einhundert Jahren – sei der nach Königsdorf ausquartierte Mönchskonvent allerdings einer Pestepidemie erlegen gewesen, so daß das Kloster zum dritten Mal verwaist gewesen sei. Der Abt Gerhard von St. Pantaleon habe nun die Gelegenheit wahrgenommen, mit Zustimmung des Papstes und des Kölner Erzbischofs fünfzehn Nonnen aus seiner als Doppelkloster geführten Abtei nach Königsdorf zu verpflanzen, denen er die Meisterin Uda vorsetzte. Nach einigen Jahren sei es dann zwar zu Streitigkeiten zwischen dem Nonnenkonvent und dem Abt des Mutterklosters gekommen, jedoch seien diese Differenzen durch einen Spruch des Erzbischofs Friedrich II. von Köln und ein päpstlicherseits bestätigtes Übereinkommen schließlich beigelegt worden. So weit der Bericht der Fundatio.
Die Fehler und Ungereimtheiten dieser Darstellung liegen auf der Hand. Die in der Fundatio erwähnten Daten und Ereignisse halten in kaum einem Falle einer kritischen Überprüfung stand, und die genannten Persönlichkeiten sind chronologisch höchst ungenau eingeordnet und häufig mit falschen Ordnungszahlen belegt[3]. Völlig unwahrscheinlich klingt das dreimalige Aussterben des Konvents in den Jahren 886, 1033 und 1133. Auffällig ist in diesem Zusammenhang auch der jeweils genau einhundertjährige Abstand zwischen der Bestätigung der angeblich zweiten Gründung im Jahre 933 und den unvermuteten Todesfällen der Jahre 1033 und 1133, der eher an Zahlenspielerei als an historische Zufälle denken läßt. Hinzu kommt, daß der Text ein und denselben Vorgang zu verschiedenen Gelegenheiten zweimal berichtet, denn die Äbtissin Uda und ihre vierzehn Nonnen von 930 dürften doch wohl mit den die Meisterin Uda eingerechneten fünfzehn Nonnen von 1133 identisch sein, wenn – was ungewiß bleibt – dieser Angabe eine zuverlässige Quelle zu Grunde läge. So wie die Fundatio monasterii Konigsdorff vorliegt, ist sie inhaltlich völlig unglaubwürdig, auch wenn sie sich in ihrem letzten Abschnitt über die Streitigkeiten und den Ausgleich zwischen dem Nonnenkonvent und dem Abt von St. Pantaleon auf einige urkundliche Quellen stützen kann.
Unglaubwürdig ist die Fundatio aber nicht nur aus inhaltlichen Gründen. Der Haupteinwand gegen ihre Angaben ist überlieferungsgeschichtlicher Gestalt. Es ist völlig ausgeschlossen, daß seit dem Jahre 775 in Königsdorf ein Kloster existiert hätte, von dem die bezüglich ihrer Dichte durchaus zufriedenstellende Überlieferung zur Geschichte der Kölner Kirche und ihrer geistlichen Gemeinschaften nahezu vier Jahrhunderte lang keine Notiz genommen hätte, zumal die Geschichte dieses Klosters angeblich doch mit recht spektakulären Ereignissen und sehr illustren Persönlichkeiten hätte aufwarten können. Was die Fundatio monasterii Konigsdorff über die Gründung und Frühzeit des Klosters erzählt, sind reine Phantasiegebilde, die lediglich darauf abzielten, dem Kloster ein hohes Alter und eine berühmte Vergangenheit anzudichten, wobei der letzte Teil der Gründungslegende allerdings auch auf die Unabhängigkeit des Königsdorfer Konvents abhebt, eine Beobachtung, die – wie sich aus der Betrachtung der späteren Geschichte des Klosters ergibt

– ihre Entstehung in der ersten Hälfte des 16. Jahrhunderts wahrscheinlich macht. Sicheren Boden betreten wir erst mit der oben erwähnten Urkunde aus dem Jahre 1136, in welcher der Erzbischof Bruno II. von Köln das Kloster und dessen Besitzungen in seinen Schutz nahm. Die Urkunde wurde auf Bitten des Abtes Gerhard von St. Pantaleon in Köln ausgestellt und berichtet, daß das Kloster ursprünglich dem hl. Pantaleon geweiht und der gleichnamigen Stadtkölner Abtei unterstellt war. Daraus ergibt sich, daß Königsdorf zum Zeitpunkt seiner Gründung ein Tochterkloster von St. Pantaleon in Köln war, welches bis dahin neben dem Mönchskonvent auch Nonnen beherbergt hatte[4]. Warum diese Nonnen dann durch den Abt Gerhard, der seit 1123 amtierte, nach Königsdorf verpflanzt wurden, ist nicht mit Sicherheit festzustellen, jedoch können für ihre Versetzung nicht nur individuelle Gründe – wie etwa Platzmangel in der Kölner Abtei oder eine Laune des Abtes Gerhard – entscheidend gewesen sein, da um die gleiche Zeit auch in Siegburg und in dem Kloster Gladbach die dort lebenden Nonnen ausquartiert wurden[5]. Siegburg, St. Pantaleon und Gladbach gehörten der von dem vorbildlichen Lebenswandel der Mönche in dem oberitalienischen Kloster Fruttuaria ausgehenden »jungcluniazensischen« Reformrichtung an, die der Erzbischof Anno von Köln um das Jahr 1070 auch in die Kölner Diözese gelenkt und der er in Siegburg einen neuen Mittelpunkt verschafft hatte[6]. Die Klöster der Siegburger Reformgruppe verbanden die gleichen Ziele und Ideale. Nachdem sie zunächst den Anschluß von Frauenkonventen an die bestehenden Mönchsgemeinschaften gefördert hatten, suchten sie diese in einer späteren Phase aus disziplinären Gründen von den Mönchskonventen räumlich zu trennen, wobei die Nonnen aus Siegburg nach Nonnenwerth, die aus Gladbach nach Neuwerk und die aus St. Pantaleon nach Königsdorf umgesiedelt wurden. Die Klöster Nonnenwerth und Neuwerk entstanden in den Jahren 1112 und um 1130. Die Gründung des Klosters Königsdorf schließt sich vermutlich an. Die Urkunde aus dem Jahre 1136 bezeichnet das Kloster als *cellula* und benutzt damit eine Verkleinerungsform zu dem deutschen Wort Zelle, die nicht nur auf den bescheidenen Umfang, sondern auch auf das zarte Alter der Niederlassung hinweist. Das Kloster dürfte daher erst kurz vor der Ausstellung der Urkunde im Jahre 1136 eingerichtet worden sein, als der Abt Gerhard von St. Pantaleon – und hier fußt die Fundatio vielleicht auf zuverlässiger Tradition – die Nonnen seiner zuletzt als Doppelkloster bestehenden Abtei nach Königsdorf führte und ihnen auf dem dortigen Grund und Boden seines Klosters eine neue Heim- und Andachtsstätte schuf.

## 2. Die geschichtliche Entwicklung

Die Umsiedlung der Nonnen von St. Pantaleon nach Königsdorf bedeutete nicht die Gründung eines eigenständigen Klosters, sondern zielte lediglich auf eine räumliche Trennung der Sanktimonialen von den Mönchen ab, die keineswegs die innere Klostergemeinschaft sprengen sollte[7]. Die Nonnen bildeten trotz ihrer Ausquartierung weiterhin einen Bestandteil der Mutterabtei, deren Abt sie in allen inneren und äußeren Angelegenheiten unterworfen blieben. Die neue, wohl noch im Bau befindliche Klosterkirche in Königsdorf war ursprünglich dem gleichen Schutzheiligen geweiht wie die Kölner Abtei, und die Vorsteherin der Nonnen wurde nicht als

Äbtissin bezeichnet, sondern trug – wie es auch in anderen Frauenklöstern der Siegburger Observanz üblich war – den Titel Meisterin (lat. *magistra*)[8]. Der Abt nannte die Nonnen in einer Urkunde aus dem Jahre 1158 »unsere Schwestern in Königsdorf«, und umgekehrt wird der Abt in einer Urkunde von 1197 als Prokurator der Nonnen bezeichnet[9]. Schließlich beteten die Schwestern in Königsdorf an den jeweiligen Sterbetagen nicht nur für das Seelenheil der Äbte ihres Mutterklosters, sondern auch für den Erzbischof Bruno I. von Köln († 965), den Gründer der Abtei St. Pantaleon. Königsdorf war zunächst kein eigenes Kloster, sondern nur eine Zelle oder besser eine Filiale der Stadtkölner Abtei.

Die Äbte von St. Pantaleon wahrten ihr Aufsichtsrecht gegenüber dem Konvent in Königsdorf sowohl in geistlich-disziplinären Fragen als auch in wirtschaftlichen und rechtlichen Angelegenheiten, wobei sie zu ihren Stellvertretern schon bald Prioren ernannten, die für die Belange der Nonnen zuständig waren. Die seelsorgliche Betreuung der Schwestern blieb Sache der Mutterabtei. Zwei Mönche aus St. Pantaleon, deren Unterhalt aus den Einkünften eines dem Kölner Kloster gehörenden Hauses bestritten wurde, versahen den täglichen Gottesdienst in Königsdorf und dürften wohl auch dort untergebracht gewesen sein. Der Abt nahm sich das Recht, geistliche Strafen über die Nonnen zu verhängen. Der Grund und Boden, den der Abt Gerhard dem Konvent bei seiner Umsiedlung zugewiesen hatte, blieb ebenso Eigentum der Mutterabtei, wie die übrigen Ländereien und Einkünfte, die Gerhard und seine Nachfolger den Konventualinnen in Königsdorf zu ihrer Versorgung übertragen hatten, auch wenn diese über das freie Nutzungsrecht daran verfügten. Alle Liegenschaftstransaktionen und Landverkäufe bedurften dagegen der Mitwirkung und Genehmigung des Abtes, der die entsprechenden Urkunden meist auch schreiben ließ und mit seinem Siegel bekräftigte. Da die Ländereien, mit denen der Konvent ausgestattet worden war, als Eigentum der Stadtkölner Abtei betrachtet wurden, dürfte sich auch an den Vogteiverhältnissen nichts geändert haben. Die Urkunden lassen nicht erkennen, wer die Vogtei oder weltliche Schutzherrschaft über das Kloster in Königsdorf ausübte, jedoch wissen wir, daß die Vogtei über die linksrheinischen Besitzungen der Abtei St. Pantaleon in den Händen der Grafen von Kessel lag und die Herren von Wevelinghoven Untervögte der Abtei waren, so daß entweder die einen oder die anderen vielleicht auch Vögte von Königsdorf waren, denn das Kloster blieb auch in rechtlicher Hinsicht der Stadtkölner Abtei unterstellt. Die rechtliche Unselbständigkeit des Königsdorfer Konvents erhellt am deutlichsten aus der Tatsache, daß das Kloster zunächst über kein eigenes Archiv verfügte, sondern seine Urkunden und Akten bis in die zweite Hälfte des 15. Jahrhunderts hinein in der Abtei St. Pantaleon aufbewahrt wurden[10]. Die Äbte erachteten die urkundlich verbrieften Rechte und Besitzungen der Nonnen offenbar als Eigentum des hl. Pantaleon.

Die Frage war jedoch, ob der Konvent in Königsdorf sich auf Dauer mit der zeitweise gewiß als drückend empfundenen Abhängigkeit von seiner Mutterabtei und der lästigen Beaufsichtigung durch die Stadtkölner Äbte abfinden und ob es diesen gelingen würde, ihre geistliche und rechtliche Obergewalt über die rund zwei Wegstunden entfernt lebenden Nonnen stets wirksam auszuüben. Eine gewisse Reaktion gegen den Zentralismus St. Pantaleons und erste Selbständigkeitsbestrebungen der Königsdorfer Konventualinnen deuten sich schon in der Zeit um 1159 an, als das Kloster sich nach mehr als zwei Jahrzehnten ruhiger Entwicklung und wirtschaftlichen Aufschwungs eine päpstliche Besitzbestätigung verschaffte, die nicht den geringsten Hinweis auf seine Abhängigkeit von der Stadtkölner Abtei enthielt[11]. Dazu paßt, daß um die gleiche Zeit das an die enge Bindung an die Mutterabtei gemahnende Pantaleonspatrozinium aus den Königsdorfer Urkunden verschwindet und durch das seitdem beibehaltene – seit dem 14. Jahrhundert vorübergehend durch die Schutzherrschaft des hl. Johannes erweiterte – Marienpatrozinium ersetzt wurde[12]. Auch daß erstmals im Jahre 1158 ein Königsdorfer Prior in der Überlieferung auftaucht, könnte ein Hinweis darauf sein, daß es damals Spannungen zwischen dem Nonnenkonvent und der Kölner Abtei gab, so daß der nebulöse Schlußbericht der legendären Gründungsgeschichte über Güterstreitigkeiten zwischen den Nonnen und dem Abt von St. Pantaleon in der Zeit um 1158 durchaus auf einer glaubwürdigen Quelle beruhen könnte.

Die weitere Entwicklung des Königsdorfer Klosters und seiner Beziehungen zu seiner Mutterabtei erkennen wir nur in Umrissen. Der Aufschwung, den das Kloster in den ersten beiden Jahrzehnten seines Bestehens genommen hatte, setzte sich bis in die achtziger Jahre des 12. Jahrhunderts fort, wobei die urkundlichen Bestätigungen seiner Erwerbungen seit dem Tod des tatkräftigen Abtes Wolbero von St. Pantaleon im Jahre 1165 jedoch ausschließlich von den Kölner Erzbischöfen vorgenommen wurden, deren Autorität den Nonnen bei ihrem weiteren Streben nach Unabhängigkeit zu Hilfe kam. Ausdruck der inzwischen erfolgten Lockerung ihrer Bindung an die Stadtkölner Abtei ist das älteste Siegel des Klosters, welches aus dem Ende des 12. Jahrhunderts stammt, auch wenn sein frühester erhaltener Abdruck sich erst auf einer Urkunde aus dem Jahre 1273 befindet[13]. Um diese Zeit war die erste Blütephase des Klosters aber schon längst vorüber. Seit dem Beginn der achtziger Jahre des 12. Jahrhunderts gingen die Schenkungen und Zuweisungen an den Konvent in Königsdorf ebenso zurück wie nennenswerte Käufe oder Neuerwerbungen. Statt dessen hören wir wiederholt von Streitigkeiten – 1197 mit den fernen Klöstern St. Bertin und St. Omer, wobei es wahrscheinlich um Ländereien in der Nähe von Frechen ging, 1259 mit einem Ritter von Büsdorf und 1281 mit dem Laienbruder Wilhelm von Hücheln[14]. Die allgemeinen Hintergründe dieser Schwierigkeiten sind bekannt. Die kriegerischen Unruhen der Zeit, in die im Zuge des Thronstreits und der staufisch-welfischen Auseinandersetzungen insbesondere die Kölner Erzbischöfe verstrickt waren, wirkten sich für die Klöster im Umfeld der rheinischen Metropole äußerst nachteilig aus[15]. Hinzu kam eine tiefgreifende Wirtschaftskrise struktureller Art, die vor allem die Benediktinerklöster in Mitleidenschaft zog und die sich in St. Pantaleon bereits nach dem Tod des Abtes Wolbero bemerkbar machte[16]. Seine Nachfolger konnten sich daher kaum mehr um die Belange ihres Tochterkonvents in Königsdorf kümmern, auch wenn der Abt Embricho (1255–1283) sich noch einmal nachdrücklich um die Wahrung seiner Aufsichtsrechte gegenüber den Nonnen bemühte. Wirksame Hilfe vermochten die Äbte dem Konvent in Königsdorf jedoch nicht mehr zu leisten, zumal dessen Entwicklung seit dem ausgehenden 13. Jahrhundert ganz deutlich rückläufig war. Das Kloster muß in dieser Zeit einen Teil seiner Ländereien eingebüßt haben, denn der Papst Bonifaz VIII. richtete am 10. April 1301 auf Bitten der Priorin und der Konventualinnen ein Schreiben an den Kantor des Kölner St. Gereonsstiftes, in dem er diesen dazu aufforderte, dafür zu sorgen, daß dem Kloster alle Güter, die ihm widerrechtlich entfremdet worden oder durch Mißgeschicke abhanden gekommen seien, zurückerstattet würden, wobei er gegen Widersacher gegebenenfalls auch mit kirchlichen Strafen vorgehen sollte[17]. Ob dem päpstlichen Mandat Erfolg beschieden war, wissen wir nicht. Die trostlose Lage des Königsdorfer Konvents besserte sich jedenfalls nicht. Auch ein am 16. Januar 1329 an der päpstlichen Kurie in Avignon erwirkter Ablaßbrief, der jedem Wohltäter des Klosters einen vierzigtägigen Ablaß verhieß, brachte keine Behebung der materiellen Nöte des Konvents[18]. Schon ein Jahr später, am 14. Januar 1330, mußte der Abt von St. Pantaleon den Nonnen das Versprechen abnehmen, solange auf die Nutzung ihrer Pfründen und die Verteilung der Einkünfte aus den Totengedächtnisstiftungen zu verzichten, bis alle Schulden des Klosters bezahlt und die für den Unterhalt der klostereigenen Güter und Höfe notwendigen Unkosten gedeckt seien. Die Urkunde wirft kein günstiges Licht auf die Wirtschaftsführung der Nonnen, die um die Mitte des 14. Jahrhunderts vermutlich der schwersten Krisenzeit ihres schon seit langem im Niedergang begriffenen Klosters entgegensahen. Das Pestjahr 1349 mit seinen verheerenden sozialen und wirtschaftlichen Folgen ging auch an Königsdorf nicht vorbei. Symptomatisch für die Auswirkungen der schweren Erschütterungen der Zeit gerade auch in den ländlichen Distrikten auf den Konvent in Königsdorf sind die drastischen Rückgänge der Pachteinkünfte aus dem wichtigsten Hof des Klosters, dem bei dem heutigen Fischenich gelegenen Konraderhof. Zwischen 1358 und 1372 gingen die Abgaben der Pächter des Hofes um die Hälfte zurück, um dann bis 1409 vorübergehend konstant zu bleiben, bevor sie bis zum Jahre 1425 noch einmal um ein Drittel abnahmen[19]. Ähnlich sah es wahrscheinlich auch auf den anderen Höfen des Klosters aus, für die uns jedoch die entsprechenden Angaben fehlen. An Käufe und Neuerwerbungen war in dieser Zeit nicht zu denken. Statt dessen scheint der Konvent, um seine wichtigsten Besitzungen behaupten zu können, zahlreiche kleinere Ländereien und Einkunftsquellen veräußert zu haben, wie es zumindest im Falle seines verstreuten stadtkölnischen Grundbesitzes nachweisbar ist, der im 14. Jahrhundert auf drei Häuser reduziert, damit aber gleichzeitig auch konzentriert wurde[20].

Die wirtschaftlichen und existentiellen Nöte der Zeit, die sich ebenso wie auf dem Lande auch in der Stadt Köln und ihren geistlichen Institutionen bemerkbar machten, brachten neben dem Niedergang der auf den althergebrachten grundherrschaftlichen Wirtschaftsformen beruhenden Benediktinerklöster allgemein in unserem Falle auch das Ende der näheren Beziehungen zwischen der Abtei St. Pantaleon und ihrem Tochterkonvent in Königsdorf. Zwar führt das auf ältere Vorlagen zurückgreifende spätere Königsdorfer Totenbuch noch die Namen der Äbte Edmund von Cosin (1337–1344), Hilger von Wichterich (1373–1391), Andreas Küchler (1487 bis 1502) und Heinrich Spichernagel (1606–1641) auf, jedoch zeigen die Urkunden, daß die Äbte von St. Pantaleon seit dem Jahre 1355 an den Rechtsgeschäften der Königsdorfer Nonnen nicht mehr beteiligt waren[21]. Obwohl die in dem Totenbuch genannten Äbte dem Kloster kleinere Schenkungen machten und die Nonnen aus dem Königsdorfer Hof der Abtei St. Pantaleon bis zum Jahre 1631 noch jährlich zwei Malter Getreide erhielten, zogen die Äbte sich seit der zweiten Hälfte des 14. Jahrhunderts von den äußeren und inneren Angelegenheiten ihres einstigen Tochterklosters zurück. Dieses erlangte damit zwar größere Selbständigkeit und scheint sich, wie die konstant bleibenden Pachteinkünfte und einige Rentenkäufe beweisen, um die Jahrhundertwende auch wirtschaftlich ein wenig erholt zu haben, jedoch mußte der Verzicht der Äbte auf ihre Aufsichtsrechte für die Disziplin und

die seelsorgliche Betreuung der Konventualinnen auch nachteilige Folgen haben. Einem Schreiben des Papstes Johannes XXIII. an den Kölner Erzbischof aus dem Jahre 1413 ist zu entnehmen, daß den Nonnen und ihrem Gesinde die Sakramente in Notfällen durch den Pfarrer des benachbarten Ortes Buschbell gespendet wurden, was vermuten läßt, daß es um diese Zeit keine ständig in dem Kloster weilenden Geistlichen mehr gab[22]. Wer seitdem die täglichen Gottesdienste in der Klosterkirche versah, bleibt ungewiß. Daß die geistliche Betreuung der Nonnen jedenfalls nicht mehr regelmäßig durch die Äbte von St. Pantaleon erfolgte, zeigen auch die Umstände bei dem Anschluß des Konvents an die Bursfelder Reform im Jahre 1473, dem zweifellos bedeutendsten Ereignis in der Geschichte des Klosters im 15. Jahrhundert. Damals beauftragte der Kölner Erzbischof nämlich den Abt von Brauweiler, Adam von Hertzenradt, damit, den Konvent zu reformieren, obwohl zu diesem Zeitpunkt neben Brauweiler auch die Abtei St. Pantaleon schon längst dem Bursfelder Verband angehörte und die Reform abhängiger Frauenklöster im allgemeinen zusammen mit der Inkorporation der jeweiligen Mutterabtei vonstatten ging[23].
Der Anschluß an die Bursfelder Reform brachte den Nonnen nicht nur eine tiefgreifende Erneuerung des geistlichen Lebens und der Disziplin, sondern er leitete auch eine Phase näherer Beziehungen zwischen dem Kloster und der Abtei in Brauweiler ein, deren Äbte nun die Beaufsichtigung und Betreuung des Konvents in Königsdorf übernahmen. Eine der wichtigsten Maßnahmen in diesem Zusammenhang war die Einsetzung eines ständigen geistlichen Vertreters des Kommissarabtes, der in der Königsdorfer Überlieferung als *confessor* oder Beichtiger der Nonnen bezeichnet wird und dem neben seinen unmittelbar seelsorglichen Aufgaben auch die Aufsicht über die Disziplin und die Einhaltung der Regeln und der Klausur oblag. Die engere Bindung der Nonnen an die Abtei in Brauweiler war freilich nicht von langer Dauer. Seit dem Ende der dreißiger Jahre des 16. Jahrhunderts scheint es Schwierigkeiten bei der Betreuung des Konvents in Königsdorf gegeben zu haben. Jedenfalls berichtet das Protokoll der im Jahre 1569 im Auftrag des Erzbischofs Salentin von Isenburg im Kölner Erzstift durchgeführten Visitation, daß das Kloster wegen eines Streites zwischen den Äbten von St. Martin in Köln, Brauweiler und Gladbach dreißig Jahre lang nicht visitiert worden sei, der Abt von Gladbach aber nun der neue Superior der Nonnen sei, der sie fast jährlich einmal aufsuche, um sie zur sorgfältigen Ausübung ihrer religiösen Pflichten zu ermahnen[24]. Die Gründe für die hier genannten Streitigkeiten sind nicht klar zu erkennen, jedoch ist zu vermuten, daß sie ihren Ausgang von den damals noch jährlich tagenden Generalkapiteln der Bursfelder Kongregation nahmen, mit welcher der Abt Hermann Lair von Brauweiler seit dem Jahre 1547 heillos zerstritten war. Um diese Zeit übten schon seit etwa zehn Jahren Mönche aus der Abtei St. Martin in Köln die seelsorglichen Aufgaben in Königsdorf aus, denen zu einem nicht näher bestimmbaren Zeitpunkt zwischen 1556 und 1577 mit Gottfried von Süchteln der erste namentlich bekannte Beichtiger Gladbacher Herkunft folgte. Da das Kloster bis zu seiner Aufhebung im Jahre 1802 der geistlichen Aufsicht der Äbte von Gladbach unterstellt blieb, stammten auch alle später dort wirkenden Seelsorger aus der St. Vitusabtei. Ihre Tätigkeit erwies sich für die Nonnen alles in allem als segensreich.
Trotz der einschneidenden Veränderungen im Innern und der engen Bindung an die Abtei Brauweiler brachte die Einführung der Bursfelder Reform dem Konvent in Königsdorf keine spontane Besserung seiner desolaten Lage. Der Aufstieg vollzog

*Erstes Siegel des Benediktinerinnenklosters Königsdorf (1273).*

sich vielmehr ganz allmählich. Während noch der Kriegszug Karls des Kühnen gegen die Stadt Neuss im Sommer 1474, der nachweislich den Mönchen im benachbarten Brauweiler große Schäden zufügte, auch die Güter und Ländereien der Königsdorfer Nonnen nicht verschont gelassen haben dürfte, gewahren wir Anzeichen einer gewissen Konsolidierung erst gegen Ende des 15. Jahrhunderts[25]. Dazu gehören sowohl die Anlage eines heute verschollenen Besitz- oder Einkünfteverzeichnisses im Jahre 1489 als auch die Weihe von zwei neuen Seitenaltären in der Königsdorfer Klosterkirche im Jahre 1493, deren Errichtung vielleicht auf weitere Baumaßnahmen schließen läßt[26]. Zwar begründete der Erzbischof Hermann von Wied, als er dem Kloster am 14. Dezember 1539 den Bau einer Windmühle zwischen Königsdorf und Buschbell genehmigte, seine Gunst damit, daß er erfahren habe, »daß Habe und Einkünfte der Nonnen nicht so groß seien, daß ihnen viel übrig bleibe«, jedoch zeigen die Rentenkäufe der folgenden Jahrzehnte, daß der Konvent inzwischen durchaus wieder über ansehnliche finanzielle Mittel verfügte. So konnte er im Jahre 1544 dem Kölner Domstift fünfhundert Goldgulden für dessen Beitrag zur Türkensteuer überlassen und im Jahre 1556 dem Herzog von Jülich gar die enorme Summe von eintausend Goldgulden bereitstellen. Die zahlreichen kleineren Rentenverträge beweisen überdies, daß die Geldgeschäfte im Zuge der Wirtschaftsführung des Klosters längst die Überhand gewonnen hatten. Größere Ländereien hat der Konvent bis zur Mitte des 17. Jahrhunderts nicht mehr erworben. Statt dessen zeigen einige Tauschurkunden aus der ersten Hälfte des 16. Jahrhunderts, daß er damals weiterhin darum bemüht war, seinen ländlichen Grundbesitz abzurunden, der ebenfalls nicht mehr nur Naturalien einbrachte. Die Pachteinkünfte und die regelmäßig einlaufenden Beträge aus den Rentengeschäften waren aber nicht die einzigen Einnahmequellen des Klosters. Beträchtliche Einkünfte bezog der Konvent auch aus den oft großzügigen Stiftungen und Schenkungen ihm nahestehender Personen, die, vor allem dann, wenn sie ihre Töchter als Novizinnen in das Kloster einwiesen, nicht nur für deren Ausstattung sorgten, sondern darüber hinaus auch dem Konvent größere Zuwendungen machten. Eine recht ungewöhnliche Wohltat widerfuhr dem Kloster in den Jahren 1587 bis 1597, als der damals häufiger in der Abtei Gladbach weilende Augustinerpater Balthasar Delgado, der im Auftrag König Philipps II. von Spanien mit dem Abt von Gladbach über die Translation des St. Laurentiushauptes von der niederrheinischen Abtei in den Escorial verhandelte, bei seinen Bemühungen, die Gladbacher für die Herausgabe der geschätzten Reliquie zu gewinnen, auch den Konvent in Königsdorf auf seine Seite zu ziehen suchte und ihm eine Stiftung von einhundertsiebzig Goldkronen und einem vergoldeten Kelch machte[27].

Dem Visitationsprotokoll von 1569 ist nicht nur zu entnehmen, daß das Kloster sich damals in einem äußerlich guten Zustand befand und die langwährende Krise in spätmittelalterlicher Zeit überwunden hatte, sondern daß es sich auch vorbildlicher Zucht und Disziplin erfreute. Zwar rügten die Visitatoren das Verhalten der früheren Kellnerin Sophia Leyradt, die ohne Genehmigung ihrer Oberen das Kloster verlassen hatte und sich schon fast ein Jahr bei ihren Verwandten im Falkenburger Land aufhielt, jedoch lobten sie die Frömmigkeit und Regeltreue der Konventualinnen ebenso wie den Eifer ihres neuen Superiors, des Abtes von Gladbach, dem das Kloster nun unterstellt war. Als Kommissäre des Konvents hatten die Gladbacher Äbte das Kloster regelmäßig zu visitieren, geeignete Beichtväter einzusetzen und die Beachtung der Ordensregeln und der von den Generalkapiteln erlassenen Statuten in oberster Instanz zu überwachen[28]. Ihr Aufsichtsrecht über den Konvent unterschied sich dabei von dem der früheren Äbte von St. Pantaleon dadurch, daß es ausschließlich geistlich-disziplinärer Natur war und keine eigenkirchenrechtlichen Ansprüche umfaßte. Anders als in den ersten Jahrhunderten seines Bestehens war das Kloster nun rechtlich und wirtschaftlich selbständig, und soweit die Äbte oder die von diesen bestellten Beichtväter an den Rechtsgeschäften der Nonnen beteiligt waren, geschah dies im Auftrag oder auf Bitten des Konvents[29]. Näher als der Kommissarabt stand den Nonnen natürlich ihr Beichtvater, für den sich seit der Mitte des 17. Jahrhunderts die Bezeichnung Prior einbürgerte[30]. Eine Veränderung seiner Aufgaben scheint mit der Titeländerung nicht verbunden gewesen zu sein. Der Prior hatte die seelsorgliche Betreuung der Nonnen wahrzunehmen und im Auftrag des Abtes die Einhaltung der Disziplin an Ort und Stelle zu überwachen. Zu seiner Entlastung, aber auch weil die Statuten dies aus prinzipiellen Gründen vorsahen, scheint ihm wenigstens zeitweise ein zweiter Geistlicher beigegeben worden zu sein, der in den Quellen als Sacellan bezeichnet wird[31]. Unter den in Königsdorf tätigen Prioren treten in der urkundlichen Überlieferung besonders der spätere Gladbacher Abt Ambrosius Steingens und der nachmalige Propst von Bocholtz, Wolfhelm Sittard, hervor, die zwischen 1667 und 1691 wiederholt als Zeugen bei Kaufverträgen, als Urkundenschreiber oder auch als Bevollmächtigte des Klosters in Rechtsstreitigkeiten erscheinen[32].

Der Aufschwung, den das Kloster im Verlauf des 16. Jahrhunderts genommen hatte, blieb nicht ohne Rückschläge. Der Kölner Krieg, der das gesamte Erzstift seit 1583 heimsuchte, traf auch den Konvent in Königsdorf hart. Hermann von Weinsberg berichtet, daß die Nonnen vor den bayerischen Truppen, die am 24. Juli 1583 auch das Kloster Burbach plünderten, in die Stadt Köln flohen und das Gerücht umging, sechs Konventualinnen seien gefangen genommen und entführt worden[33]. Wie lange und wo sie sich in Köln aufhielten, wissen wir nicht, jedoch standen ihnen noch weitere leidvolle Jahre bevor. Der Franziskaner Petrus Cratepolius erwähnt in seinem 1597 erschienenen Katalog der Kölner Erzbischöfe, daß das Kloster im Zuge der kriegerischen Wirren im Jahre 1590 schwere Schäden nahm, die Nonnen gezwungen waren, einige Jahre im Exil in Köln zu leben, und ihr Kloster im Jahre 1595 schließlich in elender Weise beraubt wurde[34]. Erst nach dieser Katastrophe waren dem Konvent wieder ruhigere Jahre beschieden. Cratepolius bescheinigt dem Kloster zum Jahre 1597 eine optimale Konventsstärke sowie tadellose Disziplin, und auch die Tatsache, daß die Nonnen am 1. Dezember 1599 ein im Jahre 1595 wegen nicht bezahlter Erbrente in Besitz genommenes Pfandgut in Heppendorf dem Erben des inzwischen verstorbenen Rentenverkäufers zurückgeben konnten, deutet darauf hin, daß der Konvent sich um die Jahrhundertwende von den voraufgegangenen Drangsalen einigermaßen erholt hatte[35]. Die ersten Jahrzehnte des 17. Jahrhunderts verliefen für das Kloster vergleichsweise ruhig. Nennenswerte Rückwirkungen des jülich-klevischen Erbfolgestreites (1609–1614) und der ersten Hälfte des Dreißigjährigen Krieges lassen sich in der Königsdorfer Überlieferung nicht nachweisen. Die in dichter Abfolge erhaltenen Urkunden der Jahre von 1618 bis 1636 betreffen vielmehr fast ausschließlich Rentenkäufe, für die das Kloster insgesamt eintausendzweihundert Reichstaler ausgab und die bis auf eine Ausnahme alle mit fünf Prozent verzinst wurden[36]. Gewisse Auswirkungen des seit 1632 auch den Niederrhein berührenden Kriegsgeschehens auf den Konvent in Königsdorf fassen wir erst in den Jahren 1638

und 1642, als das Kloster zum einen wegen ausbleibender Erbrente verpfändete Ländereien in Bergheim einklagte und es zum anderen von dem kurkölnischen Marschall Johann Adolf Wolff, genannt Metternich, dessen Haus am Marsilstein in Köln für eintausendneunhundertfünfzig Reichstaler kaufte, damit die Nonnen sich »wegen der immerwährenden Kriegsgefahr und feindlichen Überfälle« im Notfall nicht bei Fremden aufzuhalten brauchten[37]. Ob das Haus, welches später als Königsdorfer Hof bezeichnet wurde und dem Kloster bis zu seiner Aufhebung verblieb, je als Zufluchtsstätte der Nonnen genutzt wurde, entzieht sich unserer Kenntnis, jedoch beweist sein Kauf, wie gefährlich nahe der Krieg dem Kloster wieder einmal gekommen war.
Die zweite Hälfte des 17. Jahrhunderts brachte dem Konvent in Königsdorf noch einmal einen Aufschwung und eine Epoche reger Aktivität. Neuerliche Land- und Grundstückskäufe – darunter auch der Burgplatz in Königsdorf, den der Kurfürst Maximilian Heinrich den Nonnen am 1. Februar 1668 verkaufte – sowie hochherzige Schenkungen und Stiftungen von Seiten des benachbarten Landadels zeugen ebenso von der Finanzkraft des Klosters wie von seinem Ansehen und seinen engen Beziehungen zu den vermögenden Familien des Umlandes[38]. Da die Konventualinnen schon seit geraumer Zeit weitgehend den landsässigen Adels- und Gutsbesitzerfamilien entstammten, wurde das Kloster, wie es auch für andere Benediktinerinnenniederlassungen bezeugt ist, seit dem Beginn des 17. Jahrhunderts als adliges, später als frei- und gar hochadliges Kloster bezeichnet, obwohl die Statuten der Bursfelder Kongregation dieser Entwicklung stets zu steuern gesucht hatten[39]. Unter der tatkräftigen Leitung der Äbtissin Johanna Christina von Ritz (1666 bis 1676) wurden sowohl am Königsdorfer Hof in Köln als auch am Kloster selbst umfangreiche Bau- und Wiederherstellungsarbeiten vorgenommen, zu denen auch die Priorin Maria Odilia von Quaedt aus Fischenich beitrug[40]. Das spätere Königsdorfer Totenbuch nennt eine Anzahl frommer Schenkungen, wie Kelche, Paramente, eine Monstranz, Altartücher und eine neue Orgel, die Gottesdienst und Klosterkirche verschönerten. Die seit der Mitte des 17. Jahrhunderts anschwellenden Akten legen Zeugnis von der steigenden Sorgfalt und dem verstärkten Zug zur Schriftlichkeit in der Wirtschaftsführung des Klosters ab, welches seine Ländereien jetzt mehr verwaltete als bewirtschaftete und seine Einkünfte steigern konnte, obwohl die äußeren Verhältnisse dazu alles andere als günstig waren. Die mit den permanenten Kriegshandlungen im Zeitalter Ludwigs XIV. verbundenen Kosten und Beschwernisse lasteten auch auf dem Kölner Umland. Noch im Jahre 1706 klagten die Einwohner von Königsdorf über die »großen Kriegsempörungen und schweren Geldauflagen«, die sie zum Verkauf eines Stückes Gemeindeland veranlaßten[41]. Erst mit dem Abschluß des Spanischen Erbfolgekrieges im Jahre 1713 trat eine allgemeine Besserung der Lage ein, die dem Konvent in Königsdorf noch ein knappes Jahrhundert äußerer Ruhe und stiller, aber segensreicher Entwicklung im Innern bescherte, bis der Einmarsch der Franzosen in die linksrheinischen Gebiete im Jahre 1794 die letzte Phase seiner mehr als sechseinhalb Jahrhunderte währenden Geschichte einleitete. Der Konsularbeschluß vom 9. Juni 1802, der alle geistlichen Gemeinschaften im Rheinland, die nicht dem öffentlichen Nutzen dienten, aufhob, machte auch dem Kloster Königsdorf ein Ende. Was aus den letzten Nonnen wurde, ist unbekannt. Das Kloster und seine Ländereien wurden jedenfalls verkauft. Die Anlage in Königsdorf erwarb der französische General Georgon, von dem sie über den Kölner Kaufmann Hamm im

Jahre 1823 an den Freiherrn von Fürstenberg-Heiligenhoven gelangte[42]. Die Klosterkirche wurde schon vor 1813 abgerissen, als man daran ging, die Gebäude zu landwirtschaftlichen Zwecken zu nutzen[43]. Heute steht das Gelände mit seinen erhaltenswerten Überresten der Wirtschafts- und Nebengebäude sowie der alten Immunitätsmauer des Klosters nach mehrmaligem Besitzerwechsel am Anfang einer neuen Phase. Die bis vor kurzem noch vom Verfall bedrohten, vorwiegend dem 17. und 18. Jahrhundert entstammenden Aufbauten werden endlich restauriert und dann vielleicht auch der Öffentlichkeit zugänglich sein. Man kann nur wünschen, daß die Wiederherstellung und Konservierung der Gebäude gelingen möge, ohne daß die gesamte Anlage – wie es andernorts in jüngster Zeit leider immer häufiger geschieht – zwecks Schaffung gewinnbringenden Wohnraums bis zur Unkenntlichkeit ihrer ursprünglichen Bestimmung ausgebaut und damit in ihrem Charakter endgültig zerstört wird.

## 3. Konvent und Ämter

Jedes Kloster besteht in erster Linie aus einer Gruppe von Personen, die sich aus religiösen Gründen zur gemeinsamen Befolgung einer bestimmten Ordensregel verbunden haben. Die Nonnen in Königsdorf lebten, solange das Kloster existierte, nach der Regel des heiligen Benedikt, die im Unterschied zu der in Stiftskirchen befolgten Kanonikerregel von den Konventsangehörigen die vita communis, d. h. gemeinsame Lebensführung und Verzicht auf Privateigentum, forderte. Entsprechend begegnen auch in den frühen Königsdorfer Urkunden, wenn von den Konventualinnen die Rede ist, Ausdrücke wie *congregatio dominarum* oder *sanctimonialium* (Nonnengemeinschaft), *sorores* (Schwestern) oder *conventus* (Konvent), die auf eine geschlossene Gemeinschaft im Sinne der Ordensregel hindeuten[44]. Seit der Mitte des 13. Jahrhunderts taucht dann allerdings an Stelle dieser Formeln die Wendung *magistra et conventus* (Meisterin und Konvent) auf, und aus dem Jahre 1316 besitzen wir gar eine Urkunde, in der die Meisterin Methildis ihre Besitzungen und Einkünfte ihrem Konvent und ihren dazugehörigen beiden Nichten vermachte[45]. Aus diesen Zeugnissen ist zu schließen, daß der Konvent – ähnlich wie es auch in anderen Klöstern geschah – um die Mitte des 13. Jahrhunderts die vita communis und damit auch die frühere Gütergemeinschaft aufgegeben hatte und die Einkünfte des Klosters jetzt nicht mehr einfach dem Konvent insgesamt zur Verfügung standen, sondern in Pfründen aufgeteilt waren, aus deren Erträgen der Lebensunterhalt der einzelnen Nonnen bestritten wurde. Diese Änderung hatte natürlich zur Folge, daß mit der Einrichtung der Pfründen auch die Zahl der Nonnen festgelegt war, die, je nach der wirtschaftlichen Lage des Klosters, allerdings neu festgesetzt werden konnte. Über die Anzahl der in Königsdorf lebenden Konventualinnen besitzen wir kaum nähere Angaben. Der Gründungskonvent dürfte jedoch, wie es auch die legendäre Fundatio berichtet, fünfzehn Nonnen umfaßt haben, denn die alte, erst im Jahre 1526 aufgelöste Verpflichtung der Äbte von St. Pantaleon, dem Konvent jährlich Getreide, Wein und fünfzehn Pelzumhänge zu liefern, deutet wohl auf die Anzahl der um das Jahr 1136 aus der Stadtkölner Abtei ausquartierten Nonnen hin[46]. Im Jahre 1654 zählte man in Königsdorf dagegen neunzehn Konventualinnen, wobei freilich daran zu erinnern ist, daß das Kloster damals eine Blütezeit erlebte[47]. Man wird daher für die voraufgegangenen Jahrhunderte, namentlich für die Zeit vor dem

Anschluß an die Bursfelder Reform, mit einer eher kleineren Zahl von Nonnen zu rechnen haben. Nichtsdestoweniger handelte es sich in Königsdorf im Vergeich zu anderen Benediktinerinnenklöstern der Kölner Erzdiözese um einen Konvent von durchaus mittlerer Größe, denn in Schwarzrheindorf sind für das 14. Jahrhundert nur etwa dreizehn und in Vilich und Dietkirchen grundsätzlich nur zwölf Nonnen bezeugt, während es in Hagenbusch bei Xanten in den Jahren 1370 und 1465 gar je nur noch sechs waren[48].

Besser als über die Zahl der Nonnen sind wir über ihre Herkunft und ihre soziale Stellung unterrichtet. Da der Gründungskonvent aus St. Pantaleon stammte und seiner Mutterabtei zunächst eng verbunden blieb, nimmt es nicht Wunder, daß die meisten identifizierbaren Konventualinnen bis in die ersten Jahrzehnte des 13. Jahrhunderts hinein aus der Stadt Köln kamen und angesehenen Patrizierfamilien angehörten[49]. Zwar fanden auch damals schon vereinzelt Töchter landsässiger Familien Aufnahme in das Kloster, jedoch setzte ein breiterer Zustrom künftiger Konventualinnen aus dem Umland erst im Zuge der Krisenerscheinungen und der Lockerung der Beziehungen zu der Abtei St. Pantaleon ein. Erst seit der Mitte des 13. Jahrhunderts wurde Königsdorf zu einer Versorgungsstätte für ledige Töchter aus dem benachbarten Landadel, der, vielfach miteinander verwandt, allmählich größeren Einfluß auf das Kloster gewann. Dabei ist zu beobachten, daß es im Laufe der Zeit ganz verschiedene Familien waren, die dem Konvent oft über mehrere Generationen hinweg eng verbunden blieben und gelegentlich auch mehrere Töchter gleichzeitig in dem Kloster hatten. Das Totenbuch aus dem 18. Jahrhundert kennt zahlreiche solche Fälle, aus denen wir hier nur einige Beispiele herausgreifen wollen[50]. So scheinen schon um die Mitte des 13. Jahrhunderts die im benachbarten Buschbell ansässigen Vögte von Bell größeren Einfluß auf das Kloster genommen zu haben, indem sie ihm ihre Töchter zuführten und in Königsdorf ihre Erbmemorien stifteten. Kurz vor der Mitte des 14. Jahrhunderts finden wir drei Angehörige einer Familie aus Duisdorf bei Bonn in dem Kloster, und von etwa 1480 bis 1525 begegnen insgesamt sieben Konventualinnen aus zwei Geschlechtern, die sich nach ihren Sitzen in Kirchtroisdorf bei Oberembt und Broich bei Jülich nannten, wobei seit mindestens 1514 die Meisterin Gertrud von Broich und die Priorin Christina von Broich gleichzeitig ihre Ämter innehatten. Um dieselbe Zeit treffen wir auch schon die ersten Nonnen aus der Familie der Edelherren von Frens in dem Kloster an, die ihre Töchter noch bis gegen Ende des 17. Jahrhunderts immer wieder nach Königsdorf schickten. In der zweiten Hälfte des 16. Jahrhunderts setzte der Konvent sich hauptsächlich aus Angehörigen der dem Niederadel zuzurechnenden Familien von Fischenich, Stommeln, Hochsteden, Scheiffart-Merode, Berghe von Trips und Breitmaar zusammen. Für die Jahre von 1584 bis 1607 kennen wir die Namen von nicht weniger als fünf Konventualinnen aus der Familie von Breitmaar, von denen eine schon als Novizin starb, während die anderen als Sakristanin, als Rotularia, als Kellnerin und als Novizenmeisterin bezeugt sind. Im 17. und 18. Jahrhundert waren es dann schließlich die Familien der Herren von Kinzweiler, Einatten, Reifferscheid, Hammerstein, Rittersbach, Scheiderich, Hall, Anstel und Bronckhorst-Batenburg, die am häufigsten in dem Kloster vertreten waren. Eine wesentliche Verschiebung der ständischen oder regionalen Herkunft der Konventualinnen gegenüber den voraufgegangenen Jahrhunderten ist auch für diese Zeit nicht festzustellen. Königsdorf war und blieb seit dem 13. Jahrhundert vornehmlich Aufnahme-

stätte für Mädchen niederadliger Herkunft, wobei allenfalls der Einzugsbereich sich im Laufe der Zeit geringfügig erweiterte.
Adelskloster war Königsdorf jedoch nur im Hinblick auf seine eigentlichen Nonnen, denn die Gesamtheit der in dem Kloster lebenden Schwestern zerfiel – wie es auch in anderen Benediktinerinnenhäusern zu beobachten ist – in drei verschiedene Gruppen. Das Totenbuch bezeichnet sie als Nonnen (*moniales*), Laienschwestern (*laicae*) und Donaten (*donatae professae*). Davon gehörten neben den Nonnen nur die Donaten dem Konvent an, da sie die Gelübde abgelegt und daher auch die Klausur zu beachten hatten[51]. Im Unterschied zu den Nonnen waren sie aber nicht an die volle Strenge der Regel gebunden. Sie trugen ein graues Obergewand und hatten vor allem die körperlichen Arbeiten im Innern des Klosters zu verrichten[52]. Die Arbeiten außerhalb des Klausurbereichs und die Verbindung zur Außenwelt, wie etwa Botengänge, oblagen dagegen den Laienschwestern, die statt der Gelübde nur ein Gehorsamsversprechen abgelegt hatten und weder zum Chorgebet noch zum Anlegen einer bestimmten Ordenstracht verpflichtet waren. Sie hatten die gleiche Stellung wie sie in früheren Zeiten die Konversen hatten, die für Königsdorf erstmals in dem Visitationsprotokoll von 1569 bezeugt sind und neben denen es in den voraufgegangenen Jahrhunderten sogar vereinzelt Laienbrüder gegeben hatte[53]. An Stelle dieser im Dienst des Klosters stehenden Konventsbrüder führt das Totenbuch von 1736 nur noch einige als *famuli* bezeichnete Diener auf, wie jenen nicht näher bekannten Johannes, dessen Jahrgedächtnis am 6. April gehalten wurde und der dem Kloster als Pförtner gedient hatte. Die Laienschwestern und Donaten verrichteten niedere Tätigkeiten und stammten bis auf einen Teil der letzteren ausnahmslos aus nichtadligen Familien der Umgebung.
Die Leitung des gesamten Klosters lag in der Hand der Meisterin, ein Titel, der in den Frauenklöstern Siegburger Observanz auch andernorts bezeugt ist und die Abhängigkeit des Konvents von seiner Mutterabtei zum Ausdruck bringt[54]. Erst als die Beziehungen zwischen Königsdorf und St. Pantaleon sich gelockert hatten und das Kloster faktisch selbständig geworden war, begegnet in zwei Urkunden aus den Jahren 1404 und 1410 die Bezeichnung Äbtissin, die sich jedoch erst endgültig seit dem Ende des 15. Jahrhunderts durchsetzen konnte, auch wenn daneben gelegentlich noch der neutrale Ausdruck Frau oder Mefrau zu finden ist und die Vorsteherin in der kurfürstlichen Urkunde von 1668 und in dem von dem Gladbacher Mönch Gerhard Siegers angelegten Totenbuch wieder stets nur als Meisterin bezeichnet wurde. Die Meisterin, die laut den Statuten der Bursfelder Kongregation unter der Aufsicht von zwei Visitatoren oder benachbarten Äbten, meistens aber in Gegenwart des zuständigen Kommissarabtes oder seines Vertreters von den Konventualinnen gewählt wurde, vertrat das Kloster nach außen hin und fand neben dem Konvent und einigen weiteren Amtsinhaberinnen bei allen Rechtsgeschäften des Klosters Erwähnung[55]. Ihr zur Seite und in der Ämterhierarchie unmittelbar unter ihr stand die Priorin, die für die Leitung im Innern des Klosters, insbesondere für die Aufsicht über das geistliche Leben und die Einhaltung der Disziplin zuständig war. Das Amt ist in Königsdorf erstmals um das Jahr 1259 belegt, auch wenn es noch bis zum Ende des 15. Jahrhunderts dauerte, bevor die Priorin mit ziemlicher Regelmäßigkeit neben der Meisterin in den Urkunden genannt wurde. Im Jahre 1550 und kurz vor 1777 gab es in Königsdorf auch noch eine Subpriorin, obwohl die Statuten dieses Amt im allgemeinen als überflüssig erachteten, es sei denn die Größe des Konvents

oder die Vielfalt der Aufgaben machten die Ernennung einer Subpriorin durch die Äbtissin notwendig[56]. Das Amt dürfte in Königsdorf jedenfalls nur vorübergehend existiert haben. Statt dessen erwähnen einige Urkunden des 17. und 18. Jahrhunderts neben der Meisterin und der Priorin noch eine Seniorin, deren Zugehörigkeit zum Kreis der Amtsinhaberinnen freilich fraglich ist[57]. Bei der Seniorin scheint es sich vielmehr um diejenige Konventualin zu handeln, die ihre Pfründe am längsten innehatte. Nach den im Jahre 1589 verfaßten Statuten des Benediktinerinnenklosters Schwarzrheindorf kam ihr die Stellvertretung der Dekanin – in Königsdorf hieße das der Priorin – zu[58]. Laut einer Urkunde von 1660 verwahrte sie neben der Meisterin und der Priorin einen der drei Schlüssel des Klosterarchivs[59]. Zum Kreis der Inhaberinnen leitender Ämter gehörte hingegen die Kellnerin, die für die Vermögensverwaltung des Klosters verantwortlich war und die Einnahmen und Ausgaben zu ordnen hatte. Das Amt ist in Königsdorf seit dem Beginn des 16. Jahrhunderts nachzuweisen, wobei es von 1514 bis 1525 sogar von einem Laienbruder verwaltet wurde, bevor es an Wilhelma von Fischenich überging, die im Jahre 1538 zur Meisterin gewählt wurde. Ob das Amt über das 16. Jahrhundert hinaus ständig besetzt war, ist zweifelhaft, da das Totenbuch nach der am 25. Mai 1607 verstorbenen Caecilia Quadt nur noch die Kellnerin Bernardina Clara von Langen nennt, deren Tod zum 23. Dezember verzeichnet ist.
Mit der Meisterin, der Priorin, der Subpriorin, der Kellnerin und der Seniorin ist der Kreis der in den Urkunden erwähnten Offizialinnen des Klosters erschöpft. Von der Existenz weiterer, sonst nur erschließbarer Ämter erfahren wir allein durch das Totenbuch, welches sich gerade für die inneren Verhältnisse des Klosters als wichtige Quelle erweist. Demnach gab es neben den oben erwähnten Inhaberinnen der höheren Ämter in Königsdorf noch eine Sakristanin und eine Küsterin, eine Novizenmeisterin, eine als Culinaria bezeichnete Küchenaufseherin, eine wohl für die Kleidung zuständige Cingorissa und eine Rotularia, deren Hauptaufgabe vermutlich in der Abfassung der Totenlisten bestand, die den Generalkapiteln der Bursfelder Kongregation vorzulegen waren. Von diesen Ämtern kam insbesondere dem der Novizenmeisterin große Bedeutung zu, da sie die Novizinnen nicht nur seelisch auf ihr künftiges Ordensleben vorzubereiten hatte, sondern auch für ihre geistige Ausbildung zuständig war. Ob die Novizenmeisterin gleichzeitig auch die Klosterschülerinnen unterrichtete, entzieht sich unserer Kenntnis. Die Namen von fünf Scholarinnen bezeugen jedenfalls, daß der klösterliche Nachwuchs – eine äußere Schule gab es in Benediktinerinnenhäusern im allgemeinen nicht – im Kloster selbst ausgebildet wurde. Da beim Fehlen einer geeigneten Lehrkraft ein auswärtiger Geistlicher oder Laie herbeigeholt werden durfte, könnte es sich bei den in dem Totenbuch als Magister bezeichneten Verstorbenen um Lehrer an der Klosterschule gehandelt haben. Selbstverständlich konnte der Unterricht auch jederzeit durch den Prior erteilt werden, wie überhaupt alle hier genannten niederen Ämter, für die es manchmal nur einen einzigen Beleg gibt, zweifellos nicht immer besetzt waren, da die entsprechenden Aufgaben auch von anderen Amtsträgerinnen versehen werden konnten. Eine spürbare Erweiterung der Ämter insgesamt erfolgte jedenfalls erst um die Wende zum 16. Jahrhundert, als die Reformvorstellungen der Bursfelder Kongregation allmählich in Königsdorf Eingang fanden. Eine bestimmte Ämterlaufbahn ist dabei nicht nachzuweisen. Die schon genannte Wilhelma von Fischenich ist die einzige bekannte Konventualin, die von einem Amt in ein nächsthöheres aufstieg.

*Das Kloster Königsdorf mit der Klosterkirche und der gegenüberliegenden Kapelle (1743, Ausschnitt). (HSTAD)*

Andererseits ist aber nicht zu verkennen, daß, entsprechend der sozialen Struktur des Konvents, in Königsdorf zahlreiche Ämter häufig von Mitgliedern ein und derselben Familie besetzt waren.

## 4. Der Grundbesitz

Die Urkunde des Erzbischofs Bruno II. von Köln aus dem Jahre 1136 enthält eine genaue Aufzählung der Güter und Einkünfte, die der Abt Gerhard von St. Pantaleon den Nonnen bei ihrer Umsiedlung nach Königsdorf zugewiesen hatte, um ihnen die nötige materielle Grundlage für ihr Sonderdasein zu verschaffen[60]. Demnach verfügte das Kloster zum Zeitpunkt seiner Gründung, von Einkünften in Süchteln und der Hälfte des Kirchenzehnten in Born bei Brüggen abgesehen, über sieben Hufen Ackerland und drei Hufen Wald in Königsdorf, eine Hufe Land und vier bebaute Grundstücke in Lich, eine Hufe beim späteren Konraderhof in der Nähe von Fischenich, ein halbes Grundstück und acht Morgen Ackerland in Rade bei Süchteln, ein Haus und zwanzig Morgen Ackerland in Widdendorf, zwei Grundstücke nebst acht Morgen Wiesen in Thorr, zwei Hufen und zwanzig Morgen in Oberembt sowie eine halbe Hufe in Büsdorf. Da eine Hufe, wie spätere Vergleiche zeigen, einer Fläche von sechzig Morgen entsprach, belief der gesamte Grundbesitz des Klosters sich einschließlich der Grundstücke im Jahre 1136 auf etwa neunhundertdreißig

Morgen. Eine ähnlich genaue Übersicht über den Bestand der Königsdorfer Grundherrschaft liegt uns in späterer Zeit nur noch aus den Jahren 1158 und 1159 vor, als der Erzbischof Friedrich II. von Köln und der Papst Hadrian IV. noch einmal umfassende Besitzbestätigungen für das Kloster ausstellten. Ein Vergleich der beiden Urkunden mit jener von 1136 zeigt, daß der Besitz und die Einkünfte des Klosters sich in der Zwischenzeit beträchtlich vergrößert hatten. Während der Kirchenzehnt in Born zwecks Erwerbs eines näher gelegenen Allods verkauft worden war und die Ländereien in Königsdorf, Lich, Widdendorf und Thorr unverändert geblieben waren, hatte das Kloster inzwischen auch anderthalb Hufen in Bongarderhof bei Sinsteden, eine halbe Hufe in Lipp sowie fünfzehn Morgen in Asperschlag erworben und seine Besitzungen in Oberembt auf zweieinhalb und in Konraderhof gar auf viereinhalb Hufen erweitert. Hinzu kamen zahlreiche Einkünfte aus Süchteln, Rade, einem benachbarten Rade (vielleicht Quadrath), einem nicht näher bekannten Wolfsberg, Wanlo, Echtz, Mersch, Kendenich, Gimmersdorf, Pingsdorf und sechs Häusern in und bei der Stadt Köln. Die in den beiden Urkunden spezifizierten Ländereien umfaßten insgesamt rund dreizehnhundert Morgen und stellten gegenüber dem Besitzstand im Jahre 1136 einen Zuwachs von mehr als fünfundzwanzig Prozent dar. Damit war der Ausbau der klösterlichen Grundherrschaft aber längst noch nicht abgeschlossen. Namentlich in der Stadt Köln, aus der damals ja ein großer Teil der Königsdorfer Nonnen stammte, beobachten wir noch bis in die Mitte des 13. Jahrhunderts hinein zahlreiche Besitzverschiebungen, die am Ende zu einer Konzentration auf drei städtische Häuser führten. Auf dem Lande trat eine gewisse Erstarrung der Besitzverhältnisse dagegen wesentlich früher ein. Zwar konnte das Kloster nach 1159 noch Ländereien in Ichendorf, weiteres Ackerland in Konraderhof, sechzig Morgen in Kerpen und einen Hof in Hücheln erwerben, jedoch gingen die Käufe und Landzuweisungen nach 1181 rapide zurück. Der Gesamtbesitz des Klosters betrug damals annähernd fünfzehnhundert Morgen und schloß mit den Ländereien in Konraderhof, Hücheln, Oberembt, Büsdorf und Königsdorf auch schon die späteren Kernbesitzungen der Nonnen ein.

Die mit dem Beginn des 13. Jahrhunderts einsetzende Krisenzeit brachte dem Kloster den Verlust zahlreicher kleinerer Besitzungen und Einkünfte, die in der späteren Königsdorfer Überlieferung nicht mehr auftauchen[61]. Dazu gehören neben den in größerer Entfernung gelegenen Einkunftsquellen in Süchteln, Rade, Wanlo und Gimmersdorf auch die Parzellen und Einkünfte in Echtz, Mersch, Lich, Lipp, Thorr, Bongarderhof, Asperschlag, Rade (Quadrath?), Kendenich, Pingsdorf und Wolfsberg sowie zwanzig Morgen in Frankeshoven, die der Konvent vor 1144 erworben hatte, die aber schon 1158/59 nicht mehr erwähnt werden. Neuen Landbesitz erwarb das Kloster seit dem 13. Jahrhundert nur noch in recht begrenztem Umfang und in größeren Zeitabständen. Im Jahre 1276 erlangte es ein nicht näher beschriebenes Gut in Frechen, im Jahre 1308 besaß es zehn Morgen Land bei Heppendorf, im Jahre 1410 erwarb es durch Tausch einen Acker von sechs Morgen und sechs Ruten Größe in Hüchelhoven und seit 1459 verfügte es über Grundbesitz in Kenten, der im Jahre 1465 durch den Ankauf von drei Morgen Wiesenland erweitert wurde. Im Jahre 1448 besaß es ein Gut in Ahe und um die gleiche Zeit dürfte es auch schon jene Ländereien in Duisdorf bei Bonn gehabt haben, die erstmals 1521 genannt werden[62]. In den ersten Jahrzehnten des 16. Jahrhunderts vermehrte es seinen Besitz in und bei Königsdorf, im Jahre 1575 besaß es acht

Morgen Ackerland bei Bergheim, und von 1595 bis 1599 verfügte es über einen verpfändeten Hof in Heppendorf[63]. Im Jahre 1614 verkaufte das Kloster ein Haus in Brauweiler, 1638 erlangte es einen verpfändeten Hof in Bergheim und 1642 schließlich kaufte es den späteren Königsdorfer Hof in Köln, wo es zu diesem Zeitpunkt sonst offenbar keinen Haus- oder Grundbesitz mehr hatte[64]. Aus dem Jahre 1665 liegt ein Verzeichnis der dem Kloster gehörenden Ländereien vor, welches uns, ähnlich wie die Urkunden von 1136 und 1158/59, einen detaillierten, wenn auch nicht ganz vollständigen Überblick über die Besitzungen der Nonnen erlaubt[65]. Das Verzeichnis nennt im einzelnen einen Hof und ein Haus in Hücheln, dreihundertfünfundvierzigeinhalb Morgen Land in Konraderhof, zwei Höfe – davon einen mit fünfundvierzigdreiviertel Morgen – in Büsdorf, ein Haus, einen Hof, ein Kelterhaus, einen Baumgarten sowie Land und Wald in Duisdorf, acht Morgen Land in Glessen, zwei Morgen in Götzenkirchen, eineinviertel Morgen Land und einen Morgen Weingärten in Lengsdorf, achteinviertel Morgen in Oberaussem, einhundertachtundzwanzig Morgen in Oberembt, neun Morgen und anderthalb Viertel Land in Fliesteden, das Haus in Köln, achtunddreißigeinviertel Morgen Wiesen und Ackerland in Kenten, elf Morgen Wiesen in Sindorf, fünf Morgen Wiesen in Bergheim und elf Morgen Land in Horrem. Aus der kurkölnischen Landesdeskription von 1669 wissen wir ferner, daß das Kloster über zweiundvierzig Morgen Land in Bedburg, einhundertfünfundsechzig Morgen Wald in Königsdorf und vierzehn Morgen in Brauweiler verfügte, daß es in Duisdorf insgesamt fünf Morgen Land und drei Morgen Weingärten hatte und daß die Ländereien in Hücheln zusammen dreihundertsechsundzwanzig Morgen ausmachten[66]. Da diese Angaben wahrscheinlich auch schon für das Jahr 1665 gelten, kommen wir für diese Zeit auf einen Gesamtumfang von weit mehr als vierzehnhundert Morgen Land, wenn wir den einen Hof in Büsdorf und die auch später noch in der Hand der Nonnen befindlichen Ländereien in Kerpen, Widdendorf, Heppendorf und Ahe hinzurechnen. Damit verfügte das Kloster trotz aller äußeren Schwierigkeiten und Krisenerscheinungen in spätmittelalterlicher Zeit nahezu wieder über die gleiche Menge an Grundbesitz wie zur Zeit seiner ersten Blüte gegen Ende des 12. Jahrhunderts.

In dem Zeitraum von 1665 bis zur Aufhebung des Klosters im Jahre 1802 erfuhr der Besitzstand der Nonnen nur noch geringfügige Veränderungen. Von nennenswerten Neuerwerbungen hören wir nur noch in Lengsdorf, wo der Konvent trotz eines Verkaufs im Jahre 1696 neun Jahre später noch über zusammen zwölf Morgen Land, Weingärten und Wald verfügte und in Königsdorf, wo er außer dem Burgplatz noch einige Ländereien an sich brachte[67]. Außerdem verzeichnet ein späteres Pachtregister noch Einkünfte aus Dansweiler, Üsdorf, Haus Frens, Gymnich, Lövenich, Neuenhof und Sinthern, über deren Erwerb nichts näheres bekannt ist[68]. Umgekehrt verfügte das Kloster aber noch gegen Ende des 18. Jahrhunderts über seine umfangreichen Kernbesitzungen, so daß wir für den letzten Abschnitt seiner Geschichte auch nicht mit größeren Verkäufen zu rechnen haben. Daß der Grundbesitz des Klosters bereits um die Mitte des 17. Jahrhunderts ein für den Unterhalt und die Möglichkeiten des Konvents offenbar ideales Maß angenommen hatte, lehren der prompte Verkauf des erst 1678 erlangten Krebshofes in Metternich im Jahre 1691 und eines verfallenen Unterpfandes in Geyen im Jahre 1719[69].

Der Gesamtumfang der Klosterländereien dürfte sich seit 1665 kaum mehr entscheidend verändert haben. Mit vierzehn- bis fünfzehnhundert Morgen Land gehörte

Königsdorf – wie auch schon an der Anzahl der Konventualinnen zu erkennen war – keineswegs zu den kleinsten Benediktinerinnenniederlassungen in der Kölner Erzdiözese[70].

Das Kloster verfügte über keinen eigentlichen Fernbesitz. Die vergleichsweise weitab gelegenen Besitzungen in Born, Rade und Süchteln stieß es schon recht früh ab, und auch die kaum eine halbe Tagesreise entfernten Einnahmequellen in Wanlo, Mersch, Echtz und Gimmersdorf tauchen in der späteren Überlieferung nicht mehr auf. Statt dessen konzentrierten die Nonnen ihren Grundbesitz auf ihre nähere Umgebung, wobei einmal der Raum dicht vor den östlichen Ausläufern der Ville und zum anderen die westliche Erftniederung bevorzugt wurden. Die einzige Ausnahme bilden die Ländereien in Duisdorf und im benachbarten Lengsdorf bei Bonn, die seit dem 15. bzw. dem 17. Jahrhundert im Besitz des Klosters waren. Daß sie nicht aufgegeben wurden, lag daran, daß in beiden Orten Wein angebaut wurde und die Nonnen dort über etwa vier Morgen Weingärten verfügten, deren Erträge teilweise direkt nach Königsdorf geliefert wurden[71]. Weniger wertvoll war demgegenüber das Waldland, welches nur ungefähr ein Achtel des gesamten Klosterbesitzes ausmachte und dessen Schwerpunkt eindeutig in Königsdorf lag. Da über die dortigen Waldungen kein Pachtvertrag vorliegt und eine an heutigen Vorstellungen gemessene Kultivierung des Waldes damals noch unbekannt war, ist anzunehmen, daß die Bewirtschaftung des Königsdorfer Klosterwaldes von den Nonnen selbst beaufsichtigt wurde und Genehmigungen für Viehhaltung, Jagden und den Abtransport von Bau- oder Brennholz im Kloster selbst eingeholt werden mußten. In Eigenregie dürften auch die rund einhundertfünfzig Morgen Ackerland unmittelbar vor den Klostermauern bewirtschaftet worden sein, denn als der Kurfürst Maximilian Heinrich den Nonnen im Jahre 1668 den kleinen Burgplatz in Königsdorf verkaufte, versprachen jene, dort eine Wohnung für einen Halbwinner zu errichten, damit sie diesem »iren dermalen habenden zimblich grossen Ackerbau meistentheils uberlassen, sich dardurch ietziger weitleuffiger Haushaltung entladen und also ihrem geistlichen Leben desto besser obwartten könten«. Die außerhalb von Königsdorf gelegenen Ländereien waren dagegen ohne Ausnahme stets verpachtet. Als Pachtformen erscheinen die Zeitpacht, die auf die Lebenszeit der Pächter begrenzte Leibgedingspacht und die Erbpacht. Während in der Frühzeit des Klosters noch die Zeit- und Leibgedingspacht vorherrschend waren, gingen die Nonnen seit dem Beginn des 16. Jahrhunderts mehr und mehr zur Erbpacht über, die schließlich zur Regel wurde. Um der mit dieser Leiheform besonders verbundenen Gefahr der Entfremdung von Klostergut vorzubeugen, legte man Pachtverzeichnisse an, in denen die Erbpachtgüter und die Abgaben der Pächter genau festgehalten wurden und die uns zumindest aus dem 18. Jahrhundert noch teilweise erhalten sind[72]. Aus den Verzeichnissen ergibt sich, daß trotz der Vorherrschaft des Geldverkehrs auch damals noch die Pacht weitgehend in Naturalien entrichtet wurde, die, soweit sie nicht unmittelbar zum Lebensunterhalt der Nonnen dienten, weiterverkauft werden konnten. Die Wirtschaftsführung des Klosters war ein im einzelnen recht kompliziertes Geschäft, welches nicht nur die Verwaltung der hier aufgezählten Ländereien, sondern auch die Kontrolle der Einkünfte aus den zahlreichen Rentenverschreibungen und aus allen möglichen Stiftungen und Verpflichtungen von Gläubigern einschloß. Umgekehrt hatte auch das Kloster gewisse Leistungen und Zahlungen – wie etwa an die kurfürstliche Kellnerei in Brühl – zu entrichten, Schulden und Rechnungen zu begleichen, Einkäufe zu tätigen und überschüssige Gelder anzulegen. Dank seiner günstigen materiellen Voraussetzungen und der Umsicht und Klugheit der leitenden Amtsinhaberinnen scheint es dem Kloster im allgemeinen gelungen zu sein, seine Ausgaben niedriger zu halten als seine Einkünfte. Nach dem allmählichen Wiederaufstieg seit der Einführung der Bursfelder Reform im Jahre 1473 erlebte das Kloster namentlich um die Mitte des 17. Jahrhunderts noch einmal einen spürbaren wirtschaftlichen Aufschwung, der dem Konvent bis zu seiner Aufhebung im Jahre 1802 noch eine rund anderthalb Jahrhunderte währende Blütezeit bescherte.

## 5. Das geistliche Leben

Trotz aller äußeren Wechselfälle und Krisenerscheinungen hielten die Nonnen in Königsdorf bis zur Aufhebung ihres Klosters an der Benediktinerregel fest, deren bekannte, im Text nur sinngemäß enthaltene Maxime »Ora et labora« auch für die Frauenklöster galt. Obwohl uns aus Königsdorf keine Statuten überliefert sind, dürfen wir annehmen, daß auch hier der Tagesablauf der Nonnen weitgehend von der Abfolge der kanonischen Stundengebete von der Matutin bis zur Komplet bestimmt wurde. Gerade in den von den Siegburger Reformvorstellungen geprägten Klöstern und ihren Ablegern spielten der Chordienst und die Pflege des geistlichen Lebens eine große Rolle[73]. Die Handarbeit trat demgegenüber stärker zurück. Als angemessene Beschäftigungen für Nonnen galten die Herstellung und das Abschreiben von Büchern, die Bearbeitung von Textilien und die Erledigung der im Klostergebäude und im Klostergarten anfallenden Arbeiten. Von alledem haben wir freilich in Königsdorf keine Kunde. Formen einer spezifischen Spiritualität sind für die Frühzeit des Klosters nicht erkennbar. Erst der Ablaßbrief aus dem Jahre 1329 erlaubt uns einige Rückschlüsse auf die in Königsdorf besonders verehrten Heiligen und festlich begangenen Feiertage. An der Spitze aller Heiligen erscheint dabei die Gottesmutter, deren Schutzherrschaft die Nonnen unterstanden und deren Bild das große Klostersiegel schmückte. Die Ablaßurkunde nennt verschiedene Reliquien der Jungfrau Maria, die in Königsdorf aufbewahrt wurden, und unter den Ablaßtagen begegnen an erster Stelle die Marienfeste. Schon die Meisterin Methildis hatte in ihrem Testament von 1316 bestimmt, daß der Wein, den sie ihrer gleichnamigen Nichte vermachte, nach deren Tod alljährlich an Mariä Verkündigung unter die Nonnen verteilt werden sollte, damit dieser Tag umso festlicher und ergebener begangen werde. Neben der Gottesmutter führt der Ablaßbrief als zweiten Patron des Klosters den Evangelisten Johannes auf. Auch an seinem Festtag konnten die Besucher der Klosterkirche einen Ablaß gewinnen. Unter den übrigen Heiligen, die in Königsdorf besonders verehrt wurden, ragt neben den beiden Klosterpatronen noch der Apostel Jakobus der Ältere hervor. Die Urkunde berichtet, daß das Kloster über eine große Menge Jakobusreliquien verfügte und daß das Jakobusfest als Altarweihetag gefeiert wurde. Reliquien besaß man in Königsdorf auch von Johannes dem Täufer, dem Apostel Paulus, den Heiligen Martin, Nikolaus und Benedikt, Maria Magdalena, der hl. Katharina und anderen Heiligen, wobei der ursprüngliche Klosterpatron St. Pantaleon in der Urkunde nicht mehr genannt wird. Hinzu kamen schließlich noch einige Christusreliquien, wie vom Blut, vom Kreuz und von der Krippe des Herrn, von dem Stein, von dem Jesus in den Himmel auffuhr, vom

Himmelsmanna und von dem Brot, mit dem Christus die Fünftausend in der Wüste speiste. Alle diese Reliquien hatte das Kloster entweder gekauft oder als Geschenk erhalten, so wie es noch aus dem Jahre 1431 bezeugt ist, als der Kölner Erzbischof Dietrich von Mörs den Nonnen nach der Rückkehr von seinem zweiten Feldzug gegen die Hussiten zwei Dornen von der Dornenkrone des Erlösers überließ[74]. Anläßlich der großen Aachener Heiligtumsfahrten pflegten die Nonnen ihre Reliquiensammlung in Erwartung von Pilgergaben an der dicht an den Klostermauern vorbeiführenden Straße nach Aachen auszustellen, denn der Chronist des benachbarten Klosters Brauweiler berichtet nicht ohne einen Anflug von Schadenfreude von einem Zwischenfall im Jahre 1496, als ein gewaltiger Sturm am Samstag vor dem Jakobusfest sämtliche Reliquien vom Tisch fegte und ein kleines Kreuz von einer Monstranz beinahe verlorenging. Möglicherweise handelte es sich auch bei den beiden als *peregrini* bezeichneten Männern, die dem Kloster laut einem Eintrag des Totenbuches sieben Gulden schenkten, um Aachenwallfahrer, die in Königsdorf Station gemacht hatten[75].

Heiligenverehrung, Reliquienkult und Ablaßwesen sind typische Erscheinungsformen der an äußeren Frömmigkeitsbezeigungen nicht gerade armen Religiosität des Spätmittelalters. Wir wissen, daß es seit der Lockerung der Beziehungen zwischen der Abtei St. Pantaleon und ihrem Tochterkonvent um die seelsorgliche Betreuung der Nonnen schlecht bestellt war. Eine wirkliche Erneuerung des geistlichen Lebens in Königsdorf erfolgte erst im Anschluß an die Übernahme der Bursfelder Reformgewohnheiten im Jahre 1473. Im allgemeinen strebte die Reform nach einer Wiederbelebung der alten Ordensideale in enger Anlehnung an die Regel, wobei ihr kontemplativer Grundansatz den Weg zu einer stärkeren Verinnerlichung wies[76]. Ob die Einführung der Bursfelder Reform in Königsdorf mit der Aufnahme neuer Konventualinnen verbunden war, ist letztlich nicht feststellbar, jedoch könnte die in der späteren Überlieferung als »erste Reformatorin« des Klosters bezeichnete Meisterin Odilia von Dadenberg damals neu eingesetzt worden sein[77]. Erste Auswirkungen der Reform auf die religiöse Haltung des Konvents fassen wir allerdings erst in der Amtszeit ihrer Nachfolgerin Eva von Troisdorf. Am 15. Januar 1493 stellte der Kölner Generalvikar Johannes, Bischof von Cyrene, dem Kloster eine Urkunde aus, in der er die Weihe von zwei neuen Seitenaltären bekanntgab, die Einrichtung einer Bruderschaft bestätigte und der Klosterkirche einen durch fromme Werke und Almosen zu gewinnenden vierzigtägigen Ablaß verlieh[78].

Während der rechte Seitenaltar vornehmlich Reliquien der Gefährten des Apostels Jakobus enthielt, waren der Altar auf der linken Seite und die Bruderschaft der hl. Anna geweiht, deren Verehrung gegen Ende des 15. Jahrhunderts beinahe zu einem Modekult geworden war. Den Anstoß zu der Gründung der Bruderschaft könnte der Abt Adam II. von Brauweiler gegeben haben, da er sich unter den Teilnehmern des in den ersten Septembertagen 1493 in St. Martin in Köln tagenden Generalkapitels der Bursfelder Kongregation befand, welches auf Drängen einiger Äbte die hl. Anna zur Mitpatronin der Union erkor und ihren Festtag mit besonderer Feierlichkeit zu begehen beschloß[79]. Die Königsdorfer St. Annabruderschaft zielte, wie alle der Mutter Mariens geweihten Bruderschaften, besonders auf die Sicherung des Totengedächtnisses ihrer Mitglieder ab, wollte darüber hinaus aber auch allgemein zur Vertiefung der Frömmigkeit beitragen. Die Urkunde von 1493 verhieß in diesem Zusammenhang allen einen Ablaß, die dem Kloster oder der Bruderschaft eine

Stiftung machten oder die vor dem in der Kirche befindlichen Bild der hl. Anna drei Pater noster und drei Ave Maria beteten. Einen zeitlichen Erlaß ihrer Sündenstrafen konnten aber auch alle Nonnen erlangen, wenn sie im Kreuzgang oder auf dem Klosterfriedhof den Psalm De profundis oder in ihren Zellen drei Ave Maria, ein Pater noster, einige Versikel zu Ehren der Jungfrau Maria, den Rosenkranz oder Gebete für die Angehörigen der Bruderschaft verrichteten, wenn sie ihren Vorgesetzten gehorsam, zum Stundengebet pünktlich und im Refektorium andächtig waren oder wenn sie Werke der Buße übten und sich der Kranken und Schwachen annahmen. Die Mitglieder der Bruderschaft wurden in einem eigenen, heute verschollenen Bruderschaftsbuch verzeichnet, welches neben den bloßen Namen auch Abschriften und Aufzeichnungen der Stiftungen enthielt, mittels derer die Gönner des Klosters in die Bruderschaft eintraten. Zu ihnen gehörten der Zülpicher Amtmann Johann von Hersel, der dem Konvent im Jahre 1512 eine jährliche Rente von einem Haus in Bedburdyck überließ und der Kölner Kanoniker Franz von Eick, der dem Kloster im Jahre 1660 die Hälfte seines Erbhofes in Metternich vermachte[80]. Die Bruderschaft ließen die Nonnen sich im Jahre 1503 durch den Kardinal Raymond und im Jahre 1641 durch den Papst Urban VIII. bestätigen[81]. Sie bestand bis zur Aufhebung des Klosters im Jahre 1802. Noch das Totenbuch von 1736 erinnnerte daran, daß alljährlich am 26. Januar, 7. Mai, 26. Juli und 15. November Messen, Vigilfeiern, Kommendationsgebete und Kollekten für die Bruderschaft gehalten werden sollten.

Nach der Einführung der Bursfelder Reform im Jahre 1473 sorgten zunächst die Äbte von Brauweiler und die von ihnen eingesetzten Beichtväter für die Erneuerung der Disziplin und des geistlichen Lebens in Königsdorf. Von der vertieften Religiosität, die damals in das Kloster einzog, zeugt neben der Gründung der St. Annabruderschaft noch eine fromme Stiftung aus dem Jahre 1546, bei der die Nonnen sich verpflichteten, jährlich fünfundzwanzig Armen auf Allerseelen und am Gründonnerstag Kleidung und Nahrung zu geben[82]. Zu diesem Zeitpunkt stritten sich zwar schon die Äbte von St. Martin, Brauweiler und Gladbach um das geistliche Aufsichtsrecht über das Kloster, jedoch scheinen diese Auseinandersetzungen dem religiösen Eifer der Nonnen nicht ernsthaft geschadet zu haben. Die Visitatoren von 1569 bescheinigten ihnen hervorragende Disziplin und Regeltreue. Sie erwähnten auch, daß sie sich fürchteten, die entwichene Kellnerin Sophia Leyraidt wieder in ihren Konvent aufzunehmen, da diese »ein wenig der Häresie« verdächtig sei. Damit spielten sie offenbar auf die Lehre Luthers an, die dem Kloster im angrenzenden Herzogtum Jülich und bei dem gescheiterten Reformationsversuch des Erzbischofs Hermann von Wied bedrohlich nahe gekommen war. Weitere Auswirkungen der reformatorischen Wirren lassen sich in Königsdorf freilich nicht nachweisen. Statt dessen gelangte das Kloster zu Beginn der zweiten Hälfte des 16. Jahrhunderts unter die Aufsicht der Äbte von Gladbach, die mit Petrus von Bocholtz (1538–1573) gerade damals einen ersten Vorkämpfer für die Ziele der Bursfelder Reform aufzuweisen hatten[83]. Erst seitdem trat auch Königsdorf in nähere Beziehungen zur Bursfelder Kongregation und taucht der Name des Klosters häufiger in den Generalkapitelsrezessen auf. Die der Union angeschlossenen Klöster werden in den Kapitelsbeschlüssen im allgemeinen im Zusammenhang mit den Visitationsaufträgen und der Verlesung der Totenlisten genannt. Vielleicht darf man aus der Tatsache, daß nach der völlig isolierten Nachricht vom Tod der Meisterin Odilia von Dadenberg im Jahre 1477 erstmals auf dem Generalkapitel des Jahres 1563 einige Namen verstorbener Konventualinnen aus Königsdorf vorgetragen wurden, schließen, daß der Streit um die geistliche Leitung des Klosters damals eben erst beigelegt worden war[84]. Das Visitationsprotokoll von 1569 berichtet, daß der Abt von Gladbach als neuer Vorgesetzter der Nonnen das Kloster fast jährlich einmal aufsuche und reformiere, was ihm verbesserungswürdig erscheine. Mit dieser Praxis befolgte der Abt eine Anordnung der Bursfelder Kongregation, die vorsah, daß alle dem Verband angehörigen Klöster zwecks Überprüfung ihres Reformeifers regelmäßig visitiert würden[85]. Die Visitation sollte im allgemeinen durch zwei eigens dazu bestellte Visitatoren erfolgen, die auf den Generalkapiteln für die einzelnen Klöster bestimmt wurden. Von der Visitation des Konvents in Königsdorf ist zum ersten Mal auf dem Generalkapitel des Jahres 1602 die Rede, als die versammelten Äbte beschlossen, daß das Kloster – wie es bislang geschehen sei – durch den Abt von Gladbach visitiert werden sollte[86]. Danach hören wir erst wieder auf dem Kapitel des Jahres 1614 davon, daß der Gladbacher Abt das Kloster visitiert habe, der Visitationsbericht aber nicht vor der nächsten Zusammenkunft eingereicht werden könne[87]. Tatsächlich lag er dann aber erst im Jahre 1617 vor[88]. Auch auf späteren Generalkapiteln war von der Visitation der Nonnen in Königsdorf nur in größeren Abständen die Rede[89]. In den Jahren 1624 und 1626 wurde der Abt von St. Martin in Köln zum Visitator des Klosters ernannt, im Jahre 1637 der Abt von Deutz und vor 1649 der Abt von Seligenstadt. Später begegnen als Visitatoren der Nonnen dann auch noch die Äbte von Laach, St. Pantaleon, Werden, Brauweiler und Abdinghof. Da die Bestimmungen der Bursfelder Union grundsätzlich zwei Visitatoren für jede Reise vorsahen, dürfen wir annehmen, daß die genannten Äbte das Kloster gewöhnlich in Begleitung ihres Gladbacher Amtsbruders aufsuchten, wie es für einige Visitationen auch ausdrücklich bezeugt ist.

Aus den großen Zeitabständen zwischen den in den Generalkapitelsrezessen erwähnten Bestellungen neuer Visitatoren kann aber nicht geschlossen werden, daß das Kloster nur unregelmäßig visitiert worden sei. Selbst nach dem Kapitel des Jahres 1732, auf dem zum letzten Mal Visitatoren für den Konvent in Königsdorf eingesetzt wurden, dürfte das Kloster weiterhin zumindest von den Äbten von Gladbach visitiert worden sein. Dem Verband der in der Bursfelder Union vereinigten Klöster blieb der Konvent in Königsdorf bis zu seiner Aufhebung angeschlossen. Noch auf dem vorletzten Generalkapitel der Kongregation überhaupt, welches im Jahre 1777 in Brauweiler stattfand, wurden die Namen der inzwischen verstorbenen Königsdorfer Nonnen verlesen[90]. Die Einsendung der Totenlisten war Pflicht und entsprach dem frommen Wunsch, die Seelen der Verstorbenen der von der Kongregation erwirkten Gnadenmittel teilhaft zu machen. Gemessen an diesen Bestrebungen erreichte die Pietät der Nonnen ihre Höhepunkte kurz nach der Mitte des 17. Jahrhunderts und noch einmal im ersten Drittel und in den siebziger Jahren des 18. Jahrhunderts, da damals nur wenige Generalkapitel vergingen, auf denen nicht für die toten Schwestern aus Königsdorf gebetet wurde[91]. Es sind gleichzeitig die Amtszeiten der Meisterinnen Margaretha Elisabeth von Scheiderich, Johanna Christina von Ritz und Margaretha Eleonora von Scharrenberg, denen das Totenbuch große Frömmigkeit und Eifer für das Seelenheil der ihnen anvertrauten Konventualinnen nachrühmt. Äbte von Gladbach waren damals Petrus Sibenius (1635–1659) und Bruno Charmans (1659–1680) sowie Petrus Knor (1700–1725), Servatius van

*Die Kreuzigungsgruppe (16. Jh.) befand sich früher in einer Einblendung an der Klostermauer und ist heute in der neuen Pfarrkirche aufgestellt.*

den Berg (1725–1750) und Ambrosius Specht (1750–1772), die in der Geschichte der Bursfelder Reform alle eine hervorragende Rolle spielten[92]. Unter Petrus Sibenius wurden um die Mitte des 17. Jahrhunderts das römisch-monastische Brevier Papst Pauls V. und das römische Meßbuch in Gladbach eingeführt, die daraufhin sicher beide auch in Königsdorf in Gebrauch kamen. Zu weiteren Parallelerscheinungen in der von der historischen Überlieferung weitaus stärker begünstigten St. Vitusabtei in Gladbach und dem Kloster in Königsdorf könnte man noch eine Anzahl von Überlegungen anstellen, die aber mangels einschlägiger Quellen aus Königsdorf reine Spekulation bleiben würden. Allein das Totenbuch von 1736 liefert noch einige Aufschlüsse über das geistliche Leben in Königsdorf, die sich jedoch in der Aufzählung der hervorragenden Festtage und der den Nonnen zur Verfügung stehenden frommen Gegenstände – darunter auch ein Buch über das Leben Jesu – erschöpfen[93]. Alles in allem fügen die hier vorgetragenen Beobachtungen sich ohne Widerspruch in unser Bild von der Gesamtentwicklung des Klosters ein, dessen allgemeine Geschichte im Vergleich zu derjenigen anderer Benediktinerinnenklöster vielleicht keine großen Besonderheiten aufweist, dessen individuelle Prägung und Einzelschicksale aber dem Dunkel der Vergangenheit entrückt zu werden verdienen.

## 6. Die Meisterinnen

Die folgende Liste enthält die Namen aller bekannten Meisterinnen des Klostes. Da das Totenbuch die frühen Meisterinnen mehrfach unter einem Datum zusammenfaßt, welches kaum deren Sterbedatum sein kann, wurde hier auf die Angabe der Todestage allgemein verzichtet. Unsicher bleibt der Name der ersten Meisterin, der nur in der legendären Gründungsgeschichte und – wahrscheinlich davon abhängig – im Totenbuch erwähnt wird. Die ohne Jahresangaben überlieferten Namen der Meisterinnen Anna von Troisdorf und Christina von Neuss wurden auf Grund allgemeiner Überlegungen in die Lücke zwischen 1410 und 1465 eingeordnet.

Uda 1136; Margaretha (v. Bell) 1247; Alveradis 1259; Methildis 1308–1316; Christina v. Duisdorf 1330–1344; Gertrud v. Miel 1355–1358; Demodis 1365–1372; Katharina von der Ehren[94] 1409–1410; Anna v. Troisdorf; Christina v. Neuss; Mettel von Fischenich 1465; Odilia v. Dadenberg 1473–1477; Eva v. Troisdorf 1480–1510; Gertrud v. Broich gen. Dulken 1514–1525; Mechthild v. Questenberg 1525–1538; Wilhelma v. Fischenich 1538–1555; Agnes Raitz v. Frens 1555–1571; Anna v. Berg gen. Trips 1571–1606; Margaretha v. Lülsdorf 1606–1607; Margaretha v. Hochsteden 1607–1612; Magdalena v. Weschphennigh 1612–1638; Margaretha Elisabeth v. Scheiderich 1638–1666; Johanna Christina v. Ritz 1666–1676; Anna Maria Katharina v. Frens 1676–1697; Johanna Magdalena v. Hall 1697–1704; Margaretha Eleonora v. Scharrenberg 1704–1739; Maria Justina v. Kessel 1739 bis 1773; Maria Theresia v. Liedtlau 1773–1777; Magdalena v. Jülich 1777–1788; Justina Preysing 1788–1802.

## Anmerkungen

1 Im Druck bei *Th. J. Lacomblet*, Urkundenbuch für die Geschichte des Niederrheins, Bd. 4, Düsseldorf 1858 (Ndr. Aalen 1966), S. 772 Nr. 621.

2 Zum Text und zur Überlieferung der Fundatio vgl. *H. Wolter*, Die Gründungslegende des Benediktinerinnenklosters Königsdorf, in: JKGV 46 (1975), S. 221 ff.

3 Vgl. dazu im einzelnen *Wolter*, Gründungslegende, S. 229 ff.

4 Zu der Existenz von Nonnen in St. Pantaleon vgl. *J. Semmler*, Die Klosterreform von Siegburg. Ihre Ausbreitung und ihr Reformprogramm im 11. und 12. Jahrhundert (Rhein. Archiv 53), Bonn 1959, S. 160 und *J. Kracht*, Geschichte der Benediktinerabtei St. Pantaleon in Köln 965 bis 1250 (Studien zur Kölner Kirchengeschichte 11), Siegburg 1975, S. 181, dessen Hinweis auf die Gründung eines Priorats in Königsdorf im Jahre 1094 jedoch irrig ist.

5 Vgl. *Semmler*, S. 338, der jedoch ebd., S. 160 ebenso wie *Kracht*, S. 182 eine Versetzung der Nonnen aus Raumgründen erwog.

6 Die Ausbreitung ist das zentrale Thema des grundlegenden Buches von *Semmler*.

7 Zum Verhältnis des Königsdorfer Konvents zu seiner Mutterabtei vgl. *H. Wolter*, Frühgeschichte des Klosters Königsdorf 1136–1300, in: JKGV 47 (1976), S. 11 ff. und *ders.*, Das Kloster Königsdorf im Spätmittelalter 1300–1473, in: JKGV 48 (1977), S. 235 ff.

8 Zum Titel der Meisterin vgl. *Semmler*, S. 339.

9 Belege finden sich bei *Wolter*, Frühgeschichte, S. 11. Für die folgenden Ausführungen vgl. auch ebd., S. 12 f. und S. 34 ff.

10 So *E. Weise*, Urkundenwesen und Geschichtsschreibung des Klosters St. Pantaleon zu Köln im 12. Jahrhundert, in: JKGV 11 (1929), S. 4 Anm. 5.

11 Im Druck bei *J. Ramackers*, Niederrheinische Urkunden und Briefe des 12. und 13. Jahrhunderts, in: AHVN 131 (1932), S. 64ff. Nr. 2. Vgl. dazu jetzt *Th. Schieffer*, in: Germania Pontificia VII. Provincia Coloniensis. Pars I. Archidioecesis Coloniensis, Göttingen 1987, S. 306 Nr. 1.
12 Belege bei *Wolter*, Frühgeschichte, S. 16f.
13 Vgl. *W. Ewald*, Rheinische Siegel, Bd. 4. Siegel der Stifter, Klöster und Geistlichen Dignitäre (Publ. d. Ges. f. rhein. Geschichtskunde XXVII), Bonn 1933, Tafel 22 Nr. 10 und den dazugehörigen Textband I/1, bearb. v. *E. Meyer-Wurmbach*, Bonn 1972, S. 67.
14 *Wolter*, Frühgeschichte, S. 13f. und S. 43ff. (Edition der Urkunden von 1259 und 1281).
15 Zur Situation der Rheinlande im Thronstreit allgemein vgl. *O. Engels*, Die Stauferzeit, in: Rheinische Geschichte, hrsg. v. *F. Petri* u. *G. Droege*, Bd. I/3. Hohes Mittelalter, Düsseldorf 1983, S. 237ff.
16 Vgl. dazu *E. Wisplinghoff*, Beiträge zur Wirtschaftsgeschichte des Klosters St. Pantaleon in Köln, in: Aus kölnischer und rheinischer Geschichte. Festgabe A. Güttsches (Veröffentlichungen des Köln. GV. 29), Köln 1969, S. 133ff. und *Kracht*, S. 192ff.
17 *H. V. Sauerland*, Urkunden und Regesten zur Geschichte der Rheinlande aus dem Vatikanischen Archiv, Bd. 1 (Publ. d. Ges. f. rhein. Geschichtskunde XXIII/1), Bonn 1902, S. 47 Nr. 94 und *R. Knipping*, Niederrheinische Archivalien in der Nationalbibliothek und dem Nationalarchiv zu Paris (Mitt. d. Preuß. Archivverwaltung 8), Leipzig 1904, S. 12 Nr. 74.
18 Vgl. *A.-D. v. d. Brincken*, Haupturkundenarchiv der Stadt Köln. Nachträge (Mitteilungen aus dem Stadtarchiv v. Köln 50), Köln 1970, S. 7.
19 Belege bei *Wolter*, Königsdorf im Spätmittelalter, S. 244ff.
20 Ebd., S. 251ff.
21 Zu den Nekrologeinträgen vgl. *H. Wolter*, Ein Königsdorfer Totenbuch vom Jahre 1736, in: JKGV 50 (1979), S. 138 (12. 3.), 144 (3. 5.), 150 (1. 7.) und 154 (31. 7.).
22 Vgl. *Wolter*, Königsdorf im Spätmittelalter, S. 261f.
23 Vgl. *H. Wolter*, Das Kloster Königsdorf an der Wende vom Mittelalter zur Neuzeit 1473–1569, in: JKGV 49 (1978), S. 75 und *Ph. Hofmeister*, Die Verfassung der Bursfelder Kongregation, in: StM 53 (1935), S. 65.
24 *A. Franzen*, Die Visitationsprotokolle der ersten nachtridentinischen Visitation im Erzstift Köln unter Salentin von Isenburg im Jahre 1569 (Reformationsgeschichtliche Studien und Texte 85), Münster 1960, S. 246f.
25 Zu den Ereignissen und ihren Quellen bis 1569 vgl. *Wolter*, Königsdorf an der Wende, S. 75ff. (hier, S. 92).
26 Die alten Klosterbücher von 1489 werden erwähnt in HSTA Düsseldorf, Königsdorf Akten 14.
27 Vgl. *Wolter*, Totenbuch, S. 132 (19. 1.).
28 Zu den Aufgaben der Kommissaräbte vgl. *J. Linneborn*, Die Reformation der westfälischen Benedictinerklöster im 15. Jahrh. durch die Bursfelder Congregation, in: StM 21 (1900), S. 67 und *Hofmeister*, S. 66ff.
29 Beispiele bieten etwa HSTA Düsseldorf, Königsdorf U. 63, 76 und 89.
30 Als *confessarius* wird im Königsdorfer Totenbuch zuletzt der 1653 verstorbene Petrus Berg bezeichnet, während seine Nachfolger alle *prior* heißen.
31 Belege für als Sacellan bezeichnete Geistliche bietet das Totenbuch zum 11. 2., 4. 5., 28. 8., 22. 9., 25. 9., 3. 11., 19. 12. und 31. 12. Zu den Bestimmungen der Statuten vgl. *Hofmeister*, S. 73.
32 Vgl. HSTA Düsseldorf, Königsdorf U. 80, 81, 83, 84, 85, 87, 89 und Akten 1 c und 13 k, l, m, o.
33 Das Buch Weinsberg. Kölner Denkwürdigkeiten aus dem 16. Jahrhundert, Bd. 3, bearb. v. *F. Lau* (Publ. d. Ges. f. rhein. Geschichtskunde XVI/3), Bonn 1897, S. 193.
34 *Petrus Merssaeus Cratepolius*, Catalogus omnium totius prope orbis archiepiscoporum episcoporumque, Köln 1597, S. 157
35 HSTA Düsseldorf, Königsdorf U. 61.
36 Ebd., U. 65–71 und 73–75. Die Ausnahme bildet U. 74, eine Obligation, die mit 7% zu verzinsen war.
37 Ebd., Rückvermerk zu U. 68 und U. 76.
38 Ebd., U. 80, 81, 84 (Landkäufe), 82 (Burgplatz), 79, 83, 87 (Stiftungen und Schenkungen).
39 Als Adelskloster wird Königsdorf erstmals in U. 72 von 1627 bezeichnet. Zur ablehnenden Haltung der Bursfelder Kongregation gegenüber dem Einfluß des Adels vgl. *Linneborn*, S. 67 und *Hofmeister*, S. 65.

40 Vgl. *Wolter*, Totenbuch, S. 168 (13. 12.) und 156 (24. 8.) sowie STA Köln, Auswärtiges 158, Bl. 18 r – 26 v.
41 HSTA Düsseldorf, Königsdorf U. 89 a.
42 Zum späteren Schicksal des Klosters vgl. *E. Polaczek*, in: Die Kunstdenkmäler der Rheinprovinz, hrsg. v. *P. Clemen*, Bd. IV/1. Die Kunstdenkmäler des Landkreises Köln, Düsseldorf 1897 (Ndr. Düsseldorf 1980), S. 142.
43 Den Abriß vor 1813 bezeugt *J. Claessen*, Le Couvent de Koenigsdorf, in: Mercure du Departement de la Roer, Jg. 4 Nr. 7, Köln 1813, S. 200.
44 Vgl. dazu *Wolter*, Frühgeschichte, S. 32 f.
45 HSTA Düsseldorf, Königsdorf U. 22.
46 Zu dem Vertrag von 1526 vgl. *Wolter*, Gründungslegende, S. 239 unter Nr. 7.
47 Laut E. *Podlech*, Die wichtigeren Stifte, Abteien und Klöster in der alten Erzdiözese Köln, Bd. 2, Breslau 1912, S. 130 findet die Zahl von 19 Schwestern sich in einem Mitgliederverzeichnis der Bonner Bruderschaft von Maria-Seelenhilfe.
48 Für Schwarzrheindorf, Vilich und Dietkirchen vgl. *H. Frizen*, Die Geschichte des Klosters Schwarzrheindorf von den Anfängen bis zum Beginn der Neuzeit (Studien zur Heimatgeschichte des Stadtbezirks Bonn-Beuel 23), Bonn 1983, S. 77 und für Hagenbusch vgl. *W. Classen*, Das Erzbistum Köln. Archidiakonat von Xanten, T. 1 (Germania Sacra III/I, 1), Berlin 1938, S. 458.
49 Vgl. *Wolter*, Frühgeschichte, S. 39 f. und *ders.*, Königsdorf an der Wende, S. 105 ff.
50 Soweit im folgenden auf das Totenbuch zurückgegriffen wird, sei generell verwiesen auf das Register bei *Wolter*, Totenbuch, über welches alle Namen zu erschließen sind.
51 Die Bezeichnung *professae* weist darauf hin, daß die Donaten in Königsdorf nicht nur ein Gehorsamsversprechen, sondern die Gelübde abgelegt hatten.
52 Vgl. dazu *St. Hilpisch*, Geschichte der Benediktinerinnen, St. Ottilien 1951, S. 77 und *Linneborn*, S. 64 f.
53 Vgl. *Wolter*, Königsdorf an der Wende, S. 91 f.
54 Zu den bis 1569 in Königsdorf bezeugten Ämtern vgl. ebd., S. 84 ff.
55 Zur Wahl der Meisterin und den Bestimmungen der Statuten vgl. *Linneborn*, S. 58 f und *Hofmeister*, S. 74.
56 Die Subpriorinnen werden erwähnt ebd., S. 87 und bei *P. Volk*, Die Generalkapitels-Rezesse der Bursfelder Kongregation, Bd. 3, Siegburg 1959, S. 407.
57 Belege für die Seniorin bieten die Urkunden STA Köln, Auswärtiges 158, Bl. 29 v. (1660), HSTA Düsseldorf, Königsdorf U. 86 (1687) und U. 91 (1726). Zu ihrer Stellung vgl. *R. Kottje*, Das Stift St. Quirin zu Neuss (Veröffentlichungen des Hist. Vereins f. d. Niederrhein 7), Düsseldorf 1952, S. 67 f.
58 Vgl. *Frizen*, S. 85 f.
59 STA Köln, Auswärtiges 158, Bl. 29 v.
60 Zu den Besitzungen und Einkünften des Klosters bis zum Jahre 1300 vgl. *Wolter*, Frühgeschichte, S. 17 ff.
61 *Wolter*, Königsdorf im Spätmittelalter, S. 243 ff.
62 HSTA Düsseldorf, Königsdorf Akten 5 a; vgl. dazu *Wolter*, Königsdorf an der Wende, S. 93 f.
63 Ebd., S. 95 f. Zu Bergheim und Heppendorf vgl. HSTA Düsseldorf, Königsdorf U. 59 und 61.
64 Ebd., Nrn. 64, 68 (Rückvermerk) und 76.
65 HSTA Düsseldorf, Königsdorf Akten 19.
66 Vgl. *R. W. Rosellen*, Geschichte der Pfarreien der Erzdiöcese Köln, hg. v. *K. Th. Dumont*, Bd. 6: Dekanat Brühl, Köln 1887, S. 172.
67 HSTA Düsseldorf, Königsdorf Akten 12. Den Verkauf einiger Güter in Lengsdorf zwecks Erwerbs von Zehnten in Duisdorf bezeugt *Volk*, Generalkapitels-Rezesse, Bd. 3, S. 165.
68 HSTA Düsseldorf, Königsdorf Akten 23.
69 Ebd., Akten 13 und 6.
70 Nach *Frizen*, S. 155 verfügte Schwarzrheindorf nur über ein Areal von etwa elfhundert Morgen.
71 Vgl. dazu *Wolter*, Königsdorf an der Wende, S. 93 f.
72 HSTA Düsseldorf, Königsdorf Akten 18, 20, 23 und 28.
73 So *Semmler*, S. 358.
74 Vgl. dazu und zum folgenden *Wolter*, Königsdorf im Spätmittelalter, S. 258.
75 *Ders.*, Totenbuch, S. 151 (9. 7.).

76 Vgl. *P. Engelhard*, ›Bursfelder Kongregation‹, in: Lexikon des Mittelalters, Bd. 2, München-Zürich 1983, Sp. 1110.
77 *Wolter*, Totenbuch, S. 145 (15. 5.): *Odilia de Dadenberg prima reformatrix hujus monasterii.*
78 STA Köln, St. Pantaleon U. 486. Vgl. dazu *Wolter*, Königsdorf an der Wende, S. 101 ff.
79 Vgl. *Volk*, Generalkapitels-Rezesse, Bd. 1, Siegburg 1955, S. 264 f.
80 Zu Johann von Hersel vgl. *Wolter*, Königsdorf an der Wende, S. 102, zu Franz von Eick vgl. STA Köln, Auswärtiges 158, Bl. 30 v.
81 Vgl. *Wolter*, Gründungslegende, S. 239 f. Nr. 11.
82 *Ders.*, Königsdorf an der Wende, S. 103 f.
83 Vgl. *P. Volk*, Die Abtei Gladbach im Bursfelder Verband, in: M.-Gladbach. Aus Geschichte und Kultur einer rheinischen Stadt I, hg. v. *R. Brandts*, M.-Gladbach 1950, S. 74 ff. und *W. Löhr*, Das Kloster Gladbach als Mitglied der Bursfelder Kongregation, in: Die Abtei Gladbach 974–1802. Katalog zur Ausstellung zur Jahrtausendfeier der Gründung, Mönchengladbach 1974, S. 35.
84 Zur Erwähnung Odilias von Dadenberg vgl. *Volk*, Generalkapitels-Rezesse, Bd. 1, S. 174.
85 Vgl. *Hofmeister*, S. 71.
86 *Volk*, Generalkapitels-Rezesse, Bd. 2, Siegburg 1957, S. 308.
87 Ebd., S. 397; vgl. dazu auch *Volk*, Die Abtei Gladbach, S. 79.
88 *Volk*, Generalkapitels-Rezesse, Bd. 2, S. 418.
89 Vgl. ebd., S. 444 (1624), 472 (1626), 489 (1628), 548 (1637), 602 (1649); Bd. 3, S. 48 (1663), 71 (1670), 82 (1676), 100 (1680), 115 (1683), 126 (1685), 138 (1687), 148 (1690), 156 (1692), 167 (1696), 209 (1706), 231 (1714), 237 (1716), 261 (1722), 268 (1724), 273 (1727), 308 (1732).
90 Ebd., S. 407.
91 Ebd., Bd. 2, S. 591 (1649), 619 (1653); Bd. 3, S. 13 (1656), 32 (1662), 53 (1667), 62 (1670), 76 (1676), 160 (1696), 170 (1698), 203 (1706), 232 (1716), 311 (1737), 387 (1770), 407 (1777).
92 Vgl. dazu *Volk*, Die Abtei Gladbach, S. 80 ff. sowie *Löhr*, S. 35 f.
93 *Wolter*, Totenbuch, S. 141 (13. 4.): *Magister Laurentius contulit nobis . . . librum vitae Jesu.*
94 Abweichend von der ebd., S. 130 Anm. 13 vorgetragenen Vermutung scheint sie mit der 1409/10 bezeugten Meisterin Katharina von Yr identisch zu sein. Ob die bei *Volk*, Generalkapitels-Rezesse, Bd. 1, S. 148 erwähnte Meisterin Katharina dagegen ebenfalls mit ihr identisch ist, muß vorerst offen bleiben.

Hans Elmar Onnau

# Das Cistercienserinnenkloster Königshoven

Im alten Ort Königshoven, im ehemaligen jülichen Amt Grevenbroich, der 1243 als Kunynckshovin zum ersten Mal urkundlich genannt ist und wohl im 13. Jahrhundert schon selbständige Pfarre war, bestand bis in die Reformationszeit ein Cistercienserinnenkloster.

Über die Geschichte des Klosters ist nur sehr wenig bekannt, da kaum Archivalien über das früh untergegangene Frauenkloster überliefert sind.

Peter Zehenpfennig berichtet 1751 in seiner bekannten Geschichte des Dekanates Bergheim, daß das Frauenkloster in Königshoven seit 1360 bei der Kirche bestanden hat – in Koenigshoven prope ecclesiam exstitit monasterium monialium sub annum 1360, ut habetur in Archivo Harff. Leider ist die angebliche Quelle nicht mehr aufzufinden, so daß sich das vermeintliche Gründungsjahr des Klosters nicht nachprüfen läßt. Wenn das Entstehungsjahr von 1360 richtig ist, was wir allerdings bezweifeln, wäre das Kloster eines der letzten Cistercienserinnenklöster, die noch um die Mitte des 14. Jahrhunderts gegründet worden sind. Auch nach der Volksüberlieferung soll das Königshovener Frauenkloster in der Nähe der Pfarrkirche St. Peter und Paul gelegen haben, wie Karl Füssenich 1898 in den »Rheinischen Geschichtsblättern« berichtet. Nach Jakob Bremer soll es nordöstlich beim Chor der Kirche gelegen haben, wird aber von ihm fälschlich als Prämonstratenserinnenkloster bezeichnet.

Königshoven scheint ein kleineres Kloster gewesen zu sein, das bei der Kirche errichtet war und nur wenige Schwestern beherbergte. An seiner Gründung war vielleicht der Kölner Erzbischof beteiligt, der seit 1272 das Patronatsrecht an der Kirche besaß, die 1338 der Kölner Domkirche inkorporiert wurde. Geleitet wurde das Kloster nicht von einer Äbtissin, sondern von einer Priorin. Das Kloster war auch nicht dem Orden der Cistercienser angeschlossen, da die Ordensstatuten von Citeaux das Kloster nicht nennen. Königshoven muß ein Cistercienserinnenpriorat gewesen sein, dessen Schwestern nach der Cistercienserregel zusammenlebten und das der Jurisdiktion und Visitation des Erzbischofs unterstand. Als Beichtiger des Klosters wird der Ortspfarrer von Königshoven fungiert haben.

Mit einer Urkunde vom 20. Oktober 1496 – up der eylff duysent magde avent – vermachte der Ritter Arnold von Harff kurz vor seiner Romreise der Priorin und dem Konvent von Königshoven, »matersschen priorßen ind gemeynen conventz

sustern zo Koninxhoven in der clusen vergadert ordens Cistersiensis« vor den Schöffen von Königshoven eine Erbrente von 12 Malter Roggen gegen 11 Gulden, also gegen etwa 370 Goldmark Bargeld. Zur Sicherheit stellte er die ihm zugehörige Hufe von 33½ Morgen Ackerland im Königshovener Feld. Es war zweifellos ein für die Klosterschwestern günstiger Kauf. Gut vier Jahrzehnte später, am 11. Oktober 1539, beglaubigte das Hauptgericht in Jülich die Übertragung an das Kloster.
Vor der Mitte des 16. Jahrhunderts müssen der Königshovener Konvent und die Klosterökonomie stark in Verfall gekommen sein. Offensichtlich wurde das Kloster durch das Eindringen der Reformation in das Herzogtum Jülich schwer geschädigt. Die von Luther ausgegangenen Ideen über Kloster und Gelübde scheinen den Nachwuchs des Klosters so stark gehemmt zu haben, daß der Konvent schließlich ausstarb. Das »Geistliche Erkundigungsbuch« vom Jahre 1560 vermeldet, daß sich damals noch drei Nonnen »in der Klause« befanden: die Priorin Gertrud von Hasselt, die Kellnersche (Kellnerin) Mettelen van Straelen und Tringen van Dueren. Die beiden Schöffen befragt, »was ihnen kundig sei von der Juffern Leben und Wandel«, antworteten, daß dem Vernehmen nach die Schwestern ein »zankhaftiges und haderisches Leben unter einander« führten, auch »schier alles, was im Closter furhanden gewesen, verbracht und abhängig gemacht« hätten. Die Priorin, mehr als 60 Jahre im Kloster, führte bittere Klage über die Behandlung seitens der Kellnerschen. Schriftlich und mündlich bat sie, »es möge dem (jülichen) Hof gefallen, so ein unchristlich und unnatürlich Leben abzuschaffen«.
Anderthalb Jahrzehnte darauf, im Jahre 1575, hob der Herzog von Jülich das ganz verfallene und baufällig gewordene Kloster auf, das zuletzt nur noch von einer 70 Jahre alten Nonne bewohnt war. Der Herzog, ein großer Gönner der Wilhelmiten in Grevenbroich, übergab den dortigen Mönchen alle Güter und Einkünfte des Königshovener Frauenklosters zum Wiederaufbau ihres Klosters. Die Übertragungsurkunde lautet: »Wilhelm, Herzog zu Jülich . . . nachdem in glaubwürdiger Erfahrung gekommen, welcher Gestalt unser Gotteshaus und Klause zu Königshoven ganz verfallen und baufällig geworden, auch alle Schwestern darin außerhalb einer 70 Jahre alten Person in Gott verstorben . . . daß auch die beßten Renten, so zu angerechter Clusen gebraucht, ihnen am Kammergerichte aberkannt worden, daß gar wenig Renten vorhanden, daß darumb den erbaren andächtigen lieben Prioren des Wilhelmiten Klosters zu Grevenbroich auf ihre unterthanige Bitt zu Reparirung und Wiederaufbauung ihres Klosters auch sonst zu besserer Unterhaltung jene Güter zu applicieren, verordnen wir krafft diese Briefs, daß sie solche gleich andern ihrer Güter in ihren Gebrauch nehmen und genießen sollen, auch alles, was der ermelten Clusen etwa mit Hinterlistigkeit entzogen, solches wieder beibringen und zu ihres Klosters Besten anlegen.«
Noch im neunzehnten Jahrhundert haben Grundmauern des alten Cistercienserinnenklosters Königshoven bei der Kirche bestanden, wie der Heimatforscher Friedrich Wilhelm Noll berichtet. Das Kloster lag südlich der Pfarrkirche und war wahrscheinlich daran angebaut. Als die Königshovener Kirche im Zuge des Braunkohlenabbaues abgebrochen wurde, haben die Archäologen des Rheinischen Landesmuseums, da sie die Geschichte des Ortes zu wenig beachteten, versäumt, die Beste des alten Cistercienserinnenklosters auszugraben. Eine Grabung hätte zweifellos uns den Grundriß eines mittelalterlichen Cistercienserinnenklosters gezeigt.
Außer dem Frauenkloster bestand auch ein kleines Männerkloster in Königshoven,

und zwar im südöstlichen Ortsteil Alhoven. Lange hat sich hier noch der Flurname »Am Kloster« erhalten. Am 1. August 1480 – uff s. Peters dach ad vine – stifteten der jülicher Kanzler Dietrich Lunink und seine Gattin Adelheid aus ihrem Hof zu Königshoven, der im Amt Kaster lag, eine Rente für die Kartause Vogelsang bei Jülich, mit der in Königshoven eine Zelle für einen Kartäusermönch dotiert und fortan unterhalten werden sollte. Die Kartause hat noch bis zur Franzosenzeit bestanden und besaß 1794 zu Königshoven 107 Morgen Ländereien.

## Quellen und Schrifttum


Historisches Archiv des Erzbistums Köln: Petrus Zehenpfennig, Annales decanatus seu christianitatis Bergheimensis, Hs. 1751, Abschr. Wilhelm Corsten.

Bremer, Jakob: Gottfried Maas aus Königshoven: Reformierter Prediger des 16. Jahrhunderts. Erftland: Beiträge zur Geschichte der Heimat, VIII (1931), 49–56.

Füssenich, Karl: Eine mißglückte Grundsteinurkunde, zugleich ein Beitrag zur Geschichte der Pfarre Königshoven. Rheinische Geschichtsblätter, IV (1898), 118–121.

Giersberg, Heinrich Hubert: Geschichte der Pfarreien des Dekanates Grevenbroich. Köln, 1883, 139.

Korth, Leonhard: Das Gräflich von Mirbachsche Archiv zu Harff. 2 Bde., Bd. I. Köln, 1892.

Keussen, Hermann: Das Urkundenarchiv der Stadt Köln seit dem Jahre 1397, VI. 1451–1480. Mitteilungen aus dem Stadtarchiv Köln, XXXVIII (1926), 92–215.

Noll, Friedrich Wilhelm: Heimatkunde des Kreises Bergheim. Elsdorf, 1912.

Oediger, Friedrich Wilhelm: Stifts- und Klosterarchive. Siegburg, 1964. (Das Hauptstaatsarchiv Düsseldorf und seine Bestände, IV).

Karl Stommel

# Die Franziskaner in Lechenich von 1651 bis 1803

Ein Franziskanerpater gab um die Mitte des 17. Jahrhunderts folgenden Überblick über die Geschehnisse, die zur Gründung des Lechenicher Konventes führten[1]: Lechniacum, im Volksmund Lechnich gesprochen, sei eine Stadtgründung des Kölner Erzbischofs Heinrich II. (von Virneburg). Er gelte als »Donator« dieser Stadt und habe für diese vom Kaiser das Stadtrecht erhalten. Anno 1306 erwählt, habe Heinrich an die Stadt das castrum mit seinen starken Türmen und festen Mauern hinzugefügt. Diese mächtige Burg habe im Jahre 1642 sechs Wochen lang der Belagerung eines französisch-weimarischen Heeres in einer Stärke von »6–7000« Mann unter dem Befehl des Feldmarschalls Guébriant widerstanden. Trotz des Einsatzes von schweren Mörsern (machinis explosionibus) sei die Burg so heldenhaft verteidigt worden, daß das Heer der Verbündeten unverrichteter Sache, unter großer Verwirrung und unter Zurücklassung vieler toter Soldaten habe abziehen müssen. Obwohl die Stadt ihres Schutzes beraubt wurde, weil die Mauern zerstört und geschleift worden seien, wären manche Einwohner von der Hilfe des heiligen Franziskus so überzeugt gewesen, daß sie die Brühler Patres gebeten hätten, in Lechenich einen eigenen Konvent zu gründen.

Was der Franziskanerpater über die Gründung der Stadt Lechenich berichtete, entnahm er der bekannten Kölner Koelhoffschen Chronik, in der die Stadtrechtsurkunde von 1279 nicht erwähnt und Erzbischof Heinrich von Virneburg als »Donator« (Schenker, Förderer, aber auch Gründer) der Stadt bezeichnet wird. Übersetzen wir Donator mit Förderer, so hat der Chronist recht, denn dieser Erzbischof war es, der nach der Zerstörung von 1301 die kaiserliche Erlaubnis für den Wiederaufbau von Stadt und Burg Lechenich erwirkte[2]. Warum nun die Franziskanerpatres bei allen Gelegenheiten die enge Verbindung zwischen Stadt und Schloß so betonten, wird uns erst klar, wenn wir auch in anderen Quellen aus ihrer Hand immer wieder lesen, daß die heldenhafte Verteidigung des Schlosses der eigentliche Anlaß für ihre Niederlassung in Lechenich gewesen sei. Den direkten inneren Zusammenhang zwischen der »heldenhaften Verteidigung« und der Gründung des Lechenicher Konvents, wie ihn die Franziskaner stets herzustellen bemüht sind, müssen wir ein wenig relativieren. Der Kölner Erzbischof Ferdinand war gewiß den Lechenichern dankbar, daß sie durch ihren Widerstand Guébriand zum Verlassen seines Landes brachten, denn in der Kölner Kirche Maria Ablaß fand man

um 1850 unter dem Wunderbild noch als Inschrift die Anfangszeilen des Lechenicher Heldenepos aus der Feder des Franziskanerpaters Matthias Sarburg: »Arma virosque cano, quibus aethero Gloria surgit Lechniacum, 1642« (Waffentaten und Helden besinge ich, – Ursprung himmlischen Ruhms der Bürger Lechenichs). Und darunter stand auf der Gedenktafel: »Im Jahre 1642, da das Schloß Lechenich belagert wurde, nahm Kurfürst Ferdinand dahier seine Zuflucht zu Maria, worauf der Feind flohe und Ferndinand thate ein Opfer«[3]. Nun darf man trotz aller Beteuerung der kurfürstlichen Dankbarkeit aber nicht vergessen, daß Ferdinand ein besonderer Förderer der Franziskaner war und daß unter seiner Regierung (1612–1650) eine Reihe von Klöstern in Kleinstädten gegründet wurden, in Adenau, Schleiden, Randerath und Zons, sowie andere Niederlassungen neu bestätigt wurden, in Bonn, Kempen, Neuss und Ürdingen[4].
Die Kontakte der Franziskaner nach Lechenich waren jedoch viel früher aufgenommen worden. Bereits im September des Jahres 1556, so berichtet die Ordenschronik, während der Sedisvakanz nach dem Tode des Kölner Erzbischofs Adolf von Schaumburg, genauer gesagt zwischen dem 20. September und dem 26. Oktober 1556, habe das Kölner Domkapitel dem Brühler Konvent »offeriert«, daß Geistliche des Ordens an den Vigiltagen der vier Hauptfeste des Jahres in der Kapelle des Lechenicher Schlosses eine Messe lesen und die Beichten der Lechenicher Pfarrangehörigen hören sollten«[5]. Die Brühler haben das Angebot angenommen und erhielten dafür Naturalien aus dem Ertrag der bei Pingsheim liegenden Schloßländerei[6].
Zahlreiche Eintragungen im Memorienbuch des Brühler Klosters belegen außerdem, daß die Brühler Franziskaner schon seit langem enge Kontakte in dem Lechenicher Amtsbezirk unterhielten[7]. Am 9. September jeden Jahres gedachten die Brühler Patres des aus Liblar stammenden Bruders Hilario Engels und dessen Eltern, die im Jahre 1617 dem Brühler Konvent 200 kölnische Taler gegeben hatten. Am 8. November gedachten die Brühler des Lechenichers Anton Fischer und seiner Ehefrau Margarethe Benders und deren Tochter Elisabeth sowie des aus Lechenich stammenden Ludwig Scheffers und seiner Ehefrau Weisgen Schein, von denen der Konvent anno 1637 50 Reichstaler erhielt.
Zum Terminierbezirk der Brühler Franziskaner gehörten damals die Pfarreien Balkhausen, Türnich, Kierdorf und Liblar und, so wird ausdrücklich betont, die Herrenhäuser zu Türnich und zur Gracht[8]. Hier durften die Brühler Patres einmal im Jahre Almosen sammeln. Aus den Schreibkalendern Johann Adolfs Wolff genannt Metternich zur Gracht ist bekannt, daß die Patres bei ihrer jährlichen Kollekte einen halben Malter Korn erhielten[9]. Seit dem Jahre 1617 lasen die Franziskaner auch gelegentlich auf der Burg Gracht über einem Portabile die Heilige Messe. Über Johann Adolf kamen die Patres dann auch schließlich in Verbindung zum Lechenicher Schultheißen Peter Hansonis, dem der damalige Chronist der Kölner Franziskanerprovinz Adam Bürvenich wegen dessen großer Verdienste um den Orden »ein ewiges Andenken« in seinen Schriften sichern wollte[10]. Der Ordenschronist berichtet nämlich, daß der Lechenicher Schultheiß und seine Ehefrau Eva de Brosbeck, »ergriffen von der Ordensregel des Heiligen Franziskus«, die in Lechenich ankommenden Brüder und Patres stets freundlich aufgenommen, sie bewirtet und beherbergt hätten, wie einst der Patriarch Abraham die Engel. Das Haus des Schultheißen habe den Franziskanern immer offengestanden, die Gastfreundschaft habe sich im ganzen Orden herumgesprochen und sei sehr oft frequentiert worden.

Vom Schulheißenhaus aus, das in der Südwestecke der Stadt, »am Wall gegenüber der oberen Mühle« (der heutigen Oebelsmühle), in der Ecke zwischen Graben, Klosterstraße und Melchiorstraße gestanden habe, knüpften die Brühler Franziskaner die Verbindung zur Lechenicher Pfarrkirche und zur Pfarre. So kam es am Festtag der heiligen Clara des Jahres 1617 zur feierlichen Gründung der Bruderschaft »chordae«, der sogenannten Kordelbruderschaft, auch als Bruderschaft der heiligen Schnur bezeichnet, zu Ehren des heiligen Antonius von Padua für die Männer, ferner zur Gründung der »Bruderschaft Sankt Clara« für die Frauen. Fortan kamen an jedem zweiten Sonntag im Monat Patres aus Brühl nach Lechenich, um am monatlichen Bruderschaftssonntag Beichte zu hören, zu predigen und mit den Gläubigen die Messe zu feiern[11]. Diese beiden Bruderschaften sind nicht zu verwechseln mit der Bruderschaft des dritten Ordens (tertiana), in die bei verschärften Bedingungen nur wenige Personen aufgenommen wurden. Deren Mitglieder wurden sehr oft in der Franziskanerkirche beerdigt, weil es sich um verdiente Förderer des Ordens handelte.
Der Brühler Pater Matthias Sarburg weilte zur Seelsorge in Lechenich, als am Karfreitag des Jahres 1642 die Belagerung der Stadt begann. Er mußte am Ostersonntag die Gemüter mancher Pfarrangehörige beruhigen, die vor der Kirchentüre erschienen und stürmisch die Übergabe der Stadt statt deren sinnlose Verteidigung forderten. Pater Sarburg überredete die Lechenicher zum Rückzug auf die Burg, die dann tatsächlich dem Ansturm noch standhielt, was bei dem Einsatz der damals entwickelten Geschosse allgemeine Verwunderung hervorrief. Als der französische Marschall dann von seinem ursprünglichen Vorhaben abließ, nach Lechenich zuerst Brühl und dann Bonn zu erobern, wußte man besonders in den gefährdeten Städten das Heldentum der Lechenicher Verteidiger zu preisen.
In Lechenich drängte man auf eine Klostergründung innerhalb der Stadt[12]. Obwohl Peter Hansonis, der große Förderer der Franziskaner in Lechenich, am 21. Juli 1644 starb – seine Frau war bereits 1637 verstorben –, fanden sich Nachfolger, die deren Pläne weiter verfolgten. Der neue Schulheiß Adolf Dierath hatte nämlich seines Vorgängers Tochter Catharina geheiratet. Ihr Angebot, das von den Eheleuten Hansonis erworbene Schultheißenhaus samt dem großen Garten, eine Fläche von etwa 4000 Quadratmetern, für den Neubau eines Klosters zu schenken, versetzte den Orden in die Lage, Erzbischof Ferdinand der Franziskaner und der Lechenicher Anliegen vorzutragen. Der Definitor der Kölner Provinz Pater Heinrich Lotius, den die Ordensannalen den »Hinzugewinner« des neuen Konventes bezeichnen, erhielt am 6. Mai 1648 in Bonn vom Kurfürsten Ferdinand das Patent zur Neugründung eines Klosters und zum Bau eines Klostergebäudes und einer neuen Kirche mit einem Campanile, einem frei stehenden Glockenturm als Wahrzeichen einer Franziskanerkirche[13]. Zehn Tage später übertrugen die Eheleute Dierath dem Franziskanerorden, vertreten durch den Brühler Guardian Bernhardus Bennonius, Haus und Hof in der Stadt Lechenich, samt dem Garten, dessen Umschreitung mehr als 400 Schritt erfordert und der einen Wert von 300 Reichstalern besitzt[14]. Die Franziskaner versprachen, daß nach dem jeweiligen Tod eines der Stifter für diesen 200 Messen gelesen würden und daß nach dem Tod beider Eheleute bis auf ewige Tage jedes Jahr eine Seelenmesse gehalten würde.
Am 23. Oktober 1649 wurden die Franziskaner in Lechenich seßhaft, sieben Fratres, davon zwei Priester, bezogen das alte Schultheißenhaus mit dem großen Garten

in der Südwestecke der Stadt[15]. Sie klagten bald über die Enge des Hauses, das im Grunde eine »domuncula lutea«, eine Hütte aus Kot sei, die sie aber in dem »von ihrem Ordensgründer Franziskus aufgetragenen Geiste der Heiligen Armut« bewohnten. Vorerst feierten sie die Messe in der Lechenicher Pfarrkirche, bis sie bei ihrem Hause eine kleine Kapelle errichtet hatten, in der sie am 1. Januar des Jahres 1651 zum ersten Male ein feierliches Amt zelebrierten[16]. Bevor noch die Franziskaner ihre Notkirche in den Dienst nehmen konnten, so lesen wir in der Chronik des Pater Bürvenich, hätten Nachbarn des alten Schultheißenhauses gehört, wie mitten in der Nacht bei hellem Licht in der Kapelle das Te Deum Laudamus gesungen worden sei. Der Chronist nahm dieses Mirakel als gutes Omen für das Wirken der Franziskaner in Lechenich.

Zum ersten Festtag für die Fratres wurde der Tag der Grundsteinlegung für Kloster und Klosterkirche am Fest der Apostelfürsten Peter und Paul des Jahres 1655[17]. Unter großer Anteilnahme nicht nur der »Städter« sondern auch der »Einwohner des ganzen Gebietes« zogen die Franziskaner mit den erschienenen Ehrengästen und einer großen Volksmenge in feierlicher Prozession zur Lechenicher Pfarrkirche, weil ihre kleine Kapelle zu eng gewesen wäre. In der Kirche von St. Kilian zelebrierte der von der Kölner Diözese mit der feierlichen Weihe des Grundsteins beauftragte Pater Bernhardinus Vettweis, Licentiat und Ordenstheologe der Kölner Franziskanerprovinz, ein feierliches Amt. Der geweihte Stein wurde dann in feierlicher Prozession von Ministranten zur Baustelle getragen, aber dabei so gehalten, daß die drei Chronogramme deutlich sichtbar waren, die der erste Lechenicher Guardian Matthias Sarburg erdacht hatte und die in den Stein gemeißelt worden waren[18]. Es sind drei Inschriften in lateinischer Sprache, auf denen die Großbuchstaben, in römische Zahlen umgesetzt und zusammengerechnet, jeweils die Jahreszahl 1655 ergeben:

1) In Isto aeDIfiCIo pUteUs, CaVea, CoqUIna, CeLLa, Caetera ConcLaVIa, et LoCUs seCretUs fUerUnt annI spatIo fInita

In diesem Gebäude waren Brunnen, Keller, Küche Zellen, das Konklave und der geheime Ort, es wurde in einem Jahre vollendet

2) pro MagnI patronI DILeCtI IosephI honore

zur Ehre des großen auserwählten Patrons Joseph

3) per gratIaM CoeLI et terra genItorIs bonI DeI

durch die Gunst des guten Gottes, des Schöpfers des Himmels und der Erde

An der Baustelle wurde der Grundstein so eingesetzt, daß über ihm später der Altar zu stehen kam. Eine Urkunde in lateinischer Sprache wurde eingemauert:

Anno 1655, am 29. Juni, unter dem Pontifikat Alexanders VII., unter der Herrschaft des Kaisers Ferdinand III., unter dem Kölner Erzbischof Max Heinrich von Bayern, unter dem Provinzial Pater Henricus Lotzius und dem Lechenischer Guardian Pater Matthias Sarburg wurde zu Ehren der Heiligen Dreifaltigkeit, der unbefleckten Empfängnis der heiligen Jungfrau Maria, des heiligen Joseph als Patron dieser Kirche, und aller Heiligen gemäß der Ordensregel der heiligen Franziskus und Antonius von Padua feierlich der Grundstein gelegt im Auftrage des genannten Kölner Erzbischofs durch seinen Oberstallmeister und Amtmann von Lechenich Degenhard Adolf Wolff genannt Metternich, Herr zu Liblar, und den zweiten Stein setzte als zweiter Gründer der Malteserritter Conrad Scheiffard von Merode, Herr zu Weilerswist. Den Weiheakt nahm als beauftragter Vertreter der Diözese der Ordenstheologe und Lizentiat Pater Bernhardinus Vettweis vor.

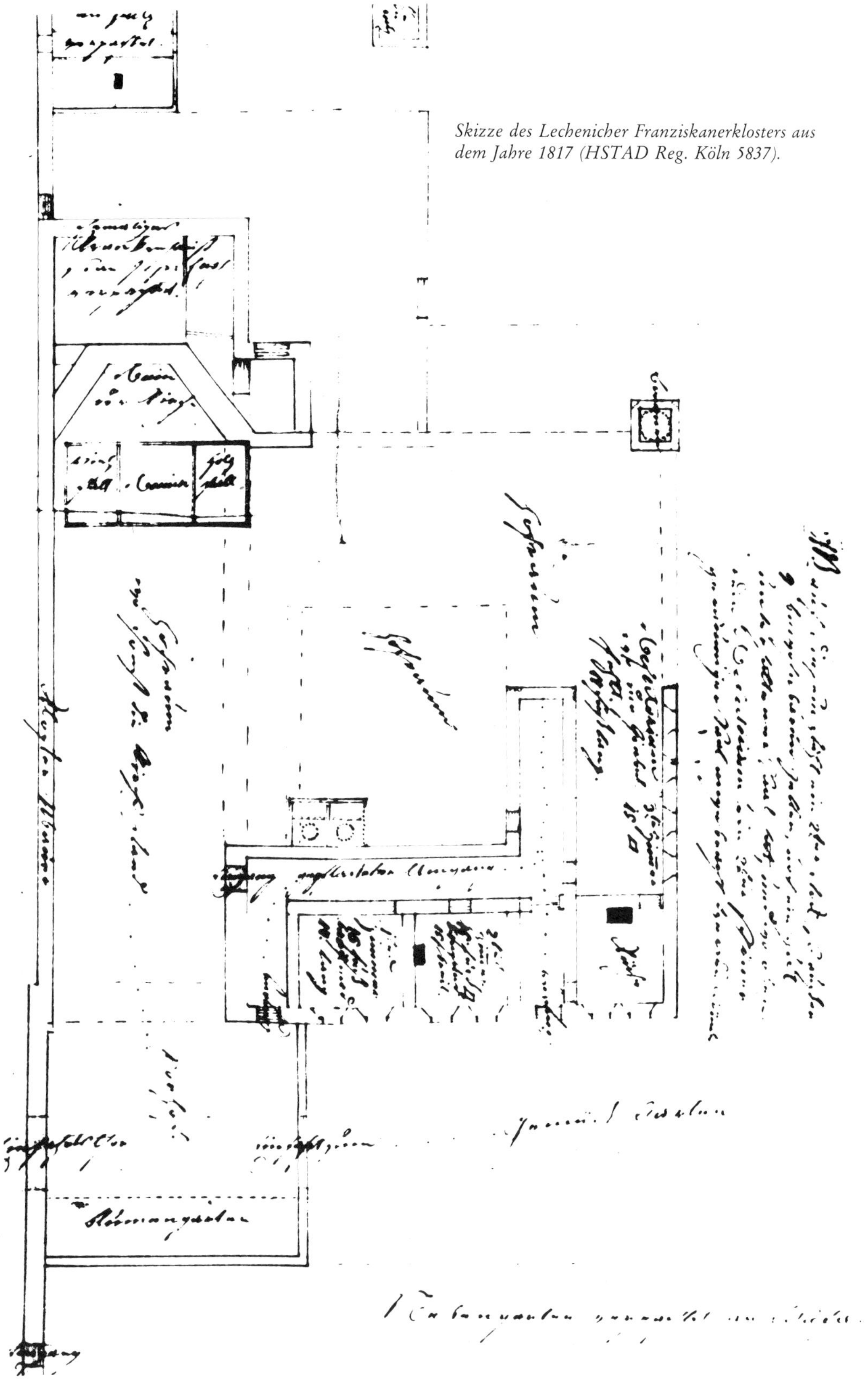

*Skizze des Lechenicher Franziskanerklosters aus dem Jahre 1817 (HSTAD Reg. Köln 5837).*

Wie wir aus der Urkunde ersehen, gab es für die Franziskaner damals zwei »fundatores«, einmal den Kölner Erzbischof Max Heinrich als Nachfolger des im Jahre 1650 verstorbenen Erzbischofs Ferdinands, und zum anderen erklärten sie dazu den Malteserritter Conrad Scheiffart von Merode, der sie beim Bau des Klosters nicht nur mit 400 Reichstalern bedachte, sondern sie auf alle erdenkliche Weise unterstützte.

Ein Jahr nach Baubeginn konnten die Mönche den neuen Klosterbau beziehen, vieles war freilich noch ein Provisorium. Erst 1661 wurde der Klosterflügel, der an den Altar stieß und von dem aus man den Altarraum betreten konnte, vollendet. Als letzte Arbeit wird im Jahresbericht 1665 erwähnt, daß die »Plästerer oder Duckerer« den Keller und den Zwischenraum zwischen Konvent und Stadt gepflastert haben. Ausdrücklich wird durch den Ordenschronisten hervorgehoben, daß der Koch, ein Laienbruder, mit dem Platten des Kellers nicht einverstanden gewesen sei.

Die Klosterkirche wurde im Jahre 1660 fertig. Der Chronist erwähnt leider nur mit einem Satz, daß im September 1660 der Gottesdienst in der neuen Kirche mit einem feierlichen Amte, an dem viel Volk teilgenommen habe, aufgenommen worden sei. Auch hier war wohl noch einiges unfertig, so hören wir aus dem Jahre 1661, daß der Estrich im Chor mit viereckigen Steinen belegt wurde.

Von der Innenausstattung der ersten Franziskanerkirche in Lechenich können wir anhand der Ordenschronik nur ein ungefähres Bild gewinnen; aufgezählt werden darin lediglich eine Reihe von Stiftern, die Inventar oder Devotionalien für die neue Kirche schenkten. Bei der Einweihung der Kirche war vermutlich nur der Hauptaltar vorhanden, der dem Kirchenpatron, dem heiligen Joseph, geweiht war. Beide Seitenaltäre, der rechte zu Ehren des heiligen Antonius von Padua errichtet, der linke der Unbefleckten Empfängnis Mariens geweiht, wurden von den Eltern des Franziskanerpaters Reinerus Hanskid gestiftet. Der Marienaltar wurde bereits sechs Jahre später durch einen schöneren und prunkvolleren ersetzt, den der Lechenicher Bürger und Ratsherr Hieronymus Spürck bezahlt hatte. Unter den Stiftern finden sich einige Lechenicher: Anna Ludgerus schenkte zu Ehren der Bruderschaft 50 Reichstaler, eine Albe und ein Schultertuch. Der Lechenicher Konrad Friessem bezahlte gemeinsam mit seinem Bruder Wilhelm, einem Kölner Buchhändler, die Orgel mit 4 Registern im Werte von 50 Reichstalern. Viele Stiftungen kamen aber auch aus den Pfarren der Umgebung, besonders von Adel und Geistlichkeit. So schenkte der bekannte Gymnicher Schloßkaplan Albertus Fabritius, von dem auch das Fabritiuskreuz in der Gymnicher Pfarrkirche stammt, den Franziskanern zu ihrem Patronatsfest des Jahres 1668 eine neue Capella, eine Kasel mit zwei dazugehörenden Dalmatiken, für den feierlichen Gottesdienst. Zu den Stiftern gehörte im Jahre 1674 sogar ein kaiserlicher Offizier, dessen Name mit Johann Rudolf von Durlach angegeben wird und der in Friesheim einquartiert war. Er übergab den Patres einen silbernen Kelch, den diese fachmännisch auf einen Wert von 30 Reichstalern schätzen. Durch die Stiftungen und Schenkungen wurde das Kircheninnere stets schöner und prächtiger, aber auch in der äußeren Gestaltung der Kirche wurde der wachsende Einfluß der Franziskaner bald sichtbar, denn aus dem Jahre 1671 wird berichtet, daß der kleine *Campanili* (Glockenturm) durch einen *maior Campanula* ersetzt wurde.

Seit dem Jahre 1660 schickten die Lechenicher Patres einen jährlichen Bericht über ihr Wirken und die Ereignisse im Kloster an den Chronisten der Ordensprovinz in

Köln, der diese Annalen in seine Franziskanerchronik übernahm. Es ist fast spannend zu verfolgen, wie rasch und stark die Franziskaner aus ihrer neuen Niederlassung heraus Einfluß nicht nur auf die Stadt Lechenich, sondern auch im weiten Umland gewannen. Vor allem ging es dem Chronisten darum, ihre seelsorgerische Arbeit zu veranschaulichen, was ja in diesem Berufe nicht leicht ist. So versuchte er es mit einer Statistik. Er berichtete, wieviele Beichten die Patres gehört und wieviele Kommunionen sie ausgeteilt hatten, wobei es uns heute vielleicht verwunderlich vorkommt, daß die Zahl der Beichten stets mit der der gereichten Kommunionen übereinstimmt. Die Katholiken waren damals so in Angst erzogen, daß sie es nie gewagt hätten, ohne unmittelbar vorangegangener Beichte zu kommunizieren. In ihrer Statistik führen die Franziskaner weiter auf, wieviel Taufen, Trauungen und Beerdigungen sie vornahmen, wieviel Predigten und Katechesen sie hielten, und vor allem waren sie sehr stolz, wenn sie melden konnten, daß sie wieder einen oder mehrere Häretiker zum wahren Glauben zurückgeführt hatten.
Selbst, wenn man diesen Zahlen im allgemeinen wenig Relevanz beimessen kann, so seien doch einige genannt. Der erste Annalenbericht aus dem Jahre 1660 sagt, daß in den drei Jahren vor der Einweihung der Klosterkirche (von 1657–1660) in der kleinen Kapelle, die die Patres als Übergangslösung errichtet hatten, 12 000 Beichten und Kommunionen gezählt wurden, im Durchschnitt pro Jahr etwa 4000. 320 Predigten hatten die Patres gehalten und 250 Katechesen in der Pfarrkirche in Lechenich und in der *ecclesia collegiata,* in der Stiftskirche zu Kerpen erteilt. Die Zahlen stiegen mit der Fertigstellung der eigenen Kirche und mit der Ausdehnung der Aktivitäten im Umland. So konnte der Lechenicher Konvent im Jahre 1665 berichten, daß in diesem Jahre insgesamt 11 200 Beichten und Kommunionen gezählt wurden, davon 7276 in der Klosterkirche, wo 1800 Messen gelesen wurden. 156mal predigten die Patres und erteilten 176 Katechesen, vor allem in der Lechenicher Pfarrkirche, in Kerpen und in Herrig, wo ihnen das zuständige Stift von St. Aposteln in Köln den Gottesdienst übertrug. 81 Männer oder Frauen wurden in diesem Jahre in die beiden Bruderschaften aufgenommen. Höhepunkt des Jahres 1661 war das Fest des heiligen Josephs, des Pfarrpatrons. Sechs auswärtige Priester und mehr als 600 Bewohner waren aus der Umgebung gekommen, Prozessionen kamen aus Kierdorf und Liblar. Die eigentliche Pfarrprozession zog durch den Kreuzgang, den Klostergarten und die Klostergasse.
Bereits bei der Konventsgründung konnten sich die Franziskaner in Lechenich auf gute Freunde verlassen. Zu den großen Förderern zählte der Lechenicher Pastor Johannes Pingen, Licentiat der Theologie und Kanoniker des Stiftes von St. Aposteln. Die Namen seiner Familienmitglieder fanden sich schon einige Jahrzehnte in den Brühler Memorienbüchern, ehe die Franziskaner nach Lechenich kamen. Pastor Pingen selbst wurde im Jahre 1655 in den dritten Orden des heiligen Franziskus aufgenommen. Als er am 17. September 1660 starb, übernahmen die Franziskanerpatres die kommissarische Verwaltung der Pfarre. Der Guardian des Lechenicher Konvents, Pater Wigandus Sparr, hielt die Leichenpredigt. Wo in der Folgezeit in der Umgebung ein Pastor starb, übernahmen die Patres die Pfarren in der Vakanzzeit. Wie in Herrig, so übertrug das Stift von St. Aposteln auch die Seelsorge in Dirmerzheim an die Lechenicher Franziskaner, denen es dann auch gelang, für Dirmerzheim den Status einer fast selbständigen Rektoratspfarre zu erhalten. In Kerpen beschränkte sich die Tätigkeit der Patres nicht nur auf die Kathechese. Schon

im ersten Annalenbericht ist zu lesen, daß die Lechenicher Guardian die auf der Burg Kerpen verstorbene Maria Elisabetha de Boch, genannt Crümel, in der Stiftskirche beerdigte. Auch in Wissersheim halfen die Franziskaner aus. Der aus Düren stammende Wissersheimer Pastor Petrus Pütz wurde 1669 vom damaligen Lechenicher Guardian Alexandro Drossart feierlich in den dritten Orden aufgenommen. Der Wissersheimer Pastor war ein besonders guter Prediger und stand an einigen Festtagen des Ordens auf der Kanzel der Lechnicher Klosterkirche. Bei besonderen Anlässen wurden die Patres auch in der weiteren Umgebung tätig, vor allem wenn es sich um die Betreuung von adeligen Herrschaften handelte. So wurde im Jahre 1655 die Gräfin Amelia Cratz de Scharpfenstein, die Gattin des Freiherrn Johann Otto von Gymnich, durch den Vikar des Lechenicher Klosters in Hochkirchen beerdigt.

In der damaligen Zeit gab es wohl kein Kloster, das nicht durch Mirakel auf sich aufmerksam gemacht hätte. Auch in den Berichten des Lechenicher Konvents finden sich einige Wundergeschichten. Die erste fällt schon in das Jahr 1657, in die Aufbauzeit des Klosters. Johannes Dahmen, der Rentmeister (quästor) des Barons von Gymnich war von einer schweren Krankheit befallen und litt unter fürchterlichen Schmerzen. Die verschiedensten Ärzte waren gerufen worden, hatten ihre Arznei verschrieben und hatten den Kranken mit guten Ratschlägen überhäuft. Schließlich, so wird berichtet, habe der Kranke den Weg zum heiligen Antonius von Padua gefunden und habe zehn Messen bestellt, fünf seien in der kleinen Notkirche der Franziskaner zu Lechenich gehalten worden, fünf bei den Jesuiten in Köln bestellt worden. Der Patient sei daraufhin völlig gesundet. – Im August des Jahres 1670 sei ein Kind in Bliesheim von einer schweren Krankheit heimgesucht worden. Auf die Bitte der Eltern hin habe der Lechenicher Guardian Bernardus Eschet das Kind gesegnet, und es sei von der Krankheit befreit worden.

Der Guardian Bernhardus Eschet genoß in der ganzen Umgebung hohes Ansehen, er wurde zu manch kritischer Situation gerufen. In Gymnich war einer der Patrone des Konventes, der Freiherr Johann Otto von Gymnich, Herr zu Vischel, »im Scherz in seiner Burg von seinem erzürnten Sohne getötet worden«. Der Guardian wurde geholt, vielleicht gelang es ihm, den Widerspruch, der in dieser Eintragung liegt, zu klären. Am 26. Januar 1671 hielt er in Gymnich die Leichenrede. Seit die Franziskanerpatres in Lechenich wohnten, übernahmen sie die nicht ganz angenehme Aufgabe, die vom Lechenicher Hochgericht zum Tode Verurteilten auf ihren letzten Gang vorzubereiten.

Im Jahre 1655 starben zwei besonders verdiente Förderer der Franziskaner: der Malteserritter Conrad Scheiffart von Merode zu Weilerswist und Katharina Hansonis, die Tochter des Lechenicher Schultheißen Peter Hansonis und die Ehefrau von Adolf Dierath, dem Nachfolger ihres Vaters im Schultheißenamt. Katharina Hansonis wurde als erste in der Lechenicher Klosterkirche beerdigt, vor dem Hochaltar fand sie ihre Ruhestätte. Wer heute über den Bürgersteig vor dem Hotel Fanziskaner schreitet, der möge einmal daran denken, daß er über die Gräber der Franziskanerpatres und über die Gräber ihrer Förderer geht.

Das Jahr 1671 bildete einen weiteren Höhepunkt für die Lechenicher Franziskaner. Die Klosterkirche erhielt die Reliquen zweier damals sehr verehrter Heiligen. Der Zahn der heiligen Apollonia in der Franziskanerkirche war das Ziel manches Pilgers, den Zahnschmerzen plagten oder der Angst davor hatte. Die Reliquie ist heute in der

Pfarrkirche St. Kilian. Die zweite Reliquie sollte wohl mehr lokalen Bezug haben, in ihr verehrten die Gläubigen den heiligen Arnold. Dieser Heilige, ein Sänger und Harfenspieler im Kreis Karls des Großen, hatte vom Kaiser den Bürgenwald bei Düren mit 20 Dörfern als Lehen erhalten. Hier auf seinem Besitz, genauer gesagt in Arnoldsweiler, wohnte der Heilige bis zu seinem Tode. Aus Anlaß der Reliquienübertragung gestattete Papst Clemens X. der Klosterkirche zum Patronatsfest (St. Joseph) einen vollkommenen Ablaß von sieben Jahren. Drei Jahre später erhielten die Franziskaner eine weitere Reliquie, die des hl. Matthias aus Trier. Das Fest dieses Heiligen wurde seitdem in der Klosterkirche besonders festlich begangen.
In den ersten anderthalb Jahrzehnten war der Lechenicher Konvent sehr eifrig bei der Abfassung des Jahresberichtes, später fließen die Quellen sehr dürftig, in manchen Jahren ging dann auch bei dem Chronisten der Ordensprovinz gar nichts aus Lechenich ein, und dieser machte dann seine Bemerkungen, wie etwa: »Der Konvent schweigt ganz«, oder auch: »Aus Lechenich hört man nichts, sie arbeiten im Weinberge des Herrn«.
In der ersten Zeit, in der die Lechenicher Patres noch recht schreibfreudig waren, liest man auch ab und zu eine Nachricht aus der Stadt. Im Jahre 1666 am Feste der heiligen Martha, am 29. Juli, ging über der Stadt ein furchtbares Unwetter nieder. Hagelkörner, so groß wie Hühnereier, vernichteten die Früchte des Sommers und richteten schweren Schaden an. Auch die Gebäude des Konvents wurden stark beschädigt, die Fensterscheiben zertrümmert. Etwa zur gleichen Zeit verbreitete sich in der ganzen Gegend eine ansteckende Seuche, die mit schwerem Fieber verbunden war. Obwohl die Patres wegen der Erkrankung der Geistlichen neben Herrig und Dirmerzheim auch die Lechenicher Pfarre versorgten, konnte der Chronist berichten: conventus fuit illaesus – der Konvent blieb verschont.
Besonders ausführlich sind in der Chronik die Ereignisse im Lechenicher Gebiet in den Kriegsjahren 1672 und 1673 beschrieben, von denen wir bisher nichts wußten. Gegen den Willen des Kaisers hatte der Kölner Kurfürst sich mit den Franzosen verbündet und ihnen erlaubt, in sein Land zu marschieren und von dort aus zu operieren. Am 1. März 1672, so schrieb der Lechenicher Pater, kam »Gratiosissimus Condaeus«, der französische Heerführer Louis de Bourbon Prince de Condé mit 80 französischen Soldaten nach Lechenich. Die Schilderungen über die Requirierungen der Franzosen, die als Verbündete des Kölner Kurfürsten ins Land gekommen waren und nun den Bauern ihr Getreide und ihr Vieh wegnahmen, gipfelt in dem Satz: »Vae totae patriae« – wehe dem ganzen Vaterland.
Die Franzosen waren nach Lechenich verlegt worden, um die Umgebung der Stadt vor den Überfällen der »Holländer« zu schützen, die vermutlich aus ihrem Quartier von Randerath bei Aachen plötzlich in den Dörfern um Lechenich erschienen, plünderten, brandschatzten und Geiseln mitnahmen, die dann ausgelöst werden mußten. Dieses Vorgehen, unter dem Namen »Fangen und Spannen« bekannt, war ein beliebtes Spiel der Soldateska aller Nationen, unter dem die Bevölkerung sehr litt. Die Einwohner der Orte versuchten sich zu schützen, indem sie ihre wertvolle Habe vergruben und sich in den Wäldern versteckten. Die Pastoren vergruben Monstranzen, Kelche und andere Devotionalien an geheimen Stellen, sogar die Glocken wurden in einigen Orten aus dem Turm genommen, um sie in Sicherheit zu bringen, sofern es eine solche Sicherheit geben konnte. Dennoch wird die Bevölkerung schwer heimgesucht, so setzten die Niederländer bei einem ihrer Streifzüge

Köttingen in Brand, nur vier Gebäude blieben verschont. Wir sehen, daß sich im Vorgehen der Soldaten seit dem dreißigjährigen Kriege nichts geändert hatte.
In November 1673 haben dann kaiserliche Soldaten die Franzosen aus Bonn, Brühl, Lechenich und Kerpen vertrieben. Am 22. November erschien der in der Nähe von Friesheim (in pago Friesheim) einquartierte kaiserliche General Alexander Herzog von Bournonville (dux de Borneville Caesaris exercitus moderatus) mit anderen hohen Offizieren im Lechenicher Kloster und verlangte, daß wegen der glücklichen Eroberung von Bonn, Brühl, Lechenich und Kerpen in der Klosterkirche die Glocken geläutet würden und in seinem Beisein von Patres und Fratres das »Te Deum laudamus« gesungen würde. Am 27. November übernachtete Karl IV. von Lothringen (Dux Lotharingiae Senex) im Kloster, am anderen Morgen reiste er nach dem Besucht der Messe, nach Beichte und Kommunion wieder ab. Die kaiserlichen Offiziere und Soldaten waren oft und gern gesehene Gäste im Kloster. Im Jahre 1774 konvertierten vier kaiserliche Soldaten und legten in der Klosterkirche ihr »professum« ab. So ersehen wir aus den ausführlicheren Jahresberichten der ersten anderthalb Jahrzehnte, welchen Einfluß die Patres im Lechenicher Land gewannen und welch herausragende Stellung das Kloster eingenommen hatte. Für die Stadt Lechenich, die lange unter der Zerstörung des Jahres 1642 litt und sich nur sehr schwer erholte, war das Franziskanerkloster, das zu einem geistigen Zentrum im alten Amtsgebiet Lechenich wurde, ein Gewinn.
In den seit 1675 dürftiger werdenden Jahresberichten finden sich neben den vorher genannten statistischen Angaben und den Namen der alle zwei Jahre wechselnden Guardiane und Vikare nur wenige Notizen über den Konvent und die Stadt[19]. So findet sich zum Beispiel über die Zerstörung des Lechenicher Schlosses im Jahre 1689 nur der Vermerk, daß die jährlichen eleemosiae (Almosen) an Getreide, die der Kurfürst bisher dem Kloster aus der Lechenicher Kellnerei zukommen ließ, nunmehr aus der Scheuer in Bonn geliefert werden. Aus dem Jahre 1691 wird mitgeteilt, daß der Konvent einen eigenen Terminierbezirk erhalten habe, zu dem von dem Brühler Bezirk die Orte Balkhausen, Türnich, Kierdorf und Liblar abgegeben wurden und der Brühler Konvent anderswo entschädigt wurde. Ziemlich regelmäßig verzeichnen aber die Annalen, wenn ein junger Mann aus der Stadt oder aus der Umgebung in den Franziskanerorden eintrat. Im Jahre 1682 wird bereits zum ersten Male ein Lechenicher als Guardian in seiner Heimatstadt genannt: »Josephus Keul, Lecheniacus«. Da sein Name an anderer Stelle der Chronik »Keil« geschrieben wird, dürfen wir annehmen, daß er aus der Familie Kiel stammt. Bemerkenswert erschien dem Schreiber des Jahresberichtes von 1696, daß ein »freizügiger Wohltäter« dem Guardian Daniel Mörs einige Gemälde schenkte, mit denen der Guardian das Refektorium schmückte.
Von besonderem Interesse sind die Schilderungen in der Ordenschronik über die beiden großen Stadtbrände von 1722 und 1744, über die wir bisher wenig wußten. Der erste große Brand von 1702, bei dem das Kloster verschont blieb, wird nicht erwähnt, dennoch scheint auch er am Konvent nicht einfach vorübergegangen zu sein, denn von 1702–1705 erreichte kein Bericht aus Lechenich den Provinzialchronisten.

*Servatiusstatue aus dem ehem. Franziskanerkloster Lechenich; heute in der Pfarrkirche St. Servatius in Bornheim.*

Unter dem 9. Mai 1722 findet sich in der Ordenschronik nur ein Satz: Der Lechenicher Konvent ist mit der ganzen Stadt abgebrannt, alle dort vorhandenen Bücher und Schriften sind vernichtet. Wieder schweigt der Lechenicher Konvent drei Jahre, im Bericht von 1725 erst gibt er eine ausführliche Schilderung[20]: Anno Domini 1722, am 9. Mai, an dem Tage, an dem im Dom zu Köln Clemens August zum Koadjutor des Erzbischofs Josef Clemens gewählt wurde, brach zwischen 12 und 1 Uhr, also zur ersten Stunde des Nachmittags, ein Brand aus. Stadt mit Kloster und Kirche und die Pfarrkirche wurden innerhalb von zwei Stunden durch eine fatale Feuersbrunst eingeäschert. In beißendem Rauch und mit tränenden Augen gelang es einigen Patres, noch einige wertvolle Dinge aus der Klosterkirche und der Sakristei zu retten. In der Stadt kamen zwanzig Menschen in den Flammen um, sechs weitere erlitten so schwere Verbrennungen, daß sie in den folgenden Tagen daran starben.

Die Lechenicher Franziskaner gingen unter der Führung des Guardians Angelo Dorff und des Vikars Raphael Gymnich rasch und tatkräftig an den Wiederaufbau. Noch im Jahre des Brandes, also 1722, wurde zwischen dem 9. Mai und dem 28. September der erste Flügel, in dem sich das Refektorium befand, wiederaufgebaut. Im Mai 1723 wurde der Flügel zur Stadt hin errichtet, und im gleichen Sommer konnte noch der dritte Flügel zur Kirche hin vollendet werden. Am 28. September 1723, noch vor dem Winter, begann man unter dem Baumeister Gerhardo Sechtem mit dem Aufbau der Kirche. Die Arbeiten verzögerten sich leicht, weil bei einem Brande in »Ober-wesling« 1016 Balken und Latten, die für den Bau bestimmt waren, verbrannten. Am Festtage Maria Geburt (8. September) des Jahres 1723 feierten die Patres in der notdürftig hergerichteten Kirche wieder einen feierlichen Gottesdienst. Der Glockenturm scheint nicht so sehr beschädigt worden zu sein, er wurde rasch renoviert. In den beiden Jahren ohne Kirche wurde nämlich die Messe im »Glockenhaus« gelesen, während die Gläubigen im Kreuzgang des Klosters standen. Gleichzeitig mit der Klosterkirche wurde auch die Lechenicher Pfarrkirche unter dem Pastor Johannes Firmenich wieder aufgebaut. Dieser ausführliche Bericht aus der Franziskanerchronik versetzt uns heute in die Lage, das, was wir bisher nur aus der älteren Literatur wußten, in einigen Punkten zu korrigieren[21].

Es dauerte viele Jahre, ehe die Innenausstattung wieder vollständig war. Zwar wird im Bericht von 1725 lobend erwähnt, daß der gesamte Chor aus Spenden, die die Patres gesammelt hätten, gebaut werden konnte. Aber durch die Brandkatastrophe, die bis auf acht Häuser die gesamte Stadt vernichtete, war die Stadt arm geworden, und manche eleemosiae blieben aus. Erst 1729 konnten die Patres mitteilen, daß nun der Hauptaltar mit Tabernakel und einer Statue des heiligen Josephs »perfekt« sei. Gleichzeitig schrieben sie, daß der Pater Provinizial angeordnet habe, am Altar drei Gedenktafeln für die Stifter anzubringen: 1. für die »Gräfin von Azenstern und Bentheim«, die dem Kloster 600 Reichstaler testamentarisch vermacht habe; 2. für den »Grafen von Virmond« und 3. für dessen Gemahlin, »eine geborene »Azenstern«. Die Tatsache zeigt, daß man beim Wiederaufbau der Klosterkirche mehr auf auswärtige Spender und Förderer zurückgreifen mußte. Erst im Jahre 1732, also zehn Jahre nach dem Brande, werden »neue Chorstühle gemacht«, die ein Jahr später eingebaut wurden.

Um die Mitte des Jahrhunderts scheint das Innere der Kirche verändert worden zu sein, so wird im Jahre 1750 erwähnt, daß die Nebenaltäre »durch Almosen guter

Freunde« verschönert und mit Hilfe von fünf Winden und verschiedenen anderen Geräten um etwa fünf Fuß gegen den Hauptaltar gedreht wurden, um der Kirche »eine größere Eleganz und mehr Dekor zu geben«. In diesem Jahre sorgte der Trierer Domkanoniker und Domsänger Johann Sigismund Otto von Quadt auch für eine neue Beleuchtung in der Kirche. Aus diesen Eintragungen der Ordenschronik dürfen wir mit großer Sicherheit schließen, daß das Innere der Klosterkirche um 1750 jene Veränderung und Ausstattung im Stile des Rokoko erhielt, von der uns in der älteren Literatur berichtet wurde. Auf die wertvolle Orgel der Klosterkirche, die bei der Auflösung des Klosters im Jahre 1802 zuerst in die Pfarrkirche nach Weilerswist und heute in der Schloßkirche zu Brühl zu bewundern ist, findet sich in der Chronik kein Hinweis. Wir wissen aber, daß die Orgel im Jahre 1727 von Meister Brammertz aus Kornelimünster gebaut wurde[22]. Ebenso suchen wir vergebens nach einer Notiz über die überlebensgroße Statue des heiligen Servatius, die mit einigen Gemälden nach Bornheim kam[23].

Bei ihren Bemühungen um die Innenausstattung ihrer Kirche hatten die Lechenicher Franziskaner das große Glück, daß sie bei dem dritten Stadtbrand von 1744 verschont blieben. Was sie dabei empfanden, geht aus dem Annalenbericht dieses Jahres hervor: Am 6. Mai entstand in Lechenich eine fatale Feuersbrunst, wobei 11 Häuser und 14 landwirtschaftliche Gebäude (horrea) von den Flammen vernichtet wurden. Als am anderen Tage auf Befehl der Stadtoberen (superiorum civitatis), des Schulheißen und des kurfürstlichen Kellners »Stroh aus dem verbrannten, aber noch warmem Teile der Stadt« nach außerhalb der Mauern gefahren wurde, war das Feuer noch nicht genug erloschen, und bald stand ein weiteres Haus mit den landwirtschaftlichen Gebäuden in Flammen. Das Ärgste jedoch war, daß »aus Sorglosigkeit oder aus Nachlässigkeit oder als Strafe Gottes zum dritten Male in der gleichen Woche ein Feuer ausbrach«. Alle glaubten, daß die Klosterkirche wieder in Flammen stehen würde, als der Wind den Rauch über das Kloster blies. »Gott aber hat uns bewahrt, was dem heiligen Joseph, dem Patron unserer Kirche zugeschrieben werden muß.« Wenn aber, so meinte der Schreiber weiter, die Klosterkirche wie vor wenigen Jahren wieder abgebrannt wäre, so hätte sie wegen der Teuerung nicht wieder aufgebaut werden können. Wie tief aber bei den Franziskanern der Schreck und die Angst vor einer neuen Brandkatastrophe saß, zeigt eine Passage des Berichtes aus 1749. Der Konvent kaufte noch vier Jahre nach dem letzten Brande ein nahe am Kloster liegendes Haus, das dem »Lechenicher Vizesatrap Vaesen« gehörte, aber schon einige Jahre leerstand. Das Haus wurde sofort abgerissen und der Platz dem Garten zugeschlagen, »damit nicht wieder der Anfang einer Feuersbrunst entsteht durch die Gefahr der Ansteckung«[24].

Die Umgestaltung des Kircheninnern um das Jahr 1750 steht wahrscheinlich im Zusammenhang mit einem Jubiläum, das der Lechenicher Konvent im Oktober 1749 beging. Papst Benedikt XIV. hatte ausdrücklich gestattet, daß man im Lechenicher Kloster den hunderststen Jahrestag der Lechenicher Niederlassung der Franziskaner feierte.

Die Jahresberichte enden im Jahre 1794 mit dem Einmarsch der französischen Revolutionstruppen. In den letzten Jahrzehnten blieb es bei einer bloßen Statisktik. Wenn man bei aller Vorsicht, die man einem solchen Zahlenspiel gegenüber haben muß, die Zahlen der 145 Jahre des Wirkens der Franziskaner in Lechenich überblickt, so spiegelt sich auch darin das Geschick ihres Konventes und auch das der

Stadt Lechenich. Im Jahre 1663, drei Jahre nach der Einweihung der Kirche, wurden 7276 Beichten und Kommunionen gezählt, die Zahl stieg, 1686 waren es 19600. Nach dem Stadtbrand von 1722 sank die Zahl, weil viele Einwohner die Stadt verließen, 1730 waren es wieder 8500, im Jahre 1743, ein Jahr vor dem dritten Stadtbrand, gab es in der Klosterkirche 27000 »poenitentes et communicantes«, im Jubiläumsjahr gar 28000. Nach der Neuausstattung der Kirche um die Mitte des 18. Jahrhunderts stieg die Zahl erneut, 1760 war mit 40100 eine Rekordzahl erreicht. Vielleicht vermag uns der folgende Vermerk aus 1754 mehr zu sagen als die Statistik; »Eine neue größere und wirkungsvollere Krankenstube wurde aus Almosengeldern errichtet«.

Verdient machten sich die Franziskaner auch um das Schulwesen in Lechenich[25]. Am 16. Mai 1783 richteten Bürgermeister und Rat der Stadt Lechenich an den Kurfürsten Max Franz ein Bittgesuch, er möge »den Unterricht für die drei ersten Schulstufen in Lechenich« einrichten. Der Rat begrüßte die fortschrittliche Schulpolitik in Kurköln, durch die an verschiedenen kleineren Orten ohne Gymnasium neben den bereits bestehenden Elementarschulen die einjährige Vorstufe des Gymnasiums (Infima) und die sich anschließenden zwei weiteren Jahre (Tyrocinium) eingerichtet worden waren. Nun bat der Rat, auch in Lechenich diese drei Jahrgänge einzurichten und den Unterricht den Franziskanern zu übertragen, damit die »in Lechenich wohnenden Beamten und sonstigen vornehmen Bürger, die gerne ihre Kinder und sonst noch vorfindliche Talente zum Nutzen des Staates in den gedeihlichen Wissenschaften belehren lassen wollen, dazu Gelegenheit haben«. Die Stadt selbst habe nur ein kleines Schulhaus, in dem Jungen und Mädchen gemeinsam unterrichtet werden müßten, und die Stadt sei durch die großen Brände so verarmt, daß der angestellte Lehrer nur sein Auskommen habe, wenn er noch dazu den Dienst als Offermann (Küster) versehe. Daher bitten Bürgermeister und Rat den Kurfürsten, den Franziskanern auch noch die Elementarschule zu übertragen und die Schulen dann alle ins Kloster zu verlegen. Die Begründung ist knapp, sie klingt seltsam: »Das Kloster ist doch nicht anders dahier, als es die Nahrung von uns und den umliegenden ›Dörfern‹ hersucht«. Heißt das etwa, die Franziskaner leben von uns, sollen sie auch etwas tun? Wird hier schon ein Gegensatz zwischen Stadt und Kloster sichtbar, der sich zwanzig Jahre später so verheerend für die Stadt auswirken sollte?

Der kurfürstliche Akademierat genehmigte am 21. Oktober 1783 die Errichtung einer »deutschen und einer lateinischen Schule« und übertrug den Unterricht den Franziskanern. Die beiden Franziskanerpatres wurden aufgefordert, die erforderliche Prüfung beim Akademierat abzulegen. Dem Magistrat der Stadt wurde aufgetragen, eine »gute Lehrerin« für die deutsche Schule anzustellen. Bürgermeister und Rat sandten ein Dankschreiben für die Hilfe in der Schulfrage, das dem Kurfürsten am Heiligabend des Jahres 1783 vorgelegt wurde. Über den Schulbetrieb bis zur Auflösung des Klosters liegt uns nur eine Notiz vor, nämlich daß der kurfürstliche Schulreformer Oberthür im Jahre 1785 die Lechenicher Schulen inspizierte. Beanstandungen sind nicht vermerkt.

Die Lechenicher Lateinschule vegetierte nach 1802 als Privatschule mehr schlecht als recht dahin, immer im Kampf um Schulraum und immer in Geldnöten, meist unterrichteten Aushilfslehrer. Ihr Überleben war erst ziemlich gesichert, als die Gemeinde Lechenich im Jahre 1869 die Trägerschaft für die Schule übernahm.

Aus der Zeit zwischen 1794, dem Einmarsch der französischen Revolutionstruppen, und 1802, der Aufhebung der Klosters, gibt und nur eine erhaltene Quelle Auskunft über das Kloster: die erste vollständige Einwohnerliste, die es überhaupt gibt und die auf Anordnung der Franzosen im Jahre 1801 aufgestellt wurde[26]. Bei dem Lechenicher Kloster waren darin 21 Personen aufgeführt: 18 Mönche, 1 Ackerknecht und 2 Gärtnerjungen. Bei den Mönchen sind Name, Vorname, Alter und Dauer ihres Aufenthaltes in Lechenich verzeichnet. Ein Teil der Mönche hat als Vornamen ihren Taufnamen angegeben, der französiert wurde, einige Mönche scheinen auf ihrem Klosternamen bestanden zu haben. Von den 18 Mönchen sind 7 Laienbrüder, über deren Schicksal nach der Auflösung des Klosters nichts bekannt ist. Über die spätere Tätigkeit der 11 Patres ist von allen etwas bekannt, alle blieben dem Orden verbunden und arbeiteten in der Seelsorge[27]. Der letzte Lechenicher Konvent hatte im Jahre 1801 folgende Mitglieder:

*Breit, Decimus,* 48 Jahre alt, seit 17 Jahren in Lechenich, sein Taufnahme ist Johannes Ignatius, geboren in Münster am 5. Februar 1753, war nach Aufhebung des Klosters bis 1804 Rektor in Heddinghoven, später Vikar in Minheim. Er war der letzte Guardian in Lechenich.

*Käuffer, Jean,* 63, seit 4 Jahren im Lechenicher Kloster, Ordensname Leovigildus, war bis 1804 Hilfsgeistlicher an St. Kilian in Lechenich, später in Köln wohnhaft. Er war der letzte Vikar des Koventes in Lechenich.

*Weiland, Hermann,* 58, 4 Jahre in Lechenich, Klostername: Agabius, geb. 24. Oktober 1744 in Morken, später Hilfsgeistlicher in Hochkirchen. Ihm war verboten, Bücher zu lesen und Beichtige von der Häresie zu absolvieren.

*Winand-Nusbaum, Jean,* 53, 4 Jahre in Lechenich, Klostername: Nusbaum Wigandus, geb. 28. Januar 1748 in Eilendorf, später Hilfsgeistlicher in Burtscheid und Pastor in Hahn.

*Mambourg, Nikolas,* 38, 8 Jahre in Lechenich, Ordensname: Mambour Servatius, geb. 11. Mai 1762 in Montzen bei Lüttich, bis 1810 Hilfsgeistlicher in Dirmerzheim, er soll später im Weilerswist gelebt haben. Durch seine Vermittlung soll die Orgel des Klosters nach Weilerswist gekommen sein.

*Frauenrath, Kaspar,* 43, 4 Jahre in Lechenich, Ordensname Anastasius, geb. 16. März 1758 in Niedermerz bei Aldenhoven, später Hilfsgeistlicher in Gymnich, 1805 in Kierdorf.

*Schang, Jean Michel,* 61, seit 4 Jahren in Lechenich, Klostername: Castus, geb. 4. November 1740 in Sinzig (?), später in der Pfarre St. Martin in Köln wohnhaft.

*Offermann, Jean Francois,* 56, seit 5 Jahren in Lechenich, Klostername: Saturnius, geb. 29. September 1744 in Süchteln, später Hilfsgeistlicher in Glehn, dann in Gemünd und Kommern.

*Hambloch, Michel,* 55, 3 Jahre in Lechenich, Klostername: Abundantius, geb. 23. März 1745 in Blatzheim, später Hilfsgeistlicher in Konradsheim (Heddinghoven), dann in Odendorf und Rheindorf.

*Schütt, Balthasar,* 42, 8 Jahre in Lechenich, Klostername: Theodorus, geb. 9. April 1758 in Düren, später Hilfsgeistlicher in Karst und Neuss.

*Grosmann, Tiberius,* 56, 4 Jahre in Lechenich, Taufname: Johannes, geb. 19. Februar 1745 in Bedburg, später Vikar in Kraudorf b. Geilenkirchen.

*Schultheis, Jean Pierre,* 68, 30 Jahre in Lechenich, Laienbruder.

*Bayer, Jaques,* 68, 15 Jahre in Lechenich, Laienbruder.

*Scherer, Christoph,* 63, 5 Jahre in Lechenich, Laienbruder.
*Banzer, Jean Pierre,* 44, 21 Jahre in Lechenich, Laienbruder.
*Stoffen, Jean,* 38, 3 Jahre in Lechenich, Laienbruder.
*Bergheim, Jean Martin,* 37, 4 Jahre in Lechenich, Laienbruder.
*Caroy, Marian,* 43, 15 Jahre in Lechenich, Laienbruder.

Der Hinauswurf aus Ihrem Kloster war für Patres und Fratres ein hartes Los, besonders für die älteren von ihnen. Sie erhielten zwar eine Pension, aber das war zum Leben zu wenig.

Das Klostergebäude wurde als Kirchengut eingezogen und am 24. April 1804 verkauft[28]. Seine Gegner haben dem Lechenicher Maire und späteren Bürgermeister Kiel, einem Bruder des damaligen Lechenicher Pastors Kiel, vorgeworfen, sie hätten ihn vor dem Verkauf mehrmals auf den Wert des Klostergebäudes für die Stadt hingewiesen, aber Kiel habe einen Ankauf des Klosters hintertrieben. Ja, so schrieb 13 Jahre später der damalige Ratsherr Bendermacher, Kiel habe sogar gesagt, eine zweite Kirche in Lechenich würde der Pfarrkirche Abbruch tun und die Gemeinde habe auch kein Geld, sie zu unterhalten[29]. Um die Neubesetzung der Pfarrstelle an der Pfarrkirche hatte es im Jahre 1795 Streit gegeben, denn trotz einer Gegnerschaft in der Gemeinde gegen Kiel war dieser Pastor geworden. Man darf vermuten, daß die Franziskaner in diesem Streit auf der Seite seiner Gegner standen. Man muß diese Hintergründe kennen, um zu verstehen, was sich damals in Lechenich abspielte. Die Vermögenden der Stadt hatten dann bei dem Verkauf und bei der Versteigerung von Kirchengut Gebäude und Ländereien selbst oder durch Mittelsmänner erworben; sie hatten nach außen versichert, sie würden später der Stadt alles wiederverkaufen. Als es jedoch so weit war, schraubten sie den Preis so hoch, daß die Stadt nichts kaufen konnte. Einer schob die Schuld dem andern zu. Schmutzige Wäsche in der Öffentlichkeit zu waschen, scheute sich niemand. Jeder stellte den andern als Bösewicht dar. Auch um das Franziskanerkloster rankte sich der Streit. Inzwischen zum beigeordneten Bürgermeister avanciert, berichtete Bendermacher 1817 an die preußische Regierung, der Bürgermeister Kiel habe ein Interesse daran gehabt, daß der als Schwindler bekannte Kölner Dullier, in anderen Briefen wird er als Dulgé bezeichnet, das Franziskanerkloster mit dem gesamten Gelände für 10 000 frs. erworben hätte. Bendermacher kaufte die Stadtweiher, die als kurfürstlicher Besitz angesehen und eingezogen wurden. Ein anderer an diesen Geschäften Beteiligter, der ehemalige kurfürstliche Oberkellner Borlatti, der Schloß und Schloßländerei erwarb und zum preußischen Steuereinnehmer ernannt wurde, berichtete Einzelheiten an die Regierung in Köln. Ein gewisser Dulgé habe das Kloster gekauft, habe 2000 frs. angezahlt, habe Teile des Klosterbesitzes verkauft, habe die Kirche und andere Teile des Klosters schnell abgerissen und Ausstattung und Abrißmaterialien verkauft und dann Bankrott gemacht. Für den preußischen Landrat Baersch war es im Jahre 1818 nicht möglich, hier Dichtung und Wahrheit zu unterscheiden. Schließlich mußte er die Besitzverhältnisse so anerkennen, wie sie auf der Zeichnung von 1818 festgehalten sind[30]. Es hatte sich herausgestellt, daß die Häuser, die zum Kloster gehörten, zunächst 1804 in Brühl verpachtet worden waren und die Mieter dann den Kaufpreis an Dulgé bezahlt hatten. Das Brauhaus des Klosters an der Stadtmauer war an

*Das Klostergebäude in Lechenich um 1910.*

HOTEL
Restaurant und Pension
zum
Franziskaner.

Johann Strack, das anschließende Gebäude, aus dem das Klosterland bewirtschaftet wurde, war an Hans Pütz, das Krankenhaus an Gerhard Fuß veräußert worden. Die Kirche war abgebrochen, und wie aus der Zeichnung zu ersehen ist, waren der Chor und der obere Teil der Kirche zu Stall, Remise und Holzschuppen umfunktioniert. Auf der Zeichnung steht nun als alleiniger Besitzer der Lechenicher Notar und spätere Bürgermeister Lievenbruck angegeben. Das stimmte, wie sich bald herausstellte, aber nicht. Außer Lievenbruck hatten noch andere Anteile erworben, und man darf wohl annehmen, daß hier der gerissene Dulgé einige Teile zweimal verkauft hatte. Unter anderen war auch Borlatti Miteigentümer. Die Dulgégeschädigten scheinen sich später unter Ausschluß der Öffentlichkeit geeinigt zu haben, denn es kamen anonyme Verkaufsangebote an die Stadt, die nach Raum für Kreisverwaltung, Landgericht und vor allem für die Schule suchte. Am 21. August 1817 bot ein Anonymus dann der Gemeinde einen Teil des Klosters für den Schulunterricht an. Der unbekannte Anbieter gab vor, die Sache müsse streng geheim bleiben, denn er befürchte, daß ihn sonst der Steuereinnehmer Borlatti, der seinen Teil unbedingt erwerben wolle, »unter Druck setzen« werden. Als Preis forderte er 2500 Taler, aber das Gebäude war schon so verfallen, das Dach wurde als »ruinös« bezeichnet, daß der Stadt der Preis indiskutabel erschien. Ein weiteres Angebot für den Kauf wurde 1833 von einem unbekannten Freiherr von Geyr abgegeben, aber die Stadt hatte kein Interesse mehr, Kreisverwaltung und Gericht waren nach Euskirchen abgezogen und ein Schulneubau war seitens der Regierung in Planung.
Langsam aber stetig schwanden die Spuren der Lechenicher Franziskaner. Das Klostergebäude blieb in Privathand, es wurde Hotel und Restaurant. Im Refektorium ist heute der Gastraum. Die Denkmalpflege, so hört man, beabsichtige, bei sich bietender Gelegenheit nach Resten des Klosters zu graben. Die Stadt Erftstadt verlautete vor Jahren, man wolle die Außenmauern der Kirche in Pflaster und Bürgersteig sichtbar machen. Das war ein Vorhaben. Nicht einmal ein Hinweisschild erinnert an diesem historischen Gebäude der Stadt an das ehemalige Franziskanerkloster, das bleibt dem Firmennamen des Hotels überlassen.

## Anmerkungen

1 *Herpers*, Despriptio provinciae Galliae. (2°) Ms. 4. HS in der Handschriftenabteilung der Universität Düsseldorf. (Bint = HS aus der Bibliothek Binterim.)

2 Vgl. *Stommel* Karl, Geschichte der kurkölnischen Stadt Lechenich. Veröffl. des Vereins der Geschichts- und Heimatfreunde des Kreises Euskirchen. A-Reihe, Heft 5 S. 25 ff.

3 *Mehring* F. E. v., Geschichte der Burgen, Rittergüter, Abteien und Klöster in den Rheinlanden. Köln 1833. S. 72.

4 *Roth* Heinrich Hermann, Die Klöster der Franziskaner-Rekollekten in der alten Erzdioezese Köln. In Annalen des Hist. Verf. f. d. Ndrrh. Teil I in Heft 94, 1913 S. 104 ff. und Teil II in Heft 98, 1916 S. 163 ff.

5 *Bint.* (2°) Ms. 2 b, S. 302. Bisher war eine Tätigkeit, der Brühler Franziskaner in der Lechenicher Schloßkapelle nur ab 1603 bekannt. S. Holler Adolf, Die Gündung des ehemaligen Franziskanerklosters in Lechenich. 1648. Programm der Höheren Schule zu Lechenich über das Schuljahr 1885/86, S. 4 und Stommel Karl, Gesch. der Kurköln. Stadt Lechenich a. a. O. S. 75. Die Datierung auf das Jahr 1556 in der hier angeführten Ordenschronik ist so präzise, daß diese Angaben glaubhaft sind.

6 *HSTA Ddorf*, Kurköln Akte 286 a und Kurköln IV, Stiftung von Kirchensachen (Archiv Nordkirchen) 5437.

7 *Nekrologium und Memorienbücher der Franziskaner zu Brühl*, nebst urkundlichen Nachrichten über die Gründung und Geschichte des dortigen Franziskanerklosters »Maria von den Engeln«. Mitgeteilt

von Dr. Winand Virnich in Bonn. Annalen d. Hist. Ver. f. d. Ndrrh. Heft 34, 1879, S. 87 ff. Die im Text angeführten Memorien befinden sich auf den Seiten 116 und 120 ff.

8 Daß auch *Lechenich* immer zum Brühler Terminierbezirk gehörte, wie Holler a. a. O. S. 4 angibt, ist unwahrscheinlich, denn Lechenich fehlt in den Angaben der Ordenschronik: Bint. (2°) Ms. 2 b, Bd. 4. Auch bei der späteren Einrichtung eines eigenen Lechenicher Bezirkes wird Lechenich bei der Aufzählung der von Brühl früher kollektierten Orte nicht erwähnt. S. Roth, Klöster der Franziskaner-Rekollekten a. a. O. S. 165.

9 *Schreibkalender Johann Adolf Freiherr Wolff* genannt Metternich zur Gracht 1619. Archiv Gracht W 13–15.

10 Annales Provinciae Coloniensis Ordinis Fratrum Minorum Recoll. usque ad 1659 a me Adamo Burvenich conscripti. S. 536. HA der Stadt Köln, Geistliche Abteilung 199.

11 *Bint* (2°) Ms. 2 b, Bd. 4 S. 65 ff.

12 *Brief des Lechenicher Bürgermeisters Johannes Heimertzheim* an den Kurfürsten. Ohne Datum. Historisches Archiv der Stadt Düren, Franziskanerakten Nr. 38.

13 *HA der Stadt Düren,* Franziskanerurkunden Nr. 199.

14 *Ebd. Uk. Nr. 200,* gedruckt bei Holler, a. a. O. S. 6 und Roth, a. a. O. S. 142 ff.

15 *Bint* (2°) Ms. 2 b, Bd. 2, S. 84.

16 *Im Bildband von Frank Kretschmar:* Klöster und Kapellen des Erftkreises ist ein Ausschnitt aus der Gerichtskarte der Herrlichkeit Bliesheim wiedergegeben, die wahrscheinlich zu einer Grenzbegehung im Jahre 1717 erstellt wurde. An Hand dieser recht schematischen Zeichnung, die als Fix- und Orientierungspunkt der Karte dient, wird nun im Bildband eine Beschreibung der ersten Franziskanerkirche erstellt. Nach der in diesem Aufsatz wiedergegebenen Zeichnung aus dem Jahre 1817 und dem damit übereinstimmenden Baubericht in der Ordenschronik aus den Jahren 1649–1660 ist die Zeichnung aus der Bliesheimer Gerichtsakte nicht mehr hierfür als authentisch anzusehen. Der Verfasser des Bildbandes berichtet dann über eine Ansicht aus dem 16. Jahrhundert, auf der sogar eine Vorgängerin der Franziskanerkirche zu sehen sei. Aus dieser Zeit gibt es nur eine vergrößerte Zeichnung nach einer Karte der Herrschaft Kerpen-Lommersum aus dem Jahre 1587. Weder in den aus diesen Jahren erhaltenen Stadt- und Amtsrechnungen noch aus der für diesen Aufsatz zugrunde liegenden Ordenschronik ist etwas von einer zweiten Kirche innerhalb der Stadt gesagt. Da die Ordenschronik nichts darüber sagt, ist es unwahrscheinlich, daß dort eine Vorgängerin der Ordenskirche stand. Die Kapuziner haben zwar auch ihr Interesse bekundet, nach Lechenich zu gehen, wurden aber nicht beauftragt. Wie die Ordenschronik und auch die Chronik Bürvenich übereinstimmend berichten, haben die Franziskaner im Jahre 1649 eine Notkapelle errichtet, aber 1651 bereits wieder abgerissen. Die Zeichnung von 1587 ist also, was die Zuverlässigkeit betrifft, im Detail ebensowenig brauchbar wie die von 1717. Bei ihrer Interpretation ist zu erwägen, ob es sich bei der zweiten Kirche nicht um Heddinghoven handelt. Für die historische Bewertung alter Stadtansichten s. Fritz Wündisch, Brühl. Mosaiksteine zur Geschichte einer alten kurkölnischen Stadt. Köln 1987 S. 141 ff.

17 *Bint.* (2°) Ms. 2 b, S. 54 ff. und S. 84 ff.

18 *Ebd.* S. 482.

19 Die folgenden Abgaben aus den Jahresberichten finden sich in Bint. (2°) Ms. 2 b, in den Bänden 4–8.

20 Bint. (2°) Ms. 2 b, Bd. 4, S. 97.

21 Vergl. *Stommel,* Gesch. der kurkölnischen Stadt Lechenich. A. a. O. S. 50.

22 Darüber: *Schorn* Franz in den Heimatkalendern für den Kreis Euskirchen für das Jahr 1957 S. 111 und Jahr 1965 S. 97.

23 *Zerlett* Norbert, Pfarrpatron Hl. Servatius. In Pfarrbrief der kath. Pfarrgemeinde St. Servatius Bornheim. Nr. 1. März 1979.

24 *Bint.* (2°) Ms. 3.

25 *HSTA Ddorf.* Kurköln VII, 505.

26 *HSTA Ddorf.* Departement Roer, Canto Lechenich, Mairie Lechenich.

27 *Torsy* Jakob, Der Regularklerus in der Kölner Bistumsprotokollen. 1661–1825. Teil 1. Studien zur Kölner Kirchengeschichte. Herausg. vom Historischen Archiv des Erzbistums Köln. 18 Bd. Siegburg 1985.

28 *HSTA Ddorf.* Roer Dep. Nr. 3191 Aff. 137 – 24. April 1804.

29 *HSTA Ddorf.* Reg. Köln 579.

30 *HSTA Ddorf.* Reg. Köln 2857.

Helmut Weingarten

# Die Ordensniederlassungen des 19. und 20. Jahrhunderts

## Einführung

Im Gebiet des heutigen Erftkreises, der im Jahre 1975 aus den damaligen Kreisen Köln und Bergheim, sowie einem Teilbereich des Kreises Euskirchen (Erftstadt) gebildet wurde, existierten im 19. und 20. Jahrhundert in 41 Orten 46 Ordensniederlassungen. Allein diese Feststellung begründete den Wunsch der Herausgeber auch diesen Ordensgemeinschaften im Rahmen der vorliegenden Veröffentlichung ein Kapitel zu widmen, zumal bislang eine zusammenfassende Darstellung fehlte. Es waren und sind ausnahmslos Frauenorden, die in dem erwähnten Zeitraum von 140 Jahren im Erftkreis verbreitet waren und zum Teil noch sind. Genau 21 verschiedene katholische Frauenorden waren und sind in diesem Gebiet tätig. Es handelt sich dabei um folgende Gemeinschaften:

1) Arme Dienstmägde Jesu Christi,
2) Arme Schwestern vom Heiligen Franziskus,
3) Barmherzige Schwestern von der Heiligen Elisabeth,
4) Cellitinnen (Augustinerinnen),
5) Dienerinnen des Herzens Jesu,
6) Dominikanerinnen,
7) Elisabetherinnen (Schwestern von der hl. Elisabeth),
8) Franziskanerinnen (Arme Schwestern vom hl. Franziskus),
9) Franziskanerinnen (Erlenbacher Franziskanerinnen),
10) Franziskanerinnen von der hl. Familie,
11) Hedwigschwestern,
12) Karmelitinnen,
13) Klarissen-Kapuzinerinnen,
14) Marienschwestern vom Katholischen Apostolat,
15) Missionsschwestern vom hl. Herzen Jesu,
16) Pallotinerinnen (Missionsschwestern vom katholischen Apostolat),
17) Salvatorianerinnen,
18) Schwestern der christlichen Schulen der Barmherzigkeit,

19) Schwestern von der Christlichen Liebe,
20) Ursulinen,
21) Vinzentinerinnen.

Die stärkste Verbreitung hatten mit 16 Niederlassungen die Cellitinnen (Augustinerinnen). Sie waren den Mutterhäusern Antonsgasse, Kupfergasse und Severinstraße (alle in Köln) und Niederau bei Düren zugeordnet. Die Armen Dienstmägde Jesu Christi (Dernbacher Schwestern) wirkten in 11 Niederlassungen. Zu Beginn des Jahres 1988 übten die Cellitinnen noch in 3 und die Armen Dienstmägde Jesu Christi in 2 Orten des Erftkreises ihre segensreiche Tätigkeit aus. Die Arbeit der Ordensschwestern konzentrierte sich auf den Dienst in Krankenhäusern, Altenheimen, Kindergärten und Waisenhäusern. Sie leiteten Nähschulen, »Bewahr- und Handarbeitsschulen«, Wöchnerinnenstationen und Haushaltungsschulen, waren in der ambulanten Kranken- und Altenpflege tätig, unterhielten höhere Lehranstalten und Pensionate, oder waren im Pfarrdienst eingesetzt. Auch mit der Führung von Invalidenheimen und einer Idiotenanstalt waren Ordensschwestern betraut. Einzige Ausnahme bilden die Klarissen- (auch: Clarissen)Kapuzinerinnen in Erftstadt-Liblar. Für diese Ordensfrauen steht das Gebet für die Anliegen der Welt im Mittelpunkt. Gemeinsam ist allen Gemeinschaften die tätige, christliche Nächstenliebe.
Die neuzeitlichen Gründungen beginnen im Jahre 1850. Bis zum Ende des 19. Jahrhunderts sind in 11 Orten Schwesterngemeinschaften tätig. In den Jahren zwischen 1902 und 1913 folgen 12 weitere Niederlassungen und in den Jahren des 1. Weltkrieges sind 7 Neugründungen zu verzeichnen. Eine Blütezeit erleben die Orden zwischen 1919 bis 1933. In diesem Zeitraum werden 16 Niederlassungen gegründet. Die Nationalsozialisten bekämpfen und erschweren die Arbeit der Ordensschwestern. In der Zeit zwischen 1933 und dem Ende des 2. Weltkrieges sind keine Neugründungen mehr möglich. Erst zwischen 1945 und 1952 können die Orden wieder ungehindert ihre Tätigkeit aufnehmen. In 5 Orten entstehen neue Filialen.
In den 50er Jahren zeichnete sich auch der Schwestermangel in fast allen Ordensgemeinschaften ab. Es kommt zu den ersten Auflösungen von Niederlassungen, so in Lechenich (1950), Horrem (1951), Urfeld (1953), Mödrath (1952 und 1958), Frauenthal (1955), Fliesteden (1956), Königsdorf (1957) und Gleuel (1958). In den 60er Jahren müssen weitere 10 Filialen aufgelöst werden und in der 70er Jahren weitere 12. Vier Niederlassungen werden in den 80er Jahren geschlossen bzw. von anderen Trägern übernommen. Nur noch in 12 Orten sind Anfang 1988 Ordensfrauen tätig, so in Bliesheim, Brühl (Maria Schutz), Efferen, Frechen, (St. Annahaus), Horrem, Hürth, Kirchherten, Königsdorf (Elisabethheim und Herz-Jesu-Kloster), Liblar, Türnich und Wesseling.
Wie schon eingangs erwähnt, gab es im 19. und 20. Jahrhundert im Gebiet des heutigen Erftkreises 21 verschiedene Frauenorden. In der folgenden Übersicht stelle ich (in alphabetischer Reihenfolge) die einzelnen Gemeinschaften und ihre Niederlassungen vor.

# ARME DIENSTMÄGDE JESU CHRISTI

Die Genossenschaft der Armen Dienstmägde Jesu Christi wurde am 15. August 1851 von Maria Kasper gegründet. Die am 26. Mai 1820 als Kind armer Eltern in Dernbach im Westerwald geborene Maria Kasper erlebte schon in ihrer frühen Jugendzeit die große Not ihrer Mitmenschen und fühlte sich berufen den Ärmsten Hilfe zu leisten. Noch vor der eigentlichen Ordensgründung verfolgte sie mit einem »frommen Verein« (1845) ihr Ziel. Im Revolutionsjahr 1848 konnte das erste bescheidene Haus bezogen und zwei Jahre später die ersten Waisenkinder aufgenommen werden. Im Gründungsjahr 1851 zählte die Genossenschaft 5 Mitglieder. Im Jahre 1854 wurde in Camberg im Taunus die erste Filiale eingerichtet.

Im Erftkreis hatte die Gemeinschaft 11 Niederlassungen. Im Jahre 1862 (24. März) unterzeichnet die Genossenschaft mit dem Direktor der Rheinischen Ritterakademie in*Bedburg* einen Vertrag, der die Gründung einer Doppelfiliale am Ort vorsah. Drei Schwestern pflegten im Akademiegebäude die Kranken und waren für die »Instandhaltung der Wäsche und der Garderobe der Zöglinge« verantwortlich. Drei weitere Schwestern nahmen am 22. Oktober 1862 in einem eigenen Haus in der Stadt ihre Tätigkeit in der Krankenpflege auf. Bis 1865 blieben die Schwestern in der Ritterakademie und konzentrierten sich auf ihre Aufgaben in der Stadt. Die Schwestern lebten von Almosen und den Einnahmen aus dem Unterricht. Von 1863 bis 1875 erteilten sie in der Gemeinde *Buchholz* den »Industrie-Unterricht«. In Bedburg übernahmen sie auch eine »Verwahrschule« und gaben den Armen ein Mittagessen. In ihrem Haus konnten sie 6 bis 7 Kranke aufnehmen. Im Jahre 1887 wurden in dem erweiterten Haus 17 Kranke gepflegt. In dem »kirchlichen Hospital« waren 1905 9 und 1954 12 Schwestern tätig. Im Jahre 1972 (Juni) zog der Orden die Schwestern aus dem St. Hubertusstift zurück.

»Um dem Mangel einer geordneten Armen-Krankenpflege, welcher des öfteren besonders bei den in unserer Pfarre leider nicht zu den Seltenheiten gehörenden Epidemien recht fühlbar hervorgetreten war, abzuhelfen, zugleich aber auch um der Civilgemeinde Bergheim-Bergheimerdorf eine billige Elementar-Lehrkraft zu verschaffen, beschloß Anfang des Jahres 1871 – vornehmlich auf Betreiben des zeitigen Oberpfarrers Herrn Unkelbach sowie des zeitigen Bürgermeisters Fuehsenich – der Vorstand des die Pfarre Bergheimerdorf umfassenden Armenbezirkes mit einer weiblichen, der Krankenpflege und dem Schulunterricht sich widmenden Genossenschaft, behufs einer in Bergheim zu errichtenden Filiale in Verbindung zu treten. Die Wahl fiel auf die Schwestern aus der Congregation der armen Dienstmägde Jesu Christi, welche bereits seit mehreren Jahren in der Nachbarschaft Bergheims in den Filialen Harff, Bedburg, Paffendorf und Kerpen segensreich wirkten. Mit diesen Worten beginnt die Gründungsurkunde der Filiale in *Bergheim*.

Eröffnet wurde sie am 24. Oktober 1871. Die Schwestern widmeten sich zunächst der ambulanten Krankenpflege und ab 1874 in einem Wohngebäude der stationären Krankenpflege (10 Betten). Mit dem Erwerb der ehemaligen Schrockschen Mühle wird der Grundstein für das Maria-Hilf-Krankenhaus gelegt. Im September 1918 übernehmen die Dernbacher Schwestern auch eine Höhere Mädchenschule in Bergheim. Sie mußte Ostern 1940 geschlossen werden. Am 2. Februar 1979 zog das Mutterhaus in Dernbach die 13 Ordensschwestern des Krankenhauses zurück.

*Das Kloster zur hl. Familie in Königshoven, Ende der 20er Jahre.*

*In Bergheim begannen die Schwestern 1871 mit der Krankenbetreuung und richteten ein kleines Kloster ein.*

In *Brühl* begannen drei Schwestern am 15. Januar 1861 mit der abulanten Krankenpflege. Im April 1866 konnten sie ein der Kirche gehörendes Haus übernehmen und dort Kranke, Waisenkinder und taubstumme Kinder betreuen. Auch in dem neuerbauten Marien-Hospital übernahmen die Dernbacher Schwestern die Pflege der Kranken. Im Jahre 1954 wirkten noch 26 Schwestern in dem Haus. Doch schon wenige Jahre später, am 1. April 1967, mußte die Genossenschaft die Schwestern aus Brühl zurückziehen.

Das kleine Marienkloster in *Efferen* wurde im April 1902 gegründet. Am 31. Oktober 1944 kamen vier Schwestern bei einem Bombenangriff ums Leben. Das Haus wurde vollständig zerstört. Von Brühl aus versorgte Schwester Bathildis die Kranken in Efferen bis sie nach Merl versetzt wurde. Fast drei Jahre blieb der Ort ohne Schwestern. Auf Bitten des damaligen Pfarrers Halfen kamen 1947 wieder zwei Ordensfrauen nach Efferen. Am 1. April 1965 wurde die kleine Filiale in Efferen aufgehoben.

Die Gründung des Pfeiffers-Stiftes in *Elsdorf* geht in das Jahr 1906 zurück. Im Oktober dieses Jahres übernahmen Dernbacher Schwestern das Hospital, das auf eine Schenkung des Kommerzienrates Pfeiffer zurückgeht. Im Jahre 1969 wurde es abgerissen und durch einen Neubau ersetzt. Das Pfeifer-Stift ist heute Seniorenheim.

Aus der Ordenschronik geht hervor, daß die Stifter der Filiale in *Gymnich* Graf Max Felix und seine Frau Gräfin von Wolff-Metternich waren. Am 16. März 1859 wurde das neuerbaute Kloster den Dernbacher Schwestern übergeben. Im Gründungsjahr bemühten sich die drei Schwestern um die Kranken im Ort. Am 19. Dezember 1860 wurde der erste Kranke im Haus aufgenommen. Durchschnittlich 70 bis 80 Kranke konnten betreut werden. Zeitweise leiteten die Ordensfrauen auch eine »Bewahrschule«, so von 1864 bis 1867 und ab diesem Jahr eine »Kleinkinderbewahrschule«. Am 22. April 1868 übernahmen die Schwestern zusätzlich die Leitung der 1. Mädchenklasse. Am 6. August 1970 mußte das Kloster aufgehoben werden.

In der Clemensstraße in *Horrem*, in einem ehemaligen Lehrerhaus, richteten die Schwestern Amelburga (Oberin), Meynera und Laurentina am 16. November 1913 das kleine Pfarrkloster ein. Sie besorgten die ambulante Pflege der Kranken und betreuten alte, pflegebedürftige Menschen. Auch die Leitung der Kinderbewahrschule, sowie die Einrichtung einer Näh- und Handarbeitsschule gehörte zu den Anfangsaufgaben. Im Jahre 1921 konnten die Schwestern ein neues, größeres Heim, das »Katharinenstift«, beziehen.

Dieses Gebäude wurde im letzten Weltkrieg zerstört. Nach dem Kriege wurde die Niederlassung wieder aufgebaut und führte den Namen St. Josephsheim. Schwesternmangel zwang den Orden die Niederlassung am 31. Dezember 1951 aufzuheben.

Oberpfarrer Sänger konnte am 3. Dezember 1867 die ersten Schwestern aus Dernbach in *Kerpen* einführen. Von 1860 bis 1867 waren Franziskaner-Schwestern in dem von Johann Paas und Katharina Ooms angekauften Haus tätig gewesen. In dem zweistöckigen Gebäude versorgten die Schwestern arme Kranke und Waisenkinder. Im Jahre 1883 erweiterten sie den Pflegebereich um einen Neubau. Auf dem Grundstück Hahnstraße/Marienstraße entstand 1938 das wesentlich größere Marien-Hospital. Es wurde 1985 abgebrochen. Die Schwestern verließen bereits am 1. Oktober 1967 die Stadt. Noch bis zum 31. Oktober 1973 blieben die Ordensschwestern am St. Vinzenshaus in Kerpen. In dem Haus (»Idiotenanstalt«) wurden

Schwachbegabte betreut. Es verfügte 1926 über 100 Betten. Gegründet wurde es am 14. Mai 1913.
Schon wenige Jahre nach der Gründung der Genossenschaft der Armen Dienstmägde Jesu Christi wurde im Jahre 1855 in *Paffendorf* eine Filiale eingerichtet. Dies geschah auf Veranlassung der Freifrau von Bongardt, geb. Gräfin von Walderdorff, die auch für den Unterhalt der ersten vier Schwestern sorgte. Die Ordensfrauen richteten den ambulanten Krankendienst ein und versorgten auch Kranke in dem von ihrer Wohltäterin gestifteten Haus. Sie leiteten eine Nähschule und von 1856 (18. Oktober) bis 1873 (16. Oktober) die Elementarschule am Ort. Am 1. Februar 1887 übernahmen die Dernbacher Schwestern auch die Kleinkinderbewahrschule. Im ersten Jahr waren 50 Kinder zu betreuen. Untergebracht waren die Schwestern im Schulgebäude. Im Jahre 1864 konnten sie ein eigenes Haus beziehen, das Kloster Maria Hilf. Die Niederlassung wurde am 1. April 1962 aufgehoben.
Am 1. Juni 1865 trafen die ersten Schwestern aus Dernbach in *Wesseling* ein. Die Einrichtung einer Niederlassung wurde durch die Schenkung der Christine Krings ermöglicht. In dem Klösterchen, dem St. Josephshaus, begannen drei Schwestern ihre Tätigkeit. Der erste Kranke konnte 1866 in dem Haus aufgenommen werden. Während des Hochwassers des Rheins im Jahre 1882 versorgten die Schwestern die 220 Obdachlose. Bis zum Kulturkampf war dem Kloster eine Verwahrschule angeschlossen und eine Handarbeitsschule. Für die Verwahrschule konnte 1889 ein neues Haus eingeweiht werden. Der Tätigkeitsbereich der Schwestern erstreckte sich auf das gesamte Gebiet der damaligen Gemeinde Hersel und auf Godorf und Berzdorf. Im Jahre 1908 konnte das Kloster erneut erweitert werden. Nach dem Neubau eines Krankenhauses zogen die Schwestern 1915 in dieses Gebäude, das bis heute den Namen Dreifaltigkeitshaus führt. Wesseling ist Provinzialhaus des Ordens.

## CELLITINNEN

Die Genossenschaft der Cellitinnen nach der Regel des Heiligen Augustinus zählt zu den ältesten Ordensgründungen. Die Augustinerinnen, wie sie auch genannt werden, können auf eine 675jährige Geschichte zurückblicken. Am Anfang stehen die Beginenhöfe, wie sie auch im 13. und 14. Jahrhundert in Köln anzutreffen sind. Neben der Unterrichtung und seelsorgerischen Tätigkeit, widmen sich die Beginen auch der Krankenpflege und der Geburtshilfe. Papst Sixtus IV. unterstellt diese Beginenhöfe im 15. Jahrhundert den Celliten und der Regel des hl. Augustinus, der 423 die Ideale des Gemeinschaftslebens in Armut, Keuschheit und Gehorsam niedergeschrieben hatte. So vermachte die Kölner Bürgerin Lore von Vylich am 9. Januar 1312 der Begine Greta ihr Haus in der Antonsgasse. Es ist das eigentliche Gründungsdatum der Augustinerinnen-Cellitinnen. Im Jahre 1828 entstand der Beginenkonvent in der Kupfergasse. Als im November 1838 die beiden Klöster der Cellitinnen (Antonsgasse und Kupfergasse) aufgefordert wurden je zwei Ordensschwestern mit der Betreuung der Kranken im städtischen Bürgerhospital zu übernehmen, entstand aus dieser Gemeinschaft ein neuer Orden. Diese Schwesterngemeinschaft erwarb in der Severinstraße ein Grundstück. Der Orden errichtet hier das Noviziat und das Mutterhaus. Ein weiteres, wichtiges Datum in der Geschichte der

Augustinerinnen ist der 16. Oktober 1912, als neue Ordenssatzungen aufgestellt wurden, die für alle Cellitinnen-Orden gültig waren. Neben den drei genannten Mutterhäusern unterhielt auch die Genossenschaft der Cellitinnen zur hl. Gertrud in Düren-Niederau Filialen im Gebiet des heutigen Erftkreises.
Bei den anschließend aufgeführten Niederlassungen sind jeweils die Mutterhäuser (Mh.) angegeben.
Das St. Josefshaus in *Badorf* (Mh. Cellitinnen zur hl. Maria in der Kupfergasse) wurde im Jahre 1920 gegründet. Zu den Aufgaben der Schwestern gehörte die ambulante Krankenpflege, die Betreuung des Kindergartens und die Altenpflege. Die Niederlassung mußte am 31. Dezember 1964 aufgelöst werden.
Durch eine Schenkung vom 27. Mai 1932 übergab der Jesuitenpater Franz Bernhard Esser aus Köln sein elterliches Erbteil und ein Teil des Nachlasses seiner verstorbenen Schwester Maria Gertrud Esser zu *Blatzheim* der katholischen Pfarrgemeinde zur Errichtung einer Schwesternniederlassung. Das Mutterhaus der Cellitinnen in Düren erklärte sich zur Betreuung der Filiale Blatzheim bereit. Sie erhielt den Namen »Gertrudisstift« in Erinnerung an die Schwester des Stifters (Maria Gertrud) und wurde am 23. Juli 1933 eingeweiht. Die vier Schwestern pflegten alte Menschen und versorgten die Kranken. Auch die Leitung des Kindergartens oblag den Cellitinnen. Im November 1973 kündigte der Orden den Vertrag mit der Pfarrgemeinde und zog die beiden noch am Ort verbliebenen Schwestern ab.
Für die Betreuung des Kreiskinderheims in *Brauweiler* konnte der damalige Landkreis Köln Augustinerinnen-Cellitinnen (von der hl. Elisabeth, Mh. Antonsgasse) gewinnen. Eingerichtet wurde dieses Heim zunächst als »Haus Ehrenfried« im alten Rathausgebäude. Es folgte der Umzug in den Neubau nach Brühl (Liblarer Straße). Überalterung der Schwestern und Nachwuchsmangel zwang die Schwestern 1965 die Betreuung des Kinderheims in andere Hände zu geben.
Im Jahre 1896 kamen Cellitinnen (Mh. Kloster der Cellitinnen zu hl. Maria in der Kupfergasse) nach *Brühl.* Sie übernahmen die Haushaltsführung des städtischen Knabenheims bis zum Jahre 1918. Die Schwestern mußten zur Versorgung verwundeter Soldaten in Lazarette abgezogen werden. Im Jahre 1920 kehrten die Ordensfrauen nach Brühl zurück und übernahmen das Benedictusheim (Alters- und Kinderheim). Nach der Übernahme dieses Hauses durch den Caritsverband stellte die Ordensleitung eine Kindergärtnerin und eine Schwester für die ambulante Krankenpflege. Sie wurden im Jahre 1956 zurückberufen.
Im Jahre 1885 entschlossen sich 41 Bürger aus *Buir* zum Bau eines Krankenhauses und einer Kinderbewahrschule. Mit der Betreuung dieser Einrichtungen erklärte sich die Oberin der Cellitinnen (Mh. Düren-Niederau) 1886 einverstanden. Sie übernahmen das St. Joseph-Krankenhaus, wie es sich 1891 nannte. Nach fast achtzigjähriger Tätigkeit mußten die Ordensschwestern 1963 Abschied nehmen.
Das Kloster Maria Hilf in *Erp* wurde 1906 gegründet. Unter der Oberin Schwester Ursula Schmitz zogen die ersten Cellitinnen (Mutterhaus der Cellitinnen zur hl. Elisabeth, Antonsgasse) am 23. November in die Niederlassung an der Hauptstraße ein. Am 30. April 1961 mußte die Ordensleitung die Schwestern aus Erp abziehen.
Ebenfalls in das Jahr 1906 führt die Gründung des St. Josefshauses in *Fischenich.* Die Augustinerinnen widmeten sich der ambulanten Krankenpflege und leiteten den Kindergarten. Bis zur Auflösung des Hauses am 31. März 1979 war ein Altenheim untergebracht. In den Jahren 1943 bis 1959 war das St. Josephshaus auch Sitz des

Generalats der Cellitinnen zur hl. Maria in der Kupfergasse. Im Februar 1981 wurde das Gebäude abgerissen.
Bis zum Jahre 1956 waren Augustinerinnen (Mh. Kupfergasse) auch in *Fliesteden* tätig. (Stahl'sche Stiftung). Träger des Hauses war die katholische Kirchengemeinde, die dort 1909 ein Altenheim einrichtete. Neben der Führung des Hauses versorgte eine Schwester die Hauskranken. Eine weitere Schwester leitete den Kindergarten. Im Jahre 1956 verließen die Augustinerinnen »wegen immer mehr zunehmendem Schwesternmangel« den Ort.
Unter dem Vorsitz des Pfarrers Sommer und des Bürgermeisters Kügelgen gründeten Bürger der Gemeinde am 4. Dezember 1862 in *Frechen* einen Hospitalverein. Aber erst durch die Stiftung der Eheleute Theodor und Katharina Schmitz rückte die Verwirklichung der Krankenhauspläne in greifbare Nähe. Am 1. Juli 1882 konnte das Hospital seiner Bestimmung übergeben werden. Schon vorher hatte sich der Kirchenvorstand mit den Schwestern von der Regel des hl. Augustinus (Mh. Severinstraße) in Verbindung gesetzt, um die Übernahme der Krankenpflege. Vom einfachen Wohnhaus zogen die Schwestern mit in den Neubau an der Klosterstraße/ Altestraße. Als dieses Haus am 30. April 1974 schloß und das St. Katharinen-Hospital in den Neubau in Hücheln umzog, hieß es für die verbliebenen Ordensschwestern nach einer mehr als 90jährigen Tätigkeit Abschied von Frechen zu nehmen.
Im Sommer des Kriegsjahres 1914 begann die Bürgermeisterei Hürth in *Hermülheim* mit dem Bau eines Krankenhauses. Anfang November 1916 war das 45-Bettenhaus fertiggestellt. Schon vor Baubeginn hatte sich Bürgermeister Rosell mit dem Kölner Cellitinnen-Kloster in der Kupfergasse wegen der Übernahme der Krankenpflege und Wirtschaftsführung in Verbindung gesetzt und eine Zusage erhalten. Die ersten Schwestern zogen am 15. August 1916 ein. Durch den kriegsbedingten Einsatz der Schwestern in Lazaretten konnte der Orden zunächst nur zwei Schwestern nach Hermülheim entsenden. Der Vertrag des Mutterhauses der Cellitinnen mit der Stadt Hürth wurde zum 31. Dezember 1969 auf Wunsch des Ordens gekündigt. Die letzten Schwestern verließen 1971 das Hermülheimer Krankenhaus.
Cellitinnen waren auch in *Kerpen* tätig. Es handelte sich nach einem Nachweis im Stadtarchiv Kerpen um ein Knabenpensionat, das von dem Geistlichen Rektor Brodmann geführt wurde. Nach dieser Unterlage waren im Januar 1925 5 Cellitinnen (Mh. Düren-Niederau) in der Haushaltsführung tätig. Im Mutterhaus Niederau befinden sich keine Unterlagen über die Niederlassung Kerpen. Man vermutet dort, daß die Schwestern nur kurze Zeit in Kerpen wirkten.
Am 12. Juli 1894 gründen drei Ordensschwestern der Genossenschaft der Augustinerinnen (Mh. Severinstraße) in *Königsdorf* eine Niederlassung. In den Jahren 1894 bis 1896 wird das Herz-Jesu-Kloster gebaut als Pensionat mit Haushaltsschule und Pflegehaus für Erholungsbedürftige. Während des 1. Weltkrieges sind die Schwestern im Lazaretteinsatz und versorgen durchziehende Truppen. Im Jahre 1926 wird ein Kindergarten angeschlossen. Auch im 2. Weltkrieg kümmern sich die Ordensfrauen um Verwundete. Bei Kriegsende leben mehr als 1000 Menschen in den Klosterräumen und werden versorgt. Die Hauswirtschaftliche Berufsfachschule wird 1972 geschlossen. Die Zahl der Ordensschwestern geht 1977 auf 18 und 1979 auf 14 zurück. Seit November 1982 nennt sich das wesentlich erweiterte Herz-Jesu Kloster »Altenzentrum St. Augustinus«.

Die Gründung des Klosters zur Hl. Familie in *Königshoven* geht auf den testamentarisch festgelegten Willen der am 2. Februar 1900 verstorbenen Anna Gertrud Winters zurück. Sie vermachte der katholischen Kirchengemeinde neben zahlreichen Immobilien auch das in Allhoven liegende Wohnhaus mit der Bestimmung, darin eine Krankenanstalt zu errichten. Die Genossenschaft der Cellitinnen zur hl. Gertrud in Düren erklärt sich bereit »die Pflege der Kranken und Pfleglinge in dem zum Krankenhaus vermachten Winter'schen Anwesen zu übernehmen«. Die Schwestern zogen am 16. September 1903 in das Kloster ein und bemühten sich auch um ältere Menschen, sowie in der Kinderbewahrschule um die Kleinsten. Der Platz im ehemaligen Wohnhaus reichte allerdings nur für sieben Patienten oder ältere Menschen. Im Jahre 1934 wurde das Kloster erweitert. Der Schwesternmangel zwang den Orden im Jahre 1970 seine Tätigkeit im Ort einzustellen. Schon ab 1. Januar 1968 war es der Genossenschaft nicht mehr möglich, die ambulante Krankenpflege in den Orten Königshoven, Kaster, Harff und Morken durchzuführen.
In *Pulheim* befand sich eine kleine Niederlassung der Cellitinnen (Mh.: Kupfergasse). Sie wurde 1915 gegründet. Noch im Jahre 1954 waren drei Schwestern am Ort in der ambulanten Krankenpflege, im Kindergarten und einer Nähschule tätig. Im benachbarten *Stommeln* führten Augustinerinnen ein Krankenhaus, das 1908 gegründete Maria-Hilf-Hospital. Durch zahlreiche Schenkungen und Stiftungen war es dem Orden (Mh.: Kupfergasse) in den Jahren zwischen 1906 und 1908 möglich das Haus in Stommeln zu bauen und als Krankenhaus einzurichten. Es war bis zu seiner Schließung am 31. Mai 1965 das einzige Krankenhaus im Norden des damaligen Landkreises Köln. Alle Bemühungen das Haus zu halten, blieben erfolglos. Heute ist in dem Gebäude eine italienische Internatsschule des Erzbistums Köln untergebracht.
In *Urfeld* gründeten die Cellitinnen (Mh.: Antonsgasse) im Jahre 1911 eine Niederlassung, das Kloster zur hl. Elisabeth (Haus Eichholz). Zum Aufgabenbereich der Schwestern gehörten die Altenpflege, die ambulante Krankenpflege und die Betreuung eines Kindergartens. Durch die Kriegsereignisse und Zerstörung des Mutterhauses in der Antonsgasse in Köln, nahm das Mutterhaus von 1945 bis 1953 Zuflucht in Haus Eichholz (heute Politische Akademie der Konrad-Adenauer-Stiftung). Am 30. Oktober 1961 wurde die Filiale aufgelöst.

## DOMINIKANERINNEN

Die Gründung der Kongreation der Arenberger Dominikanerinnen ist dem Dorfpastor Johann Baptist Kraus zu danken. In dem kleinen, bei Bad Ems gelegenen Ort, baute er 1864 ein kleines Kloster, um kranke und alte Menschen pflegen zu können. Mit Hilfe der Dominikanerinnen aus der Schweiz begann in Arenberg das klösterliche Leben und 1868 die Arbeit dieser Genossenschaft. In den folgenden Jahrzehnten breitete sich der Orden weiter aus. Auch in den Landkreisen Bergheim, Euskirchen und Köln wirkten Dominikanerinnen. In *Stommeln* hatte der Orden Anfang der 90er Jahre den Fronhof erworben und 1894 auch die Genehmigung zur Gründung einer Niederlassung erhalten. Es war der Wunsch – so ist in der Ordenschronik nachzulesen – »in der Heimat der seligen Dominikanerin Christina« ein Kranken-

*Das Martinus-Asyl in Niederembt. Ansichtskarte um 1900.*

haus zu bauen. Der Plan scheiterte an der projektierten Bahnlinie, die quer durch das Gelände führte. Die Pläne verwirklichten später die Cellitinnen. In zwei Orten des heutigen Erftkreises aber konnten die Dominikanerinnen Niederlassungen gründen. Das Kloster Maria Hilf in *Kirchherten* wurde am 18. Mai 1893 von der Genossenschaft übernommen. Das Haus bestand schon seit 1862/63 und wurde von verschiedenen Gemeinschaften geführt, zuletzt von Salzkottener Franziskanerinnen. Sie lösten sich im Kulturkampf auf. Drei Mitglieder blieben in weltlicher Tracht in Kirchherten und schlossen sich später den Dominikanerinnen an. Unter der ersten Oberin Veronika Pilgram begannen sie ihre Tätigkeit in der ambulanten Krankenpflege, führten eine Kinderbewahranstalt, ein Invalidenheim und eine Haushaltungsschule für schulentlassene Mädchen und betreuten Waisenkinder. Die erste Niederlassung befand sich in der Pützengasse. Heute wirken die Ordensfrauen im Erweiterungsbau in der Marienstraße und sind in der Altenpflege, sowie im Kindergarten tätig.

Die zweite Niederlassung befand sich in *Niederembt.* Die ersten Schwestern kamen am 9. August 1897 unter der Oberin Cherubin Küster an das Martinus-Kloster. Es nannte sich zunächst »Portz'sche Asylstiftung zum h. Martinus an Pfarrei St. Apostel zu Köln«, später Asyl zum hl. Martinus, von 1900 bis 1953 Martinus-Asyl und seit 1953 Martinuskloster. Die Dominikanerinnen waren wie in Kirchherten in den verschiedensten Bereichen tätig, zuletzt in der Altenpflege und im Kindergarten (bis 31. Dezember 1985). Zum 31. März 1986 wurde die Niederlassung aufgelöst.

## ELISABETHERINNEN

Die Elisabetherinnen zählen im westeuropäischen Raum zu den ältesten im karitativen Bereich tätigen Gemeinschaften. Die Gründerin der nach der Regel des hl. Franziskus lebenden Ordensfrauen war im Bereich nördlich der Alpen die Aachenerin Apollonia Radermecher. Als sie 51 Jahre alt war, beauftragte sie der Aachener Magistrat in dem Gasthaus am Radermarkt ein Kloster einzurichten. Am 13. August 1622 ernannte sie der Bürgermeister als »Gasthausmeisterin«. Diesen Tag nimmt die Genossenschaft als Gründungsdatum. Apollonia Radermecher starb am 31. Dezember 1626. Die Gemeinschaft verbreitete sich von Aachen aus in Deutschland, Luxemburg, der Tschechoslowakei, Österreich und Ungarn.
In Luxemburg lernte der damalige Pfarrer von *Knapsack*, Peter Derkum (1924 bis 1933) den Orden kennen. Er versuchte Schwestern in den Industrieort für die ambulante Krankenpflege zu gewinnen. Am 9. April 1929 zogen die ersten Elisabetherinnen zunächst in ein kleines Privathaus an der Schulstraße ein und begannen ihre Tätigkeiten, zu denen auch die Einrichtung eines Kindergartens gehörte. Von Knapsack aus betreuten die Schwestern auch die Pflegebedürftigen im benachbarten *Berrenrath*. Schwester Annuntiata Hettinger war 23 Jahre in Knapsack tätig und versorgte auch die Kranken in Berrenrath. In diesem Ort leitete Schwester Josefa Schilling von 1963 bis 1978 den Kindergarten. Eine weitere Niederlassung der Gemeinschaft wurde am 19. April 1971 in *Efferen* gegründet. Mit der Umsiedlung von Knapsack mußte auch das Elisabethheim am 28. Juli 1973 aufgegeben werden. Die Schwestern setzten ihre Tätigkeit im Haus Mariä Geburt in Efferen fort.

## FRANZISKANERINNEN

Die franziskanische Bewegung, die im 13. Jahrhundert ihren Anfang nahm, leitet ein neues Kapitel in der Geschichte der Ordensgemeinschaften ein. Nach der Regel des hl. Franziskus bestimmen Armut und Gehorsam die Schwestern- und Brüder-Gemeinschaften. Etwas völlig Neues bedeutete auch der dritte Orden des hl. Franziskus. Anders, als es die benediktinischen und augustinischen Regeln vorsahen, gab er auch Männern und Frauen, die nicht in der Lage waren ein klösterliches Gemeinschaftsleben zu führen, die Möglichkeit im Sinne des hl. Franziskus und unter Ablegung von Gelübden zu leben. Als Vorbild für die vielen sich nach dieser Regel bildenden Kongregationen ist die hl. Elisabeth von Thüringen anzusehen. Auch die Schwestern von dem hl. Vater Franziskus die sich 1859 zusammenfanden, befolgten die Bestimmungen des dritten Ordens. Diese »Schwarzacher Schwestern«, schlossen sich in den 20er Jahren mit den Franziskanerinnen in Erlenbad zusammen. Die »Kongregation der Franziskanerinnen Erlenbad e. V.« gründeten am 1. Mai 1929 in *Brauweiler* unter der Trägerschaft des »Vereins Schwesternhaus e. V.« eine aus drei Schwestern bestehende Niederlassung. Zu ihrem Tätigkeitsbereich gehörte

der Kindergarten, die Nähschule und die Krankenpflege. Am 30. Mai 1975 mußte diese Niederlassung aufgelöst werden.
Zu den Kongregationen nach der Regel des dritten Ordens zählt auch die Genossenschaft der Armen Schwestern vom Hl. Franziskus, die 1845 von Franziska Schervier ins Leben gerufen wurde. Nach ihr nennen sich die Franziskanerinnen auch heute »Schervier-Schwestern«. In der ehemaligen Villa Pauli in (Klein-)*Königsdorf* richteten sie 1922 ein Altersheim ein, das Alten- und Pflegeheim St. Elisabeth. Am 2. Januar 1952 wurde die Provinzleitung des Ordens nach Königsdorf verlegt und einige Monate später auch das Noviziat. Heute besteht das Zentrum aus Altenheim, Pflege- und Wohnheim und dem 1977 fertiggestellten Rehabilitationszentrum.
Die Armen Schwestern vom Heiligen Franziskus (Mutterhaus Aachen) wirkten auch in *Mödrath*. Diese Niederlassung gehört zu den wenigen, die nach dem 2. Weltkrieg eingerichtet wurden. Die Franziskanerinnen übernahmen am 21. Januar 1950 das Malteser-Kinderheim St. Agnes (bis zum 25. Oktober 1958) und am 1. Mai 1950 den Kindergarten (bis 30. September 1952).
Anna Maria Josephine Koch ist die Stifterin der Franziskanerinnen von der hl. Familie. Sie war 1837 in das Kloster der Rekollektinnen in Eupen eingetreten. Mit der Übernahme der Krankenpflege im Eupener Spital wurde sie von der Klausur befreit. Am 20. Mai 1856 bat Josephine Koch mit einer kleinen Gruppe von Pflegerinnen um Aufnahme in die Genossenschaft der Armen Schwestern vom hl. Franziskus in Aachen. Die damalige Mutter des Ordens (und Gründerin) Franziska Schervier befürchtete Schwierigkeiten mit der Eupener Gruppe und riet zur Gründung einer neuen Gemeinschaft. Sie wurde am 13. Juni 1857 als Schwesternschaft der Franziskanerinnen von der Heiligen Familie von den kirchlichen Behörden bestätigt. Im Jahre 1982 hatte die Gemeinschaft 342 Miglieder in 26 Niederlassungen. Eine Filiale wurde im Jahre 1921 in *Quadrath* gegründet, als »Asyl für alte Leute«. Die Leitung einer Nähschule, des Kindergartens und die ambulante Krankenpflege zählten zu den weiteren Aufgaben des St. Josephshauses, das am 31. Dezember 1968 aufgelöst werden mußte.

## HEDWIGSCHWESTERN

Der Breslauer Priester Robert Spiske gründete im Revolutionsjahr 1848 den St. Hedwigsverein als Vorstufe für eine religiöse Ordensgemeinschaft, der Kongregation der Schwestern von der Heiligen Hedwig. Vorbild war die Heilige Hedwig, Patronin von Schlesien. Die Pflege und Erziehung von Kindern und Jugendlichen, zählte zu den Zielen der Kongregation.
In unserem Raum übernahmen die Hedwigschwestern am 6. November 1946 das Marienheim in *Sindorf*. Unter der Oberin Protasia leitete Schwester Hildegundis den Kindergarten, war Schwester Tryphonia in der ambulanten Krankenpflege tätig und Schwester Georgia für den Haushalt verantwortlich. Wegen Überalterung und Schwesternmangel mußte die Ordensleitung in Berlin die Niederlassung in Sindorf zum 1. Oktober 1973 auflösen.

## KARMELITINNEN

Gründerin des Karmels vom Göttlichen Herzen Jesu ist die 1938 verstorbene Maria-Teresa Tauscher, eine konvertierte Pastorentochter aus der Mark Brandenburg. In Köln fand sie 1888 in St. Aposteln Aufnahme in die katholische Kirche. In Berlin gründete sie 1891 ihr erstes St. Josefs-Heim für Heimatlose. Die endgültige Gutheißung des Karmel vom Göttlichen Herzen Jesu durch Papst Pius XI. erfolgte 1930 in Rom. Maria-Teresa Tauscher starb 1938 in Sittard in den Niederlanden, wo sich heute das General-Mutterhaus befindet.
Maria Wörder schenkte der Ordensgemeinschaft 1952 ein Haus an der Aachener Straße in (Groß-)*Königsdorf*. Maria Wörder gehörte dem Orden an. Die erste Oberin Sr. Monika Cleve widmete sich mit ganzer Kraft dem kleinen Kloster. Es erwies sich jedoch als nicht lebensfähig. Hinzu kam der Schwesternmangel. Das als Erholungsheim für die Schwestern und Altenheim vorgesehene Haus wurde 1957 verkauft und die Niederlassung aufgelöst.

## CLARISSEN – KAPUZINERINNEN

Die Klarissen (auch Clarissen), benannt nach der Ordensgründerin der Heiligen Klara von Assisi (1194–1253) streben dem Armutsideal des Zweiten Franziskanischen Ordens nach. Die Klarissen-Kapuziner gehören einem sich im 16. Jahrhundert in Neapel gebildeten Reformzweig an, der auch in Deutschland durch die Nürnberger Äbtissin Caritas Pirkheimer Verbreitung fand. Höchste Armut, ohne Mitgift und Besitz, Strengheit des Lebens, Abgeschiedenheit von der Welt unter strenger Klausur, Einfachheit im schwesterlichen Leben und eifriges Gebet bei Tag und Nacht, das sind die besonderen Merkmale dieses Ordens. Er ist im Erftkreis in *Liblar* mit einem selbständigen Haus, dem Kloster Sankt Josef seit 1950 vertreten. Die Schwestern mußten ihr Heimatkloster Leitmeritz in der Tschechoslowakei verlassen und fanden nach einem vierjährigen Zwischenaufenthalt in Regensburg in dem alten Patrizierhaus in Liblar eine neue Bleibe. Es ist ein Ort der Stille und des Gebets.

## SCHÖNSTÄTTER MARIENSCHWESTERN

Schönstätter Marienschwestern gibt es in allen Erdteilen. Sie arbeiten in kirchlichen und staatlichen Bereichen und in der Schönstattbewegung, die von dem in unserem Kreis, in (Erftstadt-)Gymnich geborenen Pater Josef Kentenich (1885-1968) gegründet wurde. Die religiöse Gemeinschaft der Marienschwestern versteht sich als Familie. Sie suchen Gottverbundenheit mit Weltoffenheit zu verbinden, so wie es ihnen der Gründer mit auf den Weg gab. Jungfräulichkeit, Armut und Gehorsam gehören zu den Geboten der Gemeinschaft, die 1976 durch Papst Paul VI. zu einem Säkularinstitut päpstlichen Rechtes bestätigt wurde. In *Bliesheim* gründeten die Marienschwestern 1929 eine Niederlassung, die heute noch besteht. Sie führen den Kindergarten und betreuen alte und kranke Menschen.

*Das Clarissen-Kloster St. Joseph in Liblar. Luftaufnahme: Freig. Reg.-Präs. Düsseldorf 50 T 20–14.*

## MISSIONSSCHWESTERN VOM HLST. HERZEN JESU

Der holländische Pater Hubert Linckens gründete mit Hilfe der beiden Schwestern Servatia und Severine von der Ordensgemeinschaft von der Göttlichen Vorsehung in Münster im Jahre 1899 die Genossenschaft der Missionsschwestern vom Heiligsten Herzen Jesu. Sitz der Gemeinschaft wurde Hiltrup. Schon zwei Jahre nach der Gründung reisten die ersten Schwestern in die Missionsgebiete. Die Hiltruper Schwestern waren und sind jedoch nicht ausschließlich als Missionsschwestern tätig. Sie gründeten auch eine Norddeutsche und eine Rheinische Provinz. Dazu gehörten neben dem Dormagener Raphaelshaus, das Herz-Jesu-Kloster in Hürth und die Niederlassungen in Türnich und Kierdorf.
Im Kriegsjahr 1914 folgten sieben Schwestern aus Hiltrup dem Ruf des Pfarrers Hamacher nach *Hürth.* Im Gebäude der alten Pfarrkirche konnten sie ihre Tätigkeit beginnen. Im September waren die Schwestern angekommen und noch im gleichen Monat eröffneten sie den Kindergarten, der von über 120 Kindern besucht wurde. Eingerichtet wurde auch eine Handarbeitsschule. Die Ordensfrauen kümmerten sich um die Krankenpflege und leisteten wertvolle Dienste in der Jugendarbeit. Ende 1987 waren noch drei Schwestern im heutigen Alt-Hürth tätig.
Ebenfalls im 1. Weltkrieg, im August 1917, richteten die Missionsschwestern aus Hiltrup in *Türnich* ein Filiale ein. Pfarrer Neukirchen (1912-1936) konnte die

Schwestern am 5. August 1917 empfangen. Das Kloster lag, wie es in der Chronik heißt, »auf einer Anhöhe am Rande des Waldes.« Gleich am Gründungstag wurde in diesem Herz-Jesu-Kloster der Krankendienst aufgenommen. Auch ein »Kriegskochkursus« wurde eifrig in Anspruch genommen. Zu den Aufgaben in Türnich und Balkhausen gehörte die Arbeit mit der weiblichen Jugend und die Leitung eines »Jungfrauenchores«. Wie in den meisten anderen Orten waren die Schwestern vielfach auf Almosen angewiesen. Im November 1917 übernahmen sie auch den Kindergarten im benachbarten *Brüggen*. Schwester Rosa leitete 1918 als Vorsteherin eine Niederlassung in *Kerpen*. Der Türnich/Balkhausener Konvent war im Juli 1919 auf sieben Schwestern angewachsen. Um diese Zeit war in einer Baracke auf der Türnicher Heide ein Erholungsheim für schwächliche und kranke Jungen und Mädchen eingerichtet worden, das von den Ordensfrauen betreut wurde. Das kleine Kloster mußte als eines der ersten Gebäude dem Braunkohlentagebau weichen. Am 21. November 1921 zogen die Schwestern vorübergehend in ein kleineres Gebäude in Türnich und am 7. März 1928 in das geräumigere Herz-Jesu-Kloster an der Heerstraße. In allen fünf Ortschaften der Gemeinde Türnich übernahmen die Schwestern den vom preußischen Staat verfügten ländlichen Fortbildungsunterricht für Mädchen von 14 bis 18 Jahren. Nach der Zusammenlegung mit der Niederlassung Kierdorf (Juli 1954) waren Ende 1987 in Türnich noch 4 Schwestern tätig.
Das St. Josephs-Kloster in *Kierdorf* konnte am 11. Mai 1919 in der damaligen Vikarie von drei Hiltruper Schwestern eingerichtet werden. Bergwerksdirektor Brändgen und Pfarrer Hummen hatten sich um die Schwestern bemüht, »um für die Arbeiterfamilien einen Kindergarten zu haben.« Die Ordensfrauen kümmerten sich auch um die Pfarrseelsorge, die Krankenpflege und den Schulunterricht. Im Juli 1954 wurde die Kommunität Kierdorf mit der Filiale Türnich in Türnich zusammengelegt.

## PALLOTTINERINNEN

Vincenzo Pallotti (1795–1850), italienischer Volksmissionar, Kranken- und Gefangenenseelsorger in Rom, gründete im Jahre 1835 die Pallottiner und 1843 die Schwesterngemeinschaft der Pallottinerinnen. Die erste deutsche Filiale entstand 1911 in Eddersheim am Main. Deutschland ist das Mutterland des Missionszweiges. Der erste Weltkrieg verhindert eine Ausweitung der Missionstätigkeit, besonders auch in Kamerun. Der Orden konzentriert sich auf neue Arbeitsgebiete in Deutschland.
Schon im Jahre 1913 kommen Pallottinerinnen nach *Gleuel*. In der Nähe der Kirche richten sie unter der ersten Oberin Augustina Wagner das St. Josefshaus ein. Die Schwestern widmen sich der Krankenpflege und sind im Kindergarten tätig. In den Kriegsjahren wird eine Kriegsküche eingerichtet und für Arme und Notleidende Essen verabreicht. Zeitweise waren 70 Soldaten in dem Heim einquartiert. In der Zeit der Arbeitslosigkeit bildet sich 1924 in Gleuel eine Notgemeinschaft. »Vom 12. Februar an speisen wir schon über 600 Menschen. Die Zahl erhöht sich bis jetzt noch jeden Tag«, heißt es in der Chronik. Im Jahre 1958 zwang der Schwesternmangel das Provinzialat der Missionsschwestern vom katholischen Apostolat in Limburg die Niederlassung in Gleuel aufzulösen. Die Schwestern werden in dem neuerbauten Vinzenz Pallotti Hospital in Bensberg benötigt.

## SALVATORIANERINNEN

Die Salvatorianerinnen (Schwestern vom Göttlichen Heiland) wurden im Jahre 1888 von Pater Franziskus Jordan gegründet. Er hatte schon im Jahre 1881 in Rom die Apostolische Lehrgesellschaft, die spätere Gesellschaft des Göttlichen Heilandes (Salvatorianer), ins Leben gerufen. Die Gründung fällt in eine Zeit apostolisch-missionarischen Aufbruchs. Auch die Salvatorianerinnen gaben sich eine weltweite Ausrichtung, so wie es dem Wunsche der Mitgründerin, der seligen Maria von den Aposteln (1833–1907), entsprach. Das Ordensgelübde umfaßt die Armut, die gottgeweihte Ehelosigkeit und den Gehorsam. Zu den traditionellen Tätigkeitsbereichen gehören Kranken- und Altenpflege, Erziehung im Kindergarten, in Heimen und Internaten, Unterricht und Erziehung in Schulen, pastorale Dienste in den Pfarrgemeinden und verschiedene Dienste in Hauswirtschaft und Verwaltung. In *Berzdorf* begannen die Schwestern am 15. April 1932 zunächst in der Godorfer Burg ihre Tätigkeit. Hier blieben sie bis Februar 1936, als sie in das Kloster »Katharinenstift« einziehen konnten. Dieses Gebäude wurde 1944 und 1945 bei Fliegerangriffen zerstört. Nach provisorischer Unterkunft konnten die Schwestern am 17. Februar 1957 in ein neues Gebäude mit einem angeschlossenen Kindergarten einziehen. Die letzten Salvatorianerinnen, die Schwestern Edelburg Hafner, Gerta Willmann und Agnella Hänisch verließen am 3. Januar 1977 den Ort.

In *Horrem* entstand am 1. Januar 1952 eine Neugründung der Salvatorianerinnen. Sie lösen die Dernbacher Schwestern ab, die in dem ehemaligen Katharinenstift fast 40 Jahre wirkten. In Horrem richten die Schwestern das Provinzialat der westdeutschen Provinz ein. Das ehemalige St. Katharinenstift und das St. Josefshaus werden umbenannt in »Mater Salvatoris« (Mutter des Heilandes).

Die Schwestern sind im Kindergarten der Pfarrgemeinde tätig, in der Ambulanz und im Pfarrsekretariat. Am 27. April 1954 übernahm die Ordensprovinz der Salvatorianerinnen die Leitung der seit 29 Jahren bestehenden privaten Mädchen-Realschule. Bis zu diesem Zeitpunkt war die Schule in der Trägerschaft der katholischen Kirchengemeinde. Die Mädchen-Realschule »Mater Salvatoris« begann mit 201 Schülerinnen und in sechs Klassen den Unterricht. Zu Beginn der achtziger Jahre umfaßte der Schulkomplex nach mehrfachen Erweiterungen 24 Klassenräume und die zugeordneten Nebenräume für den Fachunterricht. Besucht wurde sie von über 900 Schülerinnen. Die von den Salvatorianerinnen geführte private katholische Mädchen-Realschule ist eine Internatsschule.

Eine dritte Niederlassung unterhielten die Schwestern vom Göttlichen Heiland (Salvatorianerinnen) in *Kendenich*. Eröffnet wurde das Johanneshaus im Oktober 1928. Dechant Lippold hatte 17 Jahre lang versucht Ordensschwestern für die Betreuung des Kindergartens, die Krankenpflege und die Näh- und Handarbeitsschule zu gewinnen. Mit 120 Kindern wurde am 8. Januar 1929 der Kindergarten eröffnet. Zeitweise lebten bis zu sechs Schwestern in Kendenich. Am 1. Oktober

*Von 1913 bis 1958 wirkten die Pallottinerinnen in Gleuel. (Auf dem Bild Schwester Norbertine, o. J.).*

1965 übernahmen die Kendenicher Schwestern auch den Kindergarten in *Kalscheuren*. Die Niederlassung Kendenich mußte am 1. August 1984 aufgelöst werden.

## SCHWESTERN DER HEILIGEN MARIA MAGDALENA POSTEL

Im Jahre 1807 gründet Maria Magdalena Postel in Frankreich die klösterliche Gemeinschaft der »Armen Töchter von der Barmherzigkeit«. Ihre Nachfolgerin, Placida Viel, bewirkt 1862 die Gründung eines deutschen Zweiges. Die deutsche Ordensprovinz wird 1920 zur selbständigen Kongregation erhoben. Sie nennen sich später »Schwestern der christlichen Schulen der Barmherzigkeit«. Nach dem deutschen Gründungsort in Thüringen sind sie auch als »Heiligenstädter Schulschwestern« bekannt. Durch die politischen Verhältnisse nach 1945 ist der westdeutsche Zweig von dem in der DDR liegenden Mutterhaus getrennt. Ein neues Ordenszentrum entsteht 1968 in Bestwig im Sauerland. Nach ihrer Gründerin nennt sich die Gemeinschaft jetzt »Schwestern von der Heiligen Maria Magdalena Postel«.
In *Berrendorf* richten die Schwestern im Mai 1922 ein katholisches Schwesternhaus ein. Die Ordensfrauen finden im Kindergarten, der ambulanten Krankenpflege und in der Unterrichtung in der Näh- und Handarbeitsschule eine Betätigung. Am 20. Januar 1958 muß die Ordensleitung diese Filiale auflösen.
Eine zweite Niederlassung wurde im Juli 1932 in Verbindung mit der Pfarre im Liebfrauenhaus in *Liblar* gegründet. Neben der Leitung eines Kindergartens und der Betreuung der Kranken bewährten sich die Schwestern in der Jugendarbeit und im Pfarrdienst. Auch diese Filiale mußte am 31. Januar 1958 aufgelöst werden.

## SCHWESTERN DER CHRISTLICHEN LIEBE

Pauline von Mallinckrodt (1817–1881) stiftete im Jahre 1849 in Paderborn die Kongregation der »Schwestern der Christlichen Liebe, Töchter der allerseligsten Jungfrau Maria von der unbefleckten Empfängnis«. Im Jahre 1840 gründete sie eine Kleinkinder-Bewahrschule als Tagesheimstätte. Zwei Jahre später nahm sie die ersten zwei blinden Kinder auf. Sie legte damit den Grundstein für eine kleine Blindenanstalt. Schon damals bestand bei ihr der Wunsch sich einer Ordensgemeinschaft anzuschließen. Sie fand keinen Orden, der sich mit der Aufgabe, Blinde zu betreuen, befaßte. So gründete sie am 21. August 1849 die Kongregation der »Schwestern der Christlichen Liebe«, die sich später auch anderen Aufgaben, speziell im Bereich der katholischen Mädchenerziehung, widmete.
In *Frechen* eröffnen am 1. Mai 1929 zwei Schwestern einen Kindergarten und Hort im Jugendheim von St. Severin. Am 30 April 1930 kann im Haus Hauptstraße 160 das Kloster »St. Anna-Haus« eingerichtet werden. Die Witwe Anna Lövenich, Mutter der Schwester Audomara (Margaretha Lövenich) und der Schwestern Salomea, hatte dem Orden Haus und Garten vermacht. Auf dem Gartengrundstück entstand in den Jahren 1955 bis 1957 ein Neubau. In diesem Gebäude sind ein Kindergarten und ein Hort untergebracht und seit 1957 eine Tagesstätte. Betreut werden hier auch zahlreiche Kinder von ausländischen Gastarbeitern.

## URSULINEN

Der Ursulinenorden geht in seinem Ursprung zurück auf die »Compagnia di santa Orsola« – die Gesellschaft der heiligen Ursula, die 1535 von der Heiligen Angela Merici in Brescia/Oberitalien gegründet wurde. Zu den Zielen des Ordens gehörten die Hilfe für Menschen die in Not sind und die Erziehung und Ausbildung Jugendlicher. Im Jahre 1639 kam aus Lüttich Augustine de Heers nach Köln, um in der Stadt der hl. Ursula eine Niederlassung zu gründen. In den Wirren des 30jährigen Krieges ließ sich dieses Vorhaben nicht verwirklichen. In Aachen bestand bereits 1677 eine Filiale und auch in Köln hatten die Ursulinen inzwischen eine Niederlassung gegründet. Schwestern aus Aachen (1677) und aus Köln (1681) unterstützten ihre Mitschwestern in Düsseldorf bei ihrer Arbeit im Dienst für die Jugend. Dazu zählte die Einrichtung einer Elementarschule und einer höheren Schule (1840).
Im Jahre 1893 kamen Ursulinen unter der Leitung der Oberin Maria Juliana Klee nach *Brühl*, um hier eine Höhere Töchterschule mit Pensionat einzurichten. Der Brühler Oberpfarrer Richard Bertram, der sich schon Jahre zuvor tatkräftig für die Einrichtung eines Hospitals in der Stadt eingesetzt hatte, war auch bei der Gründung des Lyzeums die treibende Kraft. »Die Notwendigkeit für ein solches Haus ergebe sich schon aus den Brühler Verhältnissen, indem den Villenbesitzern, die im Sommer dort wohnten, Gelegenheit geboten werden müsse, auch für den Winter ihre Töchter der Anstalt belassen zu können«, argumentierte er. In einem gemieteten Haus konnte Ostern 1893 mit 3 bis 4 Schwestern und 36 Schülerinnen der Unterricht begonnen werden. Mit Hilfe von Oberpfarrer Bertram gelang es auch ein Grundstück an der Kaiserstraße zu erwerben. Hier entstand ein Neubau, der im Herbst 1895 von 18 Pensionärinnen bezogen werden konnte. Zu diesem Zeitpunkt zählt die Schule 76 Schülerinnen. Im Jahre 1962 wurde die Niederlassung aufgrund des Schwesternmangels aufgegeben. Neuer Träger wurde das Erzbistum Köln.

## VINZENTINERINNEN

Die »Töchter der christlichen Liebe«, wie sich die Vinzentinerinnen auch bezeichnen, wurden von Vinzenz von Paul (1581–1660) und Louise von Marillac (1591–1660) gegründet. Der französische Ordensstifter Vincent de Paul war von 1619 bis 1626 königlicher Seelsorger aller französischen Galeeren. Er gilt als der Begründer der neuzeitlichen Karitasarbeit. Die Vinzentinerinnen arbeiten heute in 75 Schwesternprovinzen auf allen Kontinenten.
Die Eheleute Adolf Münch aus Köln stifteten im Jahre 1869 ihren Besitz in *Frauenthal* (bei Liblar) mit dem Wunsche dort ein »Spital« einzurichten. Vinzenzschwestern, »die vor Jahren so gut zu den Armen von *Liblar* waren«, sollten hier alte Leute pflegen, so steht in der Ordenschronik zu lesen. Unter der Leitung von Schwester Felicitas Klein bauten zunächst drei Schwestern die kleine Niederlassung auf. Eine Kapelle wurde gebaut und die Wirtschaftsgebäude des früheren Gutes in Krankensäle umgestaltet. Im 2. Weltkrieg war in dem Krankenhaus ein Lazarett eingerichtet. Mit drei Schwestern verlegte der Orden das angeschlossene Altersheim nach Hildesheim. Durch den Schwesternmangel war die Ordensleitung genötigt am 1. November 1952 die Schwestern zurückzuziehen. Für Frauenthal konnten Luisen-

schwestern gewonnen werden, die im Geiste des hl. Vinzenz ihre Arbeit aufnahmen. Vinzentinerinnen kamen am 11. November 1924 in das benachbarte *Lechenich* und übernahmen dort den Kindergarten. Die fünf Ordensschwestern waren in dem der Pfarrgemeinde gehörenden Marienheim untergebracht. Sie bemühten sich auch um Kranke und leiteten eine Nähschule. Am 30. November 1950 wurden die Schwestern zurückgezogen. Letzte Oberin war Johanna Grau.

## LITERATUR-HINWEISE:

### Allgemein


Handbuch der Erzdiözese Köln (versch. Jahrgänge);
Personalschematismus für das Erzbistum Köln (versch. Jahrgänge);
Eduard Hegel: Das Erzbistum Köln V. Band, Köln 1987;
Adam Wienand: Das Wirken der Orden und Klöster in Deutschland, II. Band (Eigenart und besondere Aufgaben der weiblichen Orden und Klöster), Köln, 1964;


### Literatur-Hinweise für die einzelnen Genossenschaften:


ARME DIENSTMÄGDE JESU CHRISTI
Walter Nigg: Die verborgene Heilige Katharina Kasper. Dernbach, 1978;
Festschrift: 125 Jahre Arme Dienstmägde Jesu Christi 1851–1976, Dernbach, 1978;
Sr. M. Gottfriedis Amend: Maria Katharina Kasper – Ihre Zeit und ihr Werk, Dernbach, 1978;
Chronik der Filiale Mariahilf Bergheim (Die Dernbacher Schwestern in Bergheim 1871–1979), Bergheim, 1981;
CELLITINNEN (AUGUSTINERINNEN)
P. Adolar Zumkeller: 675 Jahre Kloster zur hl. Elisabeth in Köln, Festschrift, Würzburg, 1986;
Festschrift: 100 Jahre St. Katharinen-Hospital Frechen 1882–1982, Frechen, 1982;
Festschrift: St. Katharinen Hospital Frechen 1974, Frechen, 1974;
Wilhem Kopp: Die Genossenschaft der Cellitinnen nach der Regel des hl. Augustinus, Köln, 1983;
Manfred Faust/Andrea Hoßfeld: 70 Jahre Krankenhaus Hürth, Hürth, 1986;
DOMINIKANERINNEN
N. Gladel: Caritas vom Arenberge (Geschichte der deutschen Kongregation der Schwestern von der hl. Katharina von Siena), Trier, 1936;
P. Hieronymus Wilms: Heilende Hände im Leben und in der Gründung der Mutter M. Cherubine Willimann, Dülmen, 1921 (NDr. 1984);
FRANZISKANERINNEN
Mutter Archangela Heberle: Die Erlenbader Franziskanerinnen; Erlenbad, 1976;
Festschrift: 125 Jahre Franziskanerinnen von der hl. Familie 1857–1982, Mayen, 1982;
HEDWIGSCHWESTERN
P. Joseph Schweter: Geschichte der Kongregation der Schwestern der hl. Hedwig, Breslau, 1932;
Festschrift: 100 Jahre Hedwigsgeist und Hedwigswirken 1859–1959, Berlin, 1959;
Klaus Kliesch/Christian Birkholz: In Gott geborgen – zur Liebe befreit – 125 Jahre Hedwigschwestern 1859–1984, Berlin, 1984;
KARMELITINNEN:
Matthias Patrick Cremer: Gnaden und Segen erflehen, Leutesdorf, 1987;
Else Budnowski: Sie folgte der inneren Stimme (Leben der Maria-Teresa Tauscher), Leutesdorf, 1986;
Maria-Teresa Tauscher: Worte der Zuversicht und Stärke, Leutesdorf, 1986;
Anna Maria Tauscher van den Bosch: Mutter Maria Teresa vom hl. Josef Stifterin der Karmelitinnen vom Göttlichen Herzen Jesu, Sittard, 1977;

PALLOTTINERINNEN

Schwesterngemeinschaft vom katholischen Apostolat – Abriß über Werden und Entwicklung – Ihr Standort im Gesamtwerk Pallottis, Rom, 1970/71;

1985 – 150 Jahre katholisches Apostolat, Limburg, 1985;

SALVATORIANERINNEN

Festschrift: Mädchen-Realschule »Mater Salvatoris« 1954–1984, Kerpen-Horrem, 1984;

SCHÖNSTÄTTER MARIENSCHWESTERN

Säkularinstitut der Schönstätter Marienschwestern, Neuwied, o.J.

Festschrift: Im Schatten des Heiligtums, Säkularinstitut Schönstätter Marienschwestern 1926–1976, Vallendar, 1976;

SCHWESTERN DER CHRISTLICHEN LIEBE

Schwestern der christlichen Liebe (Eine Ordensgemeinschaft mitten in den Aufgaben dieser Welt), Paderborn, o.J.;

SCHWESTERN DER HEILIGEN MARIA MAGDALENA POSTEL

125 Jahre Spuren des Vertrauens; Ein langer Weg unter Gottes Führung; Magdalena Padberg; Maria Magdalena Postel;

Sw. M. Andrea Stratmann: Placida Viel, alle Bestwig, 1976;

URSULINEN

Festschrift: 300 Jahre Ursulinen in Düsseldorf 1681–1981, Düsseldorf, 1981;

S. Johanna Eichmann: Die Erziehungsweisheiten der hl. Angela Merici – Gründerin der Gesellschaft der hl. Ursula und das erzieherische Wirken der Ursulinen, Dorsten, 1982;

Abschließend möchte ich allen Ordensgemeinschaften danken für die bereitwillig gewährte Hilfe, die gebotene Möglichkeit Einblick in die Ordensarchive zu nehmen und für die zur Verfügung gestellte Literatur.

# Die Autoren

*Fey, Marlies,* Jg. 1945, Stadtarchivarin (Archiv der Stadt Brühl).

*Gülpers, Josef,* Jg. 1929, Rektor an der GGS Bedburg.

*Hemmersbach, Fritz,* Jg. 1935, Rektor; ausgezeichnet mit dem Rheinlandtaler 1981.

*Hüsgen, Hermann-Josef,* Jg. 1961, Dipl.-Theologe;

*Lützenkirchen, H.-Georg,* Studium in Bonn, Tübingen und Wien, Politische Wissenschaft, Geschichte, Soziologie;

*Onnau, Elmar,* Historiker, Archivar u. Bibliothekar der Görres-Gesellschaft. 1950/52 in der katholischen Europa-Liga tätig. Veröffentlichung: u. a. Constantin Frantz, Das System des Föderalismus, bearb. H. E. Onnau (Föderalistische Hefte, 1961); Burg Kerpen (Kerpen in Geschichte und Gegenwart, 1971); Die Beziehung des Geschlechts von Merode zu den Königen von Aragon im 14. Jahrhundert (AHVNrh, 1972); Nekrologium des Cisterzienserinnenklosters Blatzheim (AHVNrh. 1973); Das Schrifttum der Görres-Gesellschaft zur Pflege der Wissenschaft 1876–1976 (1980); zahlreiche Beiträge in Kerpener Heimatblätter; Hrsgb. von Constantin Frantz, Frühwerk und Briefe (1967–78), teils in Zusammenarbeit mit Prof. Udo Sautter, Windsor/Kanada. – 1986 mit dem Rheinlandtaler ausgezeichnet.

*Schreiner, Peter,* Realschullehrer. Jg. 1937, lebt seit 1967 in Brauweiler. Nach Abschluß des Studiums an der PH Köln seit 1961 Volksschullehrer. 1969 erneutes Studium in Geschichte und Geographie, danach seit 1972 an der Realschule Pulheim tätig. Seit 1974 regelmäßig Führungen durch die Abtei Brauweiler und Vorträge über ihre Geschichte. 1977 Mitbegründer des Vereins für Geschichte und Heimatkunde, dessen Vorsitzender seitdem. 1981 mit dem Albert Steeger-Stipendium des Landschaftsverbandes Rheinland ausgezeichnet. Veröffentlichungen in den »Pulheimer Beiträgen zur Geschichte und Heimatkunde«.

*Stommel, Karl, Dr.,* Oberstudiendirektor i. R., Erftstadt-Lechenich. Veröffentlichungen über Erftstadt, Biographie des Freiherrn Johann Adolf Wolff genannt Metternich zur Gracht, Beiträge zur Geschichte der Revolution 1848/49 im Rheinland.

*Weingarten, Helmut,* Jg. 1928, Redakteur bei einer Kölner Tageszeitung, lebt in Frechen-Königsdorf. 1980 mit dem Rheinlandtaler des Landschaftsverbandes Rheinland ausgezeichnet. Verschiedene Veröffentlichungen u. a. »Die Eisenbahn zwischen Rhein und Erft« (1987).

*Wolter, Heinz,* Jg. 1943, Dr. phil., Privatdozent für mittelalterliche Geschichte und Oberstudienrat in Köln. Bisherige Veröffentlichungen: Arnold von Wied – Kanzler Konrads III. und Erzbischof von Köln, 1973; Rechtsgeschichtlich-diplomatische Studien zu frühmittelalterlichen Papsturkunden (gemeinsam mit E. Boshof), 1976; Die Synode im Reichsgebiet und in Reichsitalien von 916 bis 1056, 1988; mehrere

Aufsätze und Lexikonartikel zur Geschichte des Hochmittelalters und des Rheinlandes (darunter auch zur Geschichte des Klosters Königsdorf, Jb.K.GV).

*Wündisch, Fritz,* Jg. 1910, Jurist in 11. Generation. Seit 1. 2. 1936 in Diensten der Roddergrube AG in Brühl; 1960–1975 Abteilungsleiter bei den Rheinischen Braunkohlenwerken in Köln. 1974 Bundesverdienstkreuz für jahrzehntelange ehrenamtlich-gemeinnützige Tätigkeiten. 1977 Rheinlandtaler. 1980 Ehrenring der Stadt Brühl. 1983 Kulturpreis des Erftkreises. Veröffentlichungen: »Von Klütten und Briketts, Bilder aus der Geschichte des rhein. Braunkohlenbergbaus«, 2. Aufl. 1980; »Brühl – Mosaiksteine zur Geschichte einer kurkölnischen Stadt«, 1987; 71 Aufsätze zum Steuer- und Bilanzrecht, 85 Aufsätze zur Geschichte des rhein. Braunkohlenbergbaus, 118 Aufsätze zur Brühler Geschichte.

*Zander, Helmut,* Jg. 1957, geboren in Oberaußem; Studium der Geschichte, Politik und Theologie. Zur Zeit wissenschaftlicher Mitarbeiter bei der Kommission Justitia et Pax der Deutschen Bischofskonferenz. Veröffentlichungen zur rheinischen Geschichte; zuletzt: Peter von Fliesteden in evangelischer und katholischer Sicht seit 1530 (in: Monatshefte für Evangelische Kirchengeschichte des Rheinlandes, 1987).

# Bildnachweis

BEDBURG: Histor. Archiv Köln, H. Weingarten (2 Repros); BENDEN: H. Weingarten (1 Foto, 1 Repro), Rhein. Bildarchiv; BETHLEHEM: H. Weingarten (1 Foto, 1 Repro), Pfarrarchiv Bergheim (2); BLATZHEIM: Histor. Archiv Köln, H. Weingarten; BOTTENBROICH: H. Weingarten (2 Fotos, 1 Repro); BRAUWEILER: Verein für Geschichte und Heimatkunde Pulheim, Rhein-Bildarchiv (2); BRÜHL: Stadtarchiv Brühl, Harald Blondiau (2 Repros); BURBACH: H. J. Hüsgen (1 Foto, 2 Repros), Histor. Archiv Köln (2), Ewald (Siegel, Tafel 28); FRAUENTHAL: Niedeggen (1 Foto, 1 Repro), Luftbild/Freigabevermerk unter der Abb.: FRAUWEILER: Archiv Kölner Stadt-Anzeiger, Rhein-Amt f. Denkmalpflege (2); KERPEN: Städteatlas/Rheinl. Vlg., Kreisarchiv Hürth (2); KÖNIGSDORF: H. Weingarten (1 Repro), Hauptstaatsarchiv Düsseldorf, H. Wolter; LECHENICH: Hauptstaatsarchiv Düsseldorf, Fotohaus Lechenich, Archiv Bürgergesellschaft; KL. NIEDERLASSUNGEN: H. Weingarten (3 Repros), Luftbild/Freigabevermerk unter der Abb. und Archiv der Pallottinerinnen.

# Ortsregister

# Ausgewähltes Personen- und Sachregister